Klaus-Peter Hausberg

Rheinische Sagen & Geschichten

Das Begleitbuch zum „Rheinischen Sagenweg"
mit den bekanntesten und schönsten Sagen und Geschichten
von Rhein, Mosel, Lahn und Nahe,
ergänzt durch touristische Informationen

Illustrationen von Gerda Laufenberg

OBERES MITTELRHEINTAL
UNESCO-WELTERBE SEIT 200

Der „Rheinische Sagenweg" ist ein Projekt der „Märchen- & Sagenwelten" im J.P. Bachem Verlag in Kooperation mit der Deutschen Zentrale für Tourismus, den Tourismusverbänden von Nordrhein-Westfalen und Rheinland-Pfalz sowie der Tourismusgesellschaft „Romantischer Rhein"

Deutschland

Nordrhein-Westfalen Tourismus e.V.

Rheinland-Pfalz Tourismus GmbH

Romantischer Rhein Tourismus GmbH

und wird unterstützt durch

KD Willkommen an Bord.

Rheinland-Pfalz Burgen Schlösser, Altertümer

Coca-Cola

J.P. BACHEM VERLAG

Klaus-Peter Hausberg (Herausgeber und Autor) wurde 1964 in Koblenz geboren und lebt seit 1985 in Köln. Nachdem er 15 Jahre eine Veranstaltungsagentur gemanagt hat, beschäftigt er sich seit Anfang 2001 mit Märchen, Sagen und Geschichten aus aller Welt, im Besonderen mit Sagen und Geschichten vom Rhein und ihrer Kulturgeschichte. Nach dem „Kölner Sagenweg" rief er den „Rheinischen Sagenweg" ins Leben, bei dem er sich auf die Spuren der Brüder Grimm und Karl Simrocks (literarisch) sowie Karl Baedeckers (touristisch) begibt.

Gerda Laufenberg (Künstlerin und Illustratorin) wurde 1944 in Königswinter geboren, sozusagen unterhalb des Drachenfelsens und gegenüber vom Rolandsbogen. Zog dann nach Köln, wo sie als Malerin und Karikaturistin seit vielen Jahren das rheinische Leben – und das kölsche im Besonderen – zeichnerisch begleitet (u. a. auch das Begleitbuch zum „Kölner Sagenweg").

Umschlagabbildungen
Illustrationen: Gerda Laufenberg
Fotos Rückseite: Ralf Klodt (oben), Dieter Ritzenhofen/Kastellanei Burg Eltz (unten)

Bibliografische Informationen Der Deutschen Bibliothek
Die Deutsche Bibliothek verzeichnet diese Publikation in der Deutschen Nationalbibliografie; detaillierte bibliografische Daten sind im Internet über HTTP://DNB.DDB.DE abrufbar.

2. Auflage 2006

Projektkoordination / Bildredaktion: Jessica Peters
Lektorat: Katharina Tilemann, Köln
Karten: Bernd Matthes, Berlin
Umschlag- und Innengestaltung: mehrwert Büro für Gestaltung – WWW.MEHRWERT.DE
Druck: Druckerei J.P. Bachem GmbH & Co. KG, Köln
Printed in Germany
ISBN 3-7616-1869-7 Kart.
ISBN 3-7616-1986-3 Geb.
www.bachem.de

Vom Rhein an die Mosel

Vom Rhein an die Lahn

Im „Tal der Loreley“

Vom Rhein an die Nahe

Rheingau und Wiesbaden/Mainz

Bei den mit einem gekennzeichneten Institutionen auf den Seiten „Informationen & touristische Empfehlungen" in den Rubriken „Tipp **!**", „Gastronomie" und „Hotels" handelt es sich um Partner des „Rheinischen Sagenwegs", die Reisenden entlang des Sagenwegs vielfältige Vorteile gewähren (mehr dazu erfahren Sie im Internet unter www.rheinischersagenweg.de in der Rubrik „Partner"). Alle übrigen dort genannten Institutionen sind Empfehlungen der Autors.

Herzlich Willkommen

am wunderschönen, „sagenhaft" romantischen Rhein sowie seinen Nebenflüssen Mosel, Lahn und Nahe

Liebe Leserinnen, liebe Leser,
das Rheintal, besonders die Region zwischen Bonn und Mainz, gilt als eine der schönsten Landschaften Europas. Eindrucksvolle Landschaften gibt es zwar überall auf der Welt, das Besondere des Mittelrheins aber liegt darin, dass das melodramatische Panorama der Natur zugleich als Kulisse für die Darstellung menschlicher Leidenschaften und Schicksale diente. Wo die Wälder von Vulkaneifel und Siebengebirge, Westerwald, Hunsrück, Taunus und Rheingau den Lauf des Stromes und seiner Nebenflüsse begleiten, gesäumt von steilen Weinbergen und mit dem Fels verwachsenen Ritterburgen, da gab es das vielfache Echo für die großen Gefühle, die sich in der Musik Richard Wagners, der Literatur Clemens Brentanos, Johann Wolfgang von Goethes, Heinrich Heines und Karl Simrocks, der Malerei William Turners sowie in den Baudenkmälern, Burgen und Schlössern widerspiegeln.

„Eine herrliche, ewigfrische Blüte am Baume der Volkspoesie ist die Sage."
AUS „SAGENKRANZ AUS HESSEN-NASSAU" VON CARL HESSLERS

Anfang des 19. Jahrhunderts hatten Dichter und Künstler das wildromantische Rheintal „entdeckt" und sich in seinen Bann ziehen lassen – eine Landschaft, die zudem wie kaum eine andere Region mit Sagen und Geschichten gesegnet ist. Die Stimmung, die all dies bei ihnen auslöste, beflügelte ihre Schaffenskraft und inspirierte sie zu Werken, in denen sich diese intensiven Gefühle widerspiegeln. Daher gilt der Mittelrhein auch als Ursprung der deutschen Romantik. Die Rheinromantiker haben damit eine Reisewelle ausgelöst, die bis zum heutigen Tage anhält.

In dem vorliegenden Buch sind zahlreiche Sagen und Geschichten zusammengetragen, die zu dem kulturellen Schatz der Städte und Orte entlang des „Rheinischen Sagenwegs" gehören und den Rhein zu einem so sagenumwobenen Fluss gemacht haben. Manche von ihnen wurden bereits seit dem Mittelalter überliefert, andere haben sich später entwickelt.

„An den Rhein, an den Rhein, zieh nicht an den Rhein, mein Sohn, ich rate dir gut: Da geht dir das Leben zu lieblich ein; da blüht dir zu freudig der Mut!"

AUS „WARNUNG VOR DEM RHEIN" VON KARL SIMROCK

Eine der herausragendsten Sagen, auch im wahrsten Sinne des Wortes, ist die von der verführerischen „Loreley". Nüchtern betrachtet war und ist die Loreley zunächst nichts weiter als ein 193 Meter hoher Felsen an einer der engsten und gefährlichsten Stellen des Rheins, an der früher viele Schiffe kenterten und Bootsmänner ums Leben kamen. Die personifizierte Sagengestalt der „Loreley" ist erst durch das von Clemens Brentano im Jahr 1800 verfasste Gedicht „Lore Lay" erschaffen worden. Mit Heinrich Heines 1824 veröffentlichtem Gedicht, das mit den bekannten Worten „Ich weiß nicht, was soll es bedeuten …" beginnt, hat der Mythos um die betörende Jungfrau weltweiten Ruhm erlangt, was dazu beigetragen hat, dass jährlich Hunderttausende von Besuchern aus dem In- und Ausland zu diesem Felsen reisen.

Dies verdeutlicht, welch große kulturelle, aber auch touristische Bedeutung diese und andere Sagen und Geschichten für die Region hatten und haben. Heutzutage lässt sich zwar kaum genau sagen, wann bzw. wie eine Sage entstanden ist. Aber – im Gegensatz zu Märchen, die keine reale Grundlage haben – werden Sagen meist mit tatsächlich existierenden Orten in Verbindung gebracht oder ranken sich um Personen, die wirklich gelebt haben. Sagen sind häufig nichts anderes als alte Geschichten, die einen wahren Kern haben. Um sie herum entwickelte sich dann im Laufe der Zeit durch Hinzudichtung oder Veränderung eine Erzählung, die diese Begebenheit, diesen Ort oder einen bestimmten Menschen in eine Dramaturgie

„Die Sage wandelt sinnend'
durchs Land von Ort zu Ort
Und pflanzt in ihrem Garten
der Dichtung Blumen fort.
Sie hat sich mit dem Lande
so liebend treu vermählt,
Daß sie fast aller Orten
von alter Zeit erzählt."

Aus einem Gedicht
von Ludwig Bechstein

einbettete, wie sie von denen, die die Geschichten weitererzählt haben, gewollt war.

Die Sagenbildung erfolgte vor allem dann besonders schnell, wenn Erzählungen bestimmten Zielen dienen sollten und der Wahrheitsgehalt nicht überprüfbar war. Und da es früher nicht die heutigen Möglichkeiten der Dokumentation gab, meinten die Menschen noch leichter, eine wahre Geschichte zu hören, zumal dem „Sinn" und „Unsinn" solcher Geschichten viele Jahrhunderte lang andere Glaubensgrundsätze zu Grunde lagen. Die Menschen glaubten vor allem im Mittelalter tatsächlich an Hexen und den Teufel, weil sie sich bestimmte Ereignisse nur mit dem Übernatürlichen erklären konnten. Auf diese Weise versuchten sie ihre Angst vor dem Unbekannten zu kanalisieren bzw. den Ereignissen einen Sinn zu geben.

Ich weiß nicht was soll es bedeuten
Daß ich so traurig bin;
Ein Märchen aus alten Zeiten,
Das kommt mir nicht aus dem Sinn.

Die Luft ist kühl und es dunkelt,
Und ruhig fließt der Rhein;
Der Gipfel des Berges funkelt
Im Abendsonnenschein.

Die schönste Jungfrau sitzet
Dort oben wunderbar;
Ihr goldnes Geschmeide blitzet,
Sie kämmt ihr goldenes Haar.

Sie kämmt es mit goldenem Kamme
Und singt ein Lied dabei;
Das hat eine wundersame,
Gewaltige Melodei.

Den Schiffer im kleinen Schiffe
Ergreift es mit wildem Weh;
Er schaut nicht die Felsenriffe,
Er schaut nur hinauf in die Höh'.

Ich glaube, die Wellen verschlingen
Am Ende Schiffer und Kahn;
Und das hat mit ihrem Singen
Die Loreley getan.

Aus dem „Buch der Lieder"
von Heinrich Heine

Auch die Sage von der Loreley hat nur im Kern einen wahren Bestandteil: Es ist der Felsen, um den sich bereits seit vielen hundert Jahren ein Mythos rankte. Aber erst durch weitere Hinzudichtungen und die Verbreitung der Geschichten um den Zauber der Jungfrau durch die Literaten, Maler und Musiker des 19. und 20. Jahrhunderts erlangte sie eine Strahlkraft, die ihr Licht auf die wunderschöne und romantische Landschaft des Mittelrheins lenkte – was sicherlich mit dazu beigetragen hat, dass das Rheintal zwischen Koblenz und Bingen im Jahr 2002 die Wertschätzung als Weltkulturerbegebiet erlangt hat. Jedoch wurden die Sagen oft auch ausgenutzt. So diente die Loreley Schiffern, die ihre Kähne in der engen Schlucht am Fuße des Felsens nicht mehr unter Kontrolle halten konnten, zuweilen als Ausrede für die eigene Unfähigkeit. Und die Nationalsozialisten missbrauchten die Sagen für ihre Ideologie, denn nach ihrer

Vorstellung führten sie das deutsche Volk zu den Wurzeln seiner „völkischen" Existenz: zu der „lebendigen, mütterlich-bewahrenden Seele des Volkes". So passte auch die Überhöhung der Loreley als Symbol der Germanen gut in das national-sozialistische Programm, und ab 1934 ließen sie daher auf der Spitze des Felsens auch eine Freilichtbühne errichten, die als Gedenkstätte gedacht war, wodurch sie sich als Nachfolger der Preußen mit einer neuen Art von „Wacht am Rhein" darzustellen versuchten.

Seit dem Beginn der „Rheinromantik" wurden die Sagen in unzähligen Buchausgaben immer wieder neu verfasst, da sie sich beim Publikum ungebrochener Beliebtheit erfreuten. 1816 hatten die Brüder Grimm eine Sammlung deutscher Ortssagen herausgegeben, in die sie bereits einige rheinische Sagen aufgenommen hatten. 1818 folgte dann der zweite Teil ihres Werks „Deutsche Sagen" mit der Zusammenstellung geschichtlicher Sagen. Die erfolgreichste Sammlung war jedoch die des Germanisten Karl Simrock, die unter dem Titel „Rheinsagen aus dem Munde des Volkes und deutscher Dichter" erstmals 1837 erschien.

Es wundert daher – dies alles zu Grunde gelegt – nicht, dass die rheinischen Sagen und Geschichten über die Jahrhunderte seit ihrer Entstehung nichts von ihrer Faszination verloren haben: Sie haben Bezug zu ihrer realen Umgebung, wecken Erinnerungen und Sehnsüchte und spiegeln die kulturellen und gesellschaftlichen Eigenheiten der Zeit und der Gegend ihrer Entstehung wider. Sie erzählen von Landschaften, Gebäuden und Denkmälern, die oftmals erst durch sie ihren touristischen Reiz erhalten haben.

Mit dem „Rheinischen Sagenweg" ist nun eine neue Ferienstraße entstanden, die an diese „sagenhafte" Tradition anknüpft und literarisch zu über 100 faszinierenden Sehenswürdigkeiten zwischen Düsseldorf und Mainz führt. An 48 Orten entlang des Rheins sowie seiner Nebenflüsse Mosel, Lahn und Nahe erzählen sie von romantischen und tragischen Sagen, wundersamen Legenden und interessanten Geschichten, die Teil der Geschichte und Kultur des Rheinlandes sind.

Rheinreise

Bereits zu Beginn des 19. Jahrhunderts konnten die ersten Touristen den Rhein per Schiff erkunden. Denn mit der „Concordia" verkehrte 1827 das erste Linienschiff zwischen Köln und Mainz. Im gleichen Jahr eröffnete Karl Baedeker in Koblenz eine Verlagsbuchhandlung und gab später mit dem Titel „Rheinreise von Mainz bis Cöln, Handbuch für Schnellreisende" den ersten Baedeker-Reiseführer heraus. Seit damals führt auch die „Köln-Düsseldorfer", kurz KD genannt, im Rahmen kurzweiliger Ausflugsfahrten (Linien und Charter) zu den „sagenhaft" schönen Sehenswürdigkeiten entlang des „Rheinischen Sagenwegs".

Der „Rheinische Sagenweg" möchte dazu einladen, sich auf die Spuren der Vergangenheit mit ihren unterhaltsamen Sagen, Geschichten und Legenden zu begeben, die Orte der Handlungen zu besuchen und dabei auch die vielen weiteren Sehenswürdigkeiten, eindrucksvollen Landschaften und ebenso wunderschönen wie gastfreundlichen Orte am Mittelrhein sowie an Mosel, Lahn und Nahe neu zu entdecken.

Dabei wünsche ich Ihnen ebenso viel Vergnügen, wie mir die Entwicklung dieses Projektes Freude bereitet hat. Die Realisierung wäre jedoch ohne Mitwirkung vieler Personen und Institutionen nicht möglich gewesen. Für diese „sagenhafte" Unterstützung möchte ich mich an dieser Stelle bei all jenen sehr herzlich bedanken.

Klaus-Peter Hausberg

Rheinromantiker und Initiator
des „Rheinischen Sagenwegs"

Von Düsseldorf bis Neuwied

Am „Romantischen Rhein"

Romantischer Rhein
Bahnhofplatz 7
56068 Koblenz
Tel.: 02 61 / 303 88 – 34
Fax: 02 61 / 303 88 – 99
info@romantischer-rhein.de
www.romantischer-rhein.de

Mönchengladbach
Neuss
St.Quirinus
D-Oberkassel
Ratingen
Düsseldorf
Mettmann
Jüchen
Insel Hombroich / Langen Foundation
Grevenbroich
Schloss Benrath
Zons
Dormagen
Hilden
Solingen
Langenfeld
Bedburg
Rommerskirchen
Schloss Paffendorf
Pulheim
Bergheim
Brauweiler
Leverkusen
Rhein-Erft-Kreis
Frechen
Köln
Kölner Dom
Bergisch Gladbach
Gymnich
Schloss Gymnich
Hürth
K-Rath
Erftstadt
Brühl
Phantasialand
K-Porz
Wesseling
Weilerswist
Bornheim
Troisdorf
Sieg
Swisttal
Kennedybrücke
Siegburg
Naturpark
Kottenforst-Ville
St.Augustin
BN-Beuel
Hennef
Bonn
Oberdollendorf
Rheinbach
Klosterruine Heisterbach
Königswinter
Meckenheim
Godesburg
Drachenfels
Bad Godesberg
Bad Honnef
Flammersfeld
Rolandsbogen
Unkel
Kalenborn
Bad Neuenahr-Ahrweiler
Stuxberg
Erpeler Ley
Schloss Marienfels
St.Apollinaris
Burg Ockenfels
Wied
Bunte Kuh
Ahr
Apollinarisquelle
Remagen
Neustadt/Wied
Linz
Westerwald
Sinzig
Schloss Arenfels
Bad Breisig
Bad Hönningen
Märchenwald
Raiffeisenstraße
Burg Rheineck
Rheinbrohl
Niederzissen
Burg Olbrück
Brohl
Wehr
Schweppenburg
Hammerstein
Rengsdorf
Maria Laach / Brohltal
Schloss Monrepos
Burg Altwied
Burg Namedy
Kloster Maria Laach
Leutesdorf
Oberbieber
Schloss Bürresheim
Bell
Andernach
Niederbieber
Heddesdorf
Mendig
Neuwied
Abtei Rommersdorf
Nitztal
Kruft
Vulkanpark Infozentrum
Raiffeisenbrücke
Engers
Genovevaburg
Thür
Plaidt
Schloss Engers
Deutsches Schieferbergwerk
Fraukirch
Nette
Mayen
Weissenthurm
Koblenz
RHEINSTEIG
52
57
8
3
1
4
9
59
61
553
555
42
256

Düsseldorf

Die weiße Frau im Schlossturm

Die weiße Frau im Schlossturm

Düsseldorf ist eine moderne Großstadt, in der das wirtschaftliche und gesellschaftliche Leben pulsiert. Die Stadt ist aber auch reich an Sagen und Geschichten aus der Vergangenheit. Eine von ihnen basiert auf Ereignissen, die sich einst rund um das prächtige Stadtschloss direkt am Düsseldorfer Rheinufer zugetragen haben. Von dem früheren Prunk ist heutzutage allerdings nicht mehr viel zu erkennen, denn nachdem das Schloss bereits 1794 unter Kriegsbeschuss in Brand geraten war, musste es etwa 100 Jahre später nach einem weiteren Feuer fast gänzlich abgerissen werden. Heute zeugt nur noch der weithin sichtbare Schlossturm mit seinen dicken Mauern von dem einstigen Prachtbau. Und in genau diesem Turm, obwohl darin seit etwa 20 Jahren das Schifffahrt-Museum mit moderner Technik und Multimediashow untergebracht ist, soll es auch heute noch spuken. Wer dort herumgeistert, davon erzählt die folgende Geschichte.

Vor über 400 Jahren fanden am Düsseldorfer Rheinufer aufwändige Feierlichkeiten statt. Anlass war die Vermählung des Jungherzogs

Der Schneider Wibbel

Die Schneider-Wibbel-Gasse mit der beliebten gleichnamigen Spieluhr findet sich in jedem Reiseführer, da sie Teil der „längsten Theke" der Welt, der Düsseldorfer Altstadt, ist. Doch kaum einer weiß, woher das Sträßchen seinen Namen hat.

Der Düsseldorfer Schneider Wibbel, Hauptfigur des Volkstheaterstücks von Hans Müller-Schlösser, opponierte fleißig mit Wort und Faust, als die napoleonischen Truppen das Rheinland besetzten. Als er dafür ins Gefängnis wandern sollte, ging jedoch sein treuer Geselle Zimpel an seiner Stelle in den Knast. Unglücklicherweise verstarb dieser dort, und so kam es, dass der echte Wibbel höchst gerührt seine eigene Beerdigung und andere Verwicklungen um seine Person miterlebte. Erst als die Franzosen abgezogen waren, offenbarte sich das Schlitzohr und wurde fortan als Lokalheld gefeiert.

Johann Wilhelm mit der schönen Jakobe von Baden. Das Fest erstreckte sich über mehrere Tage, dem Brautpaar zu Ehren wurden Turniere veranstaltet, und an dem Schloss zogen zu Ungetümen „verkleidete" Schiffe in festlicher Beleuchtung auf dem Rhein vorbei. Ein derart beeindruckendes Schauspiel hatten die Düsseldorfer Bürger noch niemals erlebt, und daher glaubten sie, in den Jungvermählten ein glückliches Herrscherpaar mit einer rosigen und langen Zukunft zu sehen.

Aber das eheliche Glück von Jakobe und Johann war nur von kurzer Dauer. Johann Wilhelm wurde schwermütig, depressiv und vom Verfolgungswahn gequält. Nicht zuletzt deswegen blieb die Ehe auch kinderlos. Und am Hofe wurden Intrigen gesponnen. Weil der alte Herzog schon vor längerem vom Schlag getroffen war und das Land nicht mehr regieren konnte, Johann Wilhelms Geisteszustand dies aber ebenfalls nicht zuließ, lag die wahre Macht inzwischen in den Händen der Räte. Allen voran bei Marschall Waldenburg aus dem Bergischen Land, den man auch den „Schenkern" nannte. Er verstand es aufs Beste, die Schwäche des Herzogs auszunutzen, um seine eigenen Interessen durchzusetzen. Aus diesem Grund versuchte er auch, Jakobe so viel wie möglich von ihrem Mann fern zu halten. Denn die junge Herzogin bemühte sich, gegen die politischen Ränkespiele eine eigene Politik durchzusetzen, besonders nach dem Tod ihres Schwiegervaters 1592.

Dabei machte ihr jedoch Johann Wilhelms jüngere Schwester Sybille einen Strich durch die Rechnung: „Du warst meinem Bruder untreu und bist eine böse Gesetzesbrecherin", sagte sie der Schwägerin auf den Kopf zu und verbreitete diese Verleumdung in Stadt und Land. Doch damit war es ihr noch nicht genug. Sie verbündete sich mit dem

Die Düsseldorfer Radschläger

Die Düsseldorfer Radschläger haben eine lange Tradition. „Eene Penning", bettelten die Jungen früher, und für ein bisschen Geld schlugen die Knirpse dann schwungvolle Räder. Auch Artisten und Gaukler belustigten das Volk in den Gassen der Stadt mit dieser Kunst. Der Sage nach soll dem Kurfürsten Jan Wellem an seiner Kutsche einmal ein Rad gebrochen sein, woraufhin ein Knabe hilfreich herbeigesprungen sei, seine Hand in die Radnabe gesteckt habe und so gezwungenermaßen Radschlagen musste. Im 19. Jh. war diese Unterhaltung eine gute Einnahmequelle für die arme Bevölkerung, vor allem dank der reichen Händler und Reisenden, die in die Messestadt kamen und denen diese Kunst als lokalpatriotische Symbolhandlung verkauft wurde. Im Radschlägerlied von 1925 heißt es: „Radschläger werden wir genannt; im ganzen Land bekannt; wir sind 'ne Spezialität, die ihre Kunst versteht."

Heute erinnern der Radschlägerbrunnen auf dem Burgplatz und der alljährlich stattfindende Radschlägerwettbewerb auf der Königsallee an das „Betteln mit Schwung".

Marschall, der Jakobe schließlich verhaften ließ. Die junge Herzogin durfte ihr Zimmer im Schlossturm von nun an nicht mehr verlassen.

90 Anklagepunkte wegen Missachtung von Gesetz und Sitte hatte Sybille gegen ihre Schwägerin verfassen und einen Prozess eröffnen lassen. Sie war neidisch auf die Schönheit und das hohe Ansehen, das Jakobe in der Bevölkerung genoss, und musste um den Erfolg ihres Plans auch tatsächlich noch bangen. Denn so einfach ließ sich die Herzogin nicht kleinkriegen. Mit ihren Getreuen gelang es Jakobe, Beweise für ihre Unschuld zusammenzutragen, und schon bald verbreitete sich die Kunde, dass die Herzogin nach dem Gerichtsprozess die Freiheit wiedererlangen werde.

Doch zu der abschließenden Verhandlung kam es nicht mehr. Am 3. September 1597 wurde Jakobe in ihrem Zimmer im Schlossturm tot aufgefunden. Als Ursache ließ man verlautbaren: „Jakobe starb an einem Schlaganfall", und eine Woche später wurde sie mit einem schlichten Begräbnis in der Kreuzherrenkirche beigesetzt.

Doch das Volk war aufgebracht und wollte nicht glauben, dass seine schöne Herzogin auf natürliche Weise verschieden sein sollte, zumal Augenzeugen angeblich Würgemale am Hals der Leiche gesehen hatten. Gerüchte machten die Runde: „Schenkern ist ein Mörder und hat sie umgebracht. Und wegen dieses Frevels irrt der Geist der Ermordeten ruhelos in den Gängen des Schlosses umher." Tatsächlich sah man bald darauf oft zu mitternächtlicher Stunde hinter den Fenstern des Schlossturms eine verschleierte Gestalt in weißem Gewand vorbeischweben. Stets hatte sie einen roten Streifen am Hals, als Zeichen dafür, dass sie erdrosselt worden war. Manchmal erschien der Geist von Jakobe auch wimmernd und wehklagend im blutverschmierten Kleid am Fenster.

WISSENSWERTES

Noch vor einem halben Jahrhundert glaubten Künstler, die damals Ateliers in dem Schlossturm eingerichtet hatten, das Knistern eines seidenen Gewandes zu hören. Auch soll ein Schatten durch die Gemäuer geschwebt und in den dicken Mauern verschwunden sein. Selbst heute munkelt man noch, dass um Mitternacht die „weiße Frau" zwischen den Computern und Schiffsmodellen des Museums herumspukt. Den Gruselfans und Furchtlosen sei daher zur Geisterstunde ein Gang zum Schlossturm empfohlen. Wem es dann aber doch zu unheimlich wird, kann in der angrenzenden Düsseldorfer Altstadt bis weit nach Mitternacht seinem Gemüt mit ein paar Gläsern „Alt", dem dunklen und für Düsseldorf typischen Bier, wieder Beruhigung und Ablenkung verschaffen.

Düsseldorf – Touristisch

Geschichtliches: Seit der Gründung der Stadt vor über 700 Jahren hat Düsseldorf eine bewegte Entwicklung vom Fischerdorf zur **modernen Großstadt** erlebt. 1797 erblickte der Dichter **Heinrich Heine** hier das Licht der Welt. Sein Gedicht über die „Loreley“ war Wegbereiter für den Mythos, den diese Sage umgibt, und hat damit einen bedeutenden Anteil an der Entstehung der Rheinromantik (☞ Kapitel „St. Goarshausen/St. Goar“). 1946 wurde von der britischen Besatzungsmacht das Bundesland **Nordrhein-Westfalen** gebildet und Düsseldorf zur **Landeshauptstadt** erkoren.

Sehenswertes: Düsseldorf ist eine lebendige, moderne Stadt und international bekannter Messestandort. Zahlreiche namhafte Modedesigner haben hier ihre Showrooms, und so lässt sich ein Besuch Düsseldorfs hervorragend mit einem Bummel durch eines der prächtigen Einkaufszentren oder entlang luxuriöser Einkaufsstraßen verbinden. Denn Düsseldorf steht vor allem für **Mode, Shopping, Kultur und Lebensgefühl**. Die großen internationalen Designer präsentieren sich auf der kastaniengesäumten **Königsallee**, die von den Einheimischen liebevoll **„Kö“** genannt wird, einem der luxuriösesten Einkaufsparadiese Europas. Hier wechseln sich kleine, feine Boutiquen, große Modehäuser, Designerläden und Galerien mit eleganten Straßencafés und Restaurants ab – ein wahrer Laufsteg für die neuesten Modetrends, ideal zum Sehen und Gesehenwerden. Auch die **Schadowstraße**, umsatzstärkste Einkaufsstraße Deutschlands, gehört zu Düsseldorf wie das **obergärige Altbier**.

Das Schifffahrt-Museum im Schlossturm

Im Schlossturm am Burgplatz befindet sich heute das Schifffahrt-Museum. Der Turm ist der einzig erhaltene Teil des im 13. Jh. erbauten Düsseldorfer Stadtschlosses, das nach einem Brand 1872 vollständig zerstört wurde. Das Museum bietet einen umfangreichen Einblick in die Geschichte der Rhein-Schifffahrt, den Rhein als Naturraum sowie Informationen über die Geschichte der Stadt und des Schlosses.

Und genau dieses kann der Besucher in einer der **260 urigen Kneipen** und gemütlichen Brauhäuser in der Altstadt probieren und genießen. Nicht umsonst wird die Düsseldorfer Altstadt auch die **„längste Theke der Welt“** genannt – und glänzt mit wundervollem **original Kopfsteinpflaster**. Hier kann man an jeder Ecke die typische **rheinische Lebenslust** erleben. Auch die meisten **Museen** befinden sich in der Altstadt oder an ihrem Rand und bilden zusammen mit den **zahlreichen Galerien, Ateliers und Antiquitätenhändlern** in dem Stadtteil Karlstadt eine Kunstachse, auf der man international renommierte Ausstellungen, Präsentationen von Künstlern und zum Kauf stehende Objekte finden kann.

Die **Rheinuferpromenade**, die den Fluss mit der Altstadt verbindet, ist vor allem im Sommer einer von Düsseldorfs beliebtesten Treffpunkten zum Flanieren oder Verweilen. Auf der anderen Rheinseite liegt der **Stadtteil Oberkassel**, dessen Häuser von wunderschönen **Jugendstilfassaden** geziert werden. Die Promenade führt vom **Schlossturm**, einem Wahrzeichen der Stadt, am **nordrhein-westfälischen Landtag** vorbei bis hin zum neuen **Medienhafen**, einer einmaligen Mischung aus **denkmalgeschützten Industriebauten** und aufregend modernen Gebäuden, die von **internationalen Stararchitekten** entworfen wurden.

Empfehlenswertes: Beeindruckende Bauwerke aus älteren Zeiten findet der Besucher bei einem Ausflug nach **Kaiserswerth.** Hier lassen sich auf den Spuren Barbarossas **mittelalterliche Ruinen, malerische Häuser, idyllische Plätze** und natürlich **die typische Niederrheinlandschaft** entdecken. Im Süden der Stadt lockt das ehemalige kurfürstliche Lust- und Jagddomizil **Schloss Benrath** mit seinem einzigartigen Ensemble von Schloss und Park.

Während der fünften Jahreszeit, dem **Düsseldorfer Karneval**, laden neben Altweiberfastnacht und Rosenmontag über 300 Karnevalssitzungen und Kostümbälle in die Karnevalshochburg ein. Darüber hinaus bietet die lebens- und feierlustige Stadt mit dem **Musicaltheater**, der **Deutschen Oper am Rhein**, dem **Düsseldorfer Schauspielhaus**, dem **Schadowstraßenfest**, der **größten Kirmes am Rhein** und dem **Japan-Tag** mit großem Japan-Feuerwerk zahlreiche Anlässe für einen abwechslungsreichen Besuch.

Düsseldorf – Informationen & touristische Empfehlungen

Düsseldorf Marketing & Tourismus GmbH

Breite Straße 69 · 40213 Düsseldorf
Tel.: 0211/17202-20 · Fax: 0211/17202-950
info@duesseldorf.de · www.duesseldorf-tourismus.de
Tourist Informationen:
Gegenüber Hauptbahnhof: Immermannstraße 65b
Altstadt: Burgplatz 2 – Kö-Galerie/Finanzkaufhaus: Berliner Allee 33

Düsseldorf, die elegante, lebenslustige Stadt, steht vor allem für Mode, Shopping, Kunst und Kultur. Legendär ist die Königsallee, eines der elegantesten Einkaufsparadiese Europas, und die historische, urige Altstadt. Daneben der Medienhafen, eine einmalige Mischung aus historischen Industriebauten und aufregenden Entwürfen international bekannter Star-Architekten.
Bei Düsseldorf Marketing & Tourismus GmbH erhalten Sie Tipps und Tickets zu Veranstaltungen, die Düsseldorf WelcomeCard sowie Souvenirs, Buchungen für Hotelzimmer, Stadtrundfahrten und vieles mehr.

Schifffahrt-Museum im Schlossturm

Burgplatz 30 · 40213 Düsseldorf
Tel.: 0211/899-4195 · Fax: 0211/899-4019 · www.duesseldorf.de
Öffnungszeiten: Di-So 11-18 Uhr, Mo geschlossen

Das Museum präsentiert Ausstellungen zu folgenden Themen: Entwicklung der Schifffahrt auf dem Rhein (von den Römern bis zur Schubeinheit) – Lebensraum Schiff, Naturraum Rhein (Ökologie, Leben im Rhein, Hochwasser, Eisgang, Fischfang) – Geschichte der Stadt und des Schlosses am Rhein mit Multimedia-Show – Entwicklung der Düsseldorfer Häfen, der Fähren und Brücken.

Heinrich-Heine-Institut

Bilker Straße 12-14 · 40213 Düsseldorf
Tel.: 0211/89-95574 · Fax: 0211/89-29044
heineinstitut@duesseldorf.de · www.duesseldorf.de/heineinstitut
Öffnungszeiten: Di-So 11-17 Uhr, Sa 13-17 Uhr
Führungen und Unterrichtsgespräche nach Voranmeldung

Das Heine-Museum ist weltweit das einzige Museum für den 1797 in Düsseldorf geborenen Dichter Heinrich Heine. Es zeigt eine ständige Ausstellung zu Heines Leben und Werk sowie Sonderausstellungen zu literarischen, aber auch musikalischen oder anderen kulturellen Themen.

Gastronomie in Düsseldorf

Die Düsseldorfer Altstadt mit ihren mehr als 260 Lokalen ist weltweit bekannt als "längste Theke der Welt". Schmale Gassen und alte Kirchen, urige Brauhäuser und gemütliche Pinten, hippe Bars und Diskos: Das ist die Düsseldorfer Altstadt – 260 Kneipen auf einem Quadrat-Kilometer, wer kann da noch mithalten? Hier sind die Köbesse rauh und herzlich, hier kommt das nächste Düsseldorfer Alt – eine Bierspezialiät der Stadt – auch unbestellt, hier gibt es Haxen und Histörchen, Beschaulichkeit und Tamtam. Kurz: Wer Düsseldorf erleben will, kommt an der Altstadt und dem Düsseldorfer Alt nicht vorbei.

Übernachten in Düsseldorf

Die Hotellerie in Düsseldorf hat ihren Gästen ein breites Spektrum an Hotels zu bieten, deren diverse Lagen, Kategorien und Ausstattungen mit Sicherheit keinen Wunsch offen lassen. Zurzeit gibt es in Düsseldorf mehr als 200 Hotels, darunter sind alleine 15 Hotels mit 4 Sternen und 33 mit drei Sternen klassifiziert. Weitere erstklassige Hotels befinden sich noch in der Bauphase, sodass bald noch mehr Sterne am Hotel-Firnament Düsseldorfs strahlen werden. Zu den neuen Hotels zählt unter anderem das Intercontinental Düsseldorf, das ab Sommer 2005 über knapp 300 Zimmer in der 5-Sterne Kategorie verfügen wird.

Neuss

Der „Fetzer“, Räuberhauptmann der Rheinlande

Der „Fetzer", Räuberhauptmann der Rheinlande

Wer heutzutage die Kreisstadt Neuss besucht, erlebt eine attraktive Stadt mit vielen interessanten historischen Zeugnissen – und braucht sich nicht zu fürchten. Doch das war nicht immer so. Denn vor etwas mehr als 200 Jahren, gegen Ende des 18. Jahrhunderts, trieben gefährliche Räuberbanden wie überall im Land auch in Neuss ihr Unwesen. Ihre Quartiere hatten sie in verrufenen Spelunken auf der Neusser Furth im Norden der Stadt. Von dort aus planten die Banden ihre Beutezüge, die für sie ein einträgliches Geschäft waren. Und zu befürchten hatten die Gauner aufgrund der wirren politischen Gegebenheiten noch wenig.

Das deutsche Reich bestand zu dieser Zeit aus über dreihundert Kleinstaaten, und die Gebiete links des Rheins waren von den französischen Revolutionstruppen besetzt. Diese territoriale Zersplitterung machte es den Räubern leicht, sich nach ihren Raubzügen durch Flucht über die Landesgrenzen in Sicherheit zu bringen. Und wenn es den Soldaten und der Polizei dann doch einmal gelang, einen von ihnen zu fassen, so glückte diesem oft recht bald wieder die Flucht, nicht zuletzt dank der Unterstützung des schlecht bezahlten und daher bestechlichen Wachpersonals. Und die Franzosen, die neuen Landesherren am Rhein, hatten zunächst anderes zu tun, als sich um die Gesetzlosen zu kümmern. Es war genau in jener Zeit, als der erst 16 Jahre alte Mathias Weber,

Die Kugelbriefe

Im Obertor der ehemaligen Stadtmauer von Neuss entdeckt man an einigen Stellen Kanonenkugeln im Mauerwerk. Sie erinnern an die Zeit, als die Stadt 1474/75 von Karl dem Kühnen belagert wurde. Nach acht Monaten schossen die zur Hilfe aufmarschierten „kölnischen Freunde" den Neussern damals von der anderen Rheinseite Nachrichten in hohlen Kanonenkugeln hinüber, mit denen sie die Belagerten über die Ankunft der Verbündeten und später über die bevorstehenden Befreiung informierten.

wie der „Fetzer“ mit bürgerlichem Namen hieß, im Jahre 1794 seine erfolgreiche Räuberkarriere im Rheinland begann. Sein Beiname stammt übrigens aus dem Rotwelschen, der Gaunersprache, und bedeutet, dass er besonders gut mit dem Messer umgehen, von Kutschen beispielsweise unbemerkt das Gepäck „herunterfetzen“ konnte.

Die Raubzüge des Fetzers und seiner Bande gingen bis nach Holland und an den Mittelrhein. Eine seiner spektakulärsten Untaten aber war der Einbruch ins Neusser Rathaus im September 1796. Wegen seiner Klugheit, Tapferkeit, Stärke und wegen seines Geschickes beim Aufbrechen von Schlössern war Mathias von den anderen Räubern mittlerweile als Räuberhauptmann geachtet. Doch als er seinen Kumpanen diesmal eröffnete, dass er das Stadtarchiv im Rathaus überfallen wolle, lachten sie ihn zunächst aus. Dies schien ein Ding der Unmöglichkeit, da es zu gut gesichert und zu gut bewacht war. Nachdem er ihnen jedoch seinen Plan genauer vorgestellt hatte, nickten sie nur noch anerkennend und machten sich auf den Weg. Im Dunkel der Nacht machten sie die Wächter unschädlich und brachen die Türen des Stadtarchivs sowie die dort befindlichen Kisten und Schränke auf. Und es stellte sich heraus, dass sie hier wirklich einen großen Fang machen konnten. Denn neben dem Geld aus der städtischen Kasse und dem Stadtsilber lagerte hier auch wertvolles Kircheninventar, das man vor den französischen Revolutionstruppen in Sicherheit gebracht hatte. Die Fetzerbande nahm alles mit, was ihr in die Hände fiel. Darunter befand sich auch die Figur des heiligen Quirinus und eine silberne Weltkugel – beides bedeutete für die Stadt einen enormen Verlust, und bis heute ist weder das eine noch das andere wieder aufgetaucht.

So war es nicht verwunderlich, dass die Stadtverwaltung alles daran setzte, die Räuber zu finden und mit Rundschreiben sogar die benachbarten Städte um Mithilfe bat.

Und tatsächlich konnte der Fetzer Ende Oktober 1796 in einem Wirtshaus, in dem er mit einigen seiner Kumpane beim Kartenspiel saß,

Der heilige Quirinus

Der heilige Quirinus, dessen Reliquien in der imposanten Emporenbasilika aufbewahrt werden, war ein römischer Tribun und Kerkermeister des inhaftierten Papstes Alexander (105 – 115). Nachdem der Papst jedoch Quirinus Tochter von einem schweren Leiden befreit hatte, nahmen Vater und Tochter den christlichen Glauben an und wurden daraufhin von Kaiser Hadrian zum Tode verurteilt. Aus ganz Europa kamen die Pilger nach Neuss, um den Heiligen bei leiblichen und seelischen Nöten anzurufen und das Quirinuswasser aus dem Quirinusbrunnen mit nach Hause zu nehmen.

von Soldaten aufgetrieben werden. Trotz heftigster Gegenwehr wurde er mit drei seiner Komplizen festgenommen. Ihn und seinen Räuberfreund, den Deutzer Michel, sperrte man in den als Gefängnis dienenden Neusser Windmühlenturm an der Stadtmauer ein, wo sie bis zur Verhandlung bleiben sollten.

Der Turm galt als absolut ausbruchssicher, aber Mathias gelang ein regelrechtes Husarenstück. Nachdem er alle Wände, den Boden und die Türen untersucht und dort keine Möglichkeit zum Ausbruch entdeckt hatte, häufte er mit seinem Mitgefangenen alles Stroh, das in der Zelle lag, zu einem großen Haufen. Der stämmige Michel stellte sich obenauf, und Mathias stieg auf dessen Schultern. In dieser Position lockerte er über eine Stunde lang die Bohlen an der Decke, bis es ihm schließlich gelang, ins Obergeschoss des Mühlenturms emporzusteigen und Michel ebenfalls zu sich hinaufzuziehen. Von dort aus kletterten die beiden an einem der Windmühlenflügel wie auf einer Leiter hinunter und gelangten so zum Wehrgang, der mit der Stadtmauer verbunden war. In Freiheit waren sie aber erst, nachdem sie von dort sieben Meter tief hinab in den morastigen Mühlengraben gesprungen waren.

Mathias wurde noch viele Male verhaftet, aber immer wieder glückte ihm die Flucht. Erst Jahre später, als die französischen Besatzer den Räuberbanden konsequent den Kampf angesagt hatten, die Gemeinden zu strengen Patrouillen verpflichtet und eine Geheimpolizei gebildet worden war, gelang es, den Fetzer in Frankfurt am Main festzunehmen und ihm in Köln den Prozess zu machen. In zahlreichen Verhören hat er all seine Untaten gestanden und wurde daraufhin zum Tode verurteilt. Am 19. Februar 1803 wurde er auf dem Kölner Altermarkt hingerichtet.

Der Fetzer ist wahrhaftig kein guter Mensch gewesen, sogar einige Morde sollen auf sein Konto gegangen sein, aber es heißt, dass der 25-Jährige auf dem Schafott noch gebetet und die jungen Leute vor den Bordellen und verrufenen Wirtshäusern gewarnt habe. Und die Eltern mahnte er, ihre Kinder religiös zu erziehen.

WISSENSWERTES

Mathias Weber ging als der „größte" Räuberhauptmann der Rheinlande in die Geschichte ein, auch wenn er von Statur her eher klein gewesen sein soll. Sein Leben lieferte Stoff für viele Romane. Wer mehr vom Fetzer und dem Räuberleben in der damaligen Zeit erfahren möchte, dem sei die ausführliche Erzählung „Die Ballade vom Fetzer" von Tilman Röhrig (Bastei Lübbe Verlag) ans Herz gelegt. Und wenn Sie sich bei einem Rundgang durch die Neusser Innenstadt vorbei an dem immer noch existierenden Mühlenturm zu einer Rast in eine der zahlreichen Gaststätten begeben, wer weiß, vielleicht hat der Fetzer dort mit seinen Kumpanen einen seiner vielen Raubzüge ausgeheckt.

Neuss – Touristisch

Geschichtliches: Zwischen Düsseldorf und Köln gelegen, gehört Neuss zu den **ältesten Städten Deutschlands.** Aus der Römerzeit um 16 v. Chr. stammt das – südlich der heutigen Altstadt gelegene – **Militärlager.** Darauf folgten Zivilsiedlungen und die Entwicklung zum **florierenden Handelsplatz.** Im Mittelalter erlangte Neuss als **Wallfahrtsort** Berühmtheit. Verehrt wurde der Märtyrer und Tribun **Quirinus.** Ein prägendes historisches Ereignis war die Belagerung der Stadt durch **Karl den Kühnen** 1474/75, bei der die eingekesselten Neusser der Übermacht fast ein Jahr lang widerstanden.

Sehenswertes: Die Spuren der Geschichte und der **kulturellen Vielfalt,** die die Attraktivität Neuss' ausmachen, entdeckt man auf einem Rundgang durch die Stadt. Das **Quirinusmünster,** das die Reliquien des hl. Quirinus beherbergt, zählt zu den **bedeutendsten spätromanischen Kirchen** im Rheinland. Auch die vielen anderen Neusser Kirchen sind reizvoll, wurden ihre Innenräume doch durch berühmte moderne Künstler gestaltet. Als historische Zeugnisse beeindrucken Teile der **mittelalterlichen Stadtbefestigung,** vor allem **Obertor und Blutturm.** Das Vogthaus von 1597 lockt mit seinem Glockenspiel täglich um 11, 15 und 17 Uhr, und das 1603 erbaute **Bürgerhaus der Backstein-Renaissance,** „Em schwatte Päd", hat die besterhaltene **mittelalterlichen Fassade** – beides sind heute Gasthäuser. Das **älteste** Neusser **Fachwerkhaus** von 1571 wurde vor ein paar Jahren zu einem kleinen Kaffeehaus umfunktioniert. Das **Zeughaus am Freithof,** Observantenkirche und Kloster aus dem 17. Jh., lädt heute als exklusive Veranstaltungsstätte u.a. zu den Konzerten der **Deutschen Kammerakademie Neuss am Rhein** ein.

Der Neusser Mühlenturm
Der ehemalige Mühlenturm, der seinerzeit für den Räuberhauptmann Mathias Weber, den „Fetzer", als Kerker diente, gehörte zu einer Windmühle, die sich einst oben auf der ehemaligen Stadtmauer befand. Gemahlen wurde hier jedoch nur in wasserarmen Zeiten, ansonsten verwendete die Stadt den Turm als Gefängnis. Nach 1849 wurde er zu einem Wasserturm umgebaut.

Das **Clemens-Sels-Museum** bereichert die Kulturszene sowohl mit seinen Exponaten zur modernen Kunst als auch zur Stadtgeschichte.

Empfehlenswertes: Ein Muss für alle Kunstfreunde ist die **Langen Foundation** auf der Raketenstation Hombroich sowie Stiftung **Insel Hombroich** mit ihrer „Kunst parallel zur Natur“: In einer Erft-Auenlandschaft schuf Erwin Heerich elf skulpturartige Pavillons, die – selbst Kunst – andere Kunstwerke aufnehmen.

Neuss ist von einem unendlichen **Radwegenetz** mit über 2000 km ausgeschilderten Wegen umgeben. Eine sinnliche Erfahrung ist der kleine **Barfußpfad** – hier geht es ohne Schuhe und Strümpfe über Erlebnisfelder aus verschiedenen Materialien. Kindern bietet der **„Kinderbauernhof“** interessante Einblicke in das bäuerliche Leben im letzten Jahrhundert. Und Sportbegeisterte kommen an 365 Tagen im Jahr beim Pistenspaß in der **größten Indoor-Skihalle Europas** voll auf ihre Kosten.

Jährlich kommen hunderttausende Besucher in die Stadt, um die außergewöhnlich stimmungsvolle Atmosphäre, die Neuss mit seiner rheinischen Lebenskultur bietet, zu erleben. Anlässe gibt es genug. So stehen im Kulturkalender Festivals von internationalem Rang: Beim **Shakespearefestival**, bei dem Theatertruppen aus der ganzen Welt ihre Interpretationen zeigen, kann man sich im originalgetreuen Nachbau des Londoner Globe-Theaters von einer ganz speziellen Theaterwelt verzaubern lassen. Oder bei den **Internationalen Tanzwochen** – einem Forum für zeitgenössische Choreografien –, der **Klassiknacht im Rosengarten**, den **Zeughauskonzerten** und den Aufführungen des Rheinischen Landestheaters. Das größte Event ist das **Neusser Bürger-Schützenfest** – stets am letzten Augustwochenende wird gefeiert – mit prächtigen Paraden, Bällen, großer Kirmes und Feuerwerk.

Neuss – Informationen & touristische Empfehlungen

i

Neusser Tagungs & Tourismus GmbH

Rathausarkaden Büchel 6 · 41460 Neuss
Tel.: 02131/4037795 · Fax: 02131/4037797
tourist-information@neusserttgmbh.de · www.neuss.de
Öffnungszeiten: Mo-Fr 10-14 Uhr und 14:30-18 Uhr, Sa 10-14 Uhr

Vor über 2000 Jahren errichteten die Römer an der Mündung der Erft in den Rhein das Legionslager „Novaesium". Heute ist das spätromanische Quirinusmünster Wahrzeichen der Stadt. Eine lebendige Kulturszene kennzeichnet die auf rund 150.000 Einwohner angewachsene Großstadt Neuss, die „kleine Schwester" von Düsseldorf auf der anderen Rheinseite. Die Internationalen Tanzwochen, das Shakespeare-Festival im Original-Nachbau des Londoner Globe-Theaters, Zeughauskonzerte und berühmte Museen schaffen ein künstlerisches Flair. Das wichtigste Ereignis im Jahr ist das Neusser-Bürger-Schützenfest am letzten Wochenende im August, und für die Sportlichen gibt es in Neuss die größte Indoor-Skihalle Deutschlands mit 365 Schneetagen im Jahr!

!

Clemens-Sels-Museum Neuss

Am Obertor · 41460 Neuss
Tel.: 02131/90-4141 · Fax: 02131/90-2472
museum@stadt.neuss.de · www.clemens-sels-museum.de

Von stadthistorischen Sammlungen über eine exquisite Kunstsammlung bis hin zu Wechselausstellungen bietet das Museum mitten in der Stadt eine attraktive Vielfalt.

Stadtarchiv Neuss

Oberstraße 15 · 41460 Neuss
Tel.: 02131/90-4250 · Fax: 02131/90-2433
stadtarchiv@stadt.neuss.de · www.stadtarchiv-neuss.de

„Das Gedächtnis der Stadt Neuss" – Dokumente vom Mittelalter bis zur Gegenwart.

Gastronomie in Neuss

Im Zentrum der Stadt gibt es ein vielfältiges gastronomisches Angebot. Gönnen Sie sich typisch rheinische Spezialitäten in historischen Gasthäusern oder genießen Sie südliches Flair in den Terrassencafés auf dem Markt. Der besondere Tipp: In dem kleinen schnuckeligen „Kaffeehaus 1571" bewirten Sie zwei Schwestern mit selbst gebackenem Kuchen und vegetarischen Gerichten. Außerdem wird hier fair gehandelter Kaffee ausgeschenkt. (Öffnungszeiten: Di-Sa 11:30-18 Uhr, Michaelstraße 69, 41460 Neuss, Tel.: 02131/ 275909). Weitere Infos zur Gastronomie in Neuss erhalten Sie in der Tourist Information der Neusser Tagungs & Tourismus GmbH (siehe oben).

Übernachten in Neuss

Das Übernachtungsangebot in Neuss hält über 2.800 Betten bereit – von der Jugendherberge bis zum 5-Sterne-Hotel. Der besondere Tipp: Im luxuriösen Swissôtel, direkt am Rheinufer gelegen, haben Sie von allen Zimmern aus einen überwältigenden Blick auf den Rhein und die Skyline von Düsseldorf (Swissôtel Düsseldorf/Neuss, Rheinallee 1, 41460 Neuss, Tel.: 02131/7700). Weitere Hotel-Infos und Buchungs-Angebote über die Tourist Information der Neusser Tagungs & Tourismus GmbH (siehe oben). Oder buchen Sie online im Internet unter www.neuss.de (direkt auf der ersten Seite in der Spalte „Service" finden Sie die Seiten „Hotelbuchung online").

Köln

Die Heinzelmännchen zu Köln

Die Heinzelmännchen zu Köln

erzählt von Yvonne Plum

Die bekannteste Kölner Sage wurde 1836 von August Kopisch in eine dichterische Fassung gebracht und seitdem immer wieder neu erzählt. Heute erinnert der ganz in der Nähe des Kölner Doms gelegene Heinzelmännchenbrunnen mit seinen wunderschönen Steinfiguren an die fleißigen kleinen Helfer. Der Brunnen wurde 1899 aus Anlass des hundertsten Geburtstags von August Kopisch gestiftet und erstrahlt seit kurzem wieder in altem Glanz. Die folgende Erzählung ist dem Begleitbuch zum Kölner Sagenweg, „Kölner Sagen und Geschichten" (Köln 2004) von Yvonne Plum entnommen.

Vor langer, langer Zeit, als die Menschen noch an Wunder und Geister glaubten, lebten in Köln hilfreiche Zwerge, die man Heinzelmännchen nannte. Nur wenige haben sie jemals gesehen, denn, wie es heißt, waren die großen roten Kappen, die sie trugen, Tarnkappen.

Kaum war es finstere Nacht, kamen sie aus ihren Verstecken unter den Häusern geströmt und sahen nach, wo Arbeit liegen geblieben war. Dem Bäcker halfen sie mit der Hochzeitstorte, dem Metzger schlachteten sie das Schwein, dem Schreiner sägten sie die Bretter, sie füllten den Wein in Fässer, stopften für die geplagten Hausfrauen die Strümpfe und wuschen für erschöpfte Mütter die Windeln. Kein Wunder also, dass sie sich großer Beliebtheit erfreuten und ihnen viele Leute gerne

EAU DE COLOGNE – Echt Kölnisch Wasser

1709 gründete Johann Farina die heute weltweit älteste Duft- und Eau de Cologne-Fabrik „JOHANN MARIA FARINA GEGENÜBER DEM JÜLICHS-PLATZ" in Köln. Zu Ehren seiner neuen Heimatstadt nannte der italienische Parfumeur sein unübertroffenes Elixier „EAU DE COLOGNE", zu Deutsch „Kölnisch Wasser". „Mein Duft ist wie ein italienischer Frühlingsmorgen nach dem Regen, Orangen, Pampelmusen, Zitronen, Bergamotte, Cedrat, Limette und die Blüten und Kräuter meiner Heimat", beschrieb Farina seine Création. Das Unternehmen belieferte fast alle europäischen Herrscher- und Fürstenhäuser, was über 50 Hoflieferanten-Titel im Museum im Farinahaus belegen. Inzwischen wird die Firma von den Nachkommen des Gründers in der achten Generation fortgeführt; das Siegel mit der „ROTEN TULPE" bürgt bis heute für die Echtheit aus dem Haus Farina.

eine Tasse Milch oder einen Teller mit Essen hinstellten.

So hielt es auch die neugierige Frau des Schneiders. Doch hätte sie nur allzu gerne einmal ein Heinzelmännchen gesehen. Abends, wenn sie den freundlichen Hausgeistern etwas hinstellte, sagte sie oft zu ihrem Mann: „Ach, wenn ich doch nur ein einziges Mal eines der Männchen sehen könnte! Was würde ich nicht darum geben …“ Doch ihr Mann brummte nur in seinen Bart, dass Frauen aber auch immer so neugierig wären, und sie solle die kleinen Helfer nur ja in Ruhe lassen.

Eines Tages bekam der Schneider einen großen Auftrag. Der Bürgermeister brauchte ganz dringend einen neuen Festtagsanzug, denn den alten hatten die Motten zerfressen. Hocherfreut nahm der Mann den Auftrag an und versprach, bis zum nächsten Tag alles fertig zu haben. Kaum war der Bürgermeister gegangen, begann die Frau zu schimpfen: „Bist du völlig von Sinnen? Wie willst du das denn bis morgen schaffen? Das ist doch Arbeit für mindestens einen Monat!“ Der Schneider aber schmunzelte und rieb sich die Hände: „Ach, mach dir da mal keine Sorgen. Wozu haben wir denn unsere Heinzelmännchen? Die sollen ruhig einmal ordentlich zupacken für all die gute Milch, die sie über die Jahre von uns bekommen haben!“ Die Frau murrte zwar noch etwas, gab sich aber endlich zufrieden. Vielleicht hatte ihr Mann ja Recht. Schließlich taten die Zwerge ihre Arbeit freiwillig.

Als ihr Mann schlafen ging, ließ sie sich nichts anmerken. Nach einer Weile sagte sie: „Du, ich glaube, ich habe in deiner Werkstatt die Kerze brennen lassen. Ich geh schnell noch mal nachsehen.“ Der Mann knurrte nur kurz in sein Kissen und drehte sich auf die andere Seite. Rasch stand sie auf, zog sich den Morgenrock über und nahm die Laterne vom Haken. Vor der Schlafzimmertür zündete sie die Lampe an, verdeckte sie aber so weit, dass nur ein dünner Lichtstrahl auf den Boden fiel. Dann griff sie in die Tasche und nahm das Beutelchen Erbsen heraus, das sie vorher dort versteckt hatte. Lautlos huschte sie zu der

Der „Kamelle-Napoleon“

Dass Köln und Kamelle gut zusammenpassen, erkannte Mitte des 19. Jh. auch der Konditor Franz Stollwerck. Als er mit seinen „Kölnischen Brustbonbons“ jedoch allzu viel Erfolg hatte, kam es zum Streit mit den Apothekern, der erst in den Zeitungen und dann vor Gericht ausgetragen wurde. Am Ende bekam Franz Stollwerck jedoch Recht und durfte seine beliebten Kamellen weiter verkaufen. Von da ab wurde er nur noch der „Kamelle-Napoleon“ genannt. Mit diesen Bonbons war der Grundstock für eines der erfolgreichsten Kölner Unternehmen gelegt, das in den 1970er Jahren von Hans Imhoff übernommen wurde. Und das 1993 gegründete, weltweit einzigartige Schokoladenmuseum ist eine echte Institution in Sachen Schokolade. Fast fünf Millionen Besucher haben sich am Rheinufer schon auf die 3000-jährige Zeitreise begeben und an dem Schokoladenbrunnen zum Naschen verführen lassen.

steilen Treppe, die nicht nur zum Schlafzimmer, sondern auch zur Werkstatt ihres Mannes führte, und streute den Inhalt dort aus. Anschließend versteckte sie sich in einer dunklen Nische.

Tatsächlich ging ihr Plan auf. Gegen Mitternacht hörte sie leises Trippeln von vielen Füßen, das die Kellerstufen heraufkam, durch das untere Stockwerk hastete und die Treppe erreichte. Doch kaum waren die ersten Männlein ein paar Stufen hinaufgelaufen, rutschten sie auf den runden Erbsen aus. Sie fielen unter lautem Gepolter und Wehegeschrei hinunter, wobei sie andere mitrissen und ihre Mützen verloren. Rasch kam die Schneidersfrau aus ihrem Versteck und ließ das Licht ihrer Laterne über die kleinen Unglücksraben gleiten. Welch ein Bild bot sich ihr da: über- und untereinander lagen sie, fast schienen sie ineinander verknotet, hier und dort ragte ein Ärmchen in die Luft, oder ein Fuß, von dem der Schuh gefallen war. Ein Zappeln und Zetern war das, dass die Frau unwillkürlich laut auflachen musste. Hastig schlug sie die Hand vor den Mund, doch es war bereits zu spät. Aus dem wirren Knäuel der Leiber löste sich ein Zwerg, der einen besonders langen, silbergrauen Bart hatte. Drohend erhob er den Zeigefinger und rief mit einer tiefen Stimme, die man dem kleinen Körper gar nicht zutraute: „Das werdet Ihr bitter bereuen, Frau! Eure elende Neugier kommt Euch teuer zu stehen!“ Die Schneidersfrau erbleichte. Zögernd trat sie einen Schritt vor und streckte bittend die Hand aus: „Aber … ich wollte doch nur …es war doch nicht böse gemeint!“ Grimmig sahen die Kleinen sie an, während sie sich aufrappelten. Dann setzten sie, eines nach dem anderen, ihre Kappen wieder auf und verschwanden.

Bedrückt schlich sie zurück ins Schlafzimmer, wo ihr Mann tief und fest schlief. Die ganze Nacht warf sie sich hin und her und überlegte, wie die Heinzelmännchen sie wohl bestrafen wollten. Endlich graute der Morgen, und sie stand auf und ging in die Küche. Bald darauf hörte sie ihren Mann in der Werkstatt toben: der Festtagsanzug des Bürgermeisters lag noch immer zugeschnitten auf dem Tisch, gerade wie am Abend zuvor. Doch nicht nur in diesem Haus war das Geschrei groß. Die Straßen hinauf und hinunter riefen es sich die Leute zu: keinen einzigen Handschlag hatten die Heinzelmännchen in jener Nacht getan. Und so war es auch in der nächsten. Und der übernächsten.

Und so ist es noch heute und wird auch nie mehr anders werden. Die schöne Zeit ist für immer vorbei, die Heinzelmännchen sind auf Nimmer-Wiedersehen verschwunden, und jeder Kölner muss, wie andere Leute auch, seine Arbeit schön selber machen. Und so mancher stöhnt dabei: „Ach, dass es noch wie damals wär’!“

Köln - Touristisch

Geschichtliches: Entlang der Rheingrenze richteten die Römer im 1. Jh. v. Chr. zum Schutz ihrer Grenzen vor den Germanen im Abstand von 30–40 km Legionslager ein. Neben Neuss, Bonn und Mainz entstand so auch auf dem Gebiet des heutigen Köln das Lager „Oppidum Ubiorum“. Im Jahr **50 n. Chr.** verlieh Kaiser Claudius diesem Lager auf Wunsch seiner Gattin, der Kaiserin Agrippina, unter dem neuen Namen **„Colonia Claudia Ara Agrippinensium“** (CCAA) die Stadtrechte. Köln ist damit die älteste unter den deutschen Großstädten. Schon in der Spätantike kam das Christentum nach Köln, das im 4. Jh. Bischofssitz wurde. Nach den Wirren der Übergangszeit, in der die Stadt unter fränkische Herrschaft kam, gründete Karl der Große 785 das **Erzbistum Köln.**

Der Heinzelmännchenbrunnen
Dieser Brunnen am Brauhaus Früh ist dem Dichter August Kopisch gewidmet, der die alte Kölner Sage von den fleißigen Heinzelmännchen auf unnachahmliche Art in Verse fasste. Die Schneidersfrau ist hier so hübsch dargestellt, dass sie oft mit Schneewittchen verwechselt wird. Es heißt, die Künstler wollten damit zeigen, dass für die preußische Mentalität des August Kopisch diese Frau eher eine positive Persönlichkeit gewesen sei, weil sie die Kölner wieder zum Arbeiten brachte.

Und wer nach Köln reist, wird ihn schon von weitem sehen, den **Kölner Dom**, das bekannteste Wahrzeichen der Stadt. Der Sage nach hatte Meister Gerhard, von dem der Entwurf für die 157 m hohe Kathedrale im Stil der französischen Hochgotik stammt, beim Bau mit dem Teufel gewettet – und deshalb werde bis heute auch noch an dem Dom gearbeitet. Dem größten Schatz dieses Gotteshauses, den **Reliquien der Heiligen Drei Könige**, verdankt die Stadt auch den Zusatz „heiliges Köln“. Der Kölner Erzbischof Rainald von Dassel hatte die Gebeine der Heiligen 1164 von Mailand nach Köln gebracht (☞ Kapitel „Bad Neuenahr Ahrweiler“). Die immer größer werdende Pilgerströme, die daraufhin einsetzten, hatten 1248 dann zur Grundsteinlegung für den Bau dieses neuen Domes – auf den Fundamenten des alten aus dem 9. Jh. – geführt.

Sehenswertes: Das Stadtbild wird geprägt von den **12 romanischen Kirchen** (wie z. B. Groß St. Martin oder St. Maria im Kapitol), mit denen Köln heute einen kunst- und kulturhistorischen Schatz von europäischer Bedeutung besitzt. Aber auch die **Kölner Philharmonie** und

zahlreiche **Museen und Galerien** prägen den Ruf der Stadt als **Kunst- und Kulturmetropole**. Nicht weniger als 30 Museen spannen mit ihren Schätzen den Bogen von der Altsteinzeit im Rheinland, wie sie vom Römisch-Germanischen Museum präsentiert wird, über die Stadtgeschichte im **Kölnischen Stadtmuseum** bis zur modernen Kunst im Museum Ludwig.

Für einen Spaziergang durch die Kölner Innen- und Altstadt bietet sich zunächst eine Tour entlang der **„Ringe“** mit den großen **Stadttoren** an. Weiter führt der Weg über die Glockengasse zum **4711-Haus**, zum **Kölner Rathaus** mit seinen 124 Steinfiguren berühmter Personen der Kölner Stadtgeschichte, vorbei am **Farina-Haus** (dem Geburtsort des „Eau de Cologne“), über die Kölner **Einkaufsmeilen Hohe Straße** und **Schildergasse** bis zum **Neumarkt**.

Von hier ist es nicht mehr weit zur **Ehrenstraße** und **Mittelstraße** mit ihren angrenzenden Straßen und Gassen, in denen es sich hervorragend Shoppen und Speisen lässt.

Empfehlenswertes: Die sprichwörtliche „kölsche Gemütlichkeit“, die ohne das typische **Kölsch** nicht aufkommen kann, findet der Besucher in der **Altstadt**. Hier feiert der Kölner auch den Karneval, der am 11.11. jedes Jahres auf dem Alter Markt als fünfte Jahreszeit eingeläutet wird. Abends empfiehlt sich der Besuch einer der zahlreichen **Kölner Altstadtkneipen** (wie z. B. das Haxenhaus mit der Heinzelmännchen-Treppe).

Nicht weit entfernt am Eisenmarkt befindet sich das **Hänneschen-Theater**, eine Stockpuppenbühne, in der Kölner Mundart gepflegt wird und deren Tradition auf das Jahr 1802 zurückgeht. Hier haben auch **Tünnes und Schäl** ihren Ursprung, die die gegensätzlichen Wesenszüge des Kölners verkörpern und im Brigittengässchen hinter dem Alter Markt auf einem kleinen Platz als Bronzestatuen verewigt sind: Tünnes der Gutmütige, Schäl der Gerissene. Vor dem Theater befindet sich das Denkmal für einen der wohl bekanntesten Kölner Bürger, den Volksschauspieler **Willy Millowitsch**.

Und wer noch mehr Lust auf **Kölner Sagen und Geschichten** hat, sollte sich auf die Spuren des „Kölner Sagenwegs“ begeben (Yvonne Plum: „Kölner Sagen & Geschichten“, J. P. Bachem Verlag, Köln 2004, oder www.rheinischersagenweg.de, Station „Köln“)

Köln – Informationen & touristische Empfehlungen

KölnTourismus GmbH
Unter Fettenhennen 19 · 50667 Köln
Tel.: 0221/221-30400 · Fax: 0221/221-30410
info@koelntourismus.de · www.koelntourismus.de
Bei KölnTourismus erhalten Sie alle relevanten Informationen (Tipps zu Führungen, Veranstaltungen, Shopping und Hotels), die Sie für einen Aufenthalt in der Rheinmetropole benötigen. Und die Köln WelcomeCard bietet neben kostenfreier Fahrt mit den öffentlichen Verkehrsmitteln eine Fülle von Vergünstigungen in Kunst und Kultur, Freizeit und Gastronomie.

Kölnisches Stadtmuseum
Zeughausstraße 1-3 · 50667 Köln
Tel.: 0221/221-25789 · Fax: 0221/221-24154
ksm@museenkoeln.de · www.museenkoeln.de
Öffnungszeiten: Di 10-20 Uhr · Mi-So 10-17 Uhr · Mo geschlossen
Das Museum zeigt Sachgüter und Kunstwerke zur Geschichte der Stadt vom 8. Jh. bis heute, die Einblick in die Geschichte, das Geistesleben, die Wirtschaft und den Alltag Kölns und seiner Bewohner geben.

FARINA-HAUS – Geburtshaus des Eau de Cologne
Johann Maria Farina gegenüber dem Jülichs-Platz seit 1709
Obenmarspforten 21 · 50667 Köln
Tel.: 0221/399 8994 · Fax: 0221/2571709
Museum@Farina-Haus.de · www.FarinaHaus.de
Öffnungszeiten: Verkauf: Mo-Sa 10-19 Uhr · Museum: Mo-Sa 10-18 Uhr.
In der heute ältesten Parfumfabrik der Welt begann vor fast 300 Jahren die Erfolgsgeschichte des EAU DE COLOGNE. Im Duftmuseum erfahren Sie die Historie des Originals, von der Zeit des Rokoko bis heute.

Haxenhaus Zum Rheingarten
Frankenwerft 19 · 50667 Köln
Tel.: 0221/2577966 · Fax: 0221/2581780
info@haxenhaus.de · www.haxenhaus.de
Die sprichwörtliche rheinische Frohnatur hat hier ihr Zuhause. Und die Frohnatur ist erlebbar ... Im Haxenhaus wird noch Tradition gepflegt. Eine Tradition, deren Grundstein vor Hunderten von Jahren gelegt wurde. Und von damals blieb die alte Treppe, auf der die Heinzelmännchen über die Erbsen stolperten, herunterpurzelten und dann Köln für immer verließen.

Senats Hotel Köln
Unter Goldschmied 9-17 · 50667 Köln
Tel.: 0221/2062-0 · Fax: 0221/2062-200
info@senats-hotel.de · www.senats-hotel.de
First-class-Hotel im Herzen von Köln. Stilvolles, persönliches Ambiente empfängt den Gast in unmittelbarer Nähe zum berühmten Dom, dem Kölner Geschäftsviertel mit Fußgängerzone und überdachten Einkaufsgalerien sowie der lebhaften Altstadt, umgeben von zahlreichen Sehenswürdigkeiten, Museen, der Philharmonie und Theatern.

Hotel Lyskirchen – Altstadthotel mit Tradition
Filzengraben 26-32 · 50676 Köln
Tel.: 0221/2097-0 · Fax: 0221/2097-718
lyskirchen@eventhotels.com · www.hotel-lyskirchen.com
„Mitten drin" im Herzen der Kölner Altstadt, nur wenige Gehminuten von der Innenstadt, der Domplatte und der Rheinpromenade entfernt, liegt das Traditionshaus Hotel Lyskirchen. Das Hotel wurde nach der in der Nachbarschaft gelegenen Kirche St. Maria Lyskirchen benannt und präsentiert sich heute als 4-Sterne Hotel im familiären Stil.

Rhein-Erft-Kreis
Der Gymnicher Ritt

Der Gymnicher Ritt

erzählt von Elke Lutterbach

Der Rhein-Erft-Kreis ist eine reizvolle und abwechslungsreiche Region, die neben zahlreichen Naherholungsgebieten – zum Teil durch die Rekultivierung des Braunkohletagebaus entstanden – durch mehr als 50 Burgen und Schlösser geprägt wird und zu den an Wasserburgen reichsten Regionen Deutschlands zählt. Bei Mechernich, nahe dem Rhein-Erft-Kreis, liegt die Burg Satzvey, die jedes Jahr zu pompösen Ritterspielen und historischen Märkten einlädt. Der heutige Besitzer der Burg engagiert sich darüber hinaus für ein weiteres Ereignis, dem ein fast 800 Jahre alter Brauch zu Grunde liegt und von dem die Sage vom „Gymnicher Ritt" erzählt. Es ist kein geringerer als der Burgherr selbst, Franz Josef Graf Beissel von Gymnich jun., der zum Gedenken an seinen berühmten Vorfahren Ritter Arnold I. die alljährlich an Christi Himmelfahrt in Gymnich stattfindende Reiter- und Fußprozession anführt. Der folgende Text ist dem Buch „Ritterburgen" (Band 2) „Burg Satzvey" von Elke Lutterbach (Köln 2004) entnommen.

Man schrieb das Jahr 1219, als sich Ritter Arnold I. von Gymnich im Gefolge des Grafen Wilhelm von Jülich zum Kreuzzug aufmachte, um das 1187 an die Muslime verlorene Heilige Land zurückzuerobern und Jerusalem von den Sarazenen, den „Ungläubigen", zu befreien. 6000 Kilometer Landweg hatten die Kreuzfahrer vor sich, entbehrungsreich und voller Gefahren. Monate, sogar Jahre, waren die meisten unterwegs. Tausende verloren im Kampf ihr Leben oder starben an Hunger, Durst und Krankheit. Der Hauptstützpunkt der Sarazenen war Damiette, eine stark befestigte Hafenstadt im Nildelta. Hier stieß der Graf von Jülich mit Gefolge, darunter Ritter Arnold, auf das schon 1218 aufgebrochene Heer der rheinischen Ritterschaft unter Führung des Kölner Domherrn Oliverus, das Damiette bereits seit Monaten belagerte. Die Sarazenen machten es den Belagerern nicht leicht. Sie hatten die

Durchfahrt auf dem Nil mit Festungsturm und Sperrketten gesichert. Es galt also, den Turm zu erstürmen, ehe mit der Eroberung der Stadt begonnen werden konnte. Im August schließlich fiel der Turm, der äußerst gewagte Angriff auf die Stadt zog sich aber, bis er erfolgreich beendet werden konnte, noch bis November hin.

Zum Verhängnis wurde dem Heer jedoch der Marsch auf Kairo. Im Siegestaumel versäumte es der päpstliche Legat Oliverus, das Hinterland zu sichern. Die Sarazenen überfluteten das Nildelta, indem sie die Dämme zerstörten, und zwangen damit die Kreuzfahrer zum Rückzug. Hier beginnt die Sage vom Gymnicher Ritt. Ritter Arnold kam in große Bedrängnis. Sein Pferd trug schwer an der Last der Beute. Gold, Silber und Edelsteine wollte er nach Hause tragen. Dieser Schatz sollte ihn von all seinen finanziellen Sorgen befreien, die ihn in seiner fernen Heimat erwarteten. Seine Burg, seine Ländereien und seine Untertanen, Bauern, Handwerker und Gesinde hatte er in großer Not zurückgelassen. Der Reichtum, den er nun mit nach Hause bringen würde, sollte alles ändern.

Es war ein gefährlicher Weg. Diebe, Räuber und Wegelagerer verbargen sich überall, und sie schreckten vor nichts zurück, um an die Habseligkeiten der Reisenden zu kommen. Aber auf seiner Reise lauerte noch eine andere Gefahr: das sumpfige Nildelta. Denn plötzlich gab der Boden unter Ritter Arnold nach und langsam, aber unaufhaltsam sank

Schloss Gymnich „bewegt" die Welt

Heinrich I. von und zu Gymnich baute 1354 ein Burghaus, aus dem später eine befestigte Burg wurde. 1655 wurde der Stammsitz der Familie von und zu Gymnich auf dem Grundriss der alten Burganlage als Barockschloss neu errichtet. Nach einer Restaurierung diente der Bau von 1971 bis 1990 als Gästehaus der Bundesregierung und hat bekannte Zeitgenossen wie Queen Elizabeth, Königin Silvia, König Juan Carlos I. sowie zahlreiche andere Staatsgäste aus aller Welt beherbergt.

Am 25. August 1989 kam es hier zu einem Geheimtreffen zwischen dem ungarischen Ministerpräsidenten Németh und seinem Außenminister Horn sowie Bundeskanzler Helmut Kohl und Bundesaußenminister Hans-Dietrich Genscher. An diesem Tag wurde die Bundesregierung erstmals über die Absicht der ungarischen Staatsführung unterrichtet, die Grenze nach Österreich für die Flüchtlinge aus der DDR zu öffnen, was in der Nacht vom 10. auf den 11. September 1989 dann tatsächlich stattfand. Damit war eine der historischen Weichenstellungen vollzogen, die schließlich zum Fall der Mauer führte und die weltpolitischen Verhältnisse von Grund auf veränderte.

Die letzte „Belagerung" des Schlosses erfolgte im Jahr 1998, als das Schloss in den Besitz der Kelly Family überging und es für deren Fans aus allen Teilen Europas für einige Jahre zum „Nabel der Welt" wurde, zum Leidwesen der Anwohner.

Heute beherbergt das Schloss einen Gastronomiebetrieb mit Außenterrasse und Hotel, und lädt dazu ein, sich hier auf die Spuren der Vergangenheit zu begeben, die die Welt „bewegt" haben.

Die „Hüterin der Liebe" auf Burg Satzvey

Auf Burg Satzvey steht ein immergrünes Bäumchen, dessen wunderschöne Blüten sich in manchen Nächten öffnen und einen verführerischen Duft verströmen. Es heißt, diese Blüten bergen auf geheimnisvolle Weise den Zauber des Orients in sich und seien Hüterin der Liebe für Brautleute, so lange sie leben. Die grünen Ranken, die goldenen Früchte und die rot schimmernden Blüten des Bäumchens, die in manchen Nächten noch heute ihre magische Wirkung entfalten sollen, finden sich auch in alten Schriften auf Burg Satzvey wieder.

Wer mehr von dem Geheimnis des Bäumchens wissen will, dem sei der Roman der Burgherrin Gräfin Beissel von Gymnich: „Und flog in anderes Land" (Emons Verlag) empfohlen, der die Liebesgeschichte von Hedewich und Phylipp von Vey erzählt, die weit zurück in die Zeit des Mittelalters führt. Oder er macht sich nach Burg Satzvey auf und taucht ein in die Welt von Hedewich und Phylipp, die bei den jährlichen Ritterturnieren im Mai und September wieder lebendig wird.

sein Pferd immer tiefer in das dichte Schilf. Er sah keinen Ausweg, dem Sumpf zu entkommen, kein Strauch, kein Baum weit und breit, an dem er sich festhalten konnte. Panik ergriff ihn, und er versuchte verzweifelt, sein Pferd voranzutreiben. Mit letzter Kraft rammte er ihm noch einmal die Sporen in die Flanken, aber es sank immer tiefer, und er steckte bereits bis zu den Knien im Morast.

Plötzlich, in hoffnungsloser Situation, ertönte ein krächzendes Geschrei und heftiges Flattern neben ihm. Eine Nilgans war angstvoll aufgeschreckt und flog wild mit den Flügeln schlagend aus dem Sumpf empor. Der Hengst des Ritters erschrak dermaßen, dass er einen gewaltigen Satz machte und auf festem Boden landete.

Nachdem Ritter Arnold sich von dem ersten Schreck erholt hatte, fiel er auf die Knie, richtete seine Augen und seine gefalteten Hände zum Himmel und legte einen heiligen Schwur ab. Wenn er wieder zu Hause ist, gelobte er feierlich, würde er als Dank für seine Rettung alljährlich an Christi Himmelfahrt eine Prozession anführen, die rund um die Gemarkung Gymnich gehen und mit der Gott einen ganzen Tag lang gelobt und gepriesen werden soll.

Und so geschah es auch. Ritter Arnold kehrte zwar erschöpft, aber gesund und dankbar nach Hause zurück. Sogar sein Pferd hatte er unterwegs von der schweren Last der reichen Beute befreit und die Schätze, die er bei sich trug, an Arme am Wegesrand verteilt.

WISSENSWERTES

Eine Urkunde, die 1219 im Lager des Grafen von Jülich vor Damiette ausgestellt wurde, belegt, dass Ritter Arnold von Gymnich als Gefolgsmann des Grafen von Jülich am fünften, dem sogenannten „nicht gezählten" Kreuzzug (1217 bis 1221) teilgenommen hat.

Die Betprozession soll in den nahezu 800 Jahren noch nie ausgefallen sein und hat Gymnich weit über seine Grenzen hinaus bekannt gemacht. Das sakrale Herzstück bildet eine kostbare Kreuzpartikel, die ein berühmter Nachfahre Arnolds, Ritter Johann von und zu Gymnich, von einer Pilgerfahrt in das Heilige Land mitgebracht haben soll. Auch viele hohe Würdenträger aus Politik und Kirche, darunter der beliebte Kölner Erzbischof Josef Kardinal Frings, haben bereits an den Feierlichkeiten teilgenommen.

Rhein-Erft-Kreis – Touristisch

Geschichtliches: Der Rhein-Erft-Kreis ist Teil der „Rheinischen Bucht" und mit über 50 Burgen und Schlössern eine der an Wasserburgen reichsten Regionen Deutschlands, zu denen auch Burg Satzvey gehört. Weiterhin finden sich das Residenzschloss **Augustusburg** (erbaut 1725) und das Jagd- und Lustschloss **Falkenlust** (erbaut 1729) in **Brühl**, die beide zum UNESCO-Welterbe gehören. Sie gelten als herausragende Beispiele der Schlossbaukunst des Rokoko in Deutschland und waren über ein halbes Jahrhundert Vorbild für eine Vielzahl deutscher Fürstenhöfe.

Der jüngeren Regionalgeschichte ist eine umfangreiche Ausstellung auf **Schloss Paffendorf** in Bergheim gewidmet. Hier hat die RWE ihr Informationszentrum eingerichtet, in dem die Geschichte der rheinischen Braunkohle anschaulich nachgezeichnet wird.

Und in **Pulheim-Brauweiler** steht mit der **Abtei Brauweiler** ein einmaliges Denkmal rheinischer Kulturgeschichte. Das vollständig erhaltene Ensemble einer fast 900-jährigen Klosteranlage lohnt sich ebenso zu besichtigen wie das mittelalterliche Städtchen **Alt-Kaster** mit seinen Stadttoren und alten Giebelhäusern.

Der Gymnicher Ritt
Jedes Jahr finden sich mehrere tausend Teilnehmer und Schaulustige in Gymnich ein, um dieses alte Brauchtum zu pflegen. Es ist ein glanzvolles, außergewöhnliches und historisch bedeutendes christliches Fest mit feierlichen Zeremonien am Schloss und auf dem Rittplatz, mit unzähligen Fahnen und Standarten, mit Pilgermesse und einem segnenden Priester hoch zu Ross. Den religiösen Feierlichkeiten, die den Mittelpunkt des Festes darstellen, folgt am Nachmittag und Abend das Volksfest in den Straßen und Sälen Gymnichs.

Sehenswertes: Max-Ernst-Museum: Der Schwerpunkt des neuen, im September 2005 eröffneten Museums ist der einzigartige Bestand von 60 Skulpturen von Max Ernst, einem der bedeutendsten Künstler des 20. Jh. Das Ensemble umfasst das skulpturale Oeuvre vom Ende der 20er Jahre bis zu den letzten Arbeiten von 1974 und besteht, mit Ausnahme einer Steinarbeit, aus Bronzegüssen.

Villa Trips – Museum für Rennsportgeschichte: Wolfgang Graf Berghe von Trips war auf dem Weg zur Weltmeisterschaft, als er am 10. September 1961 beim Formel 1-Rennen in Monza tödlich verunglückte. Direkt neben **Burg Hemmersbach** errichteten die Eltern nach dem Tod des Sohnes ein Museum, das in erster Linie an den unvergessenen Renngrafen

erinnert, aber auch die rasante Entwicklung des Automobil-Rennsports dokumentiert. Eine weitere Attraktion ist eine Spielzeugsammlung aus dem Erzgebirge, die einen Bogen zurück in die Geschichte der Spielzeugentwicklung des 19. und 20. Jh. spannt.

Wind- und Wassermühlen: Im Rhein-Erft-Kreis existieren rund 80 Wind- und Wassermühlen. Viele von ihnen stehen an bestimmten Tagen im Jahr – z. B. Pfingstmontag, dem Deutschen Mühlentag, oder am Tag des Denkmals im Herbst – für Besucher offen oder können nach vorheriger Absprache besichtigt werden.

Empfehlenswertes: Die Region mit einer Vielzahl an Freizeitmöglichkeiten hat sich speziell bei Fahrradfahrern einen guten Ruf erworben. Dementsprechend führt ein hervorragend ausgebautes Netz an Radwegen (wie z. B. der 110 km lange **Erft-Radweg**) mit übersichtlicher Beschilderung quer durch die zumeist flache Region – durch Felder und Wälder, vorbei an Windmühlen und alten Burgen, zum Tagebau oder zu einer der vielen anderen Sehenswürdigkeiten.

Das **Phantasialand Brühl** und das **Michael-Schumacher-Kart-Center** sind ebenso Besuchermagneten wie Burg Satzvey mit ihrem umfangreichen Veranstaltungsprogramm (s. Seite 46) und die ausgedehnte Wald- und Seenlandschaft des **Naturpark Kottenforst-Ville**. Darüber hinaus ist der Rhein-Erft-Kreis ein regelrechtes **Golfparadies.** In ganz Kontinentaleuropa finden sich nur wenige Gebiete mit einer vergleichbaren Dichte, darunter sieben exzellente Golf- und Golfübungsanlagen sowie mehr als 40 weitere Golfplätze.

Die größte Veränderung hat die Region durch den Braunkohletagebau und die anschließende Rekultivierung erfahren. Im **Schloss Paffendorf** beginnt eine Rundtour (Fahrrad oder Auto) entlang der **Straße der Energie** durch die vielseitige Energielandschaft an der Erft: An neun Stationen erfährt der Besucher alles über Tagebau, Rekultivierung, Braunkohleveredlung und Stromerzeugung. Und hier, im Rhein-Erft-Kreis, in der Nähe des **Kolping-Geburtsort Kerpen**, liegt auch das so genannte **„Marienfeld“**, der Ort für die große Abschlussmesse mit **Papst Benedikt XVI.** anlässlich des **Weltjugendtages 2005** in Köln.

Und wer Lust auf Kultur hat, dem seien die **Brühler Schlosskonzerte** mit einem umfangreichen Veranstaltungskalender von Mai bis August empfohlen, die sich großer Beliebtheit erfreuen.

Rhein-Erft Kreis–
Informationen & touristische Empfehlungen

Rhein-Erft Tourismus e. V.

Europaallee 33 · 50226 Frechen
Tel.: 02234/95568-30 · Fax: 02234/95568-68
info@rhein-erft-tourismus.de · www.rhein-erft-tourismus.de

Der Rhein-Erft-Kreis westlich vor den Toren der Kulturmetropole Köln bietet mit seinen reizvollen Gegensätzen von historischen Orten und rekultivierten Waldgebieten mit idyllischen Seen und modernen Industrieanlagen ein besonderes Erlebnis. Der Rhein-Erft Tourismus e.V. steht dabei mit einem umfangreichen Serviceangebot zur Verfügung, bei der Suche nach Hotelzimmern, Buchung von Pauschalreisen, persönlichen Sight-Seeing- und Rahmenprogrammen und vielem mehr.

Burg Satzvey – Festspielburg |

53894 Mechernich-Satzvey · Infofax: 02256 / 958377
Info – Tel.: 02256/95830 · Kartenbestellung – Tel.: 02256 / 958312
info@burgsatzvey.de · www.burgsatzvey.de · www.festspielburg.de

Burg Satzvey, 1396 entstanden, ist eine der am best erhaltenen Wasserburgen des Rheinlandes. Um dieses romantische Kleinod erhalten zu können, organisieren Graf und Gräfin Beissel hier zahlreiche Veranstaltungen und Themenfeste, u.a. Ostermarkt, Hexenmarkt und Hexennacht zum 1. Mai, Ritterspiele und Markt (Pfingsten und das folgende Wochenende; letztes Wochenende August und die ersten beiden im September), Geisternacht an Halloween und historische Burgweihnacht an allen Adventswochenenden. Darüber hinaus lädt die romantische Atmosphäre der Burg zu Privat- und Firmenveranstaltungen ein.

Schloss Paffendorf – Straße der Energie

RWE Power AG, Informationszentrum Schloss Paffendorf
Burggasse · 50126 Bergheim
Tel.: 02271/751-20043 · Fax 02271/751-1477
besucher.rwepower@rwe.com · www.rwe.com (Rubrik: RWE Power)

Im Herrenhaus zeigt RWE Power eine Ausstellung über die Gewinnung und Nutzung der rheinischen Braunkohle. Sehenswert sind auch der Schlosspark, sein Forstlehrgarten sowie die Ausstellungen in der „Galerie Schloss Paffendorf", die jedes Jahr Tausende von Besuchern anziehen.

Phantasialand

Berggeiststraße 31-41 · 50321 Brühl
Tel.: 02232/36200 · Fax: 02232/36236
info@phantasialand.de · www.phantasialand.de

Diesen Freizeitpark, einen der besten Europas, dürfen sich Familien auf der Reise entlang des „Rheinischen Sagenwegs" nicht entgehen lassen.

Max Ernst-Museum

Comesstraße 42 · 50321 Brühl
Tel.: 02232/57931-10 · Fax: 02232/57931-30

Das Museum zeigt eine umfassende Sammlung von Skulpturen, Grafiken, Gemälden und Zeichnungen des Künstlers Max Ernst.

Schloss Gymnich – Hotel/Restaurant

Balkhausener Straße 2 · 50374 Erftstadt-Gymnich
Tel.: 02235/7904-0 · Fax: 02235/7904-44
info@schloss-gymnich.de · www.schloss-gymnich.de

Das Schloss, das früher als Gästehaus der Bundesregierung genutzt wurde und in dem einige Jahre die Kelly Family wohnte, bietet heute ein breites Spektrum an komfortablen Suiten und Hotelzimmern sowie eine hervorragende Küche im stilvollen Ambiente des Schlossrestaurants.

Bonn

Die Sprengung der Godesburg oder warum das Rheinland katholisch ist

Bad Godesberg

Die Sprengung der Godesburg oder warum das Rheinland katholisch ist

Auf einem kleinen, aber markanten Berg in Bonn - Bad Godesberg steht die Godesburg, die mit ihrem Turm den Stadtteil weithin sichtbar überragt. Nach ihr wurde der pittoreske Ort zu ihren Füßen benannt, der heute Teil der ehemaligen Bundeshauptstadt Bonn ist. Wer vom Restaurant der Godesburg aus den atemberaubenden Blick auf das Siebengebirge genießt, ahnt kaum, dass die wehrhafte Trutzburg einst wegen einer reizenden Gräfin gesprengt wurde und dieses Ereignis dafür verantwortlich ist, dass das Rheinland bis heute vom katholischen Glauben geprägt geblieben ist. Wie es dazu kam, erzählt die folgende Geschichte.

Vor einem halben Jahrtausend entbrannten in ganz Deutschland Glaubenskämpfe zwischen Katholiken und Protestanten. Auch der Kölner Erzbischof und Kurfürst Gebhard Truchsess von Waldburg, der 1577 in Amt und Würden gekommen war, hatte engen Kontakt zu protestantischen Kreisen. Der Erzbischof war jedoch nicht nur Kurfürst und als solcher einer der wichtigsten Würdenträger des Heiligen Römischen Reiches Deutscher Nation, sondern er liebte auch die Frauen.

Das Brückenmännchen

Wer auf der Rheinpromenade von Süden kommend auf die Kennedy-Brücke zugeht, entdeckt am Brückenpfeiler „Et Bröckemännche" – die Erinnerung an eine Auseinandersetzung zwischen den Bewohnern der beiden Rheinufer. 1898 war die erste Rheinbrücke in Bonn eingeweiht worden, aber das Städtchen Beuel, das auf der rechtsrheinischen Seite liegt, hatte sich geweigert, die Baukosten dafür mitzutragen, obwohl es erheblich von der Brücke profitieren würde. Aus Verärgerung darüber brachten die Bonner daher die kleine Skulptur, die den Beuelern ihr blankes Hinterteil entgegenstreckt, an der Brücke an. Im Zweiten Weltkrieg zerstört, wurde die Brücke später neu aufgebaut und auch das Brückenmännchen wieder angebracht.

Diese Schwäche wollten sich Teile des protestantischen Lagers zunutze machen. Daher war es sicher kein Zufall, dass Gebhard just in dieser Zeit dem Alchimisten und Magier Scotto begegnet sein soll. Neben anderen Zauberkunststücken beherrschte dieser einen Trick, der dem Betrachter beim Blick in einen magischen Spiegel seine geheimsten Sehnsüchte erscheinen ließ. Auch den Kurfürsten forderte Scotto auf: „Schau in den Spiegel." Und dieser erblickte dort das Bild der Freifrau Agnes von Mansfeld, einer Stiftsdame aus Gerresheim – und Protestantin. Gebhard fand Gefallen an der Frau, die äußerst hübsch gewesen sein soll, und sie wurde schon bald seine Geliebte.

Zunächst hielt Gebhard seine Mätresse allerdings versteckt, doch als Agnes sich dies nicht gefallen lassen wollte, zeigte er sich mit ihr auch in der Öffentlichkeit. Und da begann die politische Falle zuzuschnappen, denn die Mansfelds hatten auf diesen Augenblick nur gewartet, empörten sich sehr lautstark und verlangten die Heirat und den Übertritt des Erzbischofs zum protestantischen Glauben. Durch diese Konversion würde das Kollegium der Kurfürsten, die den König (und damit auch späteren Kaiser) wählten, nicht mehr von einer katholischen Mehrheit dominiert, was durchaus in der Absicht der protestantischen Liga war. Nicht aber in der des katholischen Kaiserhauses und des Papstes.

Als sich Gebhard Ende 1582 dann tatsächlich für einen Wechsel zum Protestantismus entschied und am 2. Februar 1583 Agnes in Bonn heiratete, wurde der Erzbischof am 1. April 1583 vom Papst abgesetzt und exkommuniziert. Noch am selben Tag musste das Paar fliehen, denn das Kölner Domkapitel hatte bereits Truppen nach Bonn entsandt. Doch Gebhard wollte seine Absetzung nicht hinnehmen, setzte seinen Bruder als Stadtkommandanten in Bonn ein und sammelte Truppen in

„Aennchen", die Lindenwirtin

Zu ihren Lebzeiten war Aennchen Schumacher (1860-1935) die meist besungene Lindenwirtin Europas. Als 18-Jährige hatte sie die Gaststätte ihrer Eltern übernommen und daraus einen der beliebtesten Treffpunkte für Studenten gemacht. Bis zu 400 Studenten kehrten damals bei ihr pro Abend ein. Aennchens Popularität war so groß, dass sie an ihrem 75. Geburtstag über 5000 Glückwünsche aus aller Welt erhielt und für ihre Verdienste sogar zur Ehrenbürgerin von Bonn ernannt wurde. Eine der wohl berühmtesten Postkarten erreichte „Aennchen" 1902 aus China. Offiziere der kaiserlichen Marine hatten als Adresse nur ein kleines „n" und „Deutschland" angegeben. Doch das genügte, um die Karte um die halbe Erde ans Ziel zu bringen. Das „n" stand für „n-chen", gleich lautend wie der Name des Restaurants.

Auch heute beherbergt das alte Gebäude wieder eines der beliebtesten Bonner Restaurants, und in seinem romantisch-eleganten Ambiente kann man auch die Original-Postkartensammlung sowie Kupferstiche aus der „Aennchenzeit" betrachten.

Westfalen und Recklinghausen, um sich mit ihrer Hilfe zu verteidigen. Sie verschanzten sich im August 1583 auf der Godesburg.

Inzwischen war Herzog Ernst von Bayern aus dem Hause Wittelsbach in Köln zum Nachfolger Gebhards gewählt worden. Seine Soldaten zogen Ende September rheinaufwärts, wo sie in Poppelsdorf erstmals mit den truchsessischen Truppen in Berührung kamen: Der „Truchsess'sche" bzw. „Kölner Krieg" hatte begonnen.

In den darauf folgenden Tagen entbrannten dramatische Kämpfe um die Godesburg, in deren Verlauf das Dorf am Fuß der Burg von den bayerischen Truppen niedergebrannt wurde. Dann begann man die Burg von unten zu beschießen, doch ohne Erfolg. Die Mauern der Godesburg waren stärker als erwartet. Ernst ließ nun die Kanonen in einem höher gelegenen Weinberg aufstellen, aber auch das blieb ohne Erfolg. Die Truppen des Wittelsbachers mussten sich etwas anderes einfallen lassen. „Wir graben unterhalb der Burg Stollen, die wir mit Sprengstoff füllen und jagen den Berg mitsamt der Burg in die Luft", entschied man schließlich. Den Angriff sollte Karl Graf von Arenberg leiten, denn dieser hatte durch seine Erzgruben an der Ahr das technische Know-how für solche Sprengungen. Mitte Dezember waren die Vorbereitungen abgeschlossen. Letztmalig forderte Kurfürst Ernst die Soldaten auf der Burg auf, sich zu ergeben. „Wir halten die Godesburg bis zum letzten Mann", lautete jedoch die Antwort – und Graf von Arenberg gab den Befehl zur Sprengung.

WISSENSWERTES
Heute ist in Bonn und Bad Godesberg von diesem „Kölner Krieg" nichts mehr zu bemerken. Auch in Bonn hat sich der Karneval, der wie der katholische Glaube fester Bestandteil der rheinischen Kultur ist, etabliert und zieht mit seinen bunten Umzügen und feucht-fröhlichen Sitzungen alljährlich hunderttausende Besucher an. Und wenn heutzutage auf der Godesburg gesprengt wird, dann sind es lediglich Karnevallsböller oder Feuerwerker.

Nach der Zündung gab es einen fürchterlichen Knall, der durch die gesamte Köln-Bonner Bucht hallte. Holzbalken und Steine flogen durch die Gegend, und die Burg wurde von Pulverdampf eingehüllt. Die Hälfte der Gemäuer war eingestürzt. Die Verteidiger leisteten dennoch großen Widerstand, doch vergebens: Als die ersten 50 Angreifer in den Innenhof gelangten, flüchteten Gebhards Truppen in den von der Sprengung verschonten Bergfried. Doch sie hatten keine Chance gegen die Übermacht der Wittelsbacher.

Nach kurzem Kampf ergab sich auch Bonn am 28. Januar 1584. Die neue Kriegstechnik, eine Burg zu sprengen, hatte ihre Kampfmoral schwer angeschlagen. Gebhard Truchsess wurde schließlich im März desselben Jahres endgültig besiegt und floh nach Holland.

Bonn-Bad Godesberg – Touristisch

Geschichtliches: Begonnen hat alles damit, dass Drusus, der Stiefsohn von Kaiser Augustus, vor mehr als 2000 Jahren eine Brücke über den Rhein schlug und die Römer das Lager **„Castra Bonnensia“** errichteten. Später siedelten sich die Franken hier an, und 1211 wurde die offene Marktsiedlung „Oppidum Bonnense“ erstmals offiziell erwähnt.

Ende des 16. Jh. wurde Bonn Residenzstadt der Kurfürsten und Erzbischöfe von Köln – für die Stadt begann eine glanzvolle Zeit, die in der barocken Pracht während der Regierungszeit Clemens Augusts (1723–1761) gipfelte. Im Dezember 1770 erblickte **Ludwig van Beethoven** hier das Licht der Welt; unter Kurfürst Max Franz wurde Godesberg 1790 zum Heilbad ausgebaut. Mit der Herrschaft der Franzosen verlor Bonn seinen Status als Residenzstadt und fiel nach dem Wiener Kongress 1815 wie das gesamte Rheinland an Preußen.

Die Godesburg
Als das Wahrzeichen von Bad Godesberg thront sie auf der Anhöhe und „wacht“ über die Menschen, die zu ihren Füßen leben. Der Grundstein für den Bau wurde am 15. Oktober 1210 von Erzbischof Dietrich I. gelegt. Ende 2003 öffnete die Burg mit Restaurantbetrieb ihre Tore in neuem Glanz, sodass der Besucher heute hier in traditionsträchtigen Mauern, ergänzt durch modernste Architektur mit wunderbaren Licht- und Schattenspielen, einen Ausblick auf das Siebengebirge und das Rheintal genießen kann, der seinesgleichen sucht.

Im 19. Jh. war Bonn Zentrum der Dichter und Denker der Rheinromantik, und nach dem Zweiten Weltkrieg wurde es 1949 **Bundeshauptstadt.**

Das **ehemalige Regierungsviertel** entwickelt sich heute zu einem Zentrum für internationale Konferenzen, und so setzt Bonn auch in der Zukunft die Tradition fort, Gastgeber für Politiker, Beamte, Botschafter, Geschäftsleute und Touristen aus aller Welt zu sein. Denn trotz des Umzugs der Regierung nach Berlin 1999 hat die schöne Stadt am Rhein mit ihren romantischen Stadtteilen, zu denen auch **Bad Godesberg** mit seinen zahlreichen Villen und Parks zählt, nichts von ihrer Attraktivität verloren.

Sehenswertes: In den vergangenen Jahren hat Bonn einen großen Strukturwandel erlebt. Neben den **historischen Bauten** in der Innen-

stadt formiert sich rund um das ehemalige Regierungsviertel ein **modernes Zentrum** für Wissenschaft, Forschung, Telekommunikation, Konferenzen und Museumskultur. Beeindruckendes architektonisches und im wahrsten Sinne des Wortes herausragendes Zeichen dafür ist der **„Post Tower“** mit seiner sehenswerten nächtlichen Beleuchtung.

Die Silhouette der Stadt wird jedoch weiterhin von der dreischiffigen **Münsterbasilika** aus dem 13. Jh. mit ihren fünf Türmen bestimmt. Die **Museumsmeile** mit dem Haus der Geschichte, der Bundeskunsthalle, dem Kunstmuseum Bonn, dem Deutschen Museum sowie dem Museum Alexander Koenig, der neu geschaffene **„Weg der Demokratie“**, das grundlegend erneuerte **Rheinische Landesmuseum**, ein Rundgang durch die Stadt zum **Alten Rathaus**, zum **Poppelsdorfer Schloss**, zu **Beethovens Geburtshaus** bis zur Südstadt mit ihren **herrschaftlichen Häusern**, schmiedeeisernen Zäunen und Kastanienbäumen, die den Besucher ins 19. Jh. zurückversetzen, sowie der erholsame **Rheinauenpark** – all dies sind nur einige der zahlreichen touristischen Attraktionen, für die man sich ausgiebig Zeit lassen sollte.

Natürlich darf ein ausführlicher Besuch des Stadtteils **Bad Godesberg** nicht fehlen. Das Ende des 13. Jh. gegründete **Mineralbad Godesberg**, früher einmal eine selbstständige Stadt und ehemaliger **Diplomatenstadtteil**, wird von herrlichen **Parkanlagen** und **prächtigen Alleen** durchzogen, was ihm auch die Bezeichnung **„Gartenstadt am Rhein“** eingebracht hat. Am Fuße der **Godesburg**, mit deren Bau 1210 begonnen wurde, lädt das legendäre ehemalige Studentenlokal **„Aennchen / Zur Lindenwirtin“** zu einer Ruhepause ein. Hier waren bereits zahlreiche Persönlichkeiten, darunter Goethe, Kaiser Wilhelm, Joschka Fischer, Helmut Kohl und Gerhard Schröder, zu Gast.

Empfehlenswertes: Als Geburtsstadt des berühmten Komponisten veranstaltet Bonn alljährlich das internationale **Beethovenfest**, bei dem Musiker aus aller Welt in den unterschiedlichsten Spielstätten seine Werke interpretieren. In der Reihe der Veranstaltungen zu **Rhein in Flammen** ist das Feuerwerksspektakel rund um Bonn der erste Termin im Jahr und findet immer am ersten Samstag im Mai statt. Große **Open-Air-Konzerte** während der Sommersaison mit internationalen Stars auf dem Museumsplatz an der Bundeskunsthalle oder die seit 1992 ausgetragene **Schauspiel-Biennale**, die neue Theaterstücke aus ganz Europa vorstellt, machen den Besuch in Bonn zu einem wahren Kulturgenuss.

Bonn – Bad Godesberg – Informationen & touristische Empfehlungen

Bonn Information/Tourist-Information

Windeckstraße 1 (am Münsterplatz) · 53103 Bonn
Tel.: 0228/77-5000 · Fax: 0228/77-5077
bonninformation@bonn.de · www.bonn.de

Tourismus & Congress GmbH Region Bonn/Rhein-Sieg/Ahrweiler

Adenauerallee 131 · 53113 Bonn
Tel.: 0228/91041-0 · Fax: 0228/91041-11
info@bonn-region.de · www.bonn-region.de

Die Bonn Information bietet touristische Beratung, Informationen zum ÖPNV inkl. Ticketverkauf, Theater- und Konzertkarten, Stadtrundfahrten und -führungen, Gästeführervermittlung und eine große Auswahl von Bonn-Souvenirs. Bei Reisen nach Bonn und in die Region hilft die Tourismus & Congress GmbH. Sie bietet Pauschalangebote zu Events und Ausstellungen, Pauschalen inkl. Bonn Regio WelcomeCard (freien Eintritt in 20 Museen, freie Fahrt mit Bus und Bahn) sowie Hotelbuchung und Ticketverkauf – auch online.

Rheinisches Landesmuseum Bonn

Colmantstraße 14-18 · 53115 Bonn
Tel.: 0228/2070-0 · Fax: 0228/2070-150
rlmb@lvr.de · www.rlmb.lvr.de
Öffnungszeiten: Di, Do, Fr, Sa 10-18 Uhr · Mi 10-21 Uhr · So 10-18 Uhr · Mo geschlossen

Das Museum des Landschaftsverbandes Rheinland präsentiert sich als Themenmuseum. Architektonisch spannend gestaltet, zeigt es Kunst und Kulturgeschichte des Rheinlandes vom Neandertaler bis heute.

Haus der Geschichte

Museumsmeile · Willy-Brandt-Allee 14 · 53113 Bonn
Tel.: 0228/9165-0 · Fax: 0228/9165-302
post@hdg.de · www.hdg.de
Öffnungszeiten: Di-So 9-19 Uhr

Dauerausstellung auf fünf Ebenen zur deutschen Geschichte von 1945 bis heute – mit mehr als 6000 Objekten und Dokumenten der Zeitgeschichte.

Die Godesburg – Restaurant

Auf dem Godesberg 5 · 53177 Bonn-Bad Godesberg
Tel.: 0228/316071 · Fax: 0228/311218
restaurant@godesburg-bonn.de · www.godesburg-bonn.de

Neben dem Restaurant mit hervorragender Küche bieten mehrere Räume mit modernem Ambiente (bis 500 Personen) den fürstlichen Rahmen für private und geschäftliche Veranstaltungen.

Zur Lindenwirtin Aennchen

Aennchenplatz 2 · 53173 Bonn
Tel.: 0228/3120-51 · Fax: 0228/3120-61
kontakt@aennchen.de · www.aennchen.de

Das traditionsreiche Restaurant des legendären „Aennchen" mit romantisch-elegantem und liebevollem Ambiente, in dem nicht nur die Politprominenz edle Weine und ausgewählte Speisen genießt.

Rheinhotel Dreesen – Hotel / Restaurant

Rheinstraße 45-49 · D-53179 Bonn-Bad Godesberg
Tel.: 0228/8202-0 · Fax: 0228/8202-153
info@rheinhoteldreesen.de · www.rheinhoteldreesen.de

Seit über 110 Jahren präsentiert sich das geschichtsträchtige familiengeführte Rheinhotel Dreesen als das „Weiße Haus am Rhein", ein wirkliches Landmark und ein Klassiker am Rhein – mit einem unverbaubaren und einzigartigen Blick über den Strom in das Siebengebirge.

Königswinter

Siegfrieds Kampf auf dem Drachenfels

Siegfrieds Kampf auf dem Drachenfels

Am Ausgang des Siebengebirges nahe Königswinter verabschiedet sich der Rhein ins Flachland der Kölner Bucht. Der bekannteste Berg dieser Kuppenlandschaft, der gewaltig über dem Fluss aufragt, ist der sagenumwobene Drachenfels. Die atemberaubend schöne Landschaft, die sich um den Felsen rankenden Sagen und Geschichten und nicht zuletzt der populäre, dort gewonnene Wein namens „Drachenblut" haben dazu beigetragen, dass Königswinter seit Anfang des 19. Jahrhunderts zu einem der beliebtesten Urlaubs- und Ausflugsziele im Rheinland wurde. Darüber, wie der Berg zu seinem Namen kam, gibt eine berühmte Sage Auskunft.

In einer Höhle am Steilhang des Felsens hauste einst ein Drache, der letzte, aber auch der fürchterlichste seiner Art, von dem die Bewohner des Rheintals je bedroht wurden. Er war ein Ungetüm von unvorstellbarer Kraft, mit faustdicken Hornhautplatten gepanzert, durch einen Zackenkamm von der Stirn bis zur Schwanzspitze geschützt und mit mörderischen Krallen und Zähnen bewehrt. Die Menschen waren ihm schutzlos preisgegeben, und er konnte nur gnädig gestimmt werden, indem ihm jedes Jahr eine Jungfrau geopfert wurde.

Weit weg in Xanten am Niederrhein hatten zu jener Zeit der König der Niederlande, Sigmund, und seine Frau Sieglinde einen Sohn bekommen. Sie nannten ihn Siegfried. Kaum war aus dem Königssohn ein tapferer und starker junger Mann geworden, machte er sich voll Tatendrang auf seinem Ross auf, die Welt zu erkunden.

Siegfried war schon weit gekommen, als ihn vor einer Schmiede ein böses Unwetter überraschte. Er pochte ans Tor und bat höflich um Einlass. Der Schmied, der ihm öffnete, war Mime, Bruder von Alberich, dem König der Zwerge – und ein kunstreicher Fürst des Schmiedehandwerks zudem. Auf Siegfrieds Bitte um Aufnahme hin sah ihn der Alte

an und antwortete zögernd: „Einen Gesellen könnte ich brauchen" und fuhr fort: „Verpflichte dich mir auf ein Jahr, als Lohn erhältst du Speis und Trank, so will ich dich aufnehmen unter meinem Dach."

So kam Siegfried in die Lehre beim besten Schmied der Schmiede und brachte es binnen kurzer Zeit sehr weit in dieser Kunst. Als er jedoch bemerkte, dass der Zwerg ihn hinterging und des Nachts heimlich an wunderschönem Geschmeide hämmerte, ihm dieses glänzende Gold aber niemals zu sehen gab, erzürnte dies Siegfried auf das Heftigste. Voller Wut schlug er am nächsten Tag mit dem schwersten aller Hämmer so kräftig auf den Amboss, dass dieser tief in der Erde versank. Darüber erschrak der Zwerg bis ins Mark, und von plötzlicher Furcht vor Siegfried ergriffen, versuchte er ihn loszuwerden: „Wenn ich so stark wäre wie du, würde ich heute noch den weiten Weg zum Köhler nach Heisterbach gehen und mir gute Buchenholzkohle für mein Schmiedefeuer holen. Aber ich kann die Last nicht schleppen. Daher frage ich dich, ob du mir nicht einen Korb holen willst?"

Doch diese Bitte des Zwergs war voller Hinterlist, denn er hatte dem Köhler, der ein Riese voll wilder Kraft war, seinerzeit befohlen: „Wenn ich jemanden schicke, Holzkohle zu holen, so bring ihn auf der

Der Mönch von Heisterbach

In einem romantischen Tal am Fuße des Petersberges liegt das Kloster Heisterbach, das Ende des 12. Jh. gegründet wurde. Zu jener Zeit gab es unter ihnen einen jungen Mönch, den alle wegen seiner großen Wissensfülle achteten. Diesen quälten seit Monaten die rätselschweren Worte der Heiligen Schrift, die da lauteten: „Tausend Jahre sind dem Herrn wie ein Tag." Eines Tages ging er wieder nachdenklich durch den Garten und, gelockt von dem wunderschönen Gesang eines Vogels, weiter in den Wald. Immer tiefer geriet er hinein und vergaß dabei Zeit und Raum, bis er sich erschöpft in der Nähe eines kleinen Baches niederließ und einschlief. In seinen Träumen war er dem Allmächtigen nah und ihn umrauschten die Wasser der Ewigkeit.

Als er wieder erwachte, machte er sich mit schlechtem Gewissen schnell auf den Weg zurück ins Kloster, da er bereits die Glocken hörte, die zum Gebet riefen. Aber dort erwarteten ihn nicht die vertrauten Gesichter, sogar auf seinem eigenen Kirchenstuhl saß ein Unbekannter. Der junge Mönch erblasste und wurde zum Abt geführt. Und als er diesem nun seinen Namen sagte und nach dem damaligen Abt fragte, ging ein ungläubiges Staunen durch die Reihen. Mit Entsetzen hörte er, wie der Abt ihm mitteilte, dass seither viele hundert Jahre ins Land gegangen seien. Man holte daraufhin das Klosterbuch und fand dort tatsächlich einen alten Eintrag, in dem von einem jungen Mönch die Rede war, der eines Tages spurlos verschwunden sei.

Mit einem Lächeln sank der Mönch zu Boden, aber bevor er starb, ermahnte er die anderen noch mit erlöschender Stimme: „Brüder, achtet allezeit in Demut das unvergängliche Wort des Herrn und versucht es nicht zu durchdringen, was er uns wohl bedacht mit auf den Weg gegeben hat. Denn für ihn gibt es weder Zeit noch Raum."

Stelle um.“ Nichts ahnend begab sich Siegfried auf den Weg und erkannte den Verrat erst, als der Riese ihm mit seinen kräftigen Pranken nach der Kehle griff. Doch geschickt wie Siegfried war, gelang es ihm, dem Angreifer auszuweichen. Als dieser ihn daraufhin mit einem Eichenstamm erschlagen wollte, zog Siegfried sein eigenhändig gestähltes Schwert und trennte dem Unhold mit einem Hieb den linken Fuß ab. Der Riese stürzte, brüllte schmerzerfüllt auf und prügelte noch am Boden liegend voll Wut um sich. Siegfried aber schlug ihm nun mit einem zweiten Schwerthieb den Kopf vom Rumpf.

Der Schmied hatte inzwischen all seine Schätze um sich herum ausgebreitet und erfreute sich ihres Anblickes. Als Siegfried plötzlich mit zornblitzenden Augen wieder vor ihm stand, war er wahrlich entsetzt, wähnte er ihn doch längst tot. Doch das Schicksal des Zwerges war besiegelt: Sein Kopf fiel, noch bevor er ihn zwischen die Schultern ziehen konnte. Anschließend stopfte Siegfried die prachtvollen Schätze in lederne Säcke und vergrub sie unter der Schmiede.

Weil Siegfried wusste, dass er die Kostbarkeiten dort nicht lange aufbewahren konnte, machte er sich auf die Suche nach einem neuen Versteck und ritt rheinabwärts, bis er wieder in die Gegend von Heisterbach kam. Vor den Kuppen des Siebengebirges traf er auf zahlreiche Männer und Frauen, die Flüche einen Fels hinaufbrüllten. „Der Drache fordert heute seinen Jungfrauentribut“, erklärten sie auf seine Frage. In diesem Augenblick führten einige Krieger auch schon ein vor Angst zitterndes Mädchen herbei. „Und deshalb habt ihr diese unschuldige Jungfrau geraubt?“, entgegnete er missbilligend. „Ja, sonst holt sich der Drache unsere Kinder“, erwiderten die Menschen voller Furcht.

Nur der Tod des Drachens würde das Leben des Mädchens retten können, erkannte Siegfried, und als die Ärmste von der Meute den Berg hinauf zur Höhle getrieben wurde, lief auch er los. Er nahm jedoch eine steile Abkürzung, um vor ihnen dort zu sein. Der Drache witterte den Menschenduft und kroch voll Vorfreude aus seiner Höhle hervor. Doch als er statt eines Mädchens den jungen Kämpfer erblickte, wurde er wütend. Sein Kamm schwoll an, rauchender Zorn stieg aus seinen Nüstern auf, und sein Schwanz peitschte Laub und Erde in die Luft.

Siegfried merkte schnell, dass er mit dem Schwert keine Chance hatte: Die Hornplatten des Ungeheuers waren zu hart und schützten es vor seinen Hieben. Doch er entdeckte die verwundbare Stelle seines Gegenübers und klaubte hastig trockenen Reisig zusammen. Als der Drache nun erneut mit weit aufgerissenem Maul und Feuer speiend angriff, war der entscheidende Moment gekommen! Siegfried warf ihm das Reisigbündel in den Rachen, das dort sofort Feuer fing. Das Untier bäumte sich vor Schmerz auf, sodass sein Hals einen Augenblick lang frei lag. Darauf hatte Siegfried gewartet, denn dies war die einzig ungeschützte Stelle des Ungeheuers. Blitzschnell stieß er sein Schwert hinein, und aus der Wunde schoss ein riesiger Blutstrom, der über seine Hand zu Boden rann. Dem Drachen schwanden die Kräfte, und unter wilden Zuckungen verendete er.

Als sich Siegfried, erschöpft von dem Kampf, für einen Augenblick zu Boden setzte, um auszuruhen, bemerkte er, dass das Gemisch aus Blut und geschmolzenem Drachenhorn auf seiner Haut getrocknet war und einen undurchdringlichen Schutzpanzer gebildet hatte. Nun wusste Siegfried, wie er sich künftig vor Feinden schützen konnte. Hastig riss er sich die Kleider vom Leib und wälzte sich nackt in der noch warmen Pfütze, die sich neben dem toten Drachen gebildet hatte. So erhielt er am ganzen Körper Schutz – und den Ruf, unverwundbar zu sein. Nur eine kleine Stelle auf seinem Rücken, auf die sich auf seiner schweißnassen Haut ein heruntergefallenes Lindenblatt geheftet hatte, blieb unbedeckt. Als er dies bemerkte, war es zu spät, denn die Pfütze war bereits versickert. Bekanntlich kostete ihn dies, so die Nibelungensage, später das Leben.

Die Entstehung des Siebengebirges

In uralten Zeiten war der Drachenfels mit dem Berg, auf dem der Rolandsbogen steht, durch einen Höhenzug verbunden. Dahinter staute sich der Rhein zu einem gewaltigen See. Da es jedoch oft zu Überflutungen kam, die die Menschen auf der anderen Seite des Höhenzuges bedrohten, waren diese sehr in Furcht. Eines Tages riefen sie daher sieben kräftige Riesen und versprachen reichlich Lohn, wenn sie ihnen einen Durchgang durch den Höhenzug graben würden. Die Riesen waren einverstanden, kamen, jeder mit einer großen Schaufel auf der Schulter, und machten dem Rhein in nur drei Monaten einen Weg frei. Als sich der Fluss nun mit seinen Wassermassen ins Tal ergoss, bildeten sich dort an seinen Ufern fruchtbare Ebenen. Die Riesen wurden reichlich entlohnt und machten sich für ihre Heimreise fertig. Sie wollten jedoch nicht mit schmutzigem Gerät von dannen ziehen und so klopfte ein jeder mit seiner riesigen Schaufel kräftig auf den Boden. Die Erde löste sich Klumpen für Klumpen von den Schaufeln, und so wuchsen sieben große Berge, die dem Siebengebirge der Sage nach den Namen geben.

Weiter südlich war noch ein weiterer Berg entstanden: der Himmerich, der im Volksmund auch der „Riesenschiss“ genannt wird. Denn der Sage nach sollen die Riesen während ihrer Arbeit seitwärts dorthin ausgetreten sein, um ihre Notdurft zu verrichten. Tatsächlich leitet sich der Name des Siebengebirges von dem Wort „Siefen“ ab, mit dem die Bachläufe bezeichnet werden, in denen das Wasser aus dem Gebirge abfließt.

Inzwischen waren auch die Männer mit der Jungfrau vor der Höhle angekommen. Siegfried schleifte den abgeschlagenen Drachenkopf vor ihre Füße. Als die Leute das sahen, bekamen sie Angst und flüchteten ins Tal. Siegfried aber löste die Fesseln des Mädchens und brachte es unversehrt zurück zu seinen Eltern.

Sodann begab sich Siegfried eilends wieder zurück zu dem Schatz unter der Schmiede, denn ihm war eine Idee gekommen. Viele Male musste er den weiten Weg zurücklegen, um das gesamte Gold und allen Schmuck in das neue Versteck, die Drachenhöhle, zu bringen.

Ende des 19. Jahrhunderts tauchte erneut ein fauchender, diesmal aber liebenswürdiger „Drache" am Berg auf, der die Menschen bis heute hoch zur Drachenburg bringt: die bis zur vollständigen Elektrifizierung 1958 damals noch mit einer Dampflok betriebene „Drachenfelsbahn".

WISSENSWERTES

„In alten Geschichten wird uns vieles Wunderbare berichtet: von ruhmreichen Helden, von hartem Streit, von glücklichen Tagen und Festen, von Schmerz und Klage, und vom Kampf tapferer Recken. Davon könnt auch Ihr jetzt Wunderbares berichten hören."

Dies ist die erste von 2379 Strophen des Nibelungenliedes, des bedeutendsten mittelhochdeutschen Heldengesangs, in dem unter anderem die Geschichte von Siegfried und dem Drachen erwähnt wird. Das Versepos entstand aus verschiedenen Sagenkreisen germanischer Stämme und wurde lange Zeit nur mündlich überliefert. Die verbindliche Fassung, vermutlich um das Jahr 1200 niedergeschrieben, ist das Werk eines oberdeutschen (österreichischen) Geistlichen, der die alte, während der Völkerwanderungszeit (4. bis 6. Jh.) spielende Heldendichtung im Sinne der zeitgenössischen höfischen Dichtung bearbeitete.

Der Drachenfels wird bereits seit langer Zeit mit der berühmten Sage um Siegfried in Verbindung gebracht. Die malerische Berglandschaft, der rheinische Bezug der Sage und die Tatsache, dass Siegfried auf seinem Weg von Xanten her das Siebengebirge in jedem Fall hat passieren müssen, legten den Gedanken nahe.

Richard Wagner hat den Ereignissen um Siegfried den ganzen dritten und vierten Teil seines monumentalen Werks „Der Ring des Nibelungen" gewidmet. Und so wurde dem Komponisten zu Ehren – aus Anlass seines 100. Geburtstags 1913 – am Fuße des Drachenfelsens die Nibelungenhalle eröffnet, die in zwölf Großgemälden die Szenen des Bühnenfestspiels zeigt.

1933 wurde die Nibelungenhalle um eine Drachenhöhle erweitert, die den großen und vor allem den kleinen Besuchern die Geschichte um den Drachen Fafnir anschaulich machen soll. Heute schließt sich dem 13 m langen Giganten aus Stein noch ein Reptilienzoo mit den Nachfahren der vorzeitlichen Drachen an.

Königswinter – Touristisch

Geschichtliches: Die Landschaft rund um Königswinter hat eine „bewegte" Vergangenheit: Bereits im 1. Jh. n. Chr. begannen die Römer mit dem **Steinabbau am Drachenfels**, der in den folgenden Jahrhunderten fortgesetzt wurde. Unter anderem diente sein Gestein später zum Bau der Burg Drachenfels und des Kölner Doms.

Mitte des 19. Jh. wurde dem Raubbau an der Natur Einhalt geboten, sodass diese Landschaft heute als eines der **ältesten Naturschutzgebiete Deutschlands** bezeichnet werden kann. Damals erhielt Königswinter höchste kulturelle und touristische Aufmerksamkeit. Auch wurde in dieser Zeit unter anderem die Drachenfelsbahn eröffnet und Schloss Drachenburg erbaut, das als Inbegriff der späten **Rheinromantik** gilt.

Die Drachenfelsbahn
Mit Deutschlands ältester Zahnradbahn, bei ihrer Inbetriebnahme 1883 eine technische Sensation, gelangt man bequem durch die reizvolle Landschaft des Siebengebirges auf den berühmten Drachenfels. Von dort kann man den einmaligen Ausblick auf das romantische Rheintal genießen. Bei der Fahrt hinauf, für Bahnfreunde jeden Alters ein einmaliges Erlebnis, werden zudem die vielen interessanten Baumarten am Wegesrand durch Hinweistafeln erklärt.

Weltruhm erlangte Königswinter durch den **Petersberg**. Im 12. Jh. kurze Zeit Sitz von Eifeler Zisterziensermönchen, die später im Tal **Kloster Heisterbach** gründeten, wurde dort 1892 das ehemalige **Hotel Petersberg** eröffnet. Seit 1955 und nach Unterbrechungen wieder ab 1979 nutzte es dann die Bundesregierung als Gästehaus und beherbergte dort Staatsgäste aus aller Welt. Bis heute ist das Hotel Tagungsort internationaler Konferenzen.

Sehenswertes: Königswinter liegt eingebettet zwischen Rhein, Petersberg und Drachenfels. Über der Stadt thronen die **Drachenfelsruine** und **Schloss Drachenburg**. Die Uferpromenade, die als eine der schönsten am romantischen Rhein gilt, und die baumbewachsenen Alleen schmücken die **Altstadt** und laden zum Flanieren ein. Hinter der schönen Fassade des **Siebengebirgsmuseums** ermöglicht eine moderne Ausstellung einen Blick hinter die Kulissen der sagenumwobenen Landschaft und präsentiert spannende Informationen über geologische, geschichtliche, wirtschaftliche und kulturelle Besonderheiten der Region.

Die schönste Sehenswürdigkeit ist **Schloss Drachenburg** (erbaut 1882–1884). Diese malerische, burgartige Schlossanlage mit ihrer Vor- und Hauptburg inmitten eines großen Parkgeländes wird derzeit renoviert und anschließend als Gründerzeitmuseum auf anschauliche Weise das Lebensgefühl des ausgehenden 19. Jh. und die Wohnkultur der Epoche vermitteln. Die Vorburg beherbergt ein Museum zur Geschichte des Naturschutzes in Deutschland.

Die **Nibelungenhalle**, eine zum 100. Geburtstag von Richard Wagner errichtete Gedenkstätte, zählt mit ihren reliefierten Säulen und den Tafelbildern zum „Ring des Nibelungen" sowie der angeschlossenen Reptilienanlage zu den meist besuchten Attraktionen im Siebengebirge.

Empfehlenswertes: Das Siebengebirge zählt mehr als 40 Gipfel, sieben Bergkuppen treten jedoch durch ihre Höhe besonders hervor und haben dem heutigen Naturpark so seinen Namen gegeben. Er ist von zahllosen Wanderwegen durchzogen – darunter ein Weinwanderweg (schließlich befindet sich hier das nördlichste Weinanbaugebiet am Rhein) und der Rheinsteig. Hier im Siebengebirge laden einige idyllisch gelegene Ausflugslokale Wanderer und Spaziergänger zur Rast ein (z. B. das Waldrestaurant Einkehrhaus Waidmannsruh nahe Kloster Heisterbach mit hausgemachten Kuchen und rustikaler Küche in Familientradition, Tel.: 02223/24520, Fax: 02223/28874). Wer den Drachenfels erklommen hat – seit 1883 bietet sich auch eine romantische Fahrt mit der **Drachenfelsbahn** an, deren Talstation 2005 zum Drachenfels-Tourismus-Bahnhof umgebaut wurde –, wird nachvollziehen können, wie sich die Künstler von der landschaftlichen Schönheit und dem unvergleichlichen Ausblick auf das romantische Rheintal zu ihren Werken haben inspirieren lassen.

Die einzigartigen klimatischen Bedingungen haben dazu geführt, dass viele Tier- und Pflanzenarten, die normalerweise in Südost-Europa beheimatet sind, hier in der Trockenheit und Wärme einen Lebensraum gefunden haben. Die Großveranstaltung **Rhein in Flammen** (1. Samstag im Mai), bei der eine hell erleuchtete Schiffsflotte und ein atemberaubendes Feuerwerk den Rhein von Linz bis Bonn in ein fantastisches Farbenmeer tauchen, leitet eine Reihe von Festen ein. Höhepunkt ist dabei das traditionelle **Drachenfest** alle zwei Jahre im Juli – ein „Muss" für alle Freunde rheinischer Sagen und Geschichten.

Königswinter – Informationen & touristische Empfehlungen

Tourismus Siebengebirge GmbH
Drachenfels Tourismus Bahnhof
Drachenfelsstraße 51 · 53639 Königswinter
Tel.: 02223/917711 · Fax: 02223/917720
info@siebengebirge.com · www.siebengebirge.com
Königswinter, die Stadt zwischen Rhein und dem Naturpark Siebengebirge, ist untrennbar mit dem Drachenfels und seiner Siegfriedsage um den Kampf mit dem Drachen verbunden. Bei der Organisation Ihres Ausfluges und bei der Suche nach einer Unterkunft ist Ihnen die Tourismus Siebengebirge GmbH gerne behilflich.

Schloss Drachenburg
Drachenfelsstraße 118 · 53639 Königswinter
Tel.: 02223/90197-0 · Fax: 02223/90197-8
mail@schloss-drachenburg.de · www.schloss-drachenburg.de
In dem weitläufigen Landschaftspark auf halber Höhe zum Drachenfels erbaute sich Baron Stefan von Sarter zwischen 1882 und 1884 ein Schloss in opulenter Gründerzeitarchitektur. Bauschmuck und farbenprächtige Dekorationen spielen auf die rheinische Sagenwelt an. Parallel zur Renovierung des Schlosses wird die Ausstellung „Wegen Renovierung geöffnet – Einblicke in die Baustelle Schloss Drachenburg" gezeigt.

Siebengebirgsmuseum der Stadt Königswinter
Kellerstraße 16 · 53639 Königswinter
Tel.: 02223/3703 · Fax: 02223/909272
info@siebengebirgsmuseum.de · www.siebengebirgsmuseum.de
Hinter der barocken Fassade eines herrschaftlichen Gebäudes aus dem Jahre 1732 bietet eine moderne Ausstellung einen Blick „hinter die Kulissen" der Siebengebirgslandschaft. Sie berichtet von Vulkanen, Steinhauern und Romantikern, von Burgen, Klöstern und Gemeinden oder auch Berufszweigen wie Weinanbau und Rheinschifffahrt.

Drachenfelsbahn
Bergbahnen im Siebengebirge AG
Drachenfelsstraße 53 · 53639 Königswinter
Tel.: 02223/92090 · Fax: 02223/4734
info@drachenfelsbahn-koenigswinter.de
www.drachenfelsbahn-koenigswinter.de
Fast 32 Millionen Fahrgäste hat die Drachenfelsbahn seit ihrer Eröffnung 1883 schon den steilen Felsen hinauf zum „Gipfel des Vergnügens" gefahren, von dem sich bei gutem Wetter das Panorama von der Eifel bis nach Köln erstreckt. Betrieb von Januar bis November.

Rheinhotel Loreley – Hotel/Restaurant
Rheinallee 12 · 53639 Königswinter
Tel.: 02223/9250 · Fax: 02223/925-100
info@hotelloreley.de · www.hotelloreley.de
Das direkt am Rhein gelegene historische Hotel mit neuzeitlichem Komfort und großer Rheinterrasse verwöhnt seine Gäste mit anerkannt guter Küche, gepflegten Getränken und rheinischen Weinen sowie seinem besonderen Charme durch das elegante Ambiente. Das gepflegte Haus bietet seinen Gästen 50 komfortable Zimmer (inklusive abwechslungsreichem Frühstücksbufett) mit DU oder Bad/WC, Kabel-TV, Telefon, Internetzugang und Wireless Lan.

Unkel

Die Unkeler Verlobung

Die Unkeler Verlobung

erzählt von Leonhard Reinirkens

In dem romantischen Städtchen Unkel mit seinen zahlreichen Weinlokalen, in denen die Gäste auch heute noch allabendlich mit Musik unterhalten werden, haben die Unkeler schon immer ausgiebige Feste gefeiert. Aber selten eines, das einen so ungewöhnlichen Ausklang genommen hat. Von diesem Fest erzählt folgende Geschichte.

Der Hannes Bohnefaß war ein Winzer, wie manch einer in Unkel. Zufrieden hätte er sein können, aber die Kinder machten Verdruss. Der jüngere, der André, war ein Leichtfuß. Er war der Liebling seines Paten André Moulé, Weinhändler in Königswinter, der dafür gesorgt hatte, dass er eine gute Schulbildung bekam, weshalb er Schreiber in der Kanzlei des kurfürstlichen Vogts und Kommissarius in Unkel werden konnte. Aber dass sich die Tochter des Vogts, die Bettina von Ewald, in den Winzersohn verliebte, und dass der nicht sagte: „Liebes Kind, du bist von Adel, aber ich bin ein schlichter Ackerbürger", das war skandalös. Der Vater Bettinas, der Herr von Ewald, nutzte denn auch seine Macht und ließ den André zur Armee einziehen. Das Soldatsein war damals gefährlich. Seit 1792 herrschte Krieg gegen die Franzosen.

Der weinfrohe Beethoven im Unkeler Gefängnisturm

Kurz bevor Beethoven von Bonn nach Wien übersiedelte, machte er 1792 als 22-Jähriger mit einem Freund wie fast jede Woche einen Ausflug nach Unkel. Sie besuchten dort einen Lehrer, der seine Verlobung mit Adelheid Pütchens feierte. Man feierte, man zechte und freute sich des Lebens. Und zwischen dem Komponisten und Adelheid soll an diesem Abend eine starke Sympathie entflammt sein. Als Beethoven sich später wieder ins Freie begab, torkelte er betrunken in die Nacht hinein – und fand sich am nächsten Morgen im Unkeler Gefängnisturm wieder. Dort soll er in schwärmerischer Erinnerung an die Unkeler Lehrersbraut sein Lied „Adelaide" komponiert haben. Gut 20 Jahre später wurde dieses Lied sogar bei einer Festlichkeit am Rande des „Wiener Kongresses" vor der versammelten Fürstenschar mit Beethovens persönlicher Musikbegleitung gesungen.

Unkel am Rhein
Vive la

André Bohnefaß hatte nicht die Absicht, ein Held zu werden. Im Gegenteil, in die Eifel verlegt, verliert er seine Kompanie und treibt sich herum. Dabei lernte er den Kaufmann Simon kennen, der sich bald als ein verkleidetes Mädchen entpuppt. Adelheid hatte bei einem Vorstoß der Franzosen über Aachen hinaus Haus und Hof und die Eltern verloren. Aber sie hatte sich mit ihrem Schicksal arrangiert; manchmal war sie der Kaufmann Simon, manchmal die Freifrau von Wintersruh, und immer war sie eine geniale Falschspielerin mit den Karten. Damals war das Glücksspiel eine allgemein verbreitete Sucht.

André nahm die Adelheid mit nach Hause, nach Unkel. Natürlich trat sie hier als Kaufmann Simon auf, sonst hätte sie nicht bei André in der Kammer über'm Kuhstall schlafen können. Aber bald kam der Kaufmann Simon oft erst nach Mitternacht heim, manchmal gar erst am Morgen. Er sei in Geschäften unterwegs, sagte er.

Es war eine bitterkalte Nacht, damals im Januar 1794. André lag wieder einmal allein in der Kammer, da klopfte es an das Fenster. Er öffnete, und auf der Leiter stand die froststarre Bettina von Ewald. Auch die Kammer war kalt, und so mussten wohl oder übel beide unters Deckbett kriechen.

Und da erzählte nun Bettina, ihr Vater habe bestimmt, dass sie schon in der nächsten Woche mit dem Grafen von Loe verlobt würde. Der Graf von Loe war zwar alt und dick, aber sehr reich. Und der Herr von Ewald war pleite. Man habe in der letzten Zeit zu viel dem Kartenspiel gefrönt. Eine Frau von Wintersruh hätte einen kleinen Kreis von Adeligen zusammengebracht und immer unverschämtes Glück im Spiel gehabt. „Ich habe ihr dann erzählt, dass ich diesen abgelebten Grafen Loe heiraten soll. Und sie, die Frau von Wintersruh, hat mir versprochen, ihr würde etwas einfallen, die Verlobung platzen zu lassen. Sie ist

Der Teufelsstein am Stuxberg

Aus der Höhenkette hinter Unkel hebt sich der Stuxberg hervor. Für Geologen ist er ein besonderes Lehrstück, weil hier das geschichtete Sedimentgestein, von vulkanischer Kraft gehoben, in der gut sichtbaren „Unkeler Falte" abbricht. Aber auch für Sagenfreunde hat der Berg etwas zu bieten. Denn auf dem Weg zum Gipfel findet man den so genannten Teufelsstein. Hier soll einst der Teufel gesessen und auf einen gewissen Melchior gewartet haben. Dieser hatte die Witwe Steinfeld nach erfolglosem Werben aus gekränkter Eitelkeit als Hexe verunglimpft. Er hatte falsche Zeugen für ihre Zauberkraft angeheuert, sodass die arme Frau schließlich zum Tode verurteilt wurde. Aber just, als die versammelte Gerichtsbarkeit hinauf zum Gipfel stieg, wo die Hinrichtung stattfinden sollte, und Melchior an dem Stein vorbeischritt, da ergriff ihn der Satan mit riesigen Krallen und entschwand mit ihm in die Lüfte. Die Witwe wurde daraufhin wieder freigesprochen und entschädigt, den Melchior aber hat man niemals mehr wiedergesehen. Vermutlich schmort er noch heute in der Hölle.

geladen samt ihrem Mann, dem Major von Wintersruh, der bis jetzt verwundet im Lazarett gelegen hat, aber jeden Tag eintreffen muss."

Dann war der Tag der Verlobung da. Das Palais, rheinwärts gelegen, war vollbesetzt mit erlauchten Herrschaften, etwas erhöht auf einem Podium das Brautpaar. Der alte Graf Loe, der stolz seine schöne Braut immer wieder anschaute. Auf seiner Brust glänzte der Stern des kurfürstlichen Kammerherrn. Ein Tusch ertönte. Herr von Ewald hatte drei Musiker vom kurfürstlichen Orchester aus Bonn angeheuert.

Und nun hielt er eine Ansprache, in der viel von der Liebe zwischen den beiden Brautleuten die Rede war. Da aber erhob sich zum allgemeinen Erstaunen die Braut. Und nun hielt Bettina ihre Rede, wie sie sie zuvor mit Frau von Wintersruh und ihrem Mann besprochen hatte. Sie sprach von der Vernunft, welche die Franzosen auf den Thron gesetzt hätten. Sie sagte: „Es ist wider alle Vernunft, dass ich wegen der Finanznöte meines Herrn Papa mit diesem Grafen Loe verbunden werde, der mir völlig gleichgültig ist. Zudem erwartet der Graf eine tugendhafte Braut zu gewinnen. Aber ich, Herrschaften, ich habe im Bett des Herrn Major von Wintersruh schöne Stunden verlebt."

Der Saal kochte. Der arme André Bohnefaß, alias Major von Wintersruh, beteuerte seine Unschuld. Aber Adelheid rief mit gespielter Empörung: „Jetzt weiß ich auch, wem die Haarspange gehört, die ich unter deinem Kopfkissen fand. B. v. E. ist sie gezeichnet! Bettina von Ewald!" Graf Loe kriegte einen Herzanfall. Brautvater von Ewald eilte atemlos von Tisch zu Tisch, die empörten Gäste zu beruhigen.

Aber da war kein Halten mehr. Alles drängte nach draußen und zu den Kutschen, um aus diesem Skandal herauszukommen. Und auch Adelheid und André flüchteten, allerdings in die Schenke der Frieda. Dort traf sich die Jugend des Städtchens. Und hier erst wurde „die Unkeler Verlobung" zum Fest. Denn es erschien wutschnaubend der Koch, den Herr von Ewald aus der Residenzstadt Bonn hatte kommen lassen. Er war nicht bezahlt worden, und nun schleppten seine Gehilfen all die Köstlichkeiten heran, die eigentlich für das Verlobungsmahl bestimmt gewesen waren. Die drei Musiker spielten zum Tanz auf.

Was sich nun weiter ereignete, und wie der André Bohnefaß schließlich doch zu seiner Bettina kam? Das passierte, als die Franzosen schon das linke Rheinufer besetzt hatten. Da flüchtete sich der André zu seinem Paten Moulé nach Königswinter. Und da fand er die Bettina mit einem winzig kleinen André auf dem Arm. Jene Nacht in der Kammer über'm Kuhstall war eben nur unter'm Deckbett zu ertragen gewesen.

Unkel – Touristisch

Geschichtliches: Das kleine Rheinstädtchen mit seinen gut 5000 Einwohnern kann auf eine über 1100-jährige, nicht unbedeutende Geschichte zurückblicken. 886 erstmals als „Unchele“ erwähnt, war der **Weinbau** schon damals die Haupterwerbsquelle der Bewohner. Im 16. Jh. erhielt Unkel seine **Stadtmauer**, von der heute noch Teile erhalten sind. Ihre Widerstandsfähigkeit bewiesen die Unkeler in den schweren Zeiten der Pest und der französischen Revolutionskriege. Im 19. Jh. erfreute sich der verträumte Ort wachsender Beliebtheit und wurde zum beliebten Wohnsitz bedeutender Familien, viele auch aus dem nahen Köln, von denen noch heute einige ihre **Sommerresidenzen** hier haben. Ein Beispiel dafür ist die **Burg Unkel** im Herzen der Altstadt aus dem 17 Jh., ein dreiflügeliges Haus und ehemaliger Wohnsitz der Familie Herresdorf.

Karl Simrock, der „Grimm" vom Rhein, und Ferdinand Freiligrath

Karl Simrock (1802-1876) sammelte Sagen und Märchen, die er in zahlreichen Anthologien zum Teil als Erster herausgegeben hat, darunter ein umfassendes Werk zu den rheinischen Sagen (1837). Auch zu den ersten Märchen- und Sagensammlungen der Brüder Grimm trug Simrock Manuskripte bei und wurde von ihnen hoch verehrt. Dies bezeugt u. a. ein 3-monatiger Aufenthalt von Wilhelm Grimm im Sommer 1853 in Simrocks Haus in Bad Honnef südlich von Unkel, wo er auch weitere berühmte Persönlichkeiten wie z. B. Alexander von Humboldt und Ferdinand Freiligrath (☞ „Kapitel Rüdesheim/Assmannshausen") empfing.

Als Erinnerung an die zwei großen Literaturschaffenden der Region, Karl Simrock und Ferdinand Freiligrath (1810-1876), der in den Jahren 1839/40 in dem um 1750 errichteten Freiligrathhaus (linkes Bild) in Unkel lebte, wurde im Jahr 2000 der „Simrock-Freiligrath-Weg" angelegt: Von Unkel nach Bad Honnef führend, lädt dieser einzige literarische Weg am Mittelrhein zum Nacherleben der rheinischen Spätromantik ein.

Sehenswertes: Die **historische Altstadt** von Unkel wurde gemäß der Haager Konvention zu einem erhaltenswerten **Kulturgut** erklärt, das im Kriegsfall nicht zerstört werden dürfe. Darauf weisen die blau-weißen, rautenförmigen Schilder in der Stadt hin.

Dass Unkel eine besondere Stadt ist, wussten schon viele bekannte Dichter, so zum Beispiel **Ferdinand Freiligrath**, der 1839/40 ein Jahr in Unkel verweilte. Sein Haus, das **„Freiligrathhaus“** an der Rheinpromenade, ist heute noch zu bewundern.

Ein Spaziergang durch die Stadt führt an einigen sehr interessanten Bauten vorbei. Überall stechen die **wunderschönen alten Fachwerkhäuser** ins Auge. Das Originellste ist das

Bügeleisenhaus, das um 1650 erbaut wurde. Ganz im Süden der Stadt steht direkt am Rhein der **Gefängnisturm**, heute ein Museum, das nach Vereinbarung besichtigt werden kann. Von hier führen die Reste der Stadtmauer bis hoch zur **frühgotischen Pfarrkirche St. Pantaleon.** Das alte Rathaus beherbergt eine Ausstellung mit Möbelstücken des ehemaligen **Bundeskanzlers Willy Brandt**, der von 1979 bis zu seinem Tod 1992 in Unkel lebte. Auch die ehemalige **Wasserburg Burg Vilszelt** aus dem 11. Jh., am Fuß der Höhen, ist einen Abstecher wert.

Von der **Rheinpromenade** mit ihrer schattigen Allee, farbenprächtigen Stauden und einer bunten Rosenpracht erstreckt sich der Blick auf den Rhein, das unverwechselbare **Siebengebirgspanorama**, den **Rolandsbogen** und die **Insel Nonnenwerth.**

Ein Besuch in Unkel bedeutet nicht nur malerische Landschaften und herrliche alte Bauten. Die Stadt und ihre geselligen aufgeschlossenen Bewohner halten erstklassige Hotels, Gaststätten – wie die Unkeler Kneipe **„Beim Kleen“**, die es als **kleinste Kneipe** ins Guinness-Buch der Rekorde schaffte –, Pensionen und Cafés für ihre Gäste bereit. Erwähnenswert ist auch der **Unkeler Hof**, 1732 als Weingut der Kölner Ursulinen erbaut und im 19. Jh. in einen Gasthof umgewandelt.

Empfehlenswertes: Die Stadt und ihre Umgebung machen Unkel zu einem **idealen Erholungsort.** Ein weit verzweigtes Netz von ca. 160 km **ausgeschilderten Wanderwegen**, der **Naturpark Rhein-Westerwald** und die **gepflegten Grünanlagen** im Ort selbst bilden zusammen mit dem **milden Klima** ideale Bedingungen, um Entspannung mit Wanderungen, Radtouren oder ausgedehnten Spaziergängen zu verbinden. Zudem laden die nahe gelegenen Städte **Königswinter**, **Bonn** und **Köln** zu Tagesausflügen und Shoppingtouren ein.

Rheinischer Frohsinn wird in diesem kleinen Städtchen groß geschrieben, und so werden hier gerne und oft Feste gefeiert. Egal ob **Kirmes, Parkfest, Rhein-Schwimmen, Wein- und Heimatfest** oder das bekannte **historische Domfest** – dank der zahlreichen gastfreundlichen Weinlokale, die ihre Gäste abends mit Musik unterhalten, kommt in Unkel niemals Langeweile auf.

Unkel –
Informationen & touristische Empfehlungen

Tourismus Siebengebirge GmbH
Linzer Straße 2 · 53572 Unkel
Tel.: 02224/902822 · Fax: 02224/911735
info@unkel.de · www.unkel.de
Unkel – die Rotweinstadt am Rhein. Eine schmucke, gepflegte und autofreie Rheinallee ziert die Stadt Unkel und verbindet den Strom mit der historischen Altstadt. Das Team von der Tourismus Siebengebirge GmbH berät Sie gerne bei Ihrem Besuch.

Gefängnisturm
Rheinpromenade / Am Turm
Weitere Informationen über Tourismus Siebengebirge (s. o.) · Besichtigung nach Vereinbarung
Der Turm wurde um 1550 als Teil der Stadtbefestigung errichtet, die barocke Haube stammt jedoch erst aus der Zeit um 1700. Das Gefängnis, in dem schon Beethoven eine Nacht verbracht haben soll, um seinen Rausch auszuschlafen, befand sich im Keller.

Willy-Brandt-Zimmer
Linzer Straße 2 · 53572 Unkel
Tel.: 02224/902822 · Fax: 02224/911735
info@unkel.de · www.unkel.de
Zu Ehren Willy-Brandts (1913-1992), der von 1979 bis zu seinem Tode in Unkel lebte, wird im historischen Rathaus eine Ausstellung zu seinem Leben und Wirken gezeigt. Einzigartige Exponate illustrieren den persönlichen Werdegang, das politische Wirken sowie Willy Brandts Leben als Privatmann und Bürger von Unkel.

Im Lämmlein – Weinhaus
Pützgasse 6 · 53572 Unkel
Tel.: 02224/3179
braun@im-laemmlein.de · www.im-laemmlein.de
In der romantischsten Gasse von Unkel liegt das Weinhaus „Im Lämmlein". Seit 1938 befindet sich das ehemalige Bauerngehöft im Besitz der Winzerfamilie Braun. Im überdachten Rebengarten lässt es sich bei einem Winzerschmaus oder Vesperteller herrlich sitzen. Selbstverständlich schenkt Familie Braun auch selbst angebaute Unkeler Weine aus.

Weinhaus Zur Traube, Gästehaus Korf – Hotel / Restaurant
Lühlingsgasse 5 / Vogtsgasse 2 · 53572 Unkel
Tel.: 02224/3315 · Fax: 02224/73362
Weingott Bacchus lässt grüßen: Im Rebengarten wachsen die Trauben vom Himmel und beinah direkt ins Glas. Bei Musik und Tanz schmeckt ein guter Schoppen Unkeler Wein noch mal so gut. Im Rebengarten und in der altdeutschen Weinstube werden Kaffee und Kuchen sowie herzhafte, gutbürgerliche Gerichte gereicht. Im familiengeführten Hotel „Gästehaus Korf" kann der Gast übernachten und sich für die Erkundung der Rotweinstadt Unkel ausruhen.

Rheinhotel Schulz – Hotel/Restaurant
Vogtsgasse 4-7 · 53572 Unkel
Tel.: 02224/901050 · Fax: 02224/9010599
info@rheinhotel-schulz.de · www.rheinhotel-schulz.de
Liebevoll und aufwändig restauriert, hat das traditionsreiche Hotel an der Rheinpromenade im Jahr 2003 erneut die Pforten geöffnet. 29 stilvoll eingerichtete Zimmer und Suiten – die meisten mit wunderschönem Blick auf den Rhein –, das exquisite Restaurant und die lauschige Sommerterrasse laden zum Verweilen ein.

Remagen

Der Rolandsbogen und die Sage vom Ritter Roland

Der Rolandsbogen und die Sage vom Ritter Roland

Auf dem Weg nach Norden umspült der Rhein am Ende des Mittelrheintals die kleine Insel Nonnenwerth. Die von gepflegten Gärten umgebenen Gebäude auf diesem malerischen Eiland gehören zu einem von Franziskanerinnen geführten Kloster. Es beherbergt ein Gymnasium und bietet jedem, der Ruhe und Einkehr sucht, die Möglichkeit zum Rückzug im Rahmen eines Klosterurlaubes. Auf der rechten Rheinseite ragen die Berge des Siebengebirges empor, auf der linken Seite grüßt das Panorama der Stadt Remagen, das von der Apollinariskirche überragt wird. Von der Insel geht der Blick rechts hoch zum Drachenfels, ihr gegenüber auf der linken Rheinseite hinauf zum Rolandsbogen, wo einst die Rolandsburg stand. Und dies ist der Schauplatz einer der schönsten Rheinsagen: der tragischen Geschichte von dem Ritter Roland und seiner Braut Hildegund.

Einst residierte auf der Drachenburg Graf Heribert, ein alter Haudegen, der in jüngeren Jahren viel Ruhm erworben hatte. Er lebte dort zusammen mit seiner wunderschönen Tochter Hildegund.

Eines Abends, als es schon dunkel war, bat ein junger Ritter am mächtigen Eingangstor um Einlass. Es war Roland, ein Neffe Karls des Großen, dessen jugendlicher Tatendrang ihn von dem weit entfernten Palast des fränkischen Herrschers bis zu dieser Stelle geführt hatte. Der Kaiser hatte seinen Neffen nur ungern ziehen lassen, galt er dort doch als Held, den die Freunde bewunderten und die Feinde achteten.

Freudig begrüßte Graf Heribert den jungen Ritter Roland, dessen Name auch hier einen guten Klang besaß. Und so unterhielten sich die beiden bis weit nach Mitternacht und erzählten von ihren Abenteuern. Am nächsten Morgen stellte der Burgherr dem Ritter seine Tochter vor. Roland durchfuhr es wie ein Donnerschlag, voller Leidenschaft blieben seine Augen an der wunderschönen Hildegund hängen. Noch nie zuvor

hatte eine Frau so tiefe Gefühle in seinem Herzen geweckt. Er, der sich bislang ausschließlich nach Waffenruhm und Heldenwagnis gesehnt hatte, wurde mit einem Mal vom Zauberschlag der Liebe berührt. Auch ihr Herz entbrannte beim Anblick des tapferen Kriegers. Voll Bewunderung stand sie vor ihm, unfähig, ein Wort herauszubringen.

Länger als jemals zuvor an einem anderen Ort seiner Reise verweilte Roland auf der gastlichen Drachenburg und verbrachte so viel Zeit wie möglich an der Seite Hildegunds. Jeden Tag kamen sie sich ein wenig näher, und ihre Liebe füreinander wurde immer stärker, bis der Graf dem Paar schließlich seinen Segen gab. Schon bald wuchsen hoch oben auf der anderen Rheinseite, der Drachenburg gegenüber, die Mauern der Rolandsburg. Nach der Hochzeit sollte dies ihr gemeinsames Heim werden.

Doch kurze Zeit später erschien ein Bote vom Hofe des Kaisers. Dieser rüstete zu einem Kreuzzug gegen die Ungläubigen hinter den Pyrenäen und wünschte den erprobten Ritter an seiner Seite. Schweigend nahm Roland die Botschaft entgegen. Seinem Herrn durch Treuepflicht verbunden, teilte er Hildegund mit, dass er schon am nächsten Tage aufbrechen müsse, da man ihn im kaiserlichen Heerlager bereits erwarten würde. Ihr Antlitz ward totenbleich, als sie die Nachricht vernahm.

Lange hörte Hildegund nichts mehr von ihrem Geliebten. Oft stand sie auf dem Drachenfels und blickte nach Südwesten zu den Türmen

Die „süße" Geschichte von einem Märchenschloss am Rhein

Um 1860 im romantischen „Zuckerbäckerstil" errichtet, ist Schloss Marienfels in Remagen ein anschauliches Beispiel für eine herrschaftliche Residenz, wie sie sich viele Industrielle im 19. Jh. hier am wunderschönen, „sagenhaft" romantischen Rhein erbauen ließen. Der Bauherr, der das Schloss im Auftrag eines Krefelder Zuckerfabrikanten errichten ließ, war der Kölner Ingenieur-Oberst Karl Schnitzler.

Im Laufe der Jahre wechselte es einige Male den Besitzer, bis es jüngst in den Besitz eines Mannes gelangte, der ebenfalls als Botschafter für die „süßen" Seiten der Region bezeichnet werden kann: der Showmaster Thomas Gottschalk, der für einen Süßigkeitenfabrikanten aus Bonn die Werbetrommel rührt.

Und es wäre kein richtiges Schloss, wenn es dort nicht schon auch einmal gespukt hätte. So sollen „eigentümliche Geräusche" und „seltsame Lichterscheinungen" bereits den Bauherrn des Schlosses verstört haben, und auch die späteren Besitzer und Anwohner klagten über merkwürdige Erscheinungen wie eine weiße Gestalt oder grünes Licht, die man in den Fenstern des Schlosses gesehen haben will. Sollte es ihn tatsächlich geben, den Schlossgeist, dann mischt er sich vielleicht ja einmal unter die illustre Schar der Gäste, die hier in den nächsten Jahren erwartet werden dürften. Interessantes zu erzählen hätte er sicherlich – Wetten dass …?

der Burg Rulecheseck, wie die Rolandsburg damals genannt wurde, weiter auf die bewaldeten Eifelberge und glaubte dahinter das ihr völlig unbekannte Ibererland zu sehen, wo ihr Roland kämpfte.

Dort wurden heftige Schlachten ausgetragen, bei denen viel Blut floss. Unter Rolands Führung erstritt das Heer zahlreiche Siege für den Kaiser und das Kreuz. Auf dem Rückzug aber war Roland im Tal von Roncesvalles mit seiner Nachhut plötzlich vom Hauptheer getrennt. Und schon bald fiel eine Übermacht Mauren über sie her und metzelte nach schweren Kämpfen und trotz mutiger Gegenwehr fast alle Männer nieder. Auch Roland wurde von einer Lanze getroffen und stürzte schwer verwundet zu den Toten auf den Boden. Und weil er nicht unter den Frankenkämpfern war, die dem Massaker hatten entfliehen können, brachte ein Bote Karls die Nachricht: „Roland fiel in einer Schlacht gegen die Sarazener."

Schnell erreichte die schreckliche Botschaft auch die Burg am Rhein. Als Hildegund sie aus dem Mund ihres Vaters erfuhr, ward sie wie gelähmt vor Schmerz. Es schien, als würden alle Lebensgeister aus ihr weichen, und lange Zeit konnte sie das Bett nicht verlassen.

Schließlich trat sie vor ihren Vater und erklärte mit gefasster Stimme: „Von nun an will ich der Welt entsagen und als Nonne leben." Graf Heribert wollte sie von diesem Gedanken abbringen, aber alles gute Zureden war vergebens. Schon bald legte Hildegund im Kloster der Insel Nonnenwerth das ewige Gelübde ab und weihte ihr Leben in feierlichem Schwur dem Herrn im Himmel.

Nicht lange danach hielt ein Ritter am Fuße des Siebengebirges und hob seinen Blick zur Drachenburg. „Hildegund", sagte Roland mit sehnsuchtsvoller Stimme und drängte sein Pferd, ihn so schnell wie möglich zur Geliebten zu bringen. Wochenlang hatte ihn sein treuer Knappe, der ihn vom Schlachtfeld in Ronceval gerettet und in eine Hütte gebracht hatte, aufopferungsvoll gepflegt. Doch als die Wunden endlich verheilt waren, wurde Roland nur noch von einem Gedanken getrieben: endlich wieder bei Hildegund zu sein.

Schließlich stand er vor Graf Heribert. Dem alten Burgherrn stürzten beim Anblick des Ritters die Tränen in die Augen. Roland ward bang ums Herz. „Wo ist sie? Tot?", hallte seine Frage durch den Raum. Traurig sah ihn der Graf an: „Hildegund, die Braut des totgesagten Rolands, ist jetzt eine Braut des Himmels."

Der Ritter erstarrte fassungslos und wollte das Unglück nicht wahr haben. Er setzte alles in Bewegung und machte seinen guten Einfluss geltend. Bis hoch zum Erzbischof formulierte er die Bitte, seine geliebte

Hildegund von dem Gelübde zu befreien, obwohl er wusste, dass dies auf Ewigkeit geschlossen war.

Als ihm schließlich deutlich wurde, dass er an diesem Schicksal nichts mehr ändern konnte, verließ ihn jegliche Tatenlust. Tagein, tagaus saß er von da an oben auf der Rolandsburg, ließ kein Auge ab von der kleinen Insel und versuchte Hildegunds Blick zu erhaschen. Manchmal schien es ihm, als ob sie sich grüßend neigte. Denn auch ihr war die Nachricht von der Rückkehr Rolands nicht verborgen geblieben. Schon bald darauf soll sie vor Liebeskummer gestorben sein, und so ertönte das Sterbensglöcklein auf der Insel.

Der Klang des Glöckleins drang bis zur Rolandsburg hoch, und als der Ritter mit ansehen musste, wie seine Liebste zu Grabe getragen wurde, schwand auch sein Lebensmut. Die Wunden, die er in der Schlacht von Ronceval erlitten hatte, brachen erneut auf, und sein Körper fand nicht mehr die Kraft, dagegen anzukämpfen. So folgte auch er bald darauf dem Wege Hildegunds in dem festen Glauben, dass er im Jenseits mit seiner Geliebten wieder vereint sein werde.

WISSENSWERTES

1633 wurde Burg Rolandseck noch als festes Bollwerk bezeichnet, verfiel jedoch in den folgenden Jahren, und bei einem heftigen Erdbeben stürzte 1673 auch die letzte starke Mauer ein. Nur ein Bogenfenster blieb stehen, das fortan „Rolandsbogen" genannt wurde. Aber auch dieser brach bei einem Sturm, in der Silvesternacht 1839, zusammen.

Historisch ist der Zusammenhang zwischen dem Roland, der unter Karl dem Großen gegen die Mauren kämpfte, und diesem Ort allerdings so gut wie ausgeschlossen. Burg Rolandseck, deren Überrest der Rolandsbogen darstellt, wurde 1040 zum ersten Mal als fester Platz erwähnt und 1122 im Zusammenhang mit der Gründung des Frauenklosters Nonnenwerth durch den Erzbischof von Köln errichtet, wie eine Steininschrift im Klosterhof besagt. Die Burg war vermutlich zum Schutze des Klosters angelegt, stellte aber mit Drachenfels und Wolkenburg zugleich einen Riegel gegen einfallende Kriegsscharen ins Kölner Land dar. Der historische Krieger Roland war jedoch bereits im Jahr 778 ums Leben gekommen, und zwar in eben jener Schlacht, von der die Sage erzählt.

Auch gilt es als unwahrscheinlich, dass er jemals Besitztümer in dieser Region besessen hat. Seit dem Mittelalter war der Ritter jedoch zu einer weit verbreiteten Heldengestalt in zahlreichen Erzählungen geworden, sodass das Rolandseck aufgrund der Namensüberschneidung vermutlich irgendwann mit seiner Person verbunden wurde.

DER ROLANDSBOGEN

Der Dichter Ferdinand Freiligrath hatte diesen Ort von seinen Erkundungen des umliegenden Rheinlandes in „süßer Erinnerung“. Als ihn die Nachricht von dem Einsturz des Bogens erreichte, engagierte er sich kurz darauf bereits für den Wiederaufbau und initiierte einen Spendenaufruf. Und tatsächlich konnte der Rolandsbogen noch im gleichen Jahr nach den Plänen des damaligen Kölner Dombaumeisters Ernst Friedrich Zwirner (☞ Kapitel „Bad Hönningen“) neu errichtet werden. Freiligraths Rettung des historischen Gemäuers ist ein frühes Beispiel für Denkmalschutz, dem eines der wichtigsten Zeugnisse für die Kultur der Rheinromantik zu verdanken ist.

1894 beantragte Peter-Josef Lenz, Tanz- und Anstandslehrer auf Nonnenwerth, die Konzession zum Ausschank von Wein und Spirituosen an diesem Ort. Nicht zuletzt wegen seiner Tochter Sophie, die als besungene „Base vom Bogen“ Berühmtheit erlangte, entwickelte sich der Ort im 19. Jahrhundert zu einem beliebten Treffpunkt und Wanderziel für Studenten, Dichter, Denker und Müßiggänger.

ROLANDSBOGEN
RESTAURANT

1929 wurde das Restaurant, das heute in der fünften Generation betrieben wird und eine moderne regionale Küche bietet, in seiner jetzigen Form errichtet. Auf der Terrasse können sich sonnenhungrige Gäste mit rustikalen Gerichten frisch vom Grill verwöhnen lassen. Und den Blick, den man von hier oben hat, bezeichnete schon Humboldt als „einen der schonsten der Welt“.

Seither haben zahlreiche weitere berühmte Persönlichkeiten den Rolandsbogen besucht. Konrad Adenauer verlobte sich hier, und Louis Trenker genoss die Höhe über dem Rhein. Willy Brandt, Walter Scheel und Helmut Kohl luden während ihrer Amtszeit Gäste in das Restaurant, und selbst der amerikanische Präsident Bill Clinton hatte zum Abschluss des Weltwirtschaftsgipfels in Köln ein privates Dinner mit Bundeskanzler Gerhard Schröder an diesem Ort.

Remagen – Touristisch

Geschichtliches: Der aus einem **ehemaligen römischen Kastell** hervorgegangene Ort spielte am Ende des Zweiten Weltkriegs eine wichtige Rolle. Zwischen 1916 und 1918 errichtet, befand sich hier die berühmte **Brücke von Remagen**, die als eine der schönsten Stahlbrücken über den Rhein galt. Sie war die letzte intakt gebliebene Brücke über den Fluss und wurde – nach einem missglückten Versuch der Deutschen, sie zu sprengen – am 7. März 1945 von amerikanischen Truppen erobert. Dies war von großer strategischer Bedeutung für den weiteren Verlauf des Krieges. Zehn Tage später stürzte das beschädigte Bauwerk jedoch wegen Überlastung durch die übersetzenden Truppen ein und riss zahlreiche Soldaten mit in den Tod.

Sehenswertes: Die **herrliche Rheinpromenade** Remagens ist nicht nur aufgrund der **schönen Villen** aus der Anfangszeit des Rheintourismus im 19. Jahrhundert einen ausgiebigen Besuch wert. Hier entsteht seit 2001 auch das **Skulpturenufer**, das **moderne Kunst** unter freiem Himmel bietet und unter anderem am **ARP MUSEUM** im Künstlerbahnhof Rolandseck vorbeiführt. Das Gegenstück zum modernen ARP MUSEUM ist das **Römische Museum.** In einer ehemaligen Kapelle untergebracht, zeigt es Fundstücke aus dem römischen Kastell.

Die „Brücke von Remagen" *gelangte durch den gleichnamigen, amerikanischen Spielfilm mit Starbesetzung sowie durch verschiedene Buchpublikationen zu Weltruhm. Heute erinnert eine Gedenkstätte in den zwei erhalten gebliebenen Brückentürmen mit Ausstellungen, Dokumenten und alten Wochenschau-Sendungen an die Geschichte der umkämpften Brücke und die Opfer.*

Das Wahrzeichen der Stadt ist die 1839 an Stelle der Fundamente der alten Apollinariskirche erbaute **neugotische Wallfahrtskirche St. Apollinaris**, die innen mit herrlichen Wandgemälden (Nazarener-Fresken) ausgestattet ist, und in der die Gebeine des hl. Apollinaris ruhen (☞ Kapitel „Bad Neuenahr – Ahrweiler"). Historische Atmosphäre vermitteln Sehenswürdigkeiten wie das **romanische Pfarrhoftor** aus dem 12. Jh., die **Gedenkkapelle Schwarze Madonna**, die an das große Gefangenenlager Ende des Zweiten Weltkriegs erinnert, die Milchgasse mit schönen alten **Fachwerkhäusern** aus dem 14. Jh. und das **klassizistische Rathaus** mit dem Marienbrunnen.

Empfehlenswertes: Die über 2000 Jahre alte Stadt ist mit ihren Stadtteilen **Kripp, Oedingen, Unkelbach, Oberwinter (Rolandseck)** und **Rolandswerth** ein idealer Ausgangspunkt für Ausflüge ins **Mittelrheintal, Ahr- und Moseltal** oder in die **Eifel** sowie in die nahe gelegenen Städte **Köln** und **Bonn.**

Remagen bietet ein umfassendes Netz an Wanderwegen: vom **Rheinhöhenwanderweg** bis hin zum **Rotweinwanderweg.** Der **Rheinradwanderweg** führt durch das gesamte Stadtgebiet direkt am Strom entlang. In Remagen-Rolandswerth hat man Anschluss an den **Raderlebnisweg Rheinschiene** in Nordrhein-Westfalen, und direkt hinter Remagen-Kripp, nach der Mündung der Ahr in den Rhein, findet man die Abzweigung zum **Ahrtal-Radweg.**

Ein Erlebnis, besonders auch für Kinder, sind der **Waldlehrpfad**, die **Straußenfarm** und der **Yachthafen** in Oberwinter.

Vor der sehenswerten Kulisse Remagens finden jedes Jahr gesellige Feste wie das **Promenadenfest**, das **Weinfest** oder auch der **Jakobsmarkt** statt. Ein weiteres Highlight ist **„Rhein in Flammen“**, das immer zusammen mit dem **Altstadtfest** Anfang Mai veranstaltet wird. Und auf dem Rolandsbogen verbindet die Veranstaltungsreihe **„Kultur am Bogen“** Kulinarisches mit Kunst und Kultur.

Remagen – Informationen & touristische Empfehlungen

Remagen – Touristinformation

(am Marktplatz gegenüber dem Rathaus)
Kirchstraße 6 · 53424 Remagen
Tel.: 02642/20-187 · Fax: 02642/20-127
stadt.remagen@t-online.de · www.remagen.de

Entdecken und begeistert sein: Die 2000 Jahre alte Römerstadt liegt südlich der Bundesstadt Bonn, als nördlichste Stadt von Rheinland-Pfalz, am „Romantischen Rhein". Sie bietet eine Vielzahl von Sehenswürdigkeiten vom Arp Museum/Künstlerbahnhof Rolandseck über das Friedensmuseum „Brücke von Remagen" bis zur neugotischen Wallfahrtskirche St. Apollinaris u.v.a.m.

ARP MUSEUM – Bahnhof Rolandseck

Hans-Arp-Allee 1 · 53424 Remagen
Tel.: 02228/9425-0 · Fax 02228/9425-21
info@arpmuseum.org · www.arpmuseum.org

Der Bahnhof Rolandseck, ein klassizistisches Juwel aus der Mitte des 19. Jh., ist seit Jahrzehnten Ort für berühmte Künstler aus der ganzen Welt – für Musiker, Literaten, Maler und Bildhauer. Er beherbergt das ARP MUSEUM, einen Wechselausstellungsraum und einen Festsaal, der als Café sowie für das Veranstaltungsprogramm genutzt wird.

Restaurant Rolandsbogen |

An der Burgruine · 53424 Remagen
Tel.: 02228/372 · Fax: 02228/8423
info@rolandsbogen.de · www.rolandsbogen.de

Neben dem kulinarischen Angebot im Restaurant und auf der Terrasse bietet das Restaurant Rolandsbogen eine jährlich wiederkehrende Veranstaltungsreihe, die Kultstatus erlangt hat. Es ist eine Verbindung von Küche, Kunst & Kultur, die Kenner und „Anfänger" gleichermaßen begeistert. Dabei stellen deutsche Top-Winzer ihre Weine vor, die von speziell kreierten Gala-Menüs begleitet werden, und für den „Kulturschock" sorgen Künstler aus den Bereichen Kleinkunst, Literatur und Musik.

Hotel Haus Oberwinter – Hotel/Restaurant |

Am Unkelstein 1a · 53424 Remagen-Oberwinter
Tel.: 02228/60040-0 · Fax: 02228/60040-54
hotel@haus-oberwinter.de · www.haus-oberwinter.de

3-Sterne-Hotel auf einer Rheinhöhe bei Remagen mit 51 komfortablen Gästezimmern und einer behindertengerechten Ausstattung im gesamten Hotel, Schwimmbad, Sauna, Solarium, Fitnessraum und Kegelbahn. Ob Urlaub, Tagesausflug, Restaurantbesuch, Familienfest, Tagungen oder Seminare, hier findet der Gast das passende Ambiente und eine einmalige Aussicht auf das romantische Mittelrheintal.

Rhineland Holiday Pinger Hotels – Hotel/Restaurant |

Geschwister-Scholl-Straße 1 · 53424 Remagen
Tel.: 02642/9384-0 · Fax: 02642/9384-690
mail@pingerhotels.de · www.pingerhotels.de

„Aktiv erholen am Romantischen Rhein" – gemäß diesem Motto heißen die Familie Pinger und ihr Team ihre Gäste willkommen. Das Hotel bietet eine komfortable Unterkunft für einen erholsamen Schlaf, leckere regionale Küche für das leibliche Wohl und eine zentrale Lage zum Wandern, Radeln und Erholen. Dazu gibt es als Sahnehäubchen eine atemberaubende Rheinlandschaft. Hier findet der Gast alles, was er für einen sagenhaften Urlaub braucht.

Linz

Die Linzer Strünzer

Die Linzer Strünzer

erzählt von Thomas Görden

Wann die Bezeichnung „Linzer Strünzer" entstanden ist, weiß niemand genau. Strünzer kommt von „strunzen", was angeblich aufschneiden bedeutet, aber gewiss nur darauf zurückzuführen ist, dass die Linzer, wie alle Rheinländer, gerne Geschichten erzählen und ein Schwätzchen halten. Dass die Linzer schon im Mittelalter als große Angeber und Aufschneider galten, die hohe, prächtige, farbenfrohe Fassaden vor ihre ansonsten kleinen Häuser setzten – was dem Ort den Beinamen „Bunte Stadt am Rhein" einbrachte –, ist eine boshafte Behauptung, die nur von einem neidischen Andernacher in die Welt gesetzt worden sein kann. Nein, der Linzer Strünzer zeichnet sich vielmehr dadurch aus, dass er nie auf den Mund gefallen ist, pfiffig alle Schwierigkeiten meistert und, wenn die Situation es erfordert, einen gewaltigen Lärm zu machen versteht. Dies beweist eindrucksvoll die nachfolgende Geschichte.

Wie ein echter Linzer Strünzer, der als absolut zuverlässige Quelle gelten kann, glaubhaft berichtet, hat sich während des Dreißigjährigen Krieges Folgendes zugetragen. Damals wüteten die Truppen des schwedischen Königs Gustav Adolf im Rheinland und brachten der Bevölkerung großes Leid. Und es kam, wie es kommen musste: Auch vor den Toren der Stadt erschien eines Tages ein beunruhigend großer Haufen schwedischer Söldner. Sie forderten die sofortige Leerung der Linzer

Die Klapperjungen

An den Kartagen vor Ostern fliegen die Kirchenglocken angeblich jedes Jahr zum Papst nach Rom zur Segnung und werden daher nicht geläutet. Seit Jahrhunderten ist es Brauch, dass an diesen Tagen zu den Zeiten des „Angelusläutens" um 6, 12 und 18 Uhr die Jungen – im Zuge der Gleichberechtigung heute auch die Mädchen – durch die Gassen der Stadt laufen und mit ihren lauten hölzernen Klappern die schweigenden Glocken ersetzen. An der oberen Pforte der Altstadt, dem Neutor, hat die Linzer Künstlerin Inge Heim den Klapperjungen ein Denkmal aus Bronze gesetzt.

Speisekammern und die Herausgabe der kostbarsten Schätze: Wein und Bier in großen Fässern.

Der Bürgermeister und die Stadträte gingen daraufhin zu Jupp Salzfass, der in jenen Tagen als der pfiffigste unter den Linzer Strünzern galt, und schilderten ihm den Ernst der Lage. Der Jupp strich sich nachdenklich durch seinen buschigen Bart und sagte: „Beim heiligen Martin, diese vertötschten Schweden werden uns Bier und Wein wegtrinken und unsere Mädchen rauben. Dem muss Einhalt geboten werden!“ „Aber wie denn bloß, Jupp?“, fragte der Bürgermeister verzweifelt. „Du weißt doch, dass wir Linzer zwar gut schwätzen und gut feiern, aber nicht gut kämpfen können. Die paar Schwerter, die wir hier herumliegen haben, sind alle schartig und verrostet.“ Jupp dachte angestrengt nach. Er zupfte sich am Bart, kratzte sich im Haar, aber es wollte ihm gar nichts Rechtes einfallen. Schweiß trat ihm auf die Stirn. Die Ratsherren, die sich in seiner Stube versammelt hatten, beobachteten sein angestrengtes, aber ergebnisloses Nachdenken mit wachsender Besorgnis.

Schließlich stand Jupp seufzend auf. „Ich brauche etwas geistige Anregung“, sagte er, stieg in den Keller und goss sich ein großes Glas seines selbst gekelterten Hausweines ein. Mit dem Glas setzte er sich wieder nach oben zu den anderen, und andächtig schauten alle zu, wie Jupp mit geschlossenen Augen langsam, Schluck für Schluck, das Glas leerte. Schon nach wenigen Minuten begann der magische Trank seine Wirkung zu entfalten. Jupps Züge entspannten sich. Er öffnete die Augen, schlug sich mit der Faust in die flache Hand und rief: „Heilige

Der mutige Augustin Castenholz

1632 wurde Linz doch noch von den Schweden besetzt. Sie werden sich jetzt fragen, wie das geschehen konnte, hatten die Linzer Strünzer die Schweden doch zunächst erfolgreich vertrieben. Dies lässt sich nur damit erklären, dass auch echte Linzer Strünzer, wie alle Menschen, ihre schlechten Tage haben. Und an einem solchen schlechten Tag muss es gewesen sein, dass die schwedischen Soldaten die „Bunte Stadt am Rhein“ einnahmen, nachdem der Magistrat ihnen, um schlimmeres Blutvergießen zu verhüten, die Tore geöffnet hatte. Als man sie aber nach Linz hereingelassen hatte, machten die Schweden das, worauf sich Soldaten in jener Zeit besonders gut verstanden: Sie brandschatzten, plünderten, vergewaltigten und mordeten. Um dem grässlichen Treiben ein Ende zu setzen, sandte der Linzer Zollschreiber, Schöffe und ehemalige Bürgermeister Augustin Castenholz einen Boten aus, der den Befehlshaber der kaiserlichen Truppen, Graf Ernst von Isenburg, um Hilfe bitten sollte. Der Bote wurde jedoch von den Schweden abgefangen. Daraufhin wurde Augustin Castenholz auf dem Linzer Marktplatz enthauptet, wobei man seine Frau und seine sieben Kinder zwang, die Hinrichtung mit anzusehen. Zur Erinnerung an diesen mutigen Mann benannten die Linzer ihren Marktplatz nach ihm und brachten am historischen Rathaus eine Gedenktafel an.

Maria! Ich hab's! Ruft mir nach Einbruch der Dunkelheit heimlich die größten Linzer zusammen, die, die am meisten Lärm und Rabatz zu machen verstehen! Wir werden den Schweden die Suppe gründlich versalzen, so wahr ich Josef Salzfass heiße!"

Als sich der Abend auf die kleine Stadt gesenkt hatte, herrschte in den Gassen geschäftiges Treiben, ohne dass die Schweden, die vor den Mauern der Stadt auf der Lauer lagen, etwas mitbekamen. Der Jupp gab allen im Flüsterton – wenn die Lage es erfordert, können echte Strünzer auch ganz leise sein – Anweisungen zur Umsetzung seines Planes, zu dem der Geist des Weines ihn inspiriert hatte.

Stunden vergingen. Und dann, in der dunkelsten Zeit der Nacht, kurz vor dem Morgengrauen, flammte auf dem höchsten der Hügel, von denen Linz umgeben ist, plötzlich ein loderndes Feuer auf. Lautes Kriegsgeschrei schallte zu den Schweden herab, die erschrocken zu den Waffen griffen. Nun wurden auch auf den anderen Hügeln Feuer entzündet, deren Flammen hoch in den Himmel schossen. Und auch von überall dort ertönten laute Kriegsrufe. Unterdessen waren die Linzer Fischer mit ihren Kähnen auf den Rhein hinausgefahren. Sie entzündeten jetzt Pechfackeln und brachen ebenfalls in heftiges Geschrei aus, sodass es schien, als setze eine große Schar Soldaten über den Fluss.

WISSENSWERTES

Bezweifeln Sie etwa, dass diese Geschichte sich wirklich so zugetragen hat? Dann sollten Sie unbedingt nach Linz kommen und durch die malerischen Gassen der Altstadt spazieren. In den gemütlichen rheinischen Kneipen dort werden Ihnen auch heute noch zahlreiche Strünzer begegnen, die Sie fragen können. Und eines steht jedenfalls außer Zweifel: Ein echter Linzer Strünzer ist nie um eine gute Antwort verlegen.

Die Schweden wurden von Entsetzen gepackt und glaubten, ein riesiges Heer der kaiserlichen Truppen sei über Nacht angerückt, um ihnen den Garaus zu machen. Schreiend vor Angst wichen sie vor dem vermeintlich übermächtigen Gegner zurück und flohen die bewaldeten Hänge oberhalb des Rheintals hinauf. Keiner von ihnen wurde je wieder gesehen. Wie es heißt, fielen sie allesamt den damals auf den eisigen Höhen und in den düsteren Tälern des Westerwaldes noch sehr zahlreichen wilden Wölfen und Bären zum Opfer.

Die Linzer aber, die den Lärm oben auf den Hügeln veranstaltet hatten, gingen lachend wieder ins Städtchen zurück und ließen ihren pfiffigen Jupp hochleben. Dann taten sie, was sie besonders gerne tun: Sie feierten den ganzen Tag bis spät in die folgende Nacht hinein ein Freudenfest, bei dem Bier und Wein in Strömen flossen und viel gegessen, gelacht, gesungen und getanzt wurde.

Linz – Touristisch

Geschichtliches: Linz wurde 874 erstmals urkundlich erwähnt. Um 1320 erhielt der Ort die Stadtrechte und eine massive Befestigungsmauer mit mächtigen Stadttoren, die teilweise heute noch erhalten sind. Aber auch sie konnten nicht verhindern, dass Linz in den folgenden Jahrhunderten immer wieder besetzt wurde. Charakteristisch für Linz sind auch die **verträumten Winkel und Gassen der Altstadt** mit ihren Bürgerhäusern aus fünf Jahrhunderten, in denen der Besucher das „Mittelalter" hautnah entdecken kann. Diesen **farbenfrohen Fachwerkbauten** – oft mit geschnitztem Gebälk reich verziert – verdankt Linz seinen Beinamen **„Bunte Stadt am Rhein"**.

Der Strünzerbrunnen
Auf dem Burgplatz steht der Strünzerbrunnen, der 1980 errichtet wurde. Er ist der den Linzern nachgesagten Mentalität gewidmet, dann und wann zu leichten Übertreibungen zu neigen.

Bis Anfang des 19. Jh. war Linz mit der Zoll- und Zwingburg eine von elf Zollstellen zwischen Köln und Mainz und ist bis heute Hauptumschlagplatz für den in der Umgebung gebrochenen Basalt.

Sehenswertes: Einen gemütlichen Rundgang durch den Ort sollte der Besucher am besten am **Rheintor** beginnen. Dieses Tor mit seinen spätgotischen Ecktürmchen war die „Haustür" von Linz, an seiner Innen- und Außenseite kann man sich auch von der Höhe der dort angebrachten Hochwassermarken beeindrucken lassen. Weiter führt der Weg zum **Burgplatz** und der **Burg Linz.**

Die Burg, 1365 als **Zoll- und Zwingburg** errichtet und oft zerstört, wurde 1984 saniert und gilt seitdem als **„Freizeiterlebnis am Rhein"**. Hier kann der Besucher im Burgverlies **mittelalterliche Folterinstrumente** bestaunen, im **Europäischen Wappenmuseum** eine Reise durch das Mittelalter machen und erleben, wie Wappen und Siegel in den Alltag integriert wurden, in der **Römischen Glashütte** dem Glasbläser bei seinem alten römischen Handwerk zuschauen oder die ganzjährige **Weihnachtsausstellung** besichtigen.

Über die Rheinstraße kommt der Gast zum Mittelpunkt des Ortes, dem **mittelalterlichen Marktplatz.** Ihn verschönert der Häuserkreis mit den in den 1920er Jahren restaurierten **bunten Fachwerkhäusern.** Das historische Ambiente des Marktplatzes wird durch die **Mariensäule**, den

Rathausbrunnen und das Rathaus abgerundet. Es ist das **älteste Rathaus von Rheinland-Pfalz**, und täglich um 12:15, 15:15 und 18:15 Uhr lässt es seine Glocken erklingen.

Beim Verlassen des Stadtkerns über die Kirchstraße kommt man zum höchsten Punkt der Stadt und damit zur **Pfarrkirche St. Martin**. Die spätromanische, dreischiffige Pfeileremporenbasilika wurde 1214 geweiht, im Inneren lassen sich wertvolle Fresken besichtigen.

Der Rundgang endet am östlichen **Neutor** – im Torbogen grüßt der **Linzer Klapperjunge**, eine von vielen Bronzeplastiken in der Stadt – und führt durch die Neustraße mit ihren historischen Fachwerkbauten zurück ins Zentrum. Erholen kann man sich anschließend auf der Sonnenterasse des **Rheinparkhotels Bucheneck**, das direkt am Rhein gelegen ist und einen herrlichen Ausblick bietet. Unter dem Hotel befindet sich auch der **Linzer Strünzer-Keller**, ein sehr gemütlicher historischer Winzerkeller.

Empfehlenswertes: Mit seiner **waldreichen Umgebung** am Eingang zum **Naturpark Rhein-Westerwald** zwischen Bonn und Koblenz gelegen, bietet Linz dem Besucher die Möglichkeit zu reizvollen Wandertouren entlang des ca. 30 km langen **Walderlebnispfads** und über die Premium-Wanderstrecke **Rheinsteig**, die nicht von ungefähr quer durch die malerische Linzer Altstadt führt, oder zu Tagestouren entlang des **Mittelrheins**.

Der **rheinische Frohsinn** lässt sich bei den Linzer Festen besonders gut erleben. So laden unter anderem das **Linzer Winzerfest**, der **Kunsthandwerker-Markt**, bei dem auf altertümliche Weise Handwerk betrieben wird, die zweimal jährlich stattfindenden **Antiquitäten- und Trödelmärkte** und **Rhein in Flammen** mit Strünzerparty zum Mitfeiern ein.

Highlight ist die **„Bunte Woche“**, die immer am Wochenende vor Pfingsten stattfindet. Dabei findet neben vielen anderen Attraktionen in der Altstadt auch das **Internationale Drehorgel-Festival** statt.

Linz –
Informationen & touristische Empfehlungen

i

Stadtentwicklungs- und Touristikgesellschaft Linz am Rhein mbH
Marktplatz 14 (im Historischen Rathaus) · 53545 Linz am Rhein
Tel.: 02644/2526 · Fax: 02644/981126
info@linz.de · www.linz.de
Linz ist die Verbindung von Trend und Tradition: Die Tradition wird lebendig in Sehenswürdigkeiten einer über 1000 Jahre währenden Geschichte, im Trend liegen eine Vielzahl von Veranstaltungen und die Vielfalt an Gastronomie und Einzelhandel. Die Tourist-Info Linz bringt Sie mit Tipps zu Führungen und Festen, Shopping und Sightseeing, Hotels und Gastronomie gerne auf den Geschmack der Bunten Stadt!

!

Burg Linz
Burgplatz 4 · 53545 Linz am Rhein
Öffnungszeiten: April-Oktober täglich 10-18 Uhr
Die Burg beherbergt neben der kurfürstliche Burggastronomie, einer Lichthäuser-Ausstellung mit Verkauf im Burghof sowie dem Burgverlies mit Folterkammer folgende weitere Institutionen:

Römische Glashütte (www.roemische-glashuette.de)
Vor knapp 2000 Jahren war der Großraum Köln-Bonn eines der bedeutenden Glaszentren der Welt – in der Römischen Glashütte werden noch heute die gleichen Handwerkstechniken wie damals angewendet. Die Römische Glashütte bietet aber nicht allein freie Nachbildungen antiker Gefäße an – am 1200 Grad heißen Glasofen demonstrieren die Glasbläser auch die alten Handwerkstechniken. Zudem gibt es hier eine ganzjährige Weihnachtsausstellung, in deren 300 qm großer Ausstellungs- und Verkaufsgalerie auch hochwertiger Thüringer Weihnachtsschmuck angeboten wird.

Europäisches Wappenmuseum
Weltweit einmalig. Auf seinem Gang durch das Wappenmuseum erlebt der Besucher nicht nur, wie mit Familienwappen im Alltag umgegangen wurde. Die Bedeutung des eigenen Familiennamens, die ersten urkundlichen Erwähnungen zu erfahren und feststellen zu lassen, ob an Namensträger in früheren Jahrhunderten ein Familienwappen verliehen worden war, ist die vornehmliche Aufgabe des Archivs, das über mehr als 2,5 Millionen Wappennachweise, einen großen Teil der 3000 Originalhandschriften, 2500 Bücher und über sage und schreibe rund 800 Millionen Familiennamen allein aus Kirchenbüchern verfügt, die auf Mikrofilm gebannt sind. So kann im Europäischen Wappenmuseum auch der neue „Volkssport" der Ahnenforschung betrieben werden.

Rheinhotel Bucheneck – Hotel / Restaurant |
Linzhausenstraße 1 · 53545 Linz
Tel.: 02644/942-0 · Fax: 02644/942143
info@bucheneck.de · www.bucheneck.de
Unmittelbar am Rhein gelegen, vereinigt das Hotel drei gastronomische Highlights unter einem Dach. In den komfortablen 18 Zimmern lässt es sich traumhaft wohnen – mit wunderschönem Blick auf den Rhein. Neben der ausgezeichneten Hotellerie kann man sich im Restaurant „AstRhein" von anspruchsvoller Gastronomie und einfallsreichen Gaumenfreuden überraschen lassen. Im Sommer locken der idyllische Wein- und Biergarten sowie die Sonnenterrasse mit Kaffee und Kuchen-Spezialitäten inklusive Blick auf den Rhein. Der „Linzer-Strünzer-Keller", ein historischer Winzerkeller, rundet mit seinem einzigartigen Ambiente und dem erstklassigen Weindepot das Angebot des Hauses ab. Der Raum steht zudem für Feiern mit bis zu 120 Personen zur Verfügung.

Bad Hönningen

Die „Zerstörung" von Schloss Arenfels

Die „Zerstörung“ von Schloss Arenfels

Der kleine Bade- und Weinort Bad Hönningen am Mittelrhein zwischen Bonn und Koblenz ist geprägt von seinen sonnigen Weinbergen, von ausgedehnten Wäldern und dem Heilwasser der Thermalquellen. Die schmucken Fachwerkhäuser, die romantischen Gassen und das kleine Heimatmuseum im „Hohen Haus“, dem ältesten Haus (1438) der Stadt mit vielen liebevoll gesammelten Raritäten, geben Zeugnis von vergangenen Zeiten. Eingebettet in Weinberge liegt Schloss Arenfels, hinter dessen imposanter Fassade sich eine bewegte, Jahrhunderte währende Baugeschichte verbirgt, die von einem der großen Baumeister des 19. Jahrhunderts geprägt wurde: Ernst Friedrich Zwirner. Sein Name verbindet sich wie kein anderer mit dem Bau, dem Erhalt und der Restaurierung von Schlössern, Gebäuden, Denkmälern und damit vielen Sehenswürdigkeiten entlang des ersten Abschnitts des „Rheinischen Sagenwegs“. Dazu gehören neben Schloss Arenfels die Burg Ariendorf (1846), der Kölner Dom, die Apollinariskirche, der Rolandsbogen und Schloss Marienfels in Remagen. Mit der folgenden Geschichte über die „Zerstörung“ von Schloss Arenfels sei diesem großen Baumeister daher hier ein Denkmal gesetzt.

Ernst Friedrich Zwirner wurde am 28. Februar 1802 in Jakobswalde (Oberschlesien) geboren. Bis 1821 besuchte er die Bauschule in Breslau, anschließend bis 1828 die königliche Bauakademie und die Universität zu Berlin. Nicht lange danach trat der Schüler Schinkels als Hilfsarbeiter in die königliche Oberbaudeputation ein. Während er anfangs noch mehr dem klassizistischen Stil nahe stand, zeigte sich Zwirner später bei seinen eigenen Bauten dann als Vertreter eines neugotischen Historismus. 1833 wurde er mit der Aufgabe betraut, die Kölner Dombauleitung zu übernehmen. Ein besonderes Verdienst erwarb er sich durch die Organisation der Dombauhütte, aus der viele talentierte, mit

Zwirner
Dombau
meister zu
Coeln
Schloss
Arenfels
Renovier

den Grundregeln der Gotik engstens vertraute Bauleute hervorgingen. 1853 wurde Zwirner vom preußischen König Friedrich Wilhelm IV. zum Geheimen Regierungs- und Baurat ernannt. Bis zu seinem Tode blieb Zwirner Dombaumeister von Köln, und die Kathedrale wurde in der Folge auch nach seinen Plänen vollendet. Anlässlich seines Todes am 22. September 1861 in Köln erschien das Domblatt, die Vereinszeitschrift des Dombauvereins, mit schwarzer Umrandung der Titelseite – eine Ehre, die außer Zwirner zuvor nur dem im selben Jahr verstorbenen König Friedrich Wilhelm IV. zuteil geworden war.

Ende der 1840er Jahre hatte Zwirner den Auftrag übernommen, für den neuen Besitzer von Schloss Arenfels einige Umbauarbeiten vorzunehmen. Arenfels war ursprünglich eine Burg gewesen, die 1259 von Gerlach von Isenburg direkt auf den Felsen gebaut worden war. Nach Nordwesten hin von einem tief abfallenden Graben geschützt, war die Nordost- und die Ostseite des Wehrbaus durch den starken und gut gelegenen Burgfried gesichert, der der Lage nach bis heute unverändert erhalten geblieben ist. Im Innenhof der Burg befand sich ein Ziehbrunnen, der bis auf den Grundwasserspiegel des Rheins hinabreichte, was bei Belagerungen ein nicht zu unterschätzender Vorteil war.

Im 17. Jahrhundert war die Burg mit beachtlichem Aufwand zu einem dreiflügeligen Schloss umgestaltet worden und in den Besitz der gräflichen Familie von der Leyen übergegangen, der es als bevorzugter Sommersitz diente. 1673 wurde Arenfels für kurze Zeit von Turrenne, dem großen General Ludwigs XIV., besetzt. Auch nach dem Wiener Kongress 1814/15 blieb Arenfels im Besitz der von der Leyens, aber der damalige Besitzer war mittlerweile so stark verschuldet, dass der Bau nach und nach zerfiel.

1848 erwarben nun Graf Friedrich Ludolf von Westerholt und seine vermögende Frau Johanna Charlé, eine Holländerin, das Schloss für 90.000 Thaler. Graf Friedrich Ludolf hatte zunächst eigentlich nur kleine Veränderungen vornehmen wollen, als er für sein Vorhaben den berühmten Baumeister gewinnen konnte. Doch Zwirner hatte auf Arenfels Großes vor: Er war von der Vorstellung beseelt, neben dem Kölner Dom noch an anderer Stelle im Rheinland ein monumentales Bauwerk zu schaffen. Und so trieb er den Umbau Stück für Stück zielbewusst in seinem Sinne voran, und es gelang ihm, gestärkt durch seine Reputation im Amt des Dombaumeisters, den Grafen jeweils aufs Neue von seinem Handeln zu überzeugen. Dabei legte er dem Schlossherrn, der in baugeschichtlicher Hinsicht ein Laie war, allerdings immer nur Teilpläne, niemals sein Gesamtkonzept vor.

Der Umbau begann mit dem Ost- und Mittelflügel, und Zwirner versah die ehemals prächtige Fassade mit neogotischen Giebeln. Anschließend wurde ein Turm errichtet: ein kolossales Bauwerk mit einem Spitzkegeldach. Graf Fritz erkannte den stilistischen Frevel und wollte das gesamte Vorhaben stoppen. Aber Zwirner konnte ihn erneut überzeugen und vergotisierte nun auch den Westgiebel. Nur der Nordwestflügel blieb in seiner alten Form erhalten. Die Innenausstattung wurde ebenfalls prunkvoll erneuert, erwähnenswert ist vor allem das Treppenhaus im Ostflügel: eine gusseiserne Treppe über drei Etagen, ein Meisterwerk der Gießkunst der Sayner Hütte.

Was zuerst nur kleine Veränderungen werden sollten, gipfelte in einem gigantischen Umbau, der aus dem Renaissanceschloss einen Bau der Neugotik gemacht hatte. Über die Kosten war offenbar nur selten gesprochen worden, eine Tatsache, die sich später zu einem Dilemma entwickelte, da aus den veranschlagten 30.000 Thalern am Ende Baukosten von 135.000 Thalern zu Buche schlugen. Doch Zwirner hatte auf diese Weise jenes monumentale Kunstwerk geschaffen, das in seiner Vollendung rheinauf und rheinab seinesgleichen sucht.

Es waren am Ende der Umbauarbeiten jedoch nicht nur die Baukosten, die den Schlossherrn grämten. Für ihn war vor allem ein wunderbares, harmonisches Bauwerk verloren gegangen. Graf Friedrich wird in diesem Zusammenhang mit dem Ausspruch zitiert: „Um das unwiederbringlich zerstörte Renaissanceschloss wird es schade sein! Nur dass viele Kunst-Banausen das Schloss schön finden, gibt mir etwas Trost."

Aber machen Sie sich, liebe Besucher des „Rheinischen Sagenwegs", doch ein eigenes Bild davon, ob Sie die Meinung des Grafen teilen!

WISSENSWERTES

Mittlerweile hat an Schloss Arenfels – das aufgrund seiner 365 Fenster, 52 Türen und 12 Türme und Türmchen – auch „Jahresschloss" genannt wird, wieder der Zahn der Zeit genagt, doch in absehbarer Zeit soll es wieder in neuer Pracht als das „Bilderbuchschloss" der Rheinromantik erstrahlen, wie es Ernst Friedrich Zwirner damals entworfen hatte. Schon der Zweite Weltkrieg war nicht spurlos an Arenfels vorübergegangen. Und als es von Oktober 1944 bis Kriegsende zum Ausweichbüro der Köln-Düsseldorfer Rheinschifffahrtsgesellschaft umfunktioniert wurde, ging in den Kriegswirren auch das Inventar verloren. Lediglich die beachtliche Waffensammlung sowie die gesamte Bibliothek verblieben an Ort und Stelle, beides wurde 1950 jedoch versteigert. Die Familie von Westerholt lebt nach wie vor – inzwischen in der fünften Generation – auf Schloss Arenfels, heutiger Eigentümer ist Baron Antonius von Geyr.

Bad Hönningen – Touristisch

Geschichtliches: 1970 fand man in der Ariendorfer Kiesgrube Überreste einer aus Mammutrippen gebauten Behausung, die als die älteste in Europa gilt. Dieser Fund belegt, dass das heutige Stadtgebiet schon in der **Steinzeit** besiedelt war. Auch die Kelten haben hier gelebt, ebenso wie später die Römer, die in unmittelbarer Nähe Ende des 1 Jh. n. Chr. mit dem Bau des **Limes**, der Grenzanlage, begannen.

Besondere Bedeutung kommt dabei **Rheinbrohl** zu (neben Bad Hönningen, Leutesdorf und Hammerstein der vierte Ortsteil der Verbandsgemeinde Bad Hönningen), denn hier befindet sich auf der rechten Rheinseite der Beginn des **Limes** (seit 2005 UNESCO-Welterbe) mit dem aus römischen Bruchsteinen rekonstruierten **Wachturm Nummer I.** Alljährlich zu Himmelfahrt wird der **Limes-Wandertag** veranstaltet, an dem Wanderführer über den Limes, dessen historischer Verlauf in der Landschaft noch zu erkennen ist, informieren.

Schloss Arenfels
Als Besucher können Sie auch heute noch das schöne Treppenhaus mit der einzigartigen Eisentreppe über drei Stockwerke, den Rittersaal mit einer hängenden Säule, den roten Salon und das Innere des Turmes mit Netzgewölben, Marmor- und Wedgewood-Kaminen bewundern. Und über den gastronomischen Bereich im alten Burgrittersaal besteht zudem Zugang zum romantischen Innenhof und der Aussichtsterrasse, die zum Verweilen einlädt, um sich von dem Angebot der Schlossgastronomie verwöhnen zu lassen.

Um 800 wurde der Ort „Hohingen“ bereits auf einer Karte bezeichnet, urkundlich jedoch erstmals im Jahr 1019 erwähnt. 1894 erfolgte die Erstbohrung von **Kohlensäure**, wodurch der Grundstein für die chemische Industrie gelegt wurde, die die Entwicklung des Ortes entscheidend beeinflusste. Im Jahr darauf wurde das **erste Badehaus** gebaut, und Bad Hönningen entwickelte sich zum **Kurort**. Aber erst 1950 bekam die Gemeinde den Titel „Bad“ verliehen und wurde 1969 bei der 950-Jahr- Feier zur Stadt erhoben.

Sehenswertes: Die **schmucken Fachwerkhäuser** und **romantischen Gassen** der Stadt legen ebenso Zeugnis von vergangenen Zeiten ab wie einige bemerkenswerte Sehenswürdigkeiten. Dazu zählen historische Gebäude wie das 1438 erbaute **Hohe Haus**, das älteste Haus der Stadt, das heute das **Heimatmuseum** beherbergt, der im Jahr 1209 erbaute **Mönchhof** und der **Schafstall**, eine alte Ansiedlung für die Hofleute der Arenfelser Schlossherrschaft mit dem in der zweiten Hälfte des 18. Jh. errichteten Fachwerkhaus.

Und wie im Bilderbuch deutscher Märchen- und Sagenwelten thront über Bad Hönningen malerisch **Schloss Arenfels**, über das in diesem Kapitel ja bereits ausführlich berichtet wurde. Ebenfalls von Ernst Friedrich Zwirner wurde die **Burg Ariendorf** im neugotischen Baustil errichtet, an deren Stelle ursprünglich ein mittelalterliches Hofhaus stand.

Im Herzen von Bad Hönningen liegt die **Schmiedgasse**, bekannt auch als **größte Erlebnisgasse am Rhein**. Dicht nebeneinander befinden sich hier urige Tanzlokale und moderne Diskotheken, gemütliche Gaststätten, romantische Weinstuben und gepflegte Hotels.

Empfehlenswertes: Seit über hundert Jahren sorgen **Thermalquellen** für das leibliche Wohl der Bad Hönninger und ihrer Besucher. Die **Kristall Rheinpark-Therme** – wunderschön im venezianischen Stil mit echtem Marmor und mehreren Tonnen Edel- und Halbedelsteinen nach der Heilslehre der Hildegard von Bingen (☞ Kapitel Bad Sobernheim) ausgestaltet – liegt direkt am Rhein, wo der Gast nicht nur die medizinischen Anwendungen nutzen, sondern sich in dem Innen- und Außenbereich sowie einer Saunalandschaft auch verwöhnen lassen kann. Dazu zählt u.a. eine **große Liegewiese am Rhein**, auf der sich herrlich Ruhe und Erholung finden lassen.

Entlang der 1,5 km langen **Rheinpromenade** mit **Kurgarten** sowie im **Stadtwald** laden auch innerhalb der Stadt zahlreiche weitere Plätze zum Ausspannen ein.

Da der Bad Hönninger Wein schon im Mittelalter weit verbreitet und bekannt war, ist es nicht verwunderlich, dass das Stadtwappen mit einer Burgunderrebe verziert ist. So gilt der neun Hektar große **„Hönninger Schlossberg"** als **größte zusammenhängende Weinberganlage** am Mittelrhein.

Über 60 km markierte **Wanderwege** laden zu abwechslungsreichen Ausflügen in den Stadtwald, über bewaldete Höhenzüge oder ins romantische Rheintal ein. Über die Internetseite www.bad-hoenningen.de kann sich, wer Interesse hat, **neun Vorschläge für Rundwanderungen** ausdrucken. Dort findet sich auch ein Veranstaltungskalender, zu dessen jährlichen Höhepunkten das **Mittelalterliche Pfingstspectaculum** auf Schloss Arenfels, das **Weinblütenfest**, das **Sommernachtsfest** mit Rhein in Flammen, das **Hopfenfest** und das **Federweißefest** zählen.

Bad Hönningen – Informationen & touristische Empfehlungen

Tourist-Information

Neustraße 2 a · 53557 Bad Hönningen
Tel.: 02635/2273 · Fax: 02635/2736
info@bad-hoenningen.de · www.bad-hoenningen.de

Der kleine Bade- und Weinort am Mittelrhein wird geprägt durch seine sonnigen Weinberge, die ausgedehnten Wälder und das Heilwasser der Thermalquellen. Anziehungspunkte sind u. a. die neu gestaltete venezianische „Kristall Rheinpark-Therme" mit neuer Wellnesslandschaft, das neugotische Schloss Arenfels, interessante Veranstaltungen und die sehenswerten alten Fachwerkhäuser in der Innenstadt.

Kristall Rheinpark-Therme

Allée St. Pierre les Nemours 1 · 53557 Bad Hönningen
Tel.: 02635/9521-10 · Fax: 02635/9521-15
info@kristall-rheinpark-therme.de · www.kristall-rheinpark-therme.de

Therme in venezianischem Ambiente mit Ganzjahres-Außenbecken, großer Saunawelt mit mehreren Themen-Saunen, zahlreichen Massage- und Wellness-Angeboten sowie großer Liegewiese direkt am Rheinufer.

Park Hotel – Hotel / Restaurant

Allée St. Pierre les Nemours · 53557 Bad Hönningen
Tel.: 02635/911020 · Fax: 02635/4062
info@park-hotel-rhein.de · www.park-hotel-rhein.de

Das 3-Sterne-Hotel, direkt neben der Kristall Rheinpark-Therme gelegen, ist ein idealer Ausgangspunkt, um Bad Hönningen und die reizvolle Umgebung zu erkunden. Veranstaltungsräume für bis zu 150 Personen.

Hotel Burggraf – Hotel / Restaurant

Kirchstraße 4 · 53557 Bad Hönningen
Tel.: 02635/1375 · Fax: 02635/4421
wernermehren@vr-web.de · www.hotel-burggraf.com

Das in der Fußgängerzone gelegene Hotel bietet behagliche Zimmer mit neuzeitlichem Komfort. Und die Gaststube verbindet die Atmosphäre einer Weinstube mit dem gepflegten Ambiente eines Restaurants.

Hotel Bit-Eck – Hotel / Restaurant

Hauptstraße 128 · 53557 Bad Hönningen
Tel.: 02635/920181 · Fax: 02635/920447
bit-eck@gmx.net · www.bit-eck.de

Engagiert geführtes Hotel mit Gaststätte inmitten der Fußgängerzone mit gemütlichen Zimmern und einer 2-Zi.-Ferienwohnung mit Küche, Bad und Balkon. Die Küche bietet gutbürgerliche und rheinische Spezialitäten.

Hotel zum Bären – Hotel / Restaurant

Am Bärenplatz · 53557 Bad Hönningen
Tel.: 02635/95190 · Fax: 02635/951995
info@hotel-zum-baeren.de · www.hotel-zum-baeren.de

Das bei Reisegruppen, Clubs und Vereinen beliebte Hotel mit modernen Gästezimmern liegt in unmittelbarer Nähe zur Fußgängerzone. Das Restaurant bietet 120 Plätze und einen Tagungsraum für 50 Personen.

Hotel St. Pierre

Hauptstraße 138 · 53557 Bad Hönningen
Tel.: 02635/2091 oder 9529-0 · Fax: 02635/2093
info@hotelpierre.de · www.hotelpierre.de

Komfortables 3-Sterne-Hotel mit familiärer Atmosphäre, am Rathausplatz in der Fußgängerzone und in unmittelbarer Nähe zum Rhein, der Kristall Rheinpark-Therme und den Kuranlagen gelegen.

Bad Neuenahr-Ahrweiler

Apollinaris

Apollinaris

Das romantische Städtchen Ahrweiler, Zentrum des Weinbaus und Weinhandels an der Ahr, ist von einer ungewöhnlich gut erhaltenen mittelalterlichen Stadtmauer umschlossen. Bad Neuenahr, ein moderner Kurort mit Spielbank, wird durch seine wunderschönen Parks, erstklassigen Hotels und zahlreichen Wellness-Einrichtungen geprägt. Beide Orte wurden in den 1960er Jahren zu der Kreisstadt Bad Neuenahr-Ahrweiler zusammengeschlossen. Hier können sich die Menschen erholen – vom Stress des Alltags und von ernsthaften Erkrankungen. Heilsam sind dabei vor allem zwei Schätze: das Wasser und der Wein, deren Schutzpatron der heilige Apollinaris aus Ravenna ist und zu dem die Kreisstadt enge Bande hat. Warum das so ist, davon erzählt die folgende Geschichte.

Im Jahr 1164 erhielt der Kölner Erzbischof Rainald von Dassel, der damals auch treuer Kanzler Kaiser Barbarossas war, aus des Kaisers Händen die Reliquien zahlreicher Heiliger. Darunter auch die der Heiligen Drei Könige und die des heiligen Apollinaris. Barbarossa hatte sie bei der Eroberung Mailands erbeutet und Rainald als Dank für seine treuen Verdienste geschenkt. Der Erzbischof bettete die Heiligtümer in kostbare Särge und begab sich mit ihnen auf den Weg nach Köln, zunächst auf dem Landweg über die Alpen, von der Schweiz an dann mit dem Schiff auf dem Rhein. Es war eine sonderbare Fahrt, denn überall, wo das Schiff vorbeikam, begannen in den Städten und Dörfern die Glocken von selbst zu läuten.

Als sie die Ahrmündung bei Remagen erreicht hatten, ereignete sich ein weiterer wundersamer Vorfall: Trotz der starken Strömung, die das Schiff rheinabwärts getrieben hatte, blieb es plötzlich stehen und war nicht mehr von der Stelle zu bewegen. „Wir sind wohl auf eine Sandbank aufgelaufen“, meinte der Schiffsführer und ließ dies von seinen

Leuten untersuchen. „Da ist nichts, der Kiel ist völlig frei", berichtete die erstaunte Mannschaft. Der Kapitän gab den Befehl zum Rudern, doch auch dies war zwecklos. Das Schiff bewegte sich keinen Zentimeter vom Fleck.

Da kniete sich Rainald auf die Schiffsplanken und betete: „Bitte, heiliger Vater, gib mir an dieser Stelle Kunde deines Willens." Kaum hatte er die Bitte ausgesprochen, drehte das Schiff seinen Bug wie von Geisterhand geführt in Richtung des Berges, auf dem die Martinskirche stand und deren Glocken genau in diesem Augenblick anfingen zu läuten. Da ahnte der Erzbischof, dass einer der Heiligen in dieser Stadt seine letzte Ruhe finden sollte. Doch welcher? Man brachte zuerst die Reliquien der Könige von Bord – aber das Schiff rührte sich immer noch nicht. Als man schließlich den Schrein mit den Gebeinen des heiligen Apollinaris ans Ufer brachte, ging ein Ruck durch das ganze Schiff, und es legte von selbst am linken Rheinufer an. Durch das Glockengeläut waren Priester und die Bürger der Stadt zusammengeströmt und trugen sodann die Reliquien in einer feierlichen Prozession in die Martinskirche. Kaum stand der Schrein auf dem Altar, läuteten die Glocken erneut, und diesmal so laut, dass sie bis ins Ahrtal zu hören waren. Für den Kölner Erzbischof war dies das Zeichen dafür, dass er Gottes Wille erfüllt hatte.

Eine Büste und Gedenktafel erinnern bis heute an Georg Kreuzberg, der vor 150 Jahren die Neuenahrer Heilquellen und die weltweit berühmteste aller deutschen Mineralquellen entdeckte. Apollinaris-Quelle nannte er sie wegen des gleich darüber stehenden Bildstocks des heiligen Apollinaris, den Spaziergänger am Fuße der Weinberge zwischen Heppingen und Bad Neuenahr finden.

Die Nachricht von diesem wundersamen Ereignis hatte natürlich in Windeseile auch das nahe gelegene Ahrweiler erreicht. Schnell sprach es sich herum, dass Apollinaris, der ehemalige Bischof aus dem italienischen Ravenna, der Schutzheilige des Weines ist. Und daher beschlossen die Ahrweiler, die immerhin in dem nördlichsten zusammenhängenden Rotweinanbaugebiet Deutschlands leben, ihm ein Denkmal – ein Bildstock des Heiligen – am Fuß der Weinberge zu setzen. Aus den roten Trauben, die hier im Ahrtal wachsen, machen die Winzer seit Jahrhunderten einen hervorragenden Rotwein. Nur auf einem kleinen Stück zwischen Heppingen und Neuenahr wollten die Rebstöcke einfach nicht richtig wachsen.

Über diese kümmerlichen Weinstöcke auf einem Teil seines neuen Weinbergs, den er im 19. Jahrhun-

Die „Bunte Kuh" am Rotweinwanderweg

Der malerische Rotweinwanderweg entlang der Ahr, der mitten durch die Weinbergsterrassen führt, bietet fantastische Ausblicke über die wunderschöne Landschaft und interessante Einblicke in den Weinbau. In der Nähe von Walporzheim findet sich eine bizarre Felsformation: ein Schieferfelsen, der wie der Kopf einer Kuh hinunter ins Tal ragt. Der Sage nach lagerte hier einst ein Ritter, der nur noch vom Straßenraub lebte. Er war aber christlich erzogen und verharrte immer dann im Gebet, wenn er eine Kirchenglocke läuten hörte. An diesem Tag zogen die Händler, die er mit seinen Leuten überfallen wollte, bereits die Straße herauf, als mit einmal der Klang eines Glöckleins zu vernehmen war. Die Räuber knieten zum Gebet nieder, und so konnten die Händler unbehelligt vorbeiziehen. Kaum waren sie fort, kam jedoch eine buntgescheckte Kuh aus dem Gebüsch, die eine Glocke um den Hals trug. Voller Wut packte der Ritter sie bei den Hörnern und stieß sie in den Abgrund. Seitdem wird der Fels „Bunte Kuh" genannt.

dert zum Preis von 15 Talern erworben hatte, wunderte sich dann auch der neue Besitzer Georg Kreuzberg. „Der Sache gehe ich auf den Grund", sagte sich der Winzer und nahm ausführliche Bodenuntersuchungen vor. Dabei stellte er eine ungewöhnlich hohe Konzentration von Kohlendioxyden fest, und nun war ihm auch klar, warum seine Reben dort nicht gedeihen konnten. Um zu ergründen, woher die hohe Konzentration kommt, ließ er ein tiefes Loch ausheben – und stieß auf die Ursache: eine sprudelnde Quelle mit Mineralwasser. Es schmeckte ausgezeichnet, und so ließ Kreuzberg das Wasser in Tonkrügen auffangen und verkaufte es. Abnehmer waren zunächst die Bürger der umliegenden Gemeinden, doch die Geschäfte liefen blendend, und bald wurde das Wasser in ganz Europa verkauft. Da Georg Kreuzberg glaubte, dass er diesen kostbaren Fund dem heiligen Apollinaris, dessen Bildstock in unmittelbarer Nähe stand, zu verdanken hatte, gab er der Quelle den Namen des Heiligen.

WISSENSWERTES

Die Verehrung des heiligen Apollinaris begann im 14. Jh. nachweislich durch die seit 1384 belegte Wallfahrt zu der Martinskirche in Remagen, die in der Folge zur Apollinariskirche umgeweiht wurde.

Vor allem aber ist Apollinaris der Schutzheilige des Weins. Und hier in Bad Neuenahr-Ahrweiler hat er seinem Patronat alle Ehre gemacht. Denn der Spätburgunder von der Ahr hat Spitzenqualität und wird von Weinkennern aus aller Welt geschätzt.

Das Apollinaris-Wasser ist heute weit über die Grenzen der Region hinaus bekannt – der berühmten Werbebotschaft zufolge trinkt die ganze Welt aus dieser Quelle. Doch das von Georg Kreuzberg entdeckte Wasser ist nicht nur bekömmlich und mineralhaltig, sondern auch warm und hervorragend zum Baden geeignet. So hat sich Neuenahr im Laufe der Jahre zu einem Bad und zu einer Kurstadt von Rang und Namen entwickelt.

Bad Neuenahr-Ahrweiler – Touristisch

Geschichtliches: Archäologische Funde belegen, dass der Ort des heutigen Ahrweiler schon im 1. Jh. n. Chr. von den **Römern** besiedelt war. Die Römer waren wahrscheinlich auch die ersten, die hier im Ahrtal Weinreben anpflanzten. Der Stadtteil Bad Neuenahr entstand aus drei Dörfern, die zum Teil bereits 992 urkundlich erwähnt wurden. Seit 1858 die Prinzessin von Preußen die Augusta- und Viktoriaquellen einweihte, schenkt die Heilkraft der **Bad Neuenahrer Thermen** den Menschen Gesundheit und Lebensfreude, sodass sich die Stadt mit ihren hervorragenden Hotels und Kliniken zum bedeutendsten Kur- und Erholungsbad am nördlichen Mittelrhein entwickelte.

Sehenswertes: Der kleine Ort Ahrweiler liegt in einem **komplett erhaltenen Mauerring** mit Toren, Türmen und Wehrgängen aus dem 13. bis 15. Jh. Der **Weiße Turm**, der nördlichste Geschlechterturm Europas (ca. 1350), beherbergt heute das **Stadtmuseum.** Das romantische Ahrweiler ist geprägt von mittelalterlichem **Flair** und **verträumten Fachwerkhäusern** mit prächtigen Fassaden und Innenhöfen, wo Metzger und Bäcker, Boutiquen und Weinstuben den Besucher zum Shoppen und Verweilen einladen.

Romantisches Ahrweiler
Mittelalterliches Flair und pittoreske Fachwerkhäuser prägen das Bild von Ahrweiler. Die zwischen dem 13. und 15. Jh. erbauten Stadtmauern, Tore, Türme und Wehrgänge erzählen in Stein gemauert die Geschichte der Rotweinmetropole im Zentrum des Ahrtals. Die zahlreichen Fassaden und Innenhöfe wurden in den vergangenen Jahrzehnten mit viel Liebe zum Detail verschönert und stellen heute eine passende Kulisse für die zahlreichen Feste und Veranstaltungen in dem kleinen romantischen Städtchen dar.

1980 wurde die römische Villa entdeckt und freigelegt. Die Anlage mit Badetrakt ist heute als **Museum Roemervilla** ein attraktiver Anziehungspunkt, zumal sie der besterhaltene zusammenhängende römische Fundort nördlich der Alpen ist.

Auf einer Basaltkuppe südwestlich der Stadt erhebt sich das **Kloster Calvarienberg.** Ursprünglich stand dort eine kleine, hölzerne Kapelle, die um 1440 ein aus Jerusalem heimkehrender Ritter erbaute, da ihn die Lage des Berges an Golgatha im Heiligen Land erinnerte, und die schnell zu einer viel besuchten Wallfahrtsstätte wurde.

In **Bad Neuenahr** sorgen die **„Ahr-Thermen“** mit unterschiedlichsten Saunen und dem neu gestalteten Außenbereich „Vita-Parcours“, das Thermal-Badehaus sowie das Freizeitbad TWIN für

Entspannung und Gesundheit. In der **„Sinfonie der Sinne“** werden die heilenden Kräfte des Wassers in einer völlig neuen Form genutzt. So warten im **„Garten der Sinne“** chinesische und japanische Massagen auf den Gast. Zum Wohlfühlen trägt auch das Ambiente der Gründerzeit mit der weißen Pracht seiner Häuser bei. Im **Kurhaus**, einem eindrucksvollen architektonischen Beispiel aus dieser Epoche, sind die eleganten Salons der **Spielbank** untergebracht. Im Beethovenhaus, das im Jahre 1786 erbaut wurde und heute ein Hotel beherbergt, soll Ludwig van Beethoven mehrere Sommer zu Gast gewesen sein.

Empfehlenswertes: Bad Neuenahr-Ahrweiler liegt im **Ahrtal**, dem **Tor zur Eifel**. Hier schlängelt sich die Ahr durch die **bizarre Felslandschaft**, während sich die **Weinberge** an die kargen Felsen anschmiegen. Dazu kommt das herrlich **mediterrane Klima** in diesem nördlichsten zusammenhängenden Rotweinanbaugebiet Deutschlands.

Lohnenswert ist auch der Blick vom **Aussichtsturm** auf dem **Berg Neuenahr.** Quer durch dieses Ferienland führt eine 225 km lange, ausgeschilderte **Fahrradfreizeitroute.** Motorsportbegeisterten empfiehlt sich ein Ausflug zum nahe gelegenen **Nürburgring.**

Auf dem **Weinbaulehrpfad** erfährt der Besucher Interessantes zum Thema Weinanbau und alles über den **Spätburgunder.** Der hier gewonnene zählt zu den absoluten **Spitzenweinen** Deutschlands, und die zahlreichen Weingüter laden gerne zur Weinprobe ein. Hingewiesen sei an dieser Stelle auch auf das **AhrWein-Forum** in Ahrweiler, das die Geschichte des Weinbaus bis in die heutige Zeit veranschaulicht.

Viele **Kulturfeste** runden das touristische Angebot ab, darunter die **„SommerNacht der Rose“**, eine Ballnacht im Kurpark, die immer am letzten Juni-Wochenende stattfindet. Oder das alljährliche **St. Martinsfest**, bei dem Bad Neuenahr-Ahrweiler buchstäblich in Flammen steht und mittels **gigantischer Feuer** imposante Schaubilder in den Weinbergen gezeigt werden. Bekannt ist die Stadt auch für den **Ahrweiler Weinmarkt** zu Pfingsten und für die **Ahrweiler Weinwochen** an den ersten beiden Septemberwochenenden.

Bad Neuenahr-Ahrweiler – Informationen & touristische Empfehlungen

i

Ahrtal-Tourismus Bad Neuenahr-Ahrweiler e. V.

Hauptstraße 114 · Marktplatz 21 · 53474 Bad Neuenahr-Ahrweiler
Tel.: 02641/9171-0 · Fax: 02641/9171-51
info@ahrtaltourismus.de · www.ahrtaltourismus.de

Ganzjähriger Urlaubsgenuss durch modernste Gesundheitsangebote, herausragende Gastronomie und Hotellerie, das wildromantische Rotweintal der Ahr (Rotweinwanderweg, Ahrradweg), Europas größter Nordic-Fitness-Park, vielfältige Veranstaltungen und die berühmten Rotweinwinzer. Ahrtal-Tourismus ist bei der Hotelsuche und -buchung behilflich und arrangiert individuelle Freizeitprogramme.

!

Apollinaris-Brunnen

Landskronerstraße 175 · 53474 Bad Neuenahr-Ahrweiler
Tel.: 02641/82-0 · Fax: 02641/82-144 · www.apollinaris.de

Die Produktion findet nach wie vor am Fuße jenes Weinbergs statt, auf dem Georg Kreuzberg 1852 die mineralische Quelle entdeckte.

Kurverwaltung Bad Neuenahr – „Sinfonie der Sinne"

Kurgartenstraße 1 · 53474 Bad Neuenahr · Tel.: 02641/801-0
Fax: 02641/801-119 · info@kurverwaltung-bad-neuenahr.de
www.kurverwaltung-bad-neuenahr.de · www.sinfonie-der-sinne.de

Bad Neuenahr hat durch die ausgezeichnete Heilwirkung seines Wassers bei inneren Erkrankungen und der Behandlung von Diabetes Weltruhm erlangt. Heute ist „Deutschlands größtes Wohlfühl- und Gesundheitszentrum" unter einem Dach vereint: die „Sinfonie der Sinne".

AHR-THERMEN

Felix-Rütten-Straße 3 · 53474 Bad Neuenahr-Ahrweiler
Tel.: 02641/801-200 · Fax: 02641/801-299
info@ahrthermen.de · www.ahrthermen.de

Baden Sie im weltbekannten Mineralwasser, das 36 Grad warm direkt neben den Ahr-Thermen aus 359 m vulkanischer Tiefe emporsteigt.

Spielbank Bad Neuenahr

Felix-Rütten-Straße 1 · 53474 Bad Neuenahr
Tel.: 02641/7575-0 · Fax: 02641/7575-75
service@spielbank-bad-neuenahr.de · www.spielbank-bad-neuenahr.de

Die Spielbank mit ihren traditionsreichen Spielsälen atmet das Flair der Belle Epoque und zählt zu den schönsten Casinos Europas.

Hotel Rodderhof – Hotel/Restaurant/Weinkeller |

Oberhutstraße 48 · 53474 Bad Neuenahr-Ahrweiler
Tel.: 02641/399-0 · Fax 02641/399-333 hotel@rodderhof.de · www.rodderhof.de

Im traditionsreichen Ambiente des Hotels inmitten der Altstadt von Ahrweiler verbinden sich Gastfreundschaft auf 3-Sterne-Niveau sowie individueller Service mit einem vielfältigen Freizeitangebot. Dazu gehören geführte Fahrradtouren durchs Ahrtal, Wanderungen entlang des Rotweinwanderweges und Kurse im Nordic Walking. Die Terrasse im Innenhof des ehemaligen Klosterrather Hofs von 1248 lädt Ausflügler zur Rast ein. Die Küche bietet erlesene regionale Speisen aus frischen Produkten und beste Weine des Ahrtals.

Steigenberger Hotel Bad Neuenahr – Hotel/Restaurant

Kurgartenstraße 1 · 53474 Bad Neuenahr
Tel.: 02641/941-0 · Fax: 02641/941-410
bad-neuenahr@steigenberger.de · www.bad-neuenahr.steigenberger.de

Architektonisch reizvolles 5-Sterne-Haus im Ortszentrum von Bad Neuenahr direkt an der Ahr und vis-à-vis der Spielbank.

Bad Breisig

Spuk am Mühlenteich

Spuk am Mühlenteich

Die Stadt Bad Breisig mit ihren pittoresken Fachwerkhäusern bietet ein sehenswertes Rheinpanorama. Doch dort, wo die Besucher heute in sommerlichen Nächten vor den zahlreichen Gaststätten am wunderschönen Rheinufer sitzen und den Blick auf Bad Hönningen genießen, soll es vor einigen hundert Jahren noch gespukt haben. Genauer gesagt dort, wo sich das jetzige Hotel zur Mühle befindet. Und wie der Name schon sagt, stand dort früher eine Mühle, angetrieben vom Frankenbach, der sich neben der Mühle zu einem kleinen Teich staute, bevor er in den Rhein abfloss.

Diese Mühle wurde im 17. Jahrhundert von drei Jungfrauen betrieben, die man auch die „Müllejangsjuffere“ (Mühlengangsjungfrauen) nannte. Zusammen mit dem Müllerburschen mahlten sie eifrig das Korn und den Raps für die Breisiger und verdienten dabei recht gut. Während des Dreißigjährigen Kriegs erreichte sie jedoch eines Tages eine Nachricht, die den ganzen Ort in Aufruhr versetzte: „Ein wilder Landsknechtshaufen rückt heran und will die Stadt überfallen.“

Angesichts der Bedrohung fragte eine der Jungfrauen angsterfüllt: „Was sollen wir nur mit unseren ersparten Goldstücken tun?“ Die drei setzten sich zusammen und suchten nach einer Lösung. Plötzlich hatte eine von ihnen die rettende Idee: „Wir legen das Gold und die Wertsachen in eine große Eisenkiste, die wir dann vergraben.“ Einer anderen von ihnen fiel auch sogleich ein ungewöhnliches Versteck ein, wo niemand auf die Idee käme, zu suchen: „Wir verstecken die Schatztruhe auf dem Grund des Mühlenteichs.“

Und so bereiteten die drei Jungfrauen alles vor, um ihren Plan umzusetzen. Am Abend öffneten sie dann die Schleuse, sodass das Wasser aus dem Teich in den Rhein floss. Es dauerte eine geraume Zeit, bis der Mühlenteich schließlich leer war, und so war es fast Mitternacht, bis

die drei die schwere Eisenkiste heranschleppen konnten. „Macht nicht so viel Lärm, uns darf niemand entdecken", flüsterte die eine. Was sie nicht wussten, war, dass dies bereits geschehen war. Denn ihr Knecht hatte wegen des Rauschens des abfließenden Wassers keinen Schlaf finden können, war wieder aufgestanden und beobachtete nun im Lichte des Mondscheins das Treiben der Jungfrauen. Diese aber fühlten sich in Sicherheit und wateten durch den tiefen Schlamm, bis sie die Mitte des Teichs erreicht hatten: „Hier ist es gut", befanden sie übereinstimmend und schaufelten den Schlamm zur Seite, bis sie auf festen Boden stießen. „Wir müssen noch ein Loch in den Grund graben, sonst reißt die Strömung die Truhe später weg." Schwitzend arbeiteten die drei Jungfrauen weiter, bis die Schatztruhe endlich tief unter dem Schlamm des Mühlenteiches sicher vergraben war. „Und nun nichts wie weg hier. Jetzt müssen wir das Wasser schnell wieder aufstauen." Nach getaner Arbeit gingen die drei erleichtert in ihre Mühle zurück und waren fest davon überzeugt, dass niemand ihr Versteck finden würde.

Doch sie hatten die Rechnung ohne ihren Knecht gemacht. Dem ließ der Gedanke an den Schatz keine Ruhe, und er machte bereits eifrig Pläne, wie er die Truhe am besten heben könnte. Um nicht den gleichen Fehler wie die drei Jungfrauen zu machen, wartete er die nächste stürmische Nacht ab, damit sie das Rauschen des abfließenden Wassers nicht hören konnten. Dann hastete er durch den Schlamm bis zur

Sagenhaftes von der Burg Rheineck

Otto von Rheineck spielte eine bedeutende Rolle in der Geschichte der rheinischen Pfalzgrafenherrschaft. Denn er erhob im 12. Jh. Anspruch auf die Pfalzgrafenwürde, die König Konrad III. jedoch an Hermann von Stahleck verliehen hatte. Im Zuge dieser Auseinandersetzungen kam es zur Sicherung ihrer Gebietsansprüche immer wieder zu heftigen Kämpfen zwischen den beiden Kontrahenten. Der Sage zufolge begehrte Hermann darüber hinaus Ottos Verlobte Luthilde, eine Nichte des Erzbischofs. Es soll ihm sogar gelungen sein, seinen Rivalen bei dem Erzbischof zu verleumden, sodass Otto auf Burg Stahleck gefangen gesetzt wurde. Allerdings durchschaute der Erzbischof das falsche Spiel, und Hermann bekam Luthilde nicht zur Frau. Die Geschichte nahm jedoch sowohl in der Sage wie in der Realität ein tragisches Ende: Otto wurde auf der Schönburg bei Oberwesel von Hermann ermordet.

Nicht ganz so dramatisch erging es Ritter Kunz, der ebenfalls auf Burg Rheineck residierte und den Wein sehr schätzte. Seine Liebe gehörte vor allem dem Assmannshäuser Wein aus dem Rheingau – und obwohl mittlerweile der Kölner Erzbischof Lehnsherr der Burg war, hielt dies den Ritter nicht davon ab, eine bischöfliche Schiffsfracht dieses Weines zu kapern. Der Verdacht fiel allerdings sofort auf Kunz, und der Erzbischof ließ dessen Weine überprüfen. Nur eine List seiner Schwester bewahrte den Ritter vor der Überführung: Sie spülte die Becher, aus denen die Kontrolleure die Weine probierten, zuvor mit Essig aus. Von diesem Tage an hat der Rheinecker sich nie mehr an bischöflichem Wein vergangen. Die ausführlichen Erzählungen dieser und weiterer Sagen um Burg Rheineck können Sie auf der Internetseite des „Rheinischen Sagenwegs" nachlesen.

Mitte des leer gelaufenen Teiches, und da er natürlich viel kräftiger als die Frauen ans Werk gehen konnte, hatte er die Eisentruhe bald ausgegraben. Anschließend ließ er den Teich wieder voll laufen und verschwand noch in der Nacht mit dem Gold und den Wertsachen.

Die drei Mühlenbesitzerinnen indes bekamen von dem nächtlichen Treiben nichts mit. Und als sie am nächsten Morgen aufstanden und ihr Knecht nirgends zu finden war, wunderten sie sich zwar sehr, warum er so heimlich, still und leise verschwunden war, dachten sich dabei aber weiter nichts Arges.

Die Zeit verging. Als die Lage gegen Endes des Krieges wieder sicherer wurde, erinnerten sich die drei an ihre vergrabene Truhe. „Wir müssen sie wieder rausholen, sonst ist sie nachher noch durchgerostet“, sagte die eine von ihnen besorgt. Also machten sie sich erneut daran, das Wasser abzulassen, durch den Schlamm zu waten und zu graben ... und zu graben ... Doch da war kein Schatz!

Sie hatten bereits den Boden des halben Mühlenteichs aufgewühlt, als sie schließlich aufgaben. Plötzlich ging ihnen ein Licht auf. „Unser Knecht hat uns bestohlen und ist mit unserem gesamten Vermögen fortgelaufen“, erkannten sie entsetzt. Doch alles Wehklagen half nichts, Knecht und Eisentruhe waren fort.

Die Jungfrauen waren darüber derart bestürzt, dass sie nicht aufhören konnten, sich zu grämen und zu jammern – und alle in kurzem Abstand nacheinander starben. Aber auch im Jenseits, so hieß es, konnten die Seelen der „Müllejangsjuffere“ keine Ruhe finden. Deshalb seien sie als Geister auch später immer wieder zur Mühle zurückgekehrt und hätten nach ihrem verlorenen Hab und Gut gesucht. In dunklen Nächten haben die Breisiger früher angeblich oft drei schwache Flämmchen beobachten können, die sich über dem Wasser des Teichs bewegten.

WISSENSWERTES

Der Mühlenteich wurde im Jahr 1934 zugeschüttet, und der schmale Mühlengang, der vom Rhein aus zur Koblenzer Straße führte, ist ebenso verschwunden. Der Frankenbach läuft jetzt unterirdisch durch ein Rohr in den Rhein, vorbei an der ehemaligen Mühle, an deren Stelle sich inzwischen das Hotel zur Mühle befindet. Wo die drei schwachen, jungfräulichen Flämmchen heute herumirren, weiß man daher nicht so genau, vielleicht suchen sie in den Gassen der Stadt weiter. Wer ihnen dort jedoch nicht begegnet, kann in Bad Breisig aber eine andere Art von Flammen erleben – und zwar, wenn man das Sommernachtsfest am letzten Samstag im Juli besucht: Dann nämlich erleuchtet ein imposantes Höhenfeuerwerk über dem Fluss die Rheinpromenade. Da lohnt sich ein Besuch – selbst wenn die drei „Müllejangsjuffere“ inzwischen tatsächlich ihre Ruhe gefunden haben sollten!

Bad Breisig – Touristisch

Geschichtliches: Die Stadt Breisig hat ihren Ursprung in einer **keltischen Befestigungsanlage**, die sich zwischen dem 6. und 2. Jh. v. Chr. an dieser Stelle befand. 1914 wurde hier die **erste Thermalquelle „Geyr-Sprudel“** erbohrt, die den Grundstock für die Entwicklung zu einem Kur- und Fremdenverkehrsort bildete. Um sie zu nutzen, erbaute man 1936 das **Heilbäderhaus Geiersprudel**. Seit 1958 trägt Breisig auch offiziell den Titel „Bad“.

Sehenswertes: Geprägt wird Breisig von einer fast sechs Kilometer langen, **autofreien Rheinpromenade**, die von **liebevoll restaurierten Fachwerkhäusern** gesäumt wird.

Der **historische Stadtkern** lädt mit seinen verwinkelten Gassen zum Spazieren und Bummeln ein. In der ganzen Stadt finden sich reich verzierte **Brunnen**, und vor den Römer-Thermen trifft man im Sommer Boule-Spieler, die sich immer über neue Mitspieler freuen. Auch der große, gepflegte **Kurpark** lockt mit uralten, teilweise exotischen Bäumen.

Die alte Mühle
Bis auf eine alte Tuschezeichnung existiert von der alten Mühle keine Abbildung. Im Jahr 1932 eröffnete die Urgroßmutter der heutigen Besitzerfamilie Reuter hier eine Pension, die während des Krieges vorübergehend als Lazarett diente. Im Jahr 1972 um die heutigen Anbauten, u. a. ein Schwimmbad, erweitert, bietet das Hotel seit 2003 eine AromaOase, in der sich die Hotelgäste verwöhnen lassen können.

Die im 13. Jh. errichtete **katholische Pfarrkirche St. Viktor, die St. Marienkirche, die Borromäus-Kapelle** und die **Christuskirche** sind Orte der Besinnung und in ihrer Architektur sehenswert. Besuchen sollte man zudem das alte **Zollhaus**, einen Fachwerkbau von 1500, den **Templerhof**, das alte **Rathaus**, das heute als **Puppenmuseum** mit über 400 Ausstellungsstücken genutzt wird, und die außergewöhnliche Sammlung des **Ikonenmuseums** in der Villa Solitude.

Empfehlenswertes: Seine **heißen Quellen** verdankt Bad Breisig der Nähe zur **Eifel** mit ihren **grünen Hügeln** und den Maaren **vulkanischen Ursprungs**. Der **Laacher See**, der bedeutendste Krater der Eifel, ist nur 12 km entfernt und lässt sich bei einer Wanderung von hier aus erkunden. Zudem bieten sich Ausflüge ins **Ahrtal** mit einem wunderschönen Weinbergspanorama an sowie Städtetouren nach Koblenz, Bonn und Köln. Oder ein Ausflug auf den **Nürburgring**, um einige Runden in der bekannten Nordschleife zu drehen. Eine Fahrt mit

der **historischen Schmalspurbahn „Vulkan-Express“** bringt den Ausflügler mit der Dampflok in gemächlichem Tempo das **Brohtal** hinauf in die Eifel mit ihren zahlreichen Wanderwegen.

Trotz der vielen Attraktionen sollte der Besucher die Atmosphäre des **von der Sonne verwöhnten Ortes**, die ihn umgebende **herrliche Natur** und den Anblick der über dem Ort thronenden **Burg Rheineck** aus dem 12. Jh. genießen und entspannen. Dazu laden die **Römer-Thermen** ein, ein modernes Thermalbad im ehemaligen Geiersprudelhaus. Auch das **Kurhaus** mit angeschlossenem **Kurpark** bietet dem Gast u. a. physikalische Therapien durch geschultes Fachpersonal an. Die drei Heilquellen, die in 600 m Tiefe dem Eifelgestein entspringen, versorgen die Thermen, Hallen- und Freibäder der Stadt und helfen mit ihrem Wasser gegen Rheuma und viele andere Erkrankungen.

Der Märchenlehrpfad für Erwachsene

Der Märchenlehrpfad ist in Zusammenarbeit mit dem „Verein für Weltkulturgut“ und dem Bonner Märchenkreis entstanden. Die Interpretationen der dort gezeigten Märchen wurden auf die heutige Zeit abgestimmt. So soll der Lehrpfad den Erwachsenen wieder einen Denkanstoß geben, den tieferen Sinn der Märchen zu ergründen, damit Jung und Alt aus den in den Märchen innewohnenden Botschaften Lehren fürs Leben ziehen können.

Auf den Anhöhen des Rheintals liegt der **Märchenwald**, der mit seinem Märchenlehrpfad auch für erwachsene „Märchenfreunde“ Unterhaltsames und Interessantes zu bieten hat. In fest gebauten Häusern werden hier mit beweglichen und sprechenden Figuren viele bekannte Märchen gezeigt, untermalt von märchenhafter Musik. Von der bewirtschafteten Terrasse hat man zudem einen herrlichen Ausblick auf das Rheintal und das gegenüberliegende Schloss Arenfels.

Neben regelmäßig stattfindenden **Konzerten** und dem **Zwiebelmarkt** findet jedes Jahr das **Brunnenfest** im Kurpark statt, bei dem alle zwei Jahre eine Brunnenkönigin gekürt wird. Stolz sind die Bad Breisiger auf ihre **kulinarischen Wochen**, die bereits seit über drei Jahrzehnten jedes Jahr im Juli stattfinden. Hier werden Gourmetfreuden aus der ganzen Welt auf den Tisch gezaubert. Abgeschlossen wird das Fest mit dem **Sommernachtsfest** und einem beeindruckenden **Höhenfeuerwerk**.

Bad Breisig – Informationen & touristische Empfehlungen

Tourist-Information Bad Breisig
(gegenüber Bahnhof) Koblenzer Straße 59 · 53498 Bad Breisig
Tel.: 02633/4563-0 · Fax: 02633/4563-50
tourist-info@bad-breisig.de · www.bad-breisig.de
Ein Aufenthalt in Bad Breisig – immer ein besonderes Erlebnis! Für Gesundheitsbewusste: sportlich aktiv und trotzdem naturverbunden. Für Bewegungshungrige: Radeln auf dem ebenen Rhein-Radwanderweg und Nordic-Walking auf verschiedenen Routen. Für Wanderfreunde: Vergnügen pur in der anmutigen Hügel- und Waldlandschaft mit gut ausgebauten und beschilderten Wanderwegen. Für Fitnessanhänger: ein Besuch der Römer-Thermen mit Außenbecken, Saunalandschaft und Fitnessstudio. Und für Freizeitliebhaber: Spaß bei einem Besuch des Märchenwalds, des Puppenmuseums oder des Ikonenmuseums.

Märchenwald Bad Breisig
Am Kesselberg · 53498 Bad Breisig
Tel.: 02633/8534 · Fax: 02633/475450
info@maerchenwald-bad-breisig.de · www.maerchenwald-bad-breisig.de
Öffnungszeiten: Eine Woche vor Ostern, spätestens ab 1. April, bis einschließlich 1. November, täglich 10-18 Uhr
„Märchen erzählen" gehört zu den ältesten Kulturgütern der Welt, und so begeistert ein Besuch in diesem Märchenwald Kinder ebenso wie Erwachsene. Im naturbelassenen Wald erlebt der Besucher bei einem erholsamen Spaziergang 13 interessante Märchen, die in kunstvoll bemalten Häusern dargestellt sind. Die beweglichen und sprechenden Figuren sind nach Vorlagen aus alten Märchenbüchern handgearbeitet und erzählen per Knopfdruck eine Szene aus dem Märchen. Der Waldweg ist sorgfältig angelegt, sodass er trotz Hanglage für Eltern mit Kindern und auch für ältere Besucher geeignet ist. Am Ende des Weges erwarten den Besucher Erfrischungen und Speisen unter der überdachten Terrasse, von der man einen herrlichen Ausblick auf den Rhein und Schloss Arenfels genießen kann, während sich die Kinder auf dem Spielplatz vergnügen.
Neu und einzigartig: Der Märchenlehrpfad für Erwachsene! Die gelungene Interpretation wurde auf die heutige Zeit abgestimmt. Sie soll dem Erwachsenen einen Denkanstoß geben, den tiefen Sinn der Märchen zu verstehen und Lehren für das Leben zu ziehen.

Hotel zur Mühle – Hotel/Restaurant
Am Rheinufer · 53498 Bad Breisig
Tel.: 02633/2006-0 · Fax: 02633/2006-60
info@zurmuehlebreisig.de · www.zurmuehlebreisig.de
Die ehemalige Mühle liegt direkt am Rhein, umgeben vom hoteleigenen Park. Bereits in der 4. Generation wird das 3-Sterne-Haus von Familie Reuter als Familienbetrieb geführt und zeichnet sich durch seine persönliche Atmosphäre aus. Das Hotel-Hallenbad hat einen direkten Zugang zur sonnigen Liegewiese mit Rheinblick. Gönnen Sie sich das Erlebnis einer Aroma-Wohlfühlmassage in der AromaOase. Idealer Ausgangspunkt für Touren an Rhein, Ahr und Eifel. Kostenloser Fahrradverleih – gute Küche – hausgemachte Kuchen – Sonnenterrasse.

Kurhotel Bad Breisig – Hotel/Restaurant
Koblenzer Straße 33 · 53498 Bad Breisig
Tel.: 02633/6009-0 · Fax 02633/6009-91
info@kurhotel-bad-breisig.de · www.kurhotel-bad-breisig.de
Im vom idyllischen Kurpark umgebenen 3-Sterne-Kurhotel finden die Gäste Ruhe und Zeit, um zu entspannen und sich verwöhnen zu lassen.

Maria Laach / Brohltal

Die Lilie zu Laach

Die Lilie zu Laach

Der Laacher See ist der größte Vulkankrater in der Eifel, der voll Wasser lief. Noch heute deuten Kohlensäurebläschen an einer Stelle auf vulkanische Tätigkeit hin. In unmittelbarer Nähe steht ein wunderschönes Ensemble aus Kirche, Hotel und der bekannten Benediktinerabtei Maria Laach. Die 60 Mönche des Klosters betreiben hier unter anderem eine eigene Gärtnerei, in der Blumen verkauft werden, die wegen ihrer unglaublichen Blütenpracht bei den zahlreichen Besuchern überaus begehrt sind. Im Angebot befinden sich auch weiße Lilien – nur weiß kaum einer der Käufer, welch wundersame Sage die Mönche der Abtei über eine solche weiße Lilie zu erzählen wissen.

Wie in vielen anderen Klöstern, erfreuen sich auch die Mönche in Maria Laach an besonderen Tagen nach dem Gottesdienst fröhlicher Feiern. Anlass für solche Feste gab und gibt es immer wieder, so etwa, wenn ein neuer Bruder in der Abteikirche geweiht und in die Kongregation aufgenommen wird. Auch an jenem Tag, zu der sich diese Geschichte vor langer Zeit zugetragen haben soll, feierten die Mönche einen brüderlichen Neuzugang. Am Abend saß man im festlich erleuchteten Refektorium gemütlich bei einem opulenten Mahl zusammen, und der Wein aus den nahe liegenden Weinbergen floss in Strömen. Einige Mönche steckten ihre Köpfe zusammen, tuschelten und schielten von Zeit zu Zeit mit geheimnisvoller Miene zu dem neuen Bruder hinüber. Sobald der aber in ihre Richtung schaute, taten sie so, als sei nichts gewesen. Das war dem Neuen jedoch nicht entgangen, und so rief er nach einer Weile laut in die Runde: „Nun sagt mir doch endlich euer Geheimnis." Da verfinsterten sich die Mienen der Mönche, und der Abt entgegnete dem jungen Bruder: „Du bist zu neugierig. Außerdem passt diese Geschichte nicht zu einem solch fröhlichen Fest. Lasst uns diesen Abend genießen." Doch während sich die anderen wieder

dem Wein hingaben, setzte sich der junge Mönch neben den Abt und ließ nicht ab, ihn weiter zu befragen. Nach einer Weile gab dieser dem Drängen nach und erzählte von der seltenen Gnade, die Gott den Brüdern von Maria Laach erwiesen hätte. „Wenn die Zeit gekommen ist, dass einer von uns in den Himmel befohlen wird, um vor Gottes Richterthron zu treten, erfährt er dies zuvor durch ein Zeichen unseres Herrn.“ „Was für ein Zeichen?“, bohrte der junge Mönch nach. Mit ruhiger Stimme fuhr der Abt fort. „Bevor einer von uns Abschied nehmen muss, findet er einige Tage vorher zum Morgengebet auf seinem Stuhl im Chor der Abteikirche eine weiße, blühende Lilie. Und gleichgültig, ob Frühling, Sommer, Herbst oder Winter – es ist immer ein blühende Lilie.“ „Eine Lilie?“, fragte der junge Mönch mit verwirrtem Blick. „Ja, eine Lilie, denn sie ist ein heiliges Symbol und Zeichen dafür, wie keusch und rein deine Seele sein soll, wenn du von dieser Welt Abschied nimmst.“

Diese Geschichte verschlug dem jungen Mönch die Sprache. Mit versteinerter Miene blieb er noch eine Weile bei seinen fröhlich feiernden Brüdern sitzen, aber dann zog er sich in seine Zelle zurück, um zu

Das Schloss im Laacher See

Am Ufer des Laacher Sees wohnte einmal eine Fischerfamilie. Sie hatten einen Sohn, den alles Geheimnisvolle unwiderstehlich anlockte. An einem stillen Vollmondabend, als sich der Mond auf der Wasseroberfläche gespenstisch spiegelte, erzählte die Großmutter ihrem Enkel von den im See versunkenen Schlössern und verborgenen Schätzen. Atemlos und voller Neugier lauschte der Knabe ihren Worten und beschloss, schon bald auf den See hinauszufahren, um dessen Geheimnis zu ergründen.

In einer der nächsten sternenklaren Nächte verließ er heimlich und unbemerkt das Haus und schlich zum Ufer des Sees. Mit kundiger Hand löste er einen Kahn vom Pflock, schwang sich hinein und ruderte furchtlos in die Mitte des Gewässers. Tiefe Stille herrschte ringsum, der Knabe vernahm nur das Plätschern der Bugwellen und vom Ufer her den Ruf des Käuzchens.

Plötzlich drangen sanfte Töne aus der Tiefe empor an sein Ohr. Sie wurden immer lauter, und bald konnte er dem Spiel von Harfen und Flöten lauschen. Dazwischen ertönte froher Becherklang und das kriegerische Klirren von Waffen. Beglückt beugte sich der Knabe weit über den Rand seines Kahns. Und dann sah er auf dem Grund des Sees ein herrliches Schloss mit festen Mauern und hohen Zinnen. An den hellerleuchteten Fenstern vorbei bewegten sich die Schatten von tanzenden Paaren. Als bald darauf aus der Tiefe zwei Nixen zu ihm emporstiegen und ihn mit süßem Lächeln lockten, wusste der Knabe nicht, wie ihm geschah. Völlig betört glitt er ins Wasser und versank in der grundlosen Tiefe des Sees.

Als der Fischer am nächsten Morgen seinen Sohn suchte, sah er mitten im See sein Boot kieloben treiben. Da wusste er, dass er seinen Sohn niemals mehr wieder sehen würde und dass die Verlockungen, vor denen er ihn immer gewarnt hatte, stärker gewesen waren. Dem Leser mag diese Sage eine Botschaft sein, dass es Dinge gibt, die der Neugier und dem Zugriff der Menschen entzogen sind, und Grenzen, die in jedem Fall zu respektieren sind.

schlafen. Doch vergebens! Voller Gedanken ob der Worte des Abtes ging er in seiner Zelle auf und ab. Er bemerkte nicht einmal, als es schon wieder dämmerte.
Erst die Glocken der Kirche, die zum Morgengebet riefen, rissen den jungen Mönch aus seinen Gedanken. Erschrocken machte er sich auf den Weg und betrat als Erster an diesem Tag die Abteikirche. Doch was erblickte er da? Auf seinem Chorstuhl lag eine weiße Lilie! Der junge Bruder erstarrte wie gelähmt. Zu ehrwürdig waren der Abt und das Kloster, als dass es sich hier um einen Scherz handeln könnte. „So jung soll ich schon sterben?“, dachte er bestürzt. „Ich will aber noch leben“, schrie er sodann in die leere Kirche hinein. Da kam ihm in seiner Aufregung ein Gedanke. Er nahm die weiße Lilie und warf sie in hohem Bogen auf die andere Seite des Chorraums. Dort landete die Todesblume auf dem Stuhl, der für den Ältesten der Klosterbrüder reserviert war. Leichenblass und zitternd vor Angst, dass seine Tat entdeckt würde, verfolgte der junge Mönch, wie sich die Kirche füllte und auch der alte Mönch zu seinem Platz schlurfte. Als der die Lilie erblickte und das Zeichen erkannte, sprach er ohne Angst:
„Mein Herr, ich bin bereit, zu dir zu kommen.“

Da der Alte ohnehin gebrechlich war und sich nur mit Mühe auf den Beinen halten konnte, wunderte man sich in der Abtei nicht darüber, und es hieß, dass er nur noch drei Tage zu leben hätte. Und während seine Brüder schon die Gesänge für die Totenmesse übten und die Bestattung vorbereiteten, sah der fromme alte Mönch seinem Abschied gelassen und fast ein wenig fröhlich entgegen, sollte er doch schon bald vor seinen Herrn treten dürfen. Und da er sein Leben lang nach Gottes Geboten gelebt hatte, fürchtete er sich auch nicht vor seinem letzten Weg. Verwundert war er nur, dass er außer seinem Alter keine konkreten körperlichen Anzeichen dafür spürte, dass er in Kürze sterben sollte.

WISSENSWERTES

Wer heute in der Abteikirche eine weiße Lilie erblickt, braucht hierin allerdings nicht gleich ein Zeichen Gottes zu sehen, denn die Laacher Mönche stellen des Öfteren auch selbst diese Blumen in die Vase am Altar. Wessen Seele so keusch und rein ist wie die weiße Lilie, der braucht sein Schicksal nicht fürchten: Diese ganz besondere Botschaft der Benediktinermönche von Maria Laach sollte auch jeder heutige Besucher des Klosters stets in seinem Herzen tragen.

Anders war dies aber bei dem jungen Mönch. Dieser wurde noch am gleichen Tage krank und bekam hohes Fieber. Obwohl er mit aller Kraft gegen die Krankheit ankämpfte, siechte er unter schrecklichen Fieberträumen dahin und lag schon tags darauf tot in seiner Zelle. So wurde er an Stelle des Alten, der sich noch einige Jahre seines Lebens erfreute, zu Grabe getragen.

Maria Laach / Brohltal – Touristisch

Geschichtliches: Das **Kloster Maria Laach** liegt in der jüngsten Landschaft Europas, der **Vulkaneifel.** Hier im Brohltal fand vor ca. 13.000 Jahren der letzte **große Vulkanausbruch** Mitteleuropas statt, durch den auch der **Laacher See** und die ihn umgebende Hügelkette entstanden.

Das Kloster wurde **1093** von Pfalzgraf Heinrich II. von Laach gegründet. Nach der Aufhebung im Jahr 1802 und der zwischenzeitlichen Nutzung durch die Jesuiten zogen 1892 wieder **Benediktinermönche**, aus der Erzabtei Beuron, in das Kloster.

Sehenswertes: Das **Kloster Maria Laach**, überragt von der **Abteikirche** mit ihren sechs Türmen und einem beeindruckenden Chorgebäude, liegt direkt am **Laacher See** und ist eines der Highlights des Brohltals. Mit seinen dazugehörenden Wirtschaftsbetrieben, darunter eine Buch- und Kunsthandlung sowie das angeschlossene **Seehotel**, bildet die Abtei ein einzigartiges Refugium. Die Benediktinermönche stellen die unterschiedlichsten Produkte auf Basis **ökologischer Landwirtschaft** her. Auf über 170 ha werden Pflanzen und Obst angebaut sowie Viehwirtschaft betrieben. Die daraus gewonnenen Erzeugnisse werden im großen **Garten- und Blumencenter** bzw. im **Hofladen** verkauft.

Abteikirche Maria Laach
Zu den besonderen Sehenswürdigkeiten von Maria Laach zählt die romanische Klosterkirche mit ihrem Stiftergrabmal und dem Baldachin über dem Hochaltar aus dem 13. Jh. Die Abteikirche gilt als eine der vollkommensten Schöpfungen der Romanik und lädt seit über 30 Jahren zu Konzerten mit geistlicher Musik.

Auch in der Küche des Seehotels werden die regionalen Produkte verwendet und zu **feinen Speisen** zubereitet.

Das **Naturkundemuseum St. Winfried** in unmittelbarer Nähe der Abtei mit über 1000 qm Ausstellungsfläche ist besonders für Kinder ein spannendes Erlebnis. Hier werden Säugetiere, Vögel, Schmetterlinge und Insekten aus aller Welt gezeigt. Sogar **ausgestorbene Tiere** können in präpariertem Zustand und in der Kulisse ihres Lebensraums bestaunt werden. Eine umfangreiche **Stein- und Mineraliensammlung** aus der Region komplettiert die Ausstellung.

Empfehlenswertes: Das **Laacher See-Gebiet** ist auch heute noch eine unberührte Landschaft in der **östlichen Eifel**. Der See fügt sich harmonisch in die angrenzenden **bewaldeten Hänge** und **breiten Felder** ein. Das **Schilf** bewachsene und von **Seerosen** durchzogene **Ufer** ist ein Paradies für **seltene Wasservögel** und steht unter Naturschutz.

Dank des vulkanischen Ursprungs hat die Natur im Brohltal eine faszinierende Flora und Fauna geschaffen. Hier kann der Besucher urwüchsige Natur erleben und auf fünf **Rundwanderwegen** mit großen Info-Tafeln Interessantes und Wissenswertes über die Entstehung und Auswirkungen der vulkanischen Aktivitäten erfahren. Ein ganz besonderes Erlebnis ist dabei sicherlich eine Fahrt mit dem **„Vulkan-Expreß“**, einer historischen Schmalspureisenbahn, vorbei an der vielfältigen Natur- und Kulturlandschaft des Brohltals. Weitere herrliche Sehenswürdigkeiten des Brohltals sind das Tuffsteinzentrum in Weibern, das Rodder Maar, die Keramikroute und der Hufeisenkrater Bausenberg. Ein besonders attraktives Ausflugsziel ist auch Burg Olbrück: Ein audio-visueller Rundgang lädt ein zu einer Zeitreise vom Vulkanismus zum Rittertum. Auf dem 34 m hohen Bergfried angekommen, erwartet den Besucher ein atemberaubender Ausblick über die Vulkaneifel.

Freunden **geistlicher Musik** seien die **Konzerte** in der Abteikirche von Maria Laach empfohlen: Neben Orgelkonzerten, Orchester- und Kammermusik werden hier regelmäßig auch große Oratorien aufgeführt.

Ein besonderes Erlebnis ist seit neuestem die Veranstaltung **„Nacht der Vulkane“**, die sich alle zwei Jahre mit Vorträgen, Wanderungen, Kunstausstellungen, Konzerten und einem Kinderprogramm über mehrere Tage erstreckt. Höhepunkt ist die eigentliche „Nacht der Vulkane“, bei der drei erloschene Vulkane mit großen Feuerwerken wieder „zum Leben“ erweckt werden. Und ab 2006 führt die **„Deutsche Vulkanstraße“**, die am Parkplatz Erntekreuz oberhalb des Laacher Sees beginnt, zu den 40 schönsten geologischen Sehenswürdigkeiten der Eifel.

Maria Laach-Brohltal – Informationen & touristische Empfehlungen

Tourist-Information Brohltal – Vulkanpark Info-Zentrum

Kapellenstraße 12 · 56651 Niederzissen
Tel.: 02636/19433 · Fax: 02636/80146
tourist@brohltal.de · www.brohltal.de

Für Wanderer ist das Brohltal von ganz besonderem Reiz. Viele Sehenswürdigkeiten, verbunden durch ein erlebnisreiches Wegesystem: Burg Olbrück, Vulkan-Expreß, Mineralwasser vom Sauerbrunnen, Hufeisenkrater Bausenberg, Tuffsteinzentrum Weibern, Laacher See ... Auf fünf gut ausgeschilderten Geo-Pfad-Routen (je 15 – 20 km) mit zahlreichen Erläuterungstafeln entdecken Sie die Vielfalt im Vulkanpark. Drei Routen starten an den Haltestellen des Vulkan-Expresses.

Benediktinerabtei Maria Laach

56653 Maria Laach
Tel.: 02652/59-0 bzw. -350 (Informationshalle) · Fax: 02652/59-359
abtei@maria-laach.de · www.maria-laach.de

Die Benediktinerabtei Maria Laach in Rheinland-Pfalz ist seit über 900 Jahren eine Stätte der Gottesverehrung und des kulturellen Lebens. Aus aller Welt kommen Besucher und bewundern vor allem die kunsthistorisch einzigartige romanische Abteikirche, die nahezu unverändert die Jahrhunderte seit ihrer Gründung im Jahr 1093 überdauert hat. Das Kloster am Laacher See inmitten einer reizvollen Landschaft ist die Heimat der über fünfzig Mönche, die hier ein Leben nach der Klosterregel des heiligen Benedikt von Nursia führen. Nach dem Leitwort ihres Ordensgründers „Damit in allem Gott verherrlicht wird" sind sie in vielen Bereichen tätig, mit bedeutender Ausstrahlung ins religiöse und gesellschaftliche Leben. Ihr Wirken in Seelsorge, Gästearbeit, Wissenschaft, Kunst, Handwerk und Gartenbau hat seinen tragenden Grund im täglichen Vollzug des feierlichen Gottesdienstes, der in Lobpreis und Fürbitte für alle Menschen verrichtet wird.

Klostergaststätte Maria Laach

Am Laacher See · 56653 Maria Laach/Glees
Tel.: 02652/584-506 · Fax: 02652/584-522
seehotel@maria-laach.de · www.maria-laach.de/seehotel

Das Selbstbedienungsrestaurant in Maria Laach: Ideal für Gruppen – (telefonische) Voranmeldung erbeten – sowie für Familien und einzelne Gäste mit unterschiedlichem persönlichen Budget. Alle essen gemeinsam, jeder bedient sich selbst. Mittags stehen verschiedene Speisen zur Auswahl, nachmittags Kuchen, Eis und Salate. Nur ca. 3 min von der A61 Köln/Bonn-Koblenz entfernt.

Seehotel Maria Laach – Hotel/Restaurant

Am Laacher See · 56653 Maria Laach/Glees
Tel.: 02652/584-0 · Fax: 02652/584-522
seehotel@maria-laach.de · www.maria-laach.de/seehotel

Das Seehotel Maria Laach liegt direkt neben dem 900-jährigen Kloster und der Abteikirche Maria Laach im Naturschutzgebiet am Laacher See. Das 4-Sterne-Haus verfügt über 69 komfortabel eingerichtete Zimmer, teils mit Blick zum See, und 14 moderne Tagungs- und Veranstaltungsräume (Tel. : 02652/584-511). Die Restaurants bieten nationale und internationale Frische-Küche sowie regionale Spezialitäten. Ein Café mit hoteleigener Konditorei, eine Sommerterrasse sowie eine Bier- und Weinstube runden das gastronomische Angebot ab. Auch standesamtliche Trauungen sind im Hotel möglich.

Die „Badestub" beinhaltet einen Pool mit Wintergarten, Sauna, Dampfbad, Solarium und Liegewiese. Das Hotel verfügt über Fahrräder, Boule-Platz und einen Nordic-Walking-Parcours.

Andernach

Die Andernacher Bäckerjungen

Die Andernacher Bäckerjungen

Vom Rheinufer aus betritt man die Stadt bis heute durch das alte, um 1200 erbaute Rheintor. An dessen innerem Tor stehen zwei romanische Krieger aus Tuffstein Wache, die im Volksmund liebevoll „die Andernacher Bäckerjungen" genannt werden. Denn sie bewahrten die Andernacher vor langer Zeit vor einem Überfall durch die Linzer, mit denen man damals im Streit lag.

Die Geschichte ereignete sich zu der Zeit, als der Erzbischof von Köln das Recht zur Erhebung des Rheinzolls, die wichtigste Einnahmequelle der Städte am Rhein, gerade von Linz nach Andernach zurückverlegt hatte. Über diesen Zollverlust waren die Linzer verständlicherweise sehr verärgert und sannen daher auf Rache an den Andernachern. Diese hatten schon damals den Spitznamen „Siebenschläfer", da sie gerne ausgiebig feierten und anschließend bis in den späten Vormittag hinein schliefen – was sie im Übrigen heute noch gerne tun. Das wussten auch die erzürnten Linzer.

Schon bald schmiedeten die Linzer folgenden Plan: „Wenn die Andernacher feiern, kommen sie am nächsten Tag doch nicht aus den Federn. An einem solchen Tag sollten wir sie in den frühen Morgenstunden überfallen und die Stadt einnehmen!" Und so fuhren sie eines Abends, als die Andernacher wieder eines ihrer berühmten Feste feierten, heimlich und unbemerkt mit ihren Booten rheinaufwärts, bewaffnet mit Feuer und Schwert. Mitten in der Nacht legten sie im Schutz der Dunkelheit am Ufer an, um beim ersten Morgenlicht die Stadt zu stürmen.

Wie zu erwarten gewesen, waren die Andernacher nach ihrer Feier in einen langen und tiefen Schlaf gesunken. Nur die beiden Bäckerjungen Fränzje und Döres, die den Andernachern schon so manchen Streich gespielt hatten, waren bereits auf den Beinen, um Brötchen

auszutragen. Als sie ihre Arbeit verrichtet hatten, meinte Döres: „Du, Fränzje, was können wir jetzt noch anstellen?“ „Lass uns doch einfach mal auf den Wehrgang der Stadtmauer am Rheintor klettern, da fällt uns schon was ein.“ Und tatsächlich: Sie entdeckten eine ganze Batterie von Bienenkörben, die der Wächter am Rheintor aufgestellt hatte.

„Honigbrötchen!“, rief Döres, der noch nicht gefrühstückt hatte, laut und erfreut aus. Das kommt ja wie gerufen.“ Kaum gesagt, kletterte Fränzje bereits die Stadtmauer hinauf, um nach den Körben zu schauen. Döres aber hatte sofort auch wieder einen Streich im Kopf. „Und hinterher kleben wir ihnen die Fluglöcher zu. Dann wundert sich der Wächter, warum die Bienen heute nicht fliegen.“ Fränzje, der natürlich auch sofort Gefallen an diesem Gedanken gefunden hatte, kletterte wieder von der Stadtmauer runter, um den Lehm dafür zu beschaffen. Ihm kam gleich noch ein weiterer Streich in den Sinn: „Und dem Wächter binden wir noch die Tür am Rheintor zu.“

Gerade waren sie mit ihren Spitzbübereien fertig, als Döres plötzlich aufgeregt fragte: „Fränzje, was sind das für seltsame Geräusche? Und hörst du auch die Stimmen?“ „Ja“, antwortete sein Freund, „was ist da nur auf einmal los?“ Die beiden Bäckerjungen lauschten angestrengt weiter und versuchten, in dem sich langsam lichtenden Morgennebel, der vom Rhein in Richtung Stadt zog, etwas zu erkennen. Und als die Geräusche näher kamen, sahen sie mit Entsetzen hunderte Männer, die mit Schwertern, langen Stangen, Hellebarden und Rammböcken gegen die Stadtbefestigung vorrückten. Und sie hörten Schritte von festen Stiefeln und Kommandofetzen wie „Rammbock nach vorne!“, „Zieht die Schwerter!“, oder „Fertig machen zum Angriff!“ Und als die erste Doppelreihe Männer mit einem schweren Balken, der eine starke Eisenspitze hatte, gegen das Stadttor vorrückte, war ganz eindeutig, dass es sich um Angreifer handelte.

„Andernach wird überfallen!“, rief Fränzje außer sich. „Lauf schnell in die Stadt und schlag Alarm!“ Doch Döres entgegnete: „Dafür ist es zu spät. Bis dahin haben sie das Tor schon eingerammt. Schau dir das an …“ In der Tat standen die Männer mit dem Rammbock bereits vor dem großen Stadttor. „Wenn wir doch nur etwas tun könnten …“, grübelte Fränzje. „Da, schnell, die Bienenkörbe“, schrie Döres. Und schon schleuderten sie die ersten Bienenkörbe auf die vorderen Kämpfer. Und zwar so heftig, dass die Angreifer an der Spitze nach hinten fielen und auch die nachfolgenden Männer mit zu Boden rissen.
So bohrte sich die Eisenspitze des Rammbocks statt ins Andernacher Rheintor dumpf in die Erde. „Das hat gesessen“, freute sich Döres, und

schon flogen die nächsten Bienenkörbe. Durch den Aufprall am Boden platzten einige Körbe auf, sodass Tausende von Bienen ausschwärmten. Und die ansonsten friedlichen, nun aber in ihrer Nachtruhe gestörten Tierchen stürzten sich aufgebracht und wild um sich stechend auf die Linzer. Die hatten sich zwar gerade von dem ersten Schrecken erholt und wollten erneut zum Angriff auf das Rheintor ansetzen, doch viele der Männer waren von den Bienen schon so arg und fürchterlich gestochen worden, dass ihre Kampfeslust dahinschwand. Selbst Helme und Rüstungen schützten sie nicht, denn die Bienen drangen durch alle Ritzen und Spalten ein und stachen zu. Da war es selbst den tapfersten Kämpfern zu viel.

Die meisten warfen ihre Waffen weg, um zumindest ihr Gesicht vor den immer angriffslustiger werdenden Bienenschwärmen zu schützen. Völlig außer sich flohen die Linzer schließlich zum Rheinufer, um Schutz in ihren Booten zu suchen oder sich einfach ins kalte Wasser zu stürzen, nur um den Qualen zu entrinnen.

WISSENSWERTES
Wer Fränzje und Döres einmal live erleben möchte, kann dies zu bestimmten Terminen bei der Aufführung der Bäckerjungensage in zwei heiteren Akten erleben. Gruppen bietet sich die Möglichkeit zur Buchung eines „Bäckerjungenempfangs" mit Ernennung zum „Andernacher Bäckerjungen" und anschließendem Stadtrundgang (weitere Informationen S. 130)

Als die beiden Bäckerjungen das sahen, nutzten sie die Zeit, sprangen von der Stadtmauer und spurteten die Rheinstraße hoch, um oben am Rathaus die Sturmglocke zu läuten. Die war so laut, dass selbst der verschlafenste „Siebenschläfer" hochschreckte. Die Andernacher rannten mit Geschrei aus ihren Häusern und besetzten mit ihren Waffen alle Tore und Mauern, so wie es der Rat für einen solchen Fall angeordnet hatte. Doch dieser Einsatz war überflüssig, denn die Linzer hatten bereits kapituliert und flüchteten vor den Bienen in ihren Booten rheinabwärts. Und auch später kamen sie nie mehr auf den Plan, die Andernacher anzugreifen, und überließen diesen fortan das Recht des Rheinzolls.

Zum Dank haben die Bürger der Stadt, die seit dieser Zeit auch „Bäckerjungenstadt" genannt wird, ihren beiden „Schutzengeln" ein Denkmal setzen lassen, und zwar genau in dem prächtigen Stadttor am Rhein, von wo aus sie die Feinde in die Flucht geschlagen haben.

Andernach – Touristisch

Geschichtliches: Die Anfänge der über 2000 Jahre alten Ortschaft, als **römisches Kastell** zur Sicherung der Rheingrenze gegründet, liegen im 1. Jh. n. Chr. Andernach war seither Gastgeber vieler berühmter Persönlichkeiten, darunter **Albrecht Dürer, Napoleon, Goethe, Willy Brandt und Konrad Adenauer**, der sich 1956 ins „Goldene Buch" der Stadt eintrug. **Victor Hugo**, der 1840 hierher kam, schrieb in einem Brief: „Andernach ist eine allerliebste Stadt. Hier ist kein Baustein, der nicht ein Andenken, keine Wendung der Landschaft, die nicht eine Schönheit wäre. Hier ist Natur, Geschichte und Poesie."

Sehenswertes: Die Tore und Türme der **Stadtmauer** aus dem 13. Jh. zeugen von der langen und militärisch geprägten Geschichte der Stadt. In den **Rheinanlagen**, einer der schönsten am Mittelrhein mit **botanischen Raritäten**, findet der Besucher den **„Alten Krahnen"** – ein seltenes, technisches Baudenkmal aus dem 16. Jh., das zum Verladen, u.a. von Mühlsteinen, genutzt wurde und ein markantes Zeugnis für die einstige Bedeutung des Handels für Andernach darstellt.

Das Rheintor und der Bäckerjungenbrunnen
Schreitet man durch den romanisch-gotischen Bau des Rheintores, eines der ältesten Doppeltore am Rhein, begegnet man den in Stein gemeißelten Andernacher Bäckerjungen, die der Sage nach die Stadt seinerzeit vor den Angreifern aus Linz retteten und bis heute den Eingang zur Stadt bewachen. Diese Geschichte begleitet den Besucher auf seinem Weg durch die Gassen der Altstadt bis hin zum historischen Marktplatz, wo man hoch oben auf dem Brunnen Döres und Fränzje noch einmal zu Gesicht bekommt.

Geprägt wird das Stadtbild von den vier Türmen des **Mariendoms**. Die dreischiffige **Emporenbasilika** wurde um 1200 erbaut und bietet im Inneren **historische Kunstschätze** und eine reiche Ausmalung. In unmittelbarer Nähe befindet sich eines der Wahrzeichen der Stadt: der **„Runde Turm"**, der mit seinen 56 Metern Höhe die Stadt überragt und einer der gewaltigsten mittelalterlichen Wehrtürme Deutschlands ist. Er bewies 1689 seine Stabilität, als er dem Sprengversuch der Truppen des **Sonnenkönigs Ludwig XIV.** standhielt, wovon heute noch „Narben" an der Westseite zu entdecken sind. Sehenswert sind auch die **evangelische Pfarrkirche** und die **Ruine** des 1689 zerstörten **kurkölnischen Schlosses**, die von einladenden **Grünanlagen** umgeben ist. In einem der schönsten Häuser aus

dem 16. Jh., dem Haus von der Leyen, befindet sich das **Stadtmuseum** mit wechselnden Ausstellungen.

Der Marktplatz ist Treffpunkt für die Menschen der Stadt und ihre Gäste. Vor der gemütlichen Atmosphäre des **Wochenmarktes** verwandelt er sich im Sommer zu einem einzigen **großen Biergarten.**

Empfehlenswertes: Hier, zwischen Westerwald, Taunus, Hunsrück, Eifel und Rhein, lassen sich wunderschöne Urlaubstage verleben. Per Rad oder bei einer ausgiebigen Wanderung entlang den **Ufern des Rheins, vorbei an Burgen, idyllischen Dörfern und Wiesen** rund um Andernach, taucht der Urlauber in die traditionsreiche Atmosphäre dieser Gegend ein. Beliebte Ausflugziele sind das **Benediktinerkloster Maria Laach**, der Laacher See, der nahe gelegene **Vulkanpark**, der **Nürburgring**, eine der schönsten Rennstrecken der Welt, die **Burg Namedy**, die seit 1909 im Besitz der rheinischen Linie des Fürstenhauses von Hohenzollern ist, sowie der **größte Indoor-Kletterturm** am Mittelrhein.

Lachen und Feiern gehören zu den Höhepunkten des städtischen Lebens in Andernach. Das Highlight im Frühjahr sind der **Andernacher Frühlingsmarkt** und die **Auto- und Freizeitschau** mit Kirmes. Den musikalisch-festlichen Auftakt im Frühjahr bilden die überregional bekannten **„Andernacher Musiktage“** auf Schloss „Burg Namedy“. Von Juni bis August findet der **Andernacher Kultursommer** statt. Die Ruine der ehemaligen kurkölnischen Stadtburg, mit dem wunderschönen Schlossgarten, bildet die romantische Kulisse für ein kulturelles Sommerprogramm. Feierlich ist die Stimmung, wenn beim **Fest der 1000 Lichter** im August die Rheinanlagen in ein Lichtermeer getaucht werden. Der **Michelsmarkt** im Herbst ist der älteste Markt der Stadt, mit attraktiven Fahrgeschäften und einem traditionellen Krammarkt. Beim **Andernacher St. Martinstag** im November verwandelt sich der Marktplatz zwischen Martinsgänsen und bunten Buden in ein Bild aus Laternen, Fackeln und Lichtern. Von großer Anziehungskraft ist der **„Andernacher Adventsmarkt mit Lebender Krippe“**. Auf dem historischen Marktplatz wird in einer lebensgroßen Holzkrippe zwischen Schafen, Eseln und Kühen die Weihnachtsgeschichte nach dem Lukas-Evangelium gespielt.

Andernach – Informationen & touristische Empfehlungen

Touristinformation – Andernach.net GmbH

Läufstraße 4 · 56626 Andernach
Tel.: 02632/298-420 · Fax: 02632/298-440
info@andernach.net · www.andernach.net

Andernach – die Stadt, wo der Rhein die Eifel trifft – besticht mit über 2000-jähriger Historie und bezaubert mit romantischem Charme und rheinischer Fröhlichkeit. Die historische Altstadtkulisse mit ihren zahlreichen Sehenswürdigkeiten sowie die Rheinanlagen, die zu den schönsten am Mittelrhein zählen, bieten Gelegenheit zur Ruhe und Entspannung. In den gemütlichen Bistros, Cafés oder Kneipen mit ihrer typisch rheinländischen Atmosphäre erhält man einen Eindruck vom Leben innerhalb der Stadtmauern. Und der historische Marktplatz ist noch heute ein Treffpunkt für die Menschen der Stadt und ihre Gäste: vom bunten Treiben des Wochenmarktes verwandelt er sich im Sommer in einen einzigen großen Biergarten.
Sei es für einen Tag, ein Wochenende oder für länger – das Team von der Touristinformation freut sich auf Ihren Besuch und ist Ihnen gerne bei der Organisation Ihres Aufenthaltes behilflich.

„Großer Bäckerjungenempfang“

Mindestteilnehmerzahl: 15 · Preis pro Person: Euro 5 (kleinere Gruppen gegen Aufpreis) · Dauer: ca. 2 Stunden · Buchungen über Andernach.net.

Bei diesem Empfang heißen Sie die berühmten Bäckerjungen „Fränzje“ und „Döres“ in Andernach persönlich willkommen. Sie lernen die Bäckerjungensage kennen und stimmen mit in das Bäckerjungenlied ein, bevor Sie zu einem „Andernacher Ehrenbäckerjungen“ ernannt werden und einen Orden verliehen bekommen. Während der anschließenden Stadtführung erfahren Sie von den Stadtführern so manche Anekdote und vieles Wissenswerte aus der über 2000-jährigen Stadtgeschichte Andernachs.

Stadtmuseum Andernach

Hochstraße 99 · 56626 Andernach
Tel.: 02632/922218 · museum@andernach.de
Öffnungszeiten: Di-Fr 10-12 Uhr, 13-17 Uhr · Sa, So, Feiertag 14-17 Uhr · Mo geschlossen

Im Stadtmuseum werden heute vornehmlich in Form von Sonderausstellungen spezielle Themen zur Geschichte der Stadt Andernach und ihres Umlandes behandelt. Als Dauerausstellung werden im Erdgeschoss des Museums die römische Geschichte Andernachs und seines Hafens, der als Drehscheibe des Steinhandels gilt, dargestellt.

Burg Namedy

56626 Andernach
Tel.: 02632/48625 · Fax: 02632/492682
info@burg-namedy.de · www.burg-namedy.de

Die geschichtsträchtigen Räume der aus dem 14. Jh. stammenden malerischen Burg sowie die sie umgebende Natur laden ein, bei exklusiven Tagungen, festlichen Ereignissen und kulturellen Veranstaltungen neue Gedanken zu fassen und die Spannung zwischen Vergangenheit und Gegenwart zu erleben. Ihr Ansprechpartner für alle Fragen und Wünsche rund um die Burg: Heide Prinzessin von Hohenzollern.

Gastronomie und Übernachten in Andernach

Gemeinsam Feste feiern und rheinische Gastlichkeit genießen – das Gefühl haben, zur richtigen Zeit am richtigen Ort zu sein. Ob Ferienwohnung, Pension oder Hotel – Andernachs Gastgeber heißen Sie willkommen.
Kleine Cafés, stilvolle Bistros und eine Vielzahl schöner Restaurants runden das Angebot ab und laden dazu ein, genussreiche Stunden in Andernach zu verbringen. Spezielle Pauschalangebote erhalten Sie bei Andernach.net, Tel.: 02632/298420 oder im Internet unter www.andernach.net!

Mayen

Die heilige Genofeva

Die heilige Genofeva

Der Name „Genofeva" ist seit langer Zeit untrennbar mit der Stadt Mayen verbunden. Die Burg, die über der Stadt thront und das Stadtbild prägt, trägt ihren Namen, eine Höhle wurde nach ihr benannt, und für einige Kindergärten im Raum Mayen ist sie so etwas wie eine Schutzpatronin. Aber wer war diese Genofeva, die später sogar heilig gesprochen wurde? Eine Legende aus alten Zeiten erzählt von ihrer tragischen Geschichte.

Zu der Zeit, als Hildolf Erzbischof von Trier war, regierte im Raum Mayen der Pfalzgraf Siegfried. Seine Gemahlin war die wunderschöne und fromme Genofeva, eine Herzogstochter aus Brabant. Die beiden waren sehr glücklich miteinander, und Siegfrieds sehnlichster Wunsch war es, dass sie ihm bald einen Sohn gebären möge. Die Zeiten im Lande jedoch waren unruhig, und eines Tages erreichte Siegfried die Botschaft, dass er in den Krieg müsse. Schweren Herzens trat er vor seine Frau und sagte: „Liebste Genofeva, ich muss fort und gegen die Heiden kämpfen. Verweile du indes auf meiner Burg Simmern im Maifelder Gau, bis ich wieder zurückkehre, denn dort bist du sicher und geschützt." Seinen Diener Golo bat er: „Bleibe bei meiner Gemahlin und pass auf sie auf, damit ihr nichts geschehen möge."

In der Nacht vor seinem Aufbruch war Siegfried seiner Genofeva nah, und am liebsten hätte er sie nie wieder losgelassen, so sehr bekümmerte ihn der Gedanke, sie am nächsten Morgen verlassen zu müssen. Und so liebten sie sich, bis sie eng umschlungen einschliefen. Als Genofeva bald darauf merkte, dass ihre Liebe Früchte getragen hatte, war Siegfried schon längst im Krieg, und die frohe Botschaft konnte ihn nicht mehr erreichen.

Kaum war der Pfalzgraf von dannen gezogen, stellte sich jedoch heraus, dass er sich in seinem vermeintlich ergebenen Diener Golo

getäuscht hatte. Denn der zögerte nicht lange, sich der schönen Genofeva zu nähern und ihr eines Tages seine Liebe zu gestehen. „Das darfst du nicht, und ich will das nicht. Das wäre Betrug an meinem Manne", wies ihn Genofeva daraufhin zurück. Ob dieser Ablehnung schwer gekränkt, schmiedete Golo einen bösen Plan. In der Hoffnung, dass er sich Genofeva dadurch leichter nähern könnte, täuschte er sie bald darauf mit der falschen Nachricht, dass Siegfried und all seine Mannen im Meer ertrunken seien. Aber auch dies nützte nichts, denn Genofeva blieb Siegfried auch in ihrer Trauer treu und gebar ihm einen kräftigen Sohn.

Kurze Zeit später traf ein reitender Bote auf Burg Simmern ein und teilte freudig die baldige Rückkehr des unversehrten Pfalzgrafen mit. Golo geriet in Panik, wusste er doch, welches Schicksal ihm drohte, wenn seine Hinterlist aufgedeckt würde. In seiner Not ging er zu einer Hexe, um sich bei ihr Rat zu holen. Die hatte auch gleich einen bösen Vorschlag: „Täusche den Pfalzgrafen und sag ihm, dass sein angeblicher Sohn zu einer Zeit gezeugt wurde, als er selbst gar nicht mehr in der Heimat weilte, Genofeva ihm also untreu gewesen sein muss."

Golo gelang es nach der Rückkehr seines Herrn tatsächlich, diesen über das Datum der Zeugung zu täuschen. „Du warst damals schon weg, du kannst also unmöglich der Vater sein", führte er aus. „Deine Frau war dir untreu und hat Ehebruch begangen. Dafür wirst du sie bestrafen müssen."

Zutiefst gekränkt stimmte Siegfried, wenn auch schweren Herzens, zu und befahl einigen Knechten, Genofeva und ihren Sohn durch den Wald zum Laacher See zu bringen und sie dort zu töten, so wie Golo es vorgeschlagen hatte. Die Knechte aber hatten Mitleid mit ihren beiden Gefangenen, und statt sie umzubringen, überließen sie Genofeva und ihren Sohn den wilden Tieren im tiefen Wald der Vordereifel. Als „Beweis" für den Tod der angeblichen Ehebrecherin schnitten sie einem Hund die Zunge heraus und brachten sie dem Pfalzgrafen.

Genofeva aber weinte ob des Verrats und der Einsamkeit ganz bitterlich. Und da sie in der Wildnis nicht genug Nahrung fand, konnte sie schon bald ihren Sohn nicht mehr stillen und fürchtete seinen Tod. In ihrer Verzweiflung betete sie zur heiligen Maria. Kaum, dass sie ihr Gebet beendet hatte, sprang eine Hirschkuh aus dem Dickicht und kauerte sich mit ihrem gefüllten Euter neben das Kind. Genofeva erkannte die gesandte Hilfe und legte ihren Säugling ohne Furcht an die Zitzen der Hirschkuh, worauf dieser die Milch des Tieres trank.

An diesem Ort blieben Genofeva und ihr Sohn sechs Jahre und drei

Monate. Sie ernährten sich von der Milch der Hirschkuh sowie von den Wurzeln und Kräutern, die sie in der Wildnis fanden.

Eines Tages ging der Pfalzgraf zufällig in eben diesem Wald zur Jagd. Und seine Hunde setzten alsbald ihre Witterung auf genau die Hirschkuh an, die Genofevas Sohn gesäugt hatte. Das Tier floh Schutz suchend in das Lager von Genofeva, die Hunde hinterher, und als der Pfalzgraf hinzukam, war er überrascht, hier in der Wildnis eine Frau zu entdecken, die zudem unbekleidet war. Als Siegfried sie fragte, wer sie sei, antwortete sie: „Ich bin eine Christin, leih mir deinen Mantel, damit ich mich bedecken kann." Siegfried gab ihr den Mantel und fragte sie nach ihrem Namen. Als sie ihn nannte, wurde es ihm schwer ums Herz, denn er musste an seine Frau denken. Da plötzlich bemerkte der Pfalzgraf ein ihm wohlbekanntes Mal in Genofevas Gesicht und sah auch ihren Trauring. Ihm wurde klar, dass er seine tot geglaubte Gemahlin vor sich hatte. Er umarmte und küsste sie und nahm auch seinen Sohn weinend in den Arm. Genofeva erzählte ihm die ganze Wahrheit und berichtete von der bösen Täuschung Golos. Daraufhin bat Siegfried sie, wieder mit ihm nach Hause zu kommen. Genofeva aber lehnte zu seiner großen Verzweiflung ab. „Nein, ich will genau hier bleiben, wo die Heilige Jungfrau mich vor den wilden Tieren beschützt hat und meinem Kind half, zu überleben."

WISSENSWERTES

Für die Legende, die im 8. Jh. spielt und im 15. Jh erstmals niedergeschrieben wurde, hat sich bisher kein historisch belegbarer Kern ausmachen lassen. Weder eine Genofeva noch ein Siegfried sind hier für diese Zeit bekannt, der einzige Pfalzgraf dieses Namens lebte rund 300 Jahre später. Heute geht man davon aus, dass der Verfasser der Legende durch eine solch wundersame Begründung die Bedeutung der Wallfahrtskirche Fraukirch betonen wollte.

Nach seiner Rückkehr ließ der Pfalzgraf seinen treulosen Diener sofort einsperren, in den heutigen Goloturm auf der Mayener Genovevaburg. Die Strafe für seinen Verrat war schrecklich: An beide Hände und beide Füße wurde ihm ein kräftiger Ochse gebunden, und als man die Tiere antrieb, loszulaufen, zerriss es ihn bei lebendigem Leibe. Dies soll auf einer Anhöhe bei Bassenheim geschehen sein, wo sich der so genannte Goloring befindet.

Wegen der göttlichen Hilfe und der Furchtlosigkeit Genofevas wurde die Stelle, an der Siegfried seine Gemahlin wieder gefunden hatte, bald darauf geweiht, und Genofeva bat ihren Mann: „Lass hier eine Kirche erbauen." Siegfried erfüllte seiner Frau diesen Wunsch, und als die Pfalzgräfin nur wenige Tage später völlig unerwartet starb, ließ er sie dort beisetzen.

Mayen – Touristisch

Geschichtliches: Um 800 wurde der Name des Ortes erstmals urkundlich erwähnt, 1291 bekam Mayen durch Rudolf von Habsburg die Stadtrechte verliehen. Die **Genovevaburg** war bereits 1280 von Heinrich von Finstingen als Schutzburg erbaut worden. 1689 wurde die mittelalterliche Stadt durch französische Truppen zerstört. Aus der Zeit des Wiederaufbaus stammt noch das 1717 erbaute **„Alte Rathaus“** am Marktplatz, das trotz der starken Zerstörung der Innenstadt während des Zweiten Weltkriegs erhalten geblieben ist.

Sehenswertes: Das Stadtbild wird von der sagenumwobenen **Genovevaburg** oberhalb des Marktplatzes mit dem 34 m hohen **Goloturm** bestimmt. In den Räumlichkeiten der Burg befindet sich das **Eifelmuseum** mit Informationen zu Vulkanismus, Geologie, Geschichte und Volkskunst. Unter der Burg wurde 2003 das Museum **„Deutsches Schieferbergwerk“** eröffnet. Es ist ein Erlebnisbergwerk der besonderen Art, in dem die Besucher den Stollen erkunden und dessen Geschichte sowie Geschichten über Bergbau und Schiefer erfahren können.

Die Wallfahrtskirche Fraukirch
Auf den Fundamenten einer fränkischen Saalkirche aus dem 8. Jh. wurde die Wallfahrtskirche im 13. Jh. erbaut. Beeindruckend ist der Barockaltar mit Darstellungen der Verkündigung Mariens und den Hauptszenen der Genofevalegende. Im 14. und 15 Jh. gewährten Bischöfe aus Avignon, dem damaligen Sitz der Päpste, Wallfahrern einen Ablass, wenn sie an bestimmten Festtagen – insbesondere an den Festtagen der Muttergottes – die Fraukirch besuchten.

Wahrzeichen der Stadt ist der **„Schiefe Turm“** der **St. Clemens-Kirche**. Der Legende nach soll der Teufel den Kirchturm gedreht haben, tatsächlich war es jedoch ein Konstruktionsfehler der Zimmerleute, der den schiefergedeckten Turm mit Unterstützung des Westwindes zum „schiefen Turm“ machte.

Weitere Sehenswürdigkeiten sind die **Herz-Jesu-Kirche** am Burgfrieden sowie das **Alte Rathaus,** Sitz der Tourist-Information, am Marktplatz. Dort befinden sich auch zwei aus Basalt gehauene Figuren: „e echte Mayener Jung“ und „dat lewe Mayener Mädche“. Die Innenstadt wird von der noch fast vollständig erhaltenen **Stadtmauer** umschlossen. Deren Wehrgang, der Mühlen- und Vogelsturm, Brücken- und Obertor sowie die hübschen Fachwerkhäuser

verleihen der Altstadt ein mittelalterliches Ambiente.

Heutzutage präsentiert sich Mayen als Zentrum des Vulkanparks Osteifel und **Einkaufsstadt** mit Flair, deren Geschäfte, Cafés und Restaurants zum Verweilen einladen.

Empfehlenswertes: Feuer, Wasser und Stein sind die Elemente, die die Landschaft der **Vulkanischen Osteifel** prägen. Es ist das Land, in dem vor vielen tausend Jahren Feuer speiende Berge alles mit glühender Lava überdeckten. Mayen liegt eingebettet im Tal der Nette, umgeben von einer Landschaft mit Wäldern, Wiesen und urigen Bachtälern sowie zahlreichen Zeugnissen der geologischen Geschichte, das zu ausgedehnten Wandertouren einlädt. In den waldigen Höhen des Stadtteils **Kürrenberg**, einem **staatlich anerkannten Erholungsort**, lohnt sich das Wandern schon allein der Aussicht wegen.

Vier Kilometer von Mayen entfernt, inmitten des romantischen **Nitztals**, liegt **Schloss Bürresheim** verborgen im Wald. Die Schlossanlage, die im Gegensatz zu den meisten anderen Schlössern und Burgen am Rhein niemals zerstört wurde, bildet eine malerische Baugruppe, die zwischen dem 12. und 17. Jh. entstanden ist. Sehenswert dort sind auch die vielen erhaltenen **Möbel und Gemälde** vergangener Herrschaftsgeschlechter. Wer sich für die Kunst des Bildhauens interessiert, kann alle drei Jahre bei dem „Lapidea“-Symposium den teilnehmenden **Steinbildhauern** über die Schulter sehen.

Mayen hat eine **einzigartige Marktkultur**. Hierzu zählen der 600 Jahre alte **Lukasmarkt**, ein großer Jahrmarkt mit Trödel, Fahrgeschäften, Vieh- und Pferdemarkt sowie der **historische Handwerker- und Bauernmarkt** im Rahmen des **Stein- und Burgfestes**.

Das herausragendste Ereignis jedes Jahres sind die **„Burgfestspiele Mayen“**, durch die die Stadt zu den zehn Festspielstätten Deutschlands zählt. Von Anfang Juni bis Mitte August begeistern die Aufführungen des Freilichttheaters im Innenhof der Genovevaburg jährlich tausende von Zuschauern.

Eine Reise durch die Geschichte, der Langeweile ein Schnäppchen schlagen, Kunst und Kultur genießen – alles das ist **Mayen Zeit**, eine schöne Zeit auf Ihrer Reise entlang des „Rheinischen Sagenwegs“.

Mayen – Informationen & touristische Empfehlungen

Tourist-Information Stadt Mayen
Altes Rathaus am Marktplatz · 56727 Mayen · Tel.: 02651/903004 · Fax: 02651/903009 · touristinfo@mayen.de · www.mayenzeit.de
Als Stadt der Märkte ist Mayen mit dem Lukasmarkt überregional bekannt. Der Höhepunkt im Kulturkalender sind die Burgfestspiele (Juni-August). Die Tourist-Information informiert über Stadtführungen, Führungen „Erlebnis Deutsches Schieferbergwerk“, „Bergwerk bei Nacht“ und vieles mehr.

Genovevaburg / Eifelmuseum
Genovevaburg · 56727 Mayen · Tel.: 02651/498508 · Fax: 02651/7017833
museumskasse@mayenzeit.de · www.mayenzeit.de
Die Ausstellung informiert in exemplarischer Weise über die Entwicklung, die Geschichte und die Kultur der Eifel.

Deutsches Schieferbergwerk
Genovevaburg · 56727 Mayen
Tel.: 02651/498508 · Fax: 02651/7017833
museumskasse@mayenzeit.de · www.deutsches-schieferbergwerk.de
Im „Schiefer-Express“, der virtuellen Bergwerksfahrt, geht es rasant in die Tiefe, und „Müller Jupp“ erzählt seine Geschichte als Bergmann. Der Besucher erlebt Historie und Technik des regionalen Schieferbergbaues von der Römerzeit bis zur Gegenwart.

Vulkanpark
Bahnhofstraße 9 · 56068 Koblenz · Tel.: 0261/13394-73
Fax: 0261/13394-74 · info@vulkanpark.com · www.vulkanpark.com
Der Vulkanpark präsentiert Besuchern die Entstehung der Landschaft, die faszinierende Welt des ruhenden Vulkanismus der Eifel sowie das Leben mit und von Vulkanen.

Schloss Bürresheim
56727 Mayen · Tel.: 02651/76440 · Fax: 02651/902410
www.burgen-rlp.de · Dezember geschlossen · Nur Führungen
Das märchenhaft anmutende Schloss inmitten einer idyllischen Landschaft mit Bächen und Wäldern ist ein einmaliges Zeugnis rheinischer Adels- und Wohnkultur und verzaubert mit dem Fachwerk und den unterschiedlichen Dächern seines malerischen Burghofs.

Hotel Maifelder Hof
Polcher Straße 74 · 56727 Mayen · Tel.: 02651/96040
Fax: 02651/76558 · info@maifelder-hof.de · www.maifelder-hof.de
Familiengeführtes Stadthotel mit modernen und freundlich eingerichteten Zimmern in zwei Kategorien – ideal auch für Feiern und Gesellschaften. Entspannung bieten der Biergarten sowie eine vollautomatische Kegelbahn.

Hotel Zur Traube
Bäckerstraße 6 · 56727 Mayen · Tel.: 02651/9601-0 · Fax: 02651/72187
hotel@hotel-traube-mayen.de · www.hotel-traube-mayen.de
Familiengeführtes Stadthotel garni mit modernen und freundlich eingerichteten Zimmern. Zentral in unmittelbarer Nähe zum Marktplatz und der Genovevaburg gelegen.

Hotel Alter Fritz
Koblenzer Straße 56 · 56727 Mayen · Tel.: 02651/497790
Fax: 02651/41629 · hotel.alter.fritz@t-online.de, www.hotel.alter.fritz.de
Familiengeführtes Stadthotel mit modernen und freundlich eingerichteten Zimmern. Ideal für Feiern und Gesellschaften, großer Saal.

Westerwald

Die Gründung der Abtei Marienstatt

Die Gründung der Abtei Marienstatt

Der Westerwald ist eine üppige und hügelige Landschaft, über die dem beliebten Volkslied zufolge der Wind angeblich „so kalt“ über die Höhen pfeift. Touristisch wird der Westerwald daher auch mit dem Slogan „Frisch wie der Wind“ vermarktet. Berühmt ist die Gegend jedoch vor allem für ihr „weißes Gold“, den Ton, aus dem hier hochwertige Keramikwaren wie salzglasierte weiße, grau-blaue oder braune Kannen und Krüge hergestellt werden. Dies ist der Grund, warum ein Teil des Westerwaldes auch „Kannenbäckerland“ genannt wird.

Die Landschaft mit ihren riesigen Wäldern, Basaltbergen, Seen und tiefen Tälern hat etwas Mystisches und Geheimnisvolles, vor allem wenn sich der Nebel über die teils raue Landschaft legt. Es ist daher kaum verwunderlich, dass hier zahlreiche Sagen über Gespenster und Geister entstanden sind, an die mancher Wäller – so die Bezeichnung für die Bewohner der Region – auch heute noch glaubt.

Eines der vielen geheimnisvollen Täler ist das der Nister bei Hachenburg. Eingebettet in Wälder und umrahmt von dem Flüsschen Nister liegt dort die Abtei Marienstatt. Bis heute ist sie ein kunsthistorisches Prachtstück mit außergewöhnlicher Kirche und beeindruckender Architektur des Klostergebäudes, zu dem auch ein Gymnasium und eine eigene Brauerei gehören, welche bei Wallfahrten die zahlreichen Pilger versorgt. Den Platz für dieses Kleinod an der Nister soll die Gottesmutter Maria selbst gezeigt haben – und davon erzählt die folgende Sage.

Die Ende des 12. Jahrhunderts begründete Abtei Heisterbach bei Königswinter (☞ Kapitel „Königswinter“) besaß zu Beginn des 13. Jahrhunderts ein Tochterkloster in Kirburg im Hohen Westerwald. Die Gegend um Kirburg war zu jener Zeit sehr arm, sodass auch das dortige Kloster in wirtschaftliche Schwierigkeiten geriet. Hinzu kamen noch

Kloster Marienstatt
BAUPLAN

rechtliche Probleme, da die Güterschenkung des Kölner Burggrafen Eberhard von Aremberg und seiner Gemahlin Adelheid von Molsberg angefochten wurde. Diese Umstände und nicht zuletzt auch das raue Westerwaldklima, unter dem man dort zu leiden hatte, veranlassten den Abt Hermann zu einem Entschluss, den er seinen Zisterzienserbrüdern sodann verkündete: „Wir müssen diese Abtei aufgeben und eine neue errichten. Jetzt sollten wir uns überlegen, an welchem Ort dies geschehen soll." Die Mönche jedoch waren ratlos und wussten keine Antwort. Wochenlang suchte man nach einem geeigneten Platz, wurde aber im gesamten Hohen Westerwald nicht fündig. Schließlich flehte Abt Hermann im Gebet die Gottesmutter um Hilfe an.

Und die Jungfrau Maria erhörte seine Anrufung. Eines Nachts erschien sie dem Abt im Traum und sprach zu ihm: „Dort, wo du mitten im Winter einen blühenden Weißdornstrauch findest, dort errichte das neue Kloster."

Das weiße Gold des Westerwaldes – Der Schatz von Grenzau

Als die Schweden während des Dreißigjährigen Krieges durch den Westerwald zogen und dabei die Burgen plünderten und in Brand schossen, führten ihre Eroberungszüge sie auch ins heutige Kannenbäckerland. Eilig packte der Graf von Grenzau daher all seine Kostbarkeiten in eine eiserne Truhe und versenkte sie in ein tiefes, mit Regenwasser angefülltes Loch. Die schwere Kiste muss dabei wohl in dem weichen Grund vollständig versunken sein, denn so tief man auch später nach ihr grub, sie wurde nicht gefunden.

Ein Töpfer aus Höhr-Grenzhausen, der von dieser Geschichte wusste, sah viele Jahre später eines Nachts an dieser Stelle einen schwarzen Hund mit glühenden Augen sitzen. Da er glaubte, darin ein höheres Zeichen zu sehen, war er überzeugt davon, die Kiste doch noch zu finden. Heimlich schöpfte er das Wasser aus dem Loch und fing an zu graben. Zwar konnte auch der Töpfer die Truhe nicht aufspüren, beim Graben förderte er jedoch eine große Menge Ton ans Tageslicht. Als Töpfer war ihm dies natürlich ein willkommenes Geschenk, sodass er den Ton knetete und ihn auf der Drehscheibe zu schönen Töpfen, Schüsseln, Krügen und Kannen formte, die er für gutes Geld verkaufte. So hatte er zwar nicht den erhofften, letztendlich aber doch einen Schatz gefunden.

Der Abt wusste sich zunächst keinen Reim darauf zu machen, denn wo sollte im winterlichen und von hohem Schnee bedeckten Westerwald ein Weißdornstrauch blühen? Dennoch zog er mit seinen Brüdern tagelang kreuz und quer durch den Hohen Westerwald. Aber vergebens, weder in der Höhe an der Fuchskaute noch in den Tälern konnten sie einen blühenden Weißdornstrauch entdecken.

Die Mönche setzten sich daraufhin zusammen und überlegten genauer. „Ein Weißdorn kann eigentlich nur in einer Gegend blühen, wo der Schnee nicht so hoch liegt." Mit dieser Überlegung machten sie

Das „Petermännchen“ von Westerburg

Im hohen Westerwald liegt Westerburg, eingebettet in eine mystische Landschaft, umgeben von Wäldern und Bergen und überragt von einem prächtigen Schloss. Dort lebte einst der gottlose Ritter Peter, und hatte er zuvor schon wild gelebt, so trieb er es nach dem Tod seiner Frau nun noch schlimmer. Schon bald genügte ihm sein Reichtum nicht mehr, und so verschrieb er seine Seele dem Teufel. Zudem musste er diesem schwören, seine ganzen Schätze an einem geheimen Ort einzumauern, damit man damit nach seinem Tod nichts Gutes tun konnte. Der Teufel verpflichtete sich im Gegenzug, dem Ritter jeden seiner Wünsche zu erfüllen.

Als Ritter Peter eines Tages spürte, dass er bald sterben würde, ließ er seinen Sohn, der im Kloster aufgewachsen war, zu sich kommen: „Nach meinem Tode wirst du das Schloss kahl und leer finden. Suche jedoch unter dem siebenten Hund. . . “ Weiter kam er nicht, denn der Teufel schnürte ihm die Kehle zu, packte seine Seele und fuhr mit ihr in die Hölle.

Sein Sohn begab sich in die untere Halle des Schlosses, in der Säulen standen, die oben Hundeköpfe trugen. Allerdings gab es nur fünf Säulen, und der Sohn untersuchte jede von ihnen. Er konnte aber nichts entdecken, und da er nicht nach Reichtum strebte, sondern zu einem gottesfürchtigen Leben neigte, stellte er seine Suche schließlich ein.

Die Seele des Ritters Peter aber soll noch lange als Gespenst im Schloss erschienen sein – und immer dann, so erzählt man sich bis heute, sei kurz darauf auf mysteriöse Weise ein Mitglied der gräflichen Familie verstorben.

sich auf den Weg, diesmal Richtung Unterwesterwald und durchkämmten auch dort wieder Berg und Tal. Gerade hatten sie den Flusslauf der wilden Nister erreicht, als Abt Hermann plötzlich wie angewurzelt stehen blieb. Er war so aufgeregt, dass es ihm die Sprache verschlug und er nur mit seinem Finger gen Nister deuten konnte. Jetzt sahen auch die anderen den Weißdornbusch, der dort am Flussufer trotz der Eiseskälte in prachtvoller Blüte stand. Der Abt, der sich mittlerweile wieder gefasst hatte, erklärte seinen Brüdern darauf feierlich: „Dies ist die Stätte Mariens, die sie uns gewiesen hat. Lasst uns hier nunmehr die neue Abtei erbauen und sie zu Ehren der Jungfrau Marienstatt nennen.“ Und sogleich begab sich Hermann mit seinen Brüdern an die Vorbereitungen zum Bau des Klosters.

WISSENSWERTES

Der Grundstein für den Bau des Kloster wurde 1222 gelegt, und im Jahr 1227 fand die erste Weihe statt – auch wenn der Kirchbau selbst erst im Jahr 1425 abgeschlossen wurde. Die Abtei gewann schnell an religiöser und kultureller Bedeutung für den Westerwald und die umliegenden Regionen. Auch heute pilgern noch alljährlich Tausende Wallfahrer nach Marienstatt, um vor dem Vesperbild eines in Stein gesetzten Hoheliedes des Mutterschmerzes Mariens zu beten, das bereits seit 1425 verehrt wird und nach dem Zweiten Weltkrieg in die Gnadenkapelle der Abteikirche aufgenommen wurde.

Westerwald – Touristisch

Geschichtliches: Der Westerwald wurde 1048 erstmals urkundlich erwähnt – als Bezeichnung für das Land zwischen **Rhein, Lahn, Sieg und Dill** hat sich der Begriff jedoch erst im vorigen Jahrhundert eingebürgert. Die Herrschaft Westerwald war ursprünglich wirklich ein Wald, der seinen Namen von seiner Lage westlich vom **Königshof Herborn** hatte.

Da die Landwirtschaft in dieser Natur nicht so recht gedeihen konnte, haben sich die Menschen früh auf den **Abbau von Braunkohle und Erzen** konzentriert. Spätestens ab dem 15. Jh. entwickelte sich die intensive **Produktion von Töpferwaren**, die der Region in den folgenden Jahrhunderten zur wirtschaftlichen Blüte verhalf.

Kloster Marienstatt
Die weitläufige Klosteranlage ist eines der ältesten gotischen Bauwerke in Deutschland mit einer außergewöhnlich prächtigen Ausstattung. Der schlossähnliche Klosterbau stammt aus dem 18. Jh. Im Südflügel des Klostergebäudes ist die wunderschöne und nahezu 80.000 kostbare Bände umfassende Klosterbibliothek untergebracht.

Sehenswertes: Wunderschöne Naturräume mit waldreichen Gebieten, grünen Tälern entlang von Flussläufen und luftige Höhen mit herrlichen Aussichtspunkten laden im gesamten Westerwald zum Wandern auf gut ausgebauten Wegen ein. Im **Siegtal – Wildenburger Land** am Ausläufer des **Rothaargebirges** steht die erhabene **Ritterburg Freusburg** und bei **Kirchen-Herkersdorf** findet sich der sagenumwobene Druidenstein, eine 20 m hohe Basaltpyramide. **Das Wasserschloss Crottorf** ist laut Inschrift in einer seiner Stuckdecken „ein Stück vom Himmel gefallenen Paradieses“. Treffender ist das Wasserschloss mit seinen malerischen Innenhöfen und einem Park mit jahrhundertealten Bäumen nicht zu beschreiben.

Im **Raiffeisenland** entlang der **Raiffeisenstraße**, benannt nach dem berühmten Sozialreformer und Genossenschaftsgründer, der hier viele Jahre gewirkt hat, bietet sich in **Hamm** ein Besuch des **Raiffeisenmuseums** an. Wer einmal „über den Dingen stehen möchte“, der sollte unbedingt den Aufstieg auf den 34 m hohen **Raiffeisenturm** auf dem **Beulskopf** wagen.

Das **Erzbergland** ist Heimat des **Besucherbergwerkes „Grube Bindweide“** in **Steinebach** (Sieg). In der Nähe befindet sich das **Westerwaldmuseum Motorrad und Technik.** Ein besonderes Erlebnis ist eine Fahrt mit der **Dampflokbahn** durch das **Daadetal.**

Die **Kroppacher Schweiz – Westerwälder Seenplatte** ist ein faszinierendes Landschaftsschutzgebiet. Hier liegt auch das mittelalterliche Städtchen **Hachenburg** mit dem schönsten Marktplatz des Westerwaldes und dem **Landschaftsmuseum Westerwald** im Burggarten.

Der **Hohe Westerwald – Wiesensee** hat die höchsten Erhebungen des Westerwaldes mit der **Fuchskaute** als höchstem Berg (657 m). Mehr als 400 km Rad- und Wanderwege führen durch die Region und zu Ausflugszielen wie z. B. zum **Wildpark** in **Bad Marienberg** und zum **Basaltpark.** Die einzige Kurstadt des Westerwaldes bietet mit Flutlicht beleuchteten Loipen auch Wintersportfreunden perfekte Bedingungen.

Das **Kannenbäckerland** ist berühmt für seinen Ton, das „Weiße Gold des Westerwalds". Die ältesten Tongefäßfunde sind schätzungsweise 2700 Jahre alt. Arbeiten aus der Geschichte der Keramik zeigt auf mehr als 1500 qm Ausstellungsfläche das Keramikmuseum in Höhr-Grenzhausen.

Im **Naturpark Nassau** liegt die 1000-jährige Stadt **Montabaur,** eine der lebendigsten Städte im Westerwald. Das **gelbe Schloss,** alte Befestigungsmauern und viele Altstadtgässchen machen den Charme des Ortes aus. In der waldreichen Umgebung laden das **Gelbachtal** und das romantische **Buchfinkenland** zum Wandern ein. Im Osten liegt der wunderschöne Naturraum **Hessischer Westerwald.** Auch hier laden **Wanderwege, Badeseen** und **Wintersport** ein, die Seele baumeln zu lassen. Die **Dornburg,** eine **Basaltkuppe,** ist mit ihrem „ewigen Eis" einzigartig in ganz Hessen.

Empfehlenswertes: Eine Vielzahl fröhlicher Feste und kulturelle Highlights laden das ganze Jahr über in die vielen Orten des Westerwaldes ein. So beherbergt z. B. Waldbreitbach zur Adventszeit die größte **Naturwurzelkrippe** der Welt, ein 7,5 m hohes Meisterwerk. Und in Höhr-Grenzhausen sowie Ransbach-Baumbach finden jährlich **Keramik- und Töpfermärkte** statt.

Aufgrund der Vielzahl an Veranstaltungsangeboten wendet man sich für weitere Empfehlungen an den Westerwald Touristik Service.

Westerwald – Informationen & touristische Empfehlungen

Westerwald Touristik Service

Kirchstraße 48a · 56410 Montabaur
Tel.: 02602/3001-0 · Fax: 02602/947325
info@westerwald.info · www.westerwald.info

Erholen, entspannen, den Westerwald genießen, so wie er ist ... frisch und unverbraucht – mit jeder Menge Action pur, Spaß und Sport und zahlreichen Möglichkeiten, sich zu erholen. Der Westerwald steht für frischen Wind, kühle Wälder und luftige Höhen. Malerische Städtchen mit ihren historischen Stadtkernen laden die Gäste zum Bummeln ein. Der Touristik Service gibt Ihnen Tipps für Sehenswürdigkeiten, Veranstaltungen, Stadtbesichtigungen/Führungen und eine passende Unterkunft. Von der gemütlichen Ferienwohnung bis zum First-Class-Hotel lässt sich hier für jeden Geschmack und Geldbeutel das Richtige finden.

Zisterzienserabtei Marienstatt / Marienstatter Brauhaus

Abtei: 57629 Marienstatt · Tel.: 02662/9535-0 · Fax: 02662/9535-111
kontakt@abtei-marienstatt.de · www.abtei-marienstatt.de
Brauhaus: Tel.: 02662/9535-300 · Fax: 02662/9535-333
brauhaus@abtei-marienstatt.de · täglich außer montags ab 11 Uhr

Das wunderschöne und idyllisch gelegene Kloster stellt sich als buntes Mosaik in reichlich verschiedenen Farben dar und ist ein beliebtes Ausflugsziel. Es bietet die Möglichkeit zur Übernachtung im Gästehaus, eine reiche Auswahl an Klosterprodukten auch anderer Klöster und ein urgemütliches Brauhaus mit unfiltriertem Klosterbräu im Ausschank.

Keramikmuseum Westerwald

Lindenstraße · 56203 Höhr-Grenzhausen
Tel.: 02624/946010· Fax: 02624/9460120
info@keramikmuseum.de · www.keramikmuseum.de
Öffnungszeiten: Di-So 10-17 Uhr · auch an Feiertagen geöffnet
Kostenloser Eintritt zwischen Weihnachten und Neujahr

Auf mehr als 1500 qm Ausstellungsfläche zeigt das Museum Arbeiten aus der mehr als fünf Jahrhunderte währenden Geschichte der Keramik in der Kannenbäckerregion rund um Höhr-Grenzhausen.

Hotel Zugbrücke Grenzau – Hotel / Restaurant / Wellness

Brexbachstraße 11-17 · 56203 Höhr-Grenzhausen
Tel.: 02624/105-0 · Fax: 02624/105462
info@zugbruecke.de · www.zugbruecke.de

Die von der Eignerfamilie geführte 4-Sterne-FirstClass-Hotelanlage, romantisch in einem Waldtal gelegen und vom Brexbach durchflossen, bietet 138 unterschiedlich eingerichtete Zimmer – von hochwertig elegant über wohnlich und behaglich rustikal bis trendig designed. Mehrere Restaurants und der Biergarten bieten ein vielseitiges gastronomisches Angebot Die Wellness- und Sportanlagen suchen ihresgleichen und sind auch bei Profisportlern beliebt.

Hotel Heinz – Hotel / Restaurant / Wellness

Bergstraße 77 · 56203 Höhr-Grenzhausen
Tel.: 02624/9430-0 · Fax: 02624/9430-800
info@hotel-heinz.de · www.hotel-heinz.de

In dem luxuriösen Privathotel schätzen die Gäste die Atmosphäre, die herzliche Westerwälder Gemütlichkeit und Gastlichkeit. Hier wohnt man in einer wunderschönen, großzügigen Hotelanlage mit behaglichen Räumen und viel Platz zum Wohlfühlen, drinnen wie draußen. Von der Bibliothek hat man einen herrlichen Blick über die Stadt und das Brexbachtal. Die Köche komponieren ihre Gerichte mit Begeisterung aus erlesenen Zutaten vom Markt und aus der Region, dazu serviert man hervorragende Weine von heimischen Winzern und aus aller Welt. Und der ausgedehnte Beauty- und Wellnessbereich ist eine Oase der Harmonie zum Wohlfühlen.

Neuwied

Der große Sozialreformer Friedrich Wilhelm Raiffeisen

Raiffeisenland

Der große Sozialreformer Friedrich Wilhelm Raiffeisen

Neuwied ist die einzige Stadt im Rheintal, die einen richtigen Hochwasserschutzdeich besitzt. Um 1930 erbaut, half er die Not der Menschen „einzudämmen", die regelmäßig von den verheerenden Überflutungen betroffen waren. Errichtet wurde er auf Initiative des damaligen Bürgermeisters Robert Krups, dem man später ein Denkmal setzte, das noch heute die Promenade auf der Deichmauer ziert. Er war jedoch nicht die erste Neuwieder Persönlichkeit, auf deren Engagement hin die Not zahlreicher Menschen gemildert wurde und dem die Bewohner daraufhin ein Ehrenmal errichteten: Der 1818 geborene Friedrich Wilhelm Raiffeisen, der die Stadt Neuwied im 19. Jahrhundert als Bürgermeister prägte, hat inzwischen weltweit in über 100 Ländern fast 400 Millionen „Anhänger". Darüber hinaus trägt heute ein ganzer Landstrich, das „Raiffeisenland", durch das die „Historische Raiffeisenstraße" zwischen Neuwied und Altenkirchen führt, den Namen des berühmten Sozialreformers und Genossenschaftsgründers. Doch worin genau bestand sein Verdienst?

Mitte des 19. Jahrhunderts wurden in englischen Läden gepanschte Lebensmittel wie mit Gips vermischtes Mehl, Milch mit Wasser und Nudeln mit hohem Kreideanteil zu Wucherpreisen an die Hunger leidende Bevölkerung verkauft. Es gab jedoch Engländer, die diesen Zustand nicht weiter akzeptieren wollten, und so wurde 1843 von einigen Männern die Idee der Konsumgenossenschaft entwickelt: ein Laden, bei dem jeder Kunde Geschäftsanteile kaufen konnte und bei den Versammlungen Mitbestimmungsrecht hatte.

Die Idee schwappte auf Kontinentaleuropa über, denn auch hier waren die Zeiten schlecht und die Bürger in Not: Kartoffelfäule, Getreidemissernten, Hungersnöte und die gescheiterte Revolution von 1848 taten ihr Übriges dazu. Die ehemals leibeigenen Bauern waren zwar frei, besaßen aber kaum Land, und das mit der Industrialisierung aufge-

Raiffeisenbrücke
Brodverein Weyerbusch
SPENDEN FOND
RAIFFEISEN
hülft:
MEHL

kommene Proletariat verdiente zum Leben zu wenig und zum Sterben zu viel.

Im Westerwald war es der strenggläubige, konservativ-romantisch gesinnte Friedrich Wilhelm Raiffeisen, der im Hungerwinter 1846/47 auf die Idee kam, einen „Brodverein" („Verein für Selbstbeschaffung von Brod und Früchten") zu gründen. Der damals 27-jährige Bürgermeister der Gemeinde Weyerbusch hatte bei der preußischen Regierung zuvor Mehl aus staatlichen Beständen für die Armen beantragt. Diese stellte es jedoch nur unter der Bedingung zur Verfügung, dass es verkauft würde. Das missfiel Raiffeisen, und er organisierte, dass dieses Mehl mit Hilfe privater Spenden gekauft und in einem eigens dafür errichteten Backhaus zu Brot gebacken wurde. Auf Vorschuss wurde es dann an die Bedürftigen verteilt, die ihre Schulden erst nach dem Ende der Not zu zahlen brauchten. So bekamen die preußischen Herren ihr Geld aus einem Fonds, den die Reicheren der Gemeinde finanzierten, und Weyerbusch blieb vom Hunger verschont. Diese Idee des „Brodvereins" stand Raiffeisen bei späteren Gründungen immer wieder Pate.

Aufgrund seiner Leistungen wurde Raiffeisen 1848 Bürgermeister der größeren Gemeinde Flammersfeld. Hier setzte er sein soziales Engagement fort, denn weil Raiffeisen es nicht mit ansehen konnte, wie nur Wucherer den Bauern Geld gaben und diese in den Ruin trieben, wenn sie die Zinsen nicht zahlen konnten, gründete er den „Flammersfelder Hülfsverein zur Unterstützung unbemittelter Landwirte". Das Prinzip

Carmen Sylva – Die „Dichterkönigin" vom Rhein

Prinzessin Elisabeth zu Wied, die als rumänische Herrscherin ebenso für Aufmerksamkeit sorgte wie unter ihrem Künstlernamen Carmen Sylva als „Dichterkönigin" vom Rhein, wurde im Jahre 1843 im Neuwieder Schloss Monrepos geboren. Die Residenz hatte sich im 18. Jh. zu einem Musenhof entwickelt, an dem selbst Goethe häufiger zu Gast war. Die junge Prinzessin pflegte bereits früh die literarischen Künste, doch erst nach der Hochzeit mit dem späteren König Carol I. von Rumänien und dem Tod ihrer Tochter scheint sie sich dem Schreiben intensiver gewidmet zu haben: Allein zwischen 1880 und 1912 wurden rund siebzig ihrer Werke – Lyrik, Erzählungen, Theaterstücke und Romane – publiziert.

In Rumänien wurde die „fremde" Königin an der Seite von Carol I. schnell zur beliebten Landesmutter, deren sozialreformerisches Engagement die Frage der Frauen ebenso einschloss wie die der Kranken, Waisen und unterprivilegierten Schichten. Ihre literarische Liebe galt jedoch nach wie vor der rheinischen Landschaft, auch wenn die Dichterin weit entfernt von ihrer deutschen Heimat lebte und nur zeitweise in Neuwied weilte. Diese Sehnsucht nach den Bergen und Burgen, stillen Wegen und trauten Weilern ist besonders in ihren Gedichten zu spüren.

Obwohl Carmen Sylva damals hohe Auflagenzahlen erreichte, ist ihr literarisches Werk heute weit gehend in Vergessenheit geraten. In ihrer rheinischen Heimat ist die Erinnerung an die berühmte Tochter aber nach wie vor präsent, so hat man in Neuwied beispielsweise einen Park nach ihr benannt.

dieses vorgenossenschaftlichen Zusammenschlusses auf karitativer Grundlage war einfach: Die Reichen hafteten mit ihrem Vermögen, die Armen zahlten erst, wenn sie wieder zu Geld gekommen waren. „Hilfe zur Selbsthilfe" lautete der Grundsatz Raiffeisens, auch heute noch einer der wichtigsten Leitlinien internationaler Entwicklungshilfe.

Von Flammersfeld aus zog der „Vater" der Genossenschaften nach Neuwied-Heddesdorf an den Rhein, wo er in einem schwarzen Haus residierte, das noch heute erhalten ist. Auch hier hatte der soziale Querdenker die Position des Bürgermeisters inne: Der sympathisch aussehende Raiffeisen, der einen kleinen Schnurrbart trug und dessen Augen ernst durch eine randlose Brille blickten, gründete im Jahr 1864 den „Heddesdorfer Darlehnskassen-Verein". Damit entstand die erste ländliche Genossenschaft, die – ebenso wie der „Hülfsverein" – Kredite vergab und die Zinsgewinne in soziale Projekte reinvestierte. Eines davon war eine Straße. Sie wurde von Weyerbusch aus nach Neuwied angelegt, „denn um ihre Produkte zu verkaufen, mussten die Bauern erst einmal hinunterkommen zu den größeren Orten am Rhein", erklärte Raiffeisen. Diese Straße existiert heute noch als B 256 und wurde im Gedenken an ihren Initiator „Historische Raiffeisenstraße" benannt.

WISSENSWERTES
Wer über diesen weltbekannten Mann und dessen Werk mehr erfahren möchte, der sollte sich auf seine Spuren begeben, denn hier im Raiffeisenland entlang der historischen, auch landschaftlich äußerst reizvollen Raiffeisenstraße zeugen noch viele Bauten und Sehenswürdigkeiten von seinem Wirken in der Region.

Raiffeisen blieb auch nach seiner Pensionierung 1865 in Heddesdorf wohnen und konnte erleben, wie sein Grundsatz „Einer für alle, alle für einen" immer mehr Nachahmer fand. Seine Erfahrungen beschrieb er 1866 in dem Buch „Die Darlehnskassen-Vereine als Mittel zur Abhilfe der Not der ländlichen Bevölkerung sowie auch der städtischen Handwerker und Arbeiter", das weltweit Verbreitung gefunden hat. Auf Grundlage seiner Ideen entwickelte sich im Laufe der folgenden Jahre und Jahrzehnte die bis heute leistungsfähige, für die Landwirtschaft und ländliche Bevölkerung unentbehrliche Raiffeisen-Organisation.

Sein „Darlehnskassen-Verein" existiert in Heddesdorf noch immer, jedoch als Raiffeisenbank Neuwied. Und hier, auf dem Friedhof in unmittelbarer Nähe der Bank, befindet sich unter hohen Bäumen das Grab, in dem Friedrich Wilhelm Raiffeisen 1888 beigesetzt wurde.

Neuwied / Raiffeisenland – Touristisch

Geschichtliches: Der Ursprung der Stadt geht zurück auf **Graf Friedrich III. zu Wied**, der hier 1653 seine neue Residenz „Newen Wiedt“ (die alte war im Dreißigjährigen Krieg zerstört worden) errichtete. Anstelle der bereits 1694 von französischen Truppen niedergebrannten Burg wurde ab 1707 das **Neuwieder Schloss** im Stil des rheinisch-nassauischen Klassizismus nach französischem Vorbild erbaut. Neuwied war eine offene Stadt ohne Wehranlage, und noch heute lässt sich ihr planmäßiger, barocker Aufriss gut erkennen.

Die Historische Raiffeisenstraße und das Raiffeisenmuseum
Folgt man der Historischen Raiffeisenstraße (B 256) von Neuwied über Flammersfeld, Weyerbusch, Altenkirchen bis Hamm/Sieg, werden einem die beeindruckenden Lebensstationen des weltbekannten Sozialreformers und Genossenschaftsgründers vorgestellt. Im Raiffeisenhaus in Hamm, in dem der Sozialreformer 1818 geboren wurde, befindet sich heute das Romantik-Hotel „Alte Vogtei“. Alles über das Leben und Wirken des Genossenschaftsgründers und Sozialreformers erfährt der Besucher im Raiffeisenmuseum in Hamm und an der Raiffeisensäule, auf der der gesamte Lebensweg der berühmten Persönlichkeit dargestellt ist.

Während der Revolutionskriege 1795–1797 war Neuwied Schauplatz mehrerer Gefechte zwischen den Franzosen, Preußen und Österreichern. 1797 fand hier die berühmte **„Schlacht bei Neuwied“** statt, die letztlich der Auslöser für den Aufstieg Napoleons in Paris war.

Im Unterschied zur Innenstadt sind die meisten anderen Stadtteile Neuwieds alte Orte, die schon in prähistorischer Zeit besiedelt waren. So gilt z. B. der Stadtteil **Engers** als **älteste römische Siedlung auf dem rechten Rheinufer.**

Neben seinem berühmtesten Einwohner, **Friedrich Wilhelm Raiffeisen**, der hier 1888 gestorben ist, hat zwischen 1851 und 1854 auch **August Heinrich Hoffmann von Fallersleben** in Neuwied gelebt.

Sehenswertes: Im Herzen der Stadt liegt das **Schloss Neuwied**, umgeben von einem Park und mit einem herrlichen schmiedeeisernen Tor, vor dem historische Kanonen mit Kugelpyramiden stehen. Ein besonderes Juwel **spätbarocker Architektur** ist das am Rheinufer gelegene **Schloss Engers**, 1759 als spätbarockes Jagd- und Lustschloss entstanden. Besonders prächtig ist der Festsaal mit seinen üppigen Stuckaturen und dem großen Deckenfresko. Die im Schloss beheimatete

Stiftung „Villa Musica“ – Akademie für Kammermusik veranstaltet neben Konzerten im Schloss auch zahlreiche Konzerte auf anderen Burgen und Schlössern in ganz Rheinland-Pfalz.

Nördlich von Neuwied findet sich auf einem Bergsporn die um 1120 erbaute und teilweise restaurierte **Burg Altwied**, ein beliebtes Ausflugsziel. Im Stadtteil Heimbach-Weis liegt die ehemalige **Abtei Rommersdorf** mit ihrem verwunschenen Park, eine kunsthistorisch wertvolle Anlage, die 1977 den Status eines Weltkulturdenkmals erlangte.

Weitere Sehenswürdigkeiten sind **Schloss Monrepos**, das das **Museum für Archäologie des Eiszeitalters** beherbergt, das **Kreismuseum Neuwied** mit Ausstellungen zu Funden aus Vor- und Frühgeschichte, zur Wohnkultur des 18. Jh. und zur Industriegeschichte sowie der **Zoo** mit der größten außerhalb Australiens lebenden Herde von **Riesenkängurus**.

Eine ganz besondere Attraktion ist der **Neuwieder Pfauenweg**. Wunderschöne Originalplastiken von Kunststudenten, jungen Künstlern und anderen Kunstbegeisterten verschönern mit den individuell gestalteten Pfauen die gesamte Stadt. Zudem laden die **kleinen Gassen**, die **großzügige Fußgängerzone** und der **Luisenplatz** mit ihren zahlreichen Geschäften, Restaurants, Cafés und Biergärten zum ausgiebigen Bummeln und Verweilen ein.

Empfehlenswertes: In der Umgebung gibt es viele **Wanderwege**, die die Stadtteile und die umliegende Landschaft miteinander verbinden und an interessanten Sehenswürdigkeiten vorbeiführen, z. B. am **Römerturm** in Oberbieber oder an den Überresten eines alten Römerbades in Niederbieber. Empfehlenswert ist auch der **Planetenlehrpfad** am Engerser Rheinufer, der entlang des **Naturschutzgebiets „Urmitzer Werth“** führt.

Zu den besonderen Höhepunkten im Veranstaltungskalender der Stadt zählen die **Neuwieder Markttage**, die **Konzerte und Freilichtspiele im englischen Garten der Abtei Rommersdorf**, das Kulturprogramm des **Schlosstheater Neuwied** (Sitz der Landesbühne Rheinland-Pfalz), das **Deichstadtfest** und der **Neuwieder Karneval**.

Neuwied – Informationen & touristische Empfehlungen

Tourismusbüro Neuwied

Engerser Landstraße 17 · 56564 Neuwied
Tel.: 02631/802-260 und 802-456 · Fax: 02631/802-801
fwinter@neuwied.de · www.neuwied.de
Hinter dem einzigen Damm am Rhein konnte sich Neuwied zu einer attraktiven City entwickeln – mit einem bunten kulturellen Leben, vielfältigen Shopping-Möglichkeiten und fröhlichen Festen. Nicht nur die City, sondern auch die Neuwieder Stadtteile bieten zahlreiche Sehenswürdigkeiten, unter anderem Schloss Engers, die Abtei Rommersdorf in Heimbach-Weis und den größten Zoo in Rheinland-Pfalz. Gut ausgeschilderte Wanderwege und Sportstätten garantieren einen hohen Freizeit- und Erholungswert.

Schloss Engers – Hotel / Restaurant / Standesamt

Alte Schlossstraße 2 · 56566 Neuwied-Engers
Tel.: 02622/92640 · Fax: 02622/9264264
www.schloss-engers.de · www.burgen-rlp.de
Besichtigung sonn- und feiertags 11-15 Uhr oder nach Absprache
Unmittelbar am Rhein entstand 1759-1762 das kurfürstliche Jagd- und Lustschloss. Besonders prächtig ist der Festsaal mit dem großen Deckenfresko von Januarius Zick. Abgerundet wird das Schlosserlebnis heute durch ein exquisites Restaurant und die Stiftung „Villa Musica", Akademie für Kammermusik, die regelmäßig Konzerte veranstaltet.
Hotel / Tagungsräume: Ein einmaliges Erlebnis ist es, in den Gästezimmern des barocken Lustschlosses, die von zeitgemäßer, exquisiter Eleganz geprägt sind, zu nächtigen oder in den repräsentativen Räumen des Schlosses zu tagen.
Restaurant: Im Schlossgewölbe und auf den Rheinterrassen komponiert das Küchenensemble aus marktfrischen Zutaten heimische und exotische Gerichte. Dazu reicht man deutsche und internationale Spitzenweine.
Trauungen: Neben seiner kulturellen Bedeutung wird Schloss Engers auch zu den „schönsten Standesämtern" Deutschlands gerechnet. Denn im Dianasaal, einem der kostbarsten Barockräume des Landes, wird die Hochzeit zu einem wahrhaft fürstlichen Ereignis.

Schloß Monrepos – Museum

56567 · Neuwied · Tel.: 02631/9772-0 · Fax: 02631/76357
gaudzinski@rgzm.de · www.rz-home.de/rgzm.neuwied
Öffnungszeiten: April bis Oktober Di - So 10-17 Uhr
November bis März Mi-So 10-17 Uhr
Das Museum veranschaulicht die Archäologie des Eiszeitalters bis zum Beginn von Ackerbau und Viehzucht am Beispiel der Urgeschichte des Rheinlandes. Im Mittelpunkt stehen dabei die Ausgrabungsergebnisse des Forschungsbereiches Altsteinzeit.

Raiffeisenmuseum in Hamm

Reifeisenstraße 10 · 57577 Hamm
Tel.: 02682/3425 · Fax: 02682/67420
Das Raiffeisen-Museum gewährt dem Besucher einen Einblick in Leben und Werk dieses größten Sohnes von Hamm an der Sieg.

Romantik Hotel Alte Vogtei in Hamm – Hotel / Restaurant

Lindenallee 3 · 57577 Hamm/Sieg · Tel.: 02682/259 · Fax 02682/8956
alte-vogtei@romantikhotels.com · www.romantikhotels.com/Hamm
Das reizende Fachwerkhaus im Westerwald aus dem Jahr 1753 ging 1818 als Geburtshaus von F. W. Raiffeisen in die Geschichte ein. Die erhaltene Architektur im Inneren des Hauses schafft eine einmalige Atmosphäre. In den Zimmern, die Tradition und Komfort verbinden, lässt sich wunderbar träumen, und die saisonale Küche verwöhnt in den historischen Gaststuben mit regionalen Produkten.

Von der Untermosel bis Cochem

Vom Rhein an die Mosel

MOSELLANDTOURISTIK

Mosellandtouristik GmbH
Kordelweg 1
54470 Bernkastel-Kues / Andel
Tel.: 0 65 31 / 9733 – 0
Fax: 0 65 31 / 9733 – 33
info@mosellandtouristik.de
www.mosellandtouristik.de

Andernach
Neuwied
Maria Laach
Koblenz
Lahnstein
Rhens
Boppard
Bad Salzig
Mayen
Polch
Ochtendung
Goloring
Matthias-Kapelle
Kobern-Gondorf
Wolken
Winningen
Dieblich
Niederfell
Untermosel
Lehmen
Wallfahrtskapelle
Oberfell
Burg Thurant
Alken
Waldesch
Kattenes
Münstermaifeld
Hatzenport
Löf
Brodenbach
Nörtershausen
Ehrenburg
Kaisersesch
Burg Pyrmont
Elzbach
Brachtendorf
Burg Eltz
Wierschem
Lasserg
Burg Bischofstein
Burgen
Moselkern
Müden
Treis-Karden
Martberg
Karden
Höhle des Hl.Kastor
Stiftsmuseum
Pommern
Treis
Burg Treis
Wildburg
Treiser Schock
Besucherstollen "Charlotte"
Kloster Maria Engelport
Gotteshäuserhof
Lütz
Lützbach
Macken
Morshausen
Beulich
Gondershausen
Emmelshausen
Greimersburg
Landkern
Klotten
Winneburg
Cochem
Faid
Valwig
Reichsburg
Kaiser-Wilhelm-Tunnel
Bruttig-Fankel
Flaumbach
Dünnbach
Lieg
Lahr
Zilshausen
Mörsdorf
Beilstein
Burg Metternich
Karmeliterkloster
Ediger-Eller
Bremm
Nehren
Mesenich
Senheim
St.Aldegund
Pfalzfeld

Untermosel

Sagen und Legenden von der Untermosel

Sagen und Legenden von der Untermosel

Am Deutschen Eck bei Koblenz mündet der mit einer Länge von 545 Kilometern größte Nebenfluss in den Rhein: die Mosel. Eine Reise flussaufwärts entlang des Stroms, der sich in tiefen Schluchten und unzähligen Windungen durch das Schiefergebirge gegraben hat und an dessen Ufern sich idyllische Winzerorte aneinander reihen, entführt den Besucher in eine der großen Kulturlandschaften Europas. Die reizvolle Landschaft mit ihren steilen Hängen und Terrassen sowie den Wärme speichernden Schieferböden, die für ein mildes Mikroklima sorgen, hatte bereits die Römer zum Weinanbau veranlasst. Damit legten sie den Grundstein für die herzliche und weinselige Gastfreundschaft im Moseltal, der schon der römische Dichter Ausonius im 4. Jahrhundert ein literarisches Denkmal setzte: In seinem Gedicht „Mosella" preist er die Schönheit der Landschaft sowie die Güte ihres Weines und die Liebenswürdigkeit der Bewohner. Bis heute zeugen prächtige und gut erhaltene Bauwerke von der zum Teil über 2000-jährigen Geschichte und erzählen von den Legenden und Sagen entlang der Mosel.

Die Weinhex von Winningen

Im Spätsommer feiern die Winninger alljährlich mit ihren Gästen das älteste Winzerfest Deutschlands. Dabei sind die romantischen Gassen bunt geschmückt und rund um den Weinhexbrunnen herrscht bis in die Nacht Hochstimmung. So ist es auch kein Wunder, dass sich am nächsten Tag der ein oder andere Liter Wein weniger in den Fässern befindet. Ähnliche Verluste hatte vor langer Zeit auch der Winzer Veit Mertes, der „Pfeifenhannes", erlebt – nur konnte er sich nicht erklären, wie es dazu kam.

Seine Frau Kathrin soll eine wahre Plaudertasche gewesen sein, die sich jeden Nachmittag mit den anderen Frauen des Ortes zu einem Schwätzchen traf. Und dabei haben sie heimlich auch so manchen Schoppen geleert. Bald wunderten sich die Winzer, dass aus ihren Fässern immer einige Liter der besten Weine fehlten. Da man damals noch an Hexen glaubte, schienen die Schuldigen bald ausgemacht. Nur der Pfeifenhannes zweifelte an dieser Erklärung und legte sich des Nachts auf die Lauer. Und schon bald schlich sich tatsächlich eine vermummte Gestalt die Kellertreppe hinunter

WINNINGEN
Matthias-Kapelle
KUSS-Nisch

und füllte einen Krug mit Wein. Der Pfeifenhannes stürzte aus seinem Versteck hervor, schlug mit einem Stock auf die Gestalt ein, riss ihr das Tuch vom Gesicht – und sah seiner eigenen Frau ins Antlitz. Er veranstaltete daraufhin ein „Tänzchen" mit ihr, das seine Wirkung nicht verfehlte: Kathrin wurde ein lammfrommes Weib, und der „Hexenzauber" in Winningen war für alle Zeit vorbei.

Wenn heutzutage eine junge Winzerin beim Moselfest zur „Weinhex" gekürt wird und ein „Tänzchen" veranstaltet, dann tut sie dies zu Ehren der vorzüglichen Weine der Großlage „Weinhex", die auf den terrassenartigen Weinbergen rund um den Ort reifen.

Die Matthiaskapelle in Kobern-Gondorf

In Kobern-Gondorf stößt man auf eines der reizvollsten Werke spätromanischer Baukunst im Mosel-Rhein-Gebiet: die Matthiaskapelle, die hoch über dem Flusstal an die Ruinen der längst zerstörten Oberburg grenzt. Hier wurde einst das Haupt des Apostels Matthias aufbewahrt und verehrt. Der Legende nach soll Heinrich II. von Isenburg-Kobern die Reliquie während eines Kreuzzuges zwischen 1217 und 1221 in Damiette/Unterägypten erbeutet und hierher gebracht haben. Nach dem Vorbild der Grabeskirche in Jerusalem errichtete man für sie um 1230 die Matthiaskapelle, und der Ort entwickelte sich bald zu einer bedeutenden Wallfahrtsstätte.

Einer anderen Überlieferung zufolge soll Matthias – der auch der 13. Apostel genannt wird, da er als Nachfolger für den Verräter Judas in den Kreis der Jünger gewählt wurde – nach seinem Tod allerdings zunächst in Rom bestattet und im 4. Jahrhundert durch Kaiserin Helena nach Trier gebracht worden sein. Dort habe sie seinen Leichnam zusammen mit anderen wertvollen Reliquien sowie ihrem Palast, der später zum Trierer Dom umgebaut wurde, dem Trierer Bischof Agritius zum Geschenk gemacht.

So unterschiedlich die Berichte über die Herkunft der Reliquie und deren weiteren Verbleib auch sind, ab Mitte des 14. Jahrhunderts stimmen sie wieder überein. Denn in der Legende um die Matthiaskapelle wird davon berichtet, dass das Apostelhaupt um 1350 in den Besitz des Erzbistums Trier übergegangen ist. Der spätere Papst Pius XII. überführte die Reliquie 1927 vom Dom in die Trierer Abtei St. Matthias, wo sie nach wie vor – als einziges Apostelgrab nördlich der Alpen – verehrt wird.

Aber auch die orientalisch beeinflusste Matthiaskapelle mit ihrem sechsseitigen Zentralbau, dem reich gegliederten Innenraum sowie ihren Säulen und Kapitellen ist bis heute ein sakrales Kleinod und eine der herausragendsten Sehenswürdigkeiten an der Untermosel.

Alken – Die Belagerung der Burg Thurant

Trutzig erhebt sich Burg Thurant mit zwei gewaltigen Bergfrieden über dem kleinen Ort Alken. Sie wurde 1198 von Pfalzgraf Heinrich auf Trierer Gebiet erbaut und so genannt, weil er auf einem Kreuzzug vergeblich die syrische Burg Thuron belagert hatte. Mitte des 13. Jahrhunderts entbrannte nun um Burg Thurant ein Streit zwischen Kurtrier und der Pfalz, und als es dem Trierer Erzbischof Arnold nicht gelang, die Burg in seine Gewalt zu bekommen, bat er den Kölner Kurfürsten Konrad um Hilfe.

Die ins Moselland geschickten Kölner Truppen dachten aber nicht daran, die schwer einnehmbare Burg zu stürmen, sondern beschlossen, sie zu belagern, denn irgendwann mussten den Eingeschlossenen ja einmal die Vorräte ausgehen. Nach über zweijähriger Belagerung – während der Fuder um Fuder Moselwein vor die Burg gerollt und bei fröhlichen Zechgelagen geleert wurde (die Kölner und Trierer Truppen sollen während dieser Zeit 3000 Fuder, was etwa einer Million Liter Wein entspricht, getrunken haben) – musste der damals herrschende Burggraf Zorno schließlich auch kapitulieren. Dies signalisierte eines Morgens eine weiße Fahne, was im Heerlager der Kölner einen ungeheuren Siegesjubel auslöste. Es wurde ein großes Verbrüderungsfest mit

den Insassen der Burg gefeiert, der Heimmarsch angetreten, und ganz Köln war auf den Beinen, um die sieggekrönten Helden zu begrüßen. Mitgebracht hatten sie nicht viel, verrostet waren Helme und Lanzen und viele Nasen waren rot. Manche sollen von ihren Frauen und Bräuten auch „schwer Knuuzen" gekriegt haben „von wegen den Winzerinnen". Dies ist vielleicht der Grund dafür, dass es die Kölner seit dieser Zeit immer wieder gerne an die Mosel zieht.

Das Original des „Friedeschlusses", der am 16. September 1248 offiziell besiegelt wurde, existiert bis heute und gilt als der älteste in deutscher Sprache abgefasste Vertrag.

Mit dem jährlichen Moosemannfest in Alken wird bis heute an die Zeit der Belagerung erinnert – im Besonderen an die mutige Tat eines Burgbewohners, des Junkers Emmerich von Leinigen. Als die Vorräte damals zur Neige gingen, wollte dieser der Sage nach Hilfe beim Pfalzgrafen anfordern und hatte sich zu diesem Zweck in einen Moosballen einhüllen und in einer stürmischen Nacht am steilen Nordhang der Burg ins Bachtal hinabrollen lassen. Letztlich hatte es zwar nichts genutzt, aber in Alkem wird ihm zu Ehren an jedem dritten Fastensonntag auf dem Moselplatz gefeiert.

Von einer weiteren Legende aus der Belagerungszeit erzählt die Wallfahrtskirche auf dem Oberfeller Bleidenberg. Sie soll als Dank für die Rettung des Ritters Brenner gebaut worden sein, der mittels eines Balkens aus der Burg Thurant katapultiert wurde. Burggraf Zorno – der auch den Beinamen „der Schrecken der Mosel" trug und seinem Namen alle Ehre gemacht zu haben scheint – hatte ihn des Verrats verdächtigt und wollte den Ritter auf diese Weise mit dem Tod bestrafen. Der Angeklagte rief jedoch vor der Vollstreckung des Urteils die Gottesmutter um Beistand an – und landete unverletzt in den Hecken auf dem Bleidenberg, genau an der Stelle, wo einst eine Marienkapelle gestanden hatte.

Die Kussnische auf der Ehrenburg bei Brodenbach

Inmitten wildromantischer Wälder unweit der Mosel ragt der steile Felsen empor, der seit Jahrhunderten die Türme, Höfe und Bastionen der Ehrenburg trägt: Ein außergewöhnlicher Platz für besondere Feste, ein reizvolles Ziel für einen Wochenendurlaub – und ein Ort für Liebende. Denn angeblich wird ein Paar, das sich in der „Kussnische" mit einem Kuss die Treue schwört, für immer zusammenbleiben: Die Sage erzählt von einem jungen Ritter, der sich mit seinem Knappen auf dem Weg von Mainz nach Trier befand. Als sie sich dem Felssporn am steilen Rande des tiefen Grabens näherten, den die Mosel hier seit Urzeiten in das Schiefergebirge geschnitten hatte, sprang plötzlich ein weißer Hirsch vor ihnen durchs Gehölz. Ihm folgten drei Berittene – ein Ritter im Jagdgewand, dicht darauf seine anmutige Schwester im Damensattel und im Gefolge ein Knappe. Sie machten sich einander bekannt, und da die Sonne schon tief stand, wählten sie den kleinen Wildgarten auf jenem steilen Sporn als Nachtlager, wo ihnen eine Felsenkammer Schutz bot.

Bereits in dieser ersten Nacht verliebten sich der junge Ritter und das schöne Fräulein ineinander, küssten sich unter dem wilden Efeu nah der Feuerstelle und gelobten einander ewige Treue. Daraufhin beschloss der Ritter, hier eine Burg für sie beide zu errichten und ließ schon bald darauf die Stelle roden. Dabei stieß man auf eine uralte Steinstele, deren Inschrift das Paar zutiefst bewegte: Offenbar hatte eine hellsichtige Seele bereits vor langer Zeit das unverhoffte Glück des jungen Paares und den Bau dieser Burg vorausgesehen ...

Und so führt die Ehrenburg bis heute Paare zusammen, denn vor der romantischen Burgkulisse können Liebende hier unter freiem Himmel oder im schönen Gewölbekeller ihre Hochzeit feiern.

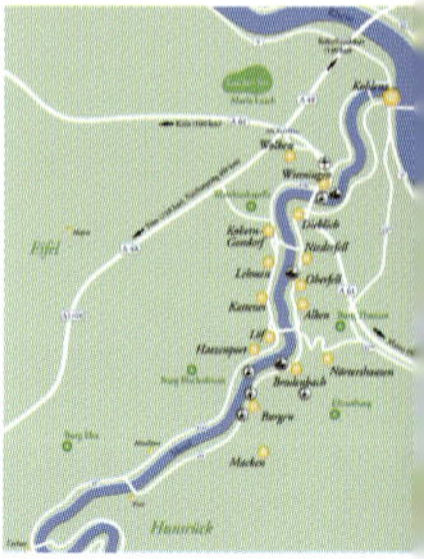

Untermosel – Touristisch

Geschichtliches: Zwei Staatsmänner haben das wirtschaftliche Geschehen an der Mosel nachhaltig beeinflusst: Clemens Wenzeslaus war nicht nur Fürstbischof von Trier, sondern auch Besitzer von einer Million Reben sowie exzellenter Weinkenner. Da er nicht wollte, dass ihm die Bauern länger minderen Kleinbergermost als Zehnt ablieferten, ordnete er 1787 an, dass in seiner Herrschaft nur noch die beste Sorte, der Riesling, angebaut werden sollte. Napoleon Bonaparte führte während der Zeit der französischen Besatzung die berüchtigte Realteilung ein: Jedes Erbe musste gleichmäßig unter allen Nachkommen aufgeteilt werden, wodurch großer Grundbesitz verhindert werden sollte.

1981 gründeten 70 Winzer die „Erzeugergemeinschaft Deutsches Eck“, die sich selbst strenge Regeln auferlegten: niedrige Erträge und nichts als Riesling. Dadurch wurde die Untermosel, die wegen ihrer terrassenförmigen Weinberge auch „Terrassenmosel“ genannt wird, bekannt und ist bei Weinliebhabern, Wochenendausflüglern und Urlaubern gleichermaßen bis heute beliebt.

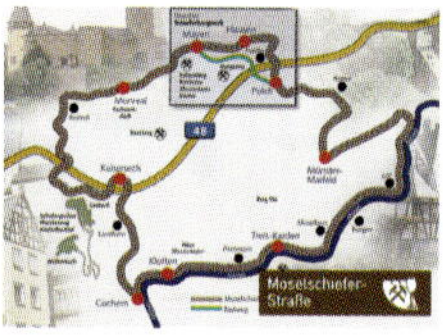

Die Moselschiefer-Straße
Seidig glänzende Schieferdächer entlang der Mosel sowie alte Schieferbergwerke zeugen von der Geschichte dieses uralten und bis heute beliebten Baustoffs. Der weltweit bekannte „Moselschiefer®“, einer der ersten Markenbegriffe und seit 1588 belegt, verdankt seinen Namen aber nicht dem Abbau an der Mosel – gefördert wird er in der Eifel –, sondern der Tatsache, dass er über Moselhäfen verschifft wurde. Bei Mayen, wo das Deutsche Schiefer-Erlebnisbergwerk zur Besichtigung einlädt, wird der Schiefer in den Bergwerken des Unternehmens „Rathscheck Schiefer“ – den größten Mitteleuropas – bis heute abgebaut.

Sehens- und Empfehlenswertes: Die Untermosel, das sind idyllische Orte mit verwinkelten Gassen und gut erhaltenen Fachwerkhäusern, beeindruckende historische Sehenswürdigkeiten, traumhaft schöne Wandergebiete und vorzüglicher Wein, der bei zahlreichen Festen in Strömen fließt.

Alken: Historischer romantischer Weinort mit der Burg Thurant, der St. Michaelskapelle, dem Laacher Hof und dem jährlichen Moosemannfest.

Brodenbach: Anerkannter Erholungsort mit wunderschönen Wandergebieten (u.a. die wildromantische Ehrbachklamm), überragt von der Ehrenburg.

Burgen: Sehr alte Ortschaft (aus dem Jahr 928) mit dem romantischen Baybachtal, dem „Druidenstein“ (keltische Kultstätte) und gegenüber auf der anderen Moselseite die Burg Bischofstein.

Dieblich: Obst- und Weinbauort, wo ein Aufenthalt während der Kirschblütenzeit im Frühjahr und der Traubenlese im Herbst besonders lohnt.

Hatzenport: Umgeben von der herrlichen Natur der Terrassenmosel (der Heimat von Smaragdeidechsen), empfiehlt sich der Besuch der Kulturreihe „Hatzenporter Sommersonnenwende“.

Kobern-Gondorf: Neben der berühmten Matthiaskapelle mit der Oberburg, der Niederburg, dem Schloss von der Leyen und dem Schloss Liebieg liegt nicht weit entfernt der Goloring – ein keltisches Heiligtum mit Grabhügelfeldern und einem unerforschten Königsgrab.

Lehmen: Dieser alte Ort (von 865) mit historischem Glockenturm (12. Jh.) sowie dem Wahrzeichen „Lehmener Ratzejung“ ist bekannt durch das Naturschutz- und Wandergebiet „Ausoniusstein“ – einer der seltenen Orte, an denen man noch heute auf den Apollo-Falter stößt.

Löf / Kattenes: Der Buchsbaumwald bei Löf und das Landschaftsschutzgebiet „Kattener Mühlental“ mit 13 historischen Mühlen ist bei Wanderern sehr beliebt.

Macken: Von dem Aussichtsturm im waldreichen Macken, eine von drei Höhengemeinden an der Untermosel, hat man einen herrlichen Blick über die Mosel, den Hunsrück und bei guter Sicht bis in die Eifel.

Niederfell: Das romantische Aspelbachtal und die „Niederfeller Schweiz“ gelten als Wanderparadies. Zudem wurde das Dorf für seine Schönheit mehrmals ausgezeichnet.

Nörtershausen: Die Höhengemeinde hat eine klimatisch bevorzugte Lage und ist ein idealer Ausgangspunkt für Ausflüge in die Umgebung.

Oberfell: Hier findet der Besucher zahlreiche alte Fachwerkhäuser und die sagenumwobene Wallfahrtskirche auf dem Bleidenberg.

Winningen: Berühmt für die Weinlage „Weinhex“ und eines der schönsten Dörfer Deutschlands, lädt Winningen im Spätsommer zum ältesten, zehntägigen Weinfest Deutschlands ein. Am 12. Oktober 1868 hat August Horch, der Gründer von Audi, hier das Licht der Welt erblickt. 1949 würdigte man ihn mit der Ehrenbürgerschaft und einer Ausstellung im Wein- und Heimatmuseum. 1822 war der Chemieunternehmer Carl Leverkus, dessen Fabrik den Grundstein für die heutigen Bayerwerke legte, Lehrling in der alten Schlickum-Apotheke.

Wolken: Kleiner Moselort, dessen Reiz im ländlichen Ursprung und Charakter liegt und in dem eine 1000-jährige Eiche steht.

Untermosel – Informationen & touristische Empfehlungen

i

Touristinformation Sonnige Untermosel

Bahnhofstraße 44 · 56330 Kobern- Gondorf
Tel.: 02607/4927 · Fax: 02607/4958
touristik@untermosel.de · www.sonnige-untermosel.de

Die frische und klare Luft, die Ihnen in dieser abwechslungsreichen Landschaft stets um die Nase weht, weckt unweigerlich Hunger und Lust auf die Einkehr in eine der traditionellen Winzerwirtschaften mit ihrer viel gepriesenen Gemütlichkeit. Und frisch gestärkt von einem Gläschen Wein und leckeren moselländischen Spezialitäten ist die Vorfreude auf den nächsten ereignisreichen Tag umso größer. Schnuppern Sie einmal rein, atmen Sie auf und erholen Sie sich an der Untermosel.

!

Matthiaskapelle

An der Oberburg Kobern · 56330 Kobern
Besucherdienst:
Tel.: 0261/6675-4000 · Fax.: 0261/6675-4444 · www.burgen-rlp.de
Besichtigung sonn- und feiertags von Ostern bis Allerheiligen

Die Matthiaskapelle liegt hoch über dem Moseltal in den Ruinen der längst zerstörten Oberburg. Vom Baustil zwischen Spätromanik und Frühgotik liegend, gehört der sechsseitige Zentralbau zu den schönsten und eigenwilligsten Kirchenbauten des frühen 13. Jh.

Ehrenburg

56332 Brodenbach/Mosel
Tel.: 02605/2432 bzw. 3077 · Fax: 02605/3079
kontakt@ehrenburg.de · www.ehrenburg.de

Wie schon seit 900 Jahren Tradition, genießen Gäste hier den Schutz und die Gastfreundschaft der Ritter von Ehrenberg. Die Ehrenburg, ein Forum für lebendige Kultur des Mittelalters, bietet ganzjährig ein einzigartiges Angebot: als Abenteuerburg mit Festen an allen Sonn- und Feiertagen zwischen Ostern und Oktober, als Ort für Firmenveranstaltungen, mit einem Erlebnisprogramm für Kinder- und Schülergruppen, als idealer Rahmen für romantische Hochzeiten und Urlaubstage im gemütlichen Hotel in historischen Gemäuern – und immer mit einen fantastischen Ausblick auf das wildromantische Ehrbachtal.

Alte Mühle Höreth – Hotel / Restaurant / Weingut

Mühlental 17 · 56330 Kobern-Gondorf
Tel.: 02607/6474 · Fax: 02607/6848
info@thomas-hoereth.de · www.alte-muehle-hoereth.de

Der Gutsausschank und das Restaurant des Weingutes sind in einer historischen Mühle aus dem 11. Jh. eingerichtet. Mehrere Stuben laden zum Schmausen, Genießen und Verweilen ein. In der warmen Jahreszeit stehen Tische und Stühle im uralten Innenhof und im Mühlengarten unter dem blühenden Oleander. Zu dem Ensemble – dem idyllischsten, das die Untermosel zu bieten hat – gehören zudem ein Landhotel mit zehn romantischen Kammern und zwei uralte Winzerhäuschen, die alles haben, was man zum Ruhen, Kuscheln, Schlafen und Träumen braucht.

Horchpension Wagner

Fährstraße 19 · 56333 Winningen
Tel. und Fax: 02606/2284
info@horchpension.de · www.horchpension.de

Mögen Sie Nostalgie? Dann sollten Sie hier im Herzen von Winningen eine Rast einlegen. Denn im liebevoll restaurierten Fachwerkhaus wurde August Horch, der Gründer der Audi-Werke, geboren, und auch der Räuberhauptmann Schinderhannes machte hier schon eine Pause.
Schöne Zimmer, ein gemütlicher Frühstücksraum und ein lauschiger Innenhof laden zum Verweilen ein.

Burg Eltz

Der durchlöcherte Harnisch

Der durchlöcherte Harnisch

Die weltweit bekannte Burg Eltz gilt als Inbegriff deutscher Burgenromantik und ist ein „Märchen aus Stein“, wie eine englische Reiseschriftstellerin Ende des 19. Jahrhunderts schrieb, fast zu schön, um wahr zu sein. Daher erscheint ein durchlöcherter Brustpanzer im Comtessenzimmer der Burg auf den ersten Blick doch etwas fehl am Platz. Dieser Harnisch soll einer Tochter aus dem Hause Eltz gehört haben, die die Hauptperson der einzigen Sage ist, die aus der Geschichte der Burg überliefert ist.

Agnes wurde zu einer Zeit geboren, als es noch Sitte war, dass Töchter bereits in der Wiege mit einem Knaben verlobt wurden. Die Wahl ihres Vaters, des Grafen zu Eltz, fiel dabei auf den kleinen Junker von Braunsberg. Je mehr die beiden aber heranwuchsen und je öfter sie zusammengeführt wurden, umso weniger mochte das Fräulein von Eltz ihren Verlobten leiden. „Den heiraten?“, meinte sie eines Tages zu ihrem Vater, „nie und nimmer. Da geh ich lieber ins Kloster!“ Der junge Mann dagegen wollte nicht von seiner Verlobten lassen, denn sie war überaus schön und zudem sehr reich.

Eines Tages wurde der Braunsberger Junker mit anderen zu einem Fest auf die Burg Eltz geladen. Die jungen Herren tanzten und scherzten mit der hübschen Agnes und machten ihr gehörig den Hof. Eifersüchtig beobachtete der Braunsberger das Treiben und überlegte, wie er seine Nebenbuhler wohl ausstechen könne. „Ich werde sie jetzt einfach küssen“, dachte er sich und trat vor seine Verlobte. Doch schon bei dem Versuch, sich ihr in dieser Absicht zu nähern, stieß Agnes ihn weg, drehte sich um und verließ, ohne ein Wort zu sagen, den Saal. Für einen Augenblick war es totenstill, dann aber begannen die anderen zu tuscheln und zu kichern. Als der Braunsberger merkte, welche Blöße er sich gegeben hatte, wurde er abwechselnd rot und bleich. Dann

verfinsterte sich sein Gesicht, und er verließ wütend das Fest.

Am nächsten Tag kehrte er jedoch noch einmal zur Burg zurück, trat vor den Grafen, warf ihm den Fehdehandschuh vor die Füße und kündigte ihm voller Zorn böse Rache an.

Der durchlöcherte Harnisch
Ursprünglich wurde der Begriff Harnisch, der dem französischen „harnais" entstammt, auf die gesamte Ausrüstung eines Ritters angewandt, um 1200 wandelte sich die Bedeutung und beschrieb nur noch den Körperpanzer.

Aber monatelang geschah nichts. Und auch vom Braunsberger sah und hörte man nichts. Langsam beruhigten sich die Eltzer und dachten, dass er sich wohl besonnen habe. So ließen sie es an der anfänglichen Vorsicht mehr und mehr mangeln. Nach einiger Zeit hatten sie den Junker gänzlich vergessen, und so brach der Burgherr eines Morgens mit seinen Söhnen zu einem dreitägigen Turnier auf und ließ die Burg mit einer schwachen Besatzung zurück.

Darauf hatte der Braunsberger aber nur gewartet. Gleich in der ersten Nacht zog er mit seinen Kriegsknechten los, kletterte über die Burgmauern und hatte die überraschten Wächter im Vorhof schnell überwältigt. Von dem Gefechtslärm aufgeweckt, schaute Agnes durchs Turmfenster. Als sie die unerwünschten Besucher sah, wusste sie sofort, welche Gefahr drohte. Sie rannte in die Kammer ihres jüngsten Bruders, zwängte sich in dessen Harnisch, wählte das leichteste Schwert und lief die Turmtreppe hinunter.

WISSENSWERTES
Ihr Abbild auf der 500 DM-Banknote machte Burg Eltz berühmt.

Im Hof kämpften nun die wenigen Eltzer einen tapferen Kampf und gelangten über eine Ausfallpforte in den Rücken des Feindes. Einer tat sich dabei besonders hervor, jeder Hieb saß, und er trieb die Eindringlinge immer wieder aus dem Inneren des Burghofs zurück. Bald stand der Ritter dem Braunsberger gegenüber und wollte ihn gerade mit seinem Schwert angreifen, als dieser unerwartet ein Faustrohr hob und auf den Geharnischten schoss. Die Kugel durchschlug den Harnisch, und der tapfere Kämpfer ging zu Boden. Doch man konnte sich erst um ihn kümmern, als die Eindringlinge vertrieben waren. Als man dann das Visier öffnete, war das Entsetzen groß, denn sie blickten in das leichenblasse Gesicht der toten Agnes. Niemand hatte sie in der Rüstung des Ritters vermutet.

Erst Tage später erfuhr der Junker von Braunsberg von einem seiner Knechte, wen er da erschossen hatte. Er muss es arg bereut haben, denn schon bald verließ er das Land und wurde nie mehr gesehen.

Burg Eltz – Touristisch

Geschichtliches: Burg Eltz, die auf einem bis zu 70 m hohen, elliptisch geformten Felskopf steht, verdankt ihren Namen dem sie umfliessenden Bach Elz. Sie wurde strategisch günstig am Rand einer wichtigen Handelsstraße erbaut, die die Mosel mit der Eifel und dem fruchtbaren Maifeld verband. Die erste urkundliche Erwähnung der Burg und ihres damaligen Bewohners, **Rudolf von Eltz**, stammt aus dem Jahr 1157. Ab 1268 war Burg Eltz eine **„Ganerbenburg"**, in der mehrere Linien des Hauses Eltz als Erbengemeinschaft zusammenleben.

Um 1663 entstanden, ist dies die älteste erhaltene Darstellung von Burg Eltz. Am rechten Rand zeigt sie Johann Jakob zu Eltz-Kempenich, den Vater des Kurfürsten Jakob III. zu Eltz, und das Familienwappen.

Die Burg wurde nicht als Festung konzipiert, sondern diente vielmehr als eine befestigte Wohnanlage, die ab dem 15. Jh. verstärkt ausgebaut wurde. Im Gegensatz zu vielen anderen deutschen Burgen blieb sie über die Jahrhunderte unzerstört. Hierzu trugen vor allem eine geschickte Familienpolitik und kluge Diplomatie bei, durch die Mitglieder der Familie in den Kurfürstentümern Mainz und Trier auch große Karrieren machten. So stellten sie mit **Jakob III. zu Eltz** (1510–1581) einen der bedeutendsten Kurfürsten in der Geschichte des Erzbistums Trier, und **Philipp Karl zu Eltz** (1665–1743) war als Mainzer Kurfürst mächtigster Kirchen- und Reichsfürst seiner Zeit und rangierte direkt nach dem Kaiser.

Mit Ausnahme der **Eltzer Fehde** in den Jahren 1331–1336 (aus dieser Zeit stammt auch die auf einem Hügel gegenüber der Burg liegende – heute zur Ruine verfallene – **Trutz-Eltz**), bei der sich die Eltzer Herren zusammen mit anderen freien Reichsrittern der Territorialpolitik des Kurfürsten Balduin von Trier widersetzen, kam es nie zu kriegerischen Auseinandersetzungen. Sogar in der Zeit des Pfälzischen Erbfolgekrieges von 1688 bis 1689, in der ein Großteil der rheinischen Burgen zerstört wurde, konnte **Hans Anton zu Eltz-Üttingen**, der im französischen Heer als hoher Offizier diente, die Burg vor der Zerstörung bewahren.

Die gesamte Baugeschichte der Burg erstreckte sich über mehr als 500 Jahre. Von der Romanik bis zum Barock vereinigen sich in dem Bauwerk alle Stilrichtungen zu einem harmonischen Ganzen. Auf diese Weise ist eine Randhausburg mit acht eng um den Innenhof gruppierten Wohntürmen entstanden. In den mehr als 100 Räumen der Burg haben bis zu 100 Familienmitglieder und eine etwa ebenso große Anzahl von Bediensteten gelebt.

Sehenswertes: Bei einer Führung durch die Burg entdeckt man acht Jahrhunderte Kulturgeschichte, die sich in der Architektur der Räume sowie in deren Einrichtung widerspiegelt. Der **Rübenacher Untersaal** mit seiner eindrucksvollen Holzdecke aus dem 15. Jh., das mit gotischen Ornamenten und Figuren ausgemalte Ankleidezimmer, das **Rübenacher Schlafgemach** mit seinen filigranen Freskenmalereien von ca. 1470, der festliche **Rittersaal**, das elegante Netzgewölbe des **Fahnensaales**, das **Comtessenzimmer** und die intakte spätmittelalterliche **Rodendorfer Küche** sind Beispiele für die typische Bauweise der Burg.

Beim Gang durch die einzelnen Säle und Räume begegnet man **Waffen, Rüstungen, erlesenen Möbeln** wie z. B. den Stühlen im Kurfürstenzimmer, die aus dem Rokoko stammen, und anderen Kunstwerken. Vom Stil des Hauses und seiner Bewohner zeugen u.a. das Gemälde **„Madonna mit Kind und Traube" von Lucas Cranach d. Ä.**, Bilder aus der Cranach- und der Kölner Schule, Wandteppiche aus den Manufakturen „van der Brüggen" und „Gobelin", **gotische Glasmalereien**, alte Keramik, Steingut und Zinn und die stets frisch in den Räumen aufgestellten Blumen.

Die Schatzkammer
Die Kellergewölbe beherbergen eine außergewöhnliche Kunstsammlung mit über 500 Exponaten aus dem 12. bis 19. Jh. Neben Meisterwerken der Gold- und Silberschmiedekunst wie z. B. dem Trinkspiel der Diana (der Herr trank aus dem Hirsch, die Dame aus dem Hund und beide Tiere waren mit einer sehr kurzen Kette verknüpft) und Kuriositäten wie dem „Dukatenscheißer" finden sich hier die Ringe der Kurfürsten, die Reiterstreitaxt, mehrere wertvolle Armbrüste und die Sammlung des kostbaren Hoechster und Wiener Porzellans aus dem 18. Jh.

Burg Eltz befindet sich seit der ersten urkundlichen Erwähnung 1157 im Besitz der gleichnamigen Familie und wird aus privaten Mitteln (u. a. den Eintrittsgeldern) unterhalten. Der Besucher trägt somit dazu bei, dass dieses bedeutende Kulturgut auch in Zukunft bewahrt werden kann. Der gegenwärtige Eigentümer der Burg, Dr. Karl Graf von und zu Eltz-Kempenich, genannt Faust von Stromberg, lebt in Frankfurt am Main und im Eltzer Hof zu Eltville am Rhein, wo die Famile Eltz seit dem 17. Jh. einen Wohnsitz hat.

Die Burg Eltz ist mit dem Fahrzeug übrigens nur von Münstermaifeld aus zu erreichen.

Empfehlenswertes in Münstermaifeld und Umgebung: Alte Bauten, darunter das historische **Rathaus**, romantische **Fachwerkhäuser** sowie Reste der alten **Stadtbefestigung** zeugen von der Vergangenheit Münstermaifelds. Ein Anziehungspunkt ist das Münster aus dem 11. Jh., dessen spätgotischer Goldaltar ein Meisterwerk damaliger Holzschnitzkunst darstellt.

Für Familien empfehlen sich ein Besuch des **Erlebnisbades** sowie des **Heimatmuseums**, das historische Räume (z. B. Kolonialwaren-, Tabak-, Friseur-, Bäckereiladen und den Klassenraum einer Schule) aus der Zeit von 1900 bis 1960 zeigt.

Durch seine zentrale Lage eignet sich Münstermaifeld gut als Ausgangspunkt für Ausflüge zu anderen Stationen des „Rheinischen Sagenwegs“ sowie zu einem Besuch in einer der **größten Backstuben der Welt** im 7 km entfernten **Polch**. Hier lädt der Gebäckwarenhersteller Griesson-de Beukelaer zur Besichtigung des Werkes und des hauseigenen Museums ein. **„Prinzen“** (und natürlich auch Prinzessinnen) kommen dabei sicherlich voll auf ihre Kosten.

Zudem ist die Region ein **Wanderparadies**. Der 1,5-stündige **Fußmarsch zur Burg Eltz** von Münstermaifeld aus über Wierschem bis zum Parkplatz Antoniuskapelle führt durch die Maifeldfluren mit ihrer herrlichen Fernsicht sowie auf den Wanderwegen durch den Eltzer Wald.

In knapp einer Stunde gelangt man zur **Burg Bischofsstein** Richtung Moselkern, die einen herrlichen Ausblick auf das **Moseltal** bietet. Der ca. 1,5-stündige Fußmarsch zur aufwändig restaurierten **Burg Pyrmont** führt vorbei an einem romantisch-rauschenden Wasserfall.

Wanderwege zur nahe gelegenen Mosel (5 km) führen z. B. durch das idyllische **Schrumpfbachtal** mit seinen ehemaligen Mühlen nach Hatzenport oder über den **Ausoniusstein** mit einem herrlichen Ausblick auf Burg Thurandt sowie durch das schöne **Mühlental** nach Kattenes.

Burg Eltz – Informationen & touristische Empfehlungen

BURG ELTZ: „Die Burg schlechthin"

Gräflich Eltz'sche Kastellanei · Burg Eltz · 56294 Münstermaifeld
Tel.: 02672/95050-0 · Fax: 02672/95050-50
Kastellanei@burg-eltz.de · www.burg-eltz.de
Öffnungszeiten: 1. April bis 1. November
Besichtigungszeiten: täglich 9:30-17:30 Uhr (letzter Einlass)

In einem engen Seitental der Mosel zwischen Koblenz und Cochem steht auf einem steilen Felskopf die mehr als 850 Jahre alte Burg Eltz, umgeben von unberührter Natur. Mit ihrer einzigartigen Architektur und ihrer malerischen Lage ist sie für viele Besucher der Inbegriff der deutschen Ritterburg. Die Besichtigung der Burg Eltz ist eine Zeitreise durch acht Jahrhunderte Geschichte, die sich in der Architektur der Räume und in deren Einrichtung widerspiegelt. In den Kellergewölben der Burg erwartet den Besucher die Schatzkammer mit einer großen Sammlung von Goldschmiedearbeiten, Münzen, Schmuck, Porzellan, Glas, Waffen und Rüstungen.

Ringelsteiner Mühle – Hotel / Restaurant / Reiseservice

Elztal 94 · 56254 Moselkern
Tel.: 02672/910-200 · Fax: 02672/ 910-201
info@ringelsteiner-muehle.de · www.ringelsteiner-muehle.de

Fernab vom Alltagsstress liegt das Landhotel Ringelsteiner Mühle in idyllischer Lage in einem Seitental der Mosel nahe der Burg Eltz und ist der ideale Ausgangspunkt für Wanderungen und Erlebnistouren rund um die Burg Eltz und die Mosel. Das Hotel verfügt über 30 komfortable Zimmer, im Restaurant stehen 150 Plätze innen und auf der Terrasse weitere 120 Plätze zur Verfügung.
Hier erhalten Sie zudem Informationen über Freizeitmöglichkeiten: Von der geruhsamen Schiffstour auf Mosel und Rhein über ausgedehnte Wanderungen und die Besichtigung von Sehenswürdigkeiten bis hin zu Spaß und Gaudi. Der Reiseservice zeigt Ihnen, wo etwas los ist und ist Ihnen bei der Planung und Organisation behilflich.

Weingut Peter H. Sturm

Grossgasse 7 · 56254 Moselkern
Tel.: 02672/9102-70 · Fax: 02672/9102-71
info@weingut-sturm.de · www.weingut-sturm.de

Das Weingut Peter H. Sturm ist ein reiner Familienbetrieb, der an den Steilhängen der Mosel ausschließlich Rieslingtrauben anbaut. Da eine maschinelle Bearbeitung dort nicht möglich ist, wird die Arbeit in den Weinbergen ausschließlich von Hand durchgeführt.
Neben Wein bietet das Weingut seinen Besuchern ein umfangreiches Erlebnisprogramm rund um die Mosel und Moselkern und sorgt dafür, dass „der Spaß und die Gaudi diesen Besuch für Sie unvergesslich machen". Dazu zählen Planwagenfahrten, bei denen man die Mosel und die Weinberge aus einer ganz neuen Sicht erleben kann, Weinproben im Holzfasskeller, das „Ratsherren-Spektakel" und die „Wochenend-Gaudi".

Erlebnishotel Sewenig – Hotel / Restaurant / Weingut

Moselstraße 5 · 56254 Müden · Tel.: 02672/1334 · Fax: 02672/1730
info@hotel-sewenig.de · www.hotel-sewenig.de

Das verkehrsgünstig nahe der Mosel gelegene 3-Sterne-Erlebnishotel (u. a. Minigolf und Liegewiese) verfügt über 30 Zimmer sowie über 5 Ferienwohnungen, die direkt am Fuße der Weinberge ca. 8 Minuten Fußweg vom Hotel entfernt sind. Von dort aus hat man einen schönen Blick über Müden bis hinunter zur Mosel. Das Restaurant bietet neben Fischspezialitäten der Mosel wie Aal, Moselzander und Forelle viele weitere kalte und warme Moselspezialitäten, Weine aus dem eigenen Weingut und eine Sommerterrasse mit Blick auf den Fluss.

Treis-Karden

Der Riese im Treiser Schock

Der Riese im Treiser Schock

Riesen, Höhlen und die im Gebiet um Treis-Karden gelegenen Berghöhen spielen in der Vergangenheit dieses geschichtsträchtigen Moselortes eine wichtige Rolle. Denn in dem Naturschutzgebiet um die Berghöhe „Treiser Schock“ bei Treis soll einst ein Riese gelebt haben, der die Menschen in Angst und Schrecken versetzte. Inzwischen ist er jedoch in seine Höhle gebannt, sodass Wanderer bei einer Tour durch das Flaumbachtal und Lützbachtal rund um den „Treiser Schock“ die sehenswerte Landschaft wieder sorglos genießen können.

In einer Höhle lebte auch der heilige Kastor, der im 4. Jahrhundert nach Karden kam. Ihm zu Ehren wurde im 12. Jahrhundert die das Ortsbild überragende Kirche St. Kastor („Moseldom“) gebaut. Wie der heilige Kastor ziehen sich auch heute Menschen in der Nähe des Ortes zeitweise in eine Höhle zurück: Sieben Kilometer entfernt im Flaumbachtal, unweit des Klosters Engelport, liegt der ehemalige Schieferstollen „Charlotte“, eine 150 Meter tiefe, große Höhle mit einem von Quellwasser gespeisten Brunnen, die mit ihrer feucht-kühlen und staubfreien Luft Allergikern und Menschen mit Atemwegsbeschwerden einen wohltuenden Aufenthalt ermöglicht.

Vor langer Zeit lebte ein wilder Riese in einer dunklen Felsenhöhle im „Treiser Schock“. Und wenn er nicht schlief, vertrieb er sich die Zeit damit, mit schweren Felssteinen Ball zu spielen oder sie vom hohen Berg hinab ins Tal zu werfen. Dies machte ihm besonders viel Spaß, wenn die Bauern dort auf ihren Feldern arbeiteten. Sie mussten dann jedes Mal schleunigst das Weite suchen.

Fast täglich jagte der Unhold in den umliegenden Wäldern und erlegte jedes Tier, das ihm in die Hände fiel. Wenn ihm dabei ein Mensch begegnete, zwang er den Unglücklichen, ihn beim Jagen zu „unterstützen“, da half kein Bitten und Sträuben. Von morgens bis abends ging es

RIESE
Treiser
Schock

unentwegt über Stock und Stein, und wenn die armen Leute abends müde waren, dann brüllte der Riese sie fürchterlich an, stieß die grässlichsten Drohungen aus und jagte die Ärmsten schließlich davon. So verbreitete er Angst und Schrecken und niemand traute sich mehr in den Treiser Wald.

Ein Mann allerdings fürchtete den gewalttätigen Riesen nicht. Er war ein frommer Einsiedler, der in der Nähe seine Behausung hatte. Und er besaß dreizehn wunderbar glänzende Steinchen, mit denen man den Riesen, wenn man sie ihm vor die Augen hielt, blenden konnte, sodass er den Menschen nichts anhaben konnte. Als die Bauern davon erfuhren, liehen sie sich fortan immer eines der Steinchen aus, wenn sie am Schock vorbeigehen mussten.

Eines Tages kam ein kleiner Junge zu dem Eremit. Er wollte zu seinen Großeltern, und der Weg würde ihn zwangsläufig an der Höhle des Riesen vorbeiführen. Daher bat er den Einsiedler, ihm eines der glänzenden Steinchen auszuleihen. Doch der hatte bereits zwölf der Steine verliehen und wollte das letzte nicht hergeben. Da fing der Junge bitterlich zu weinen an, und schließlich überließ der Alte ihm aus Mitleid auch sein letztes Steinchen. Er ermahnte ihn jedoch, gut darauf aufzupassen.

Freudig machte sich der Junge auf den Weg und kam schon bald zu der Höhle. Vorsichtig versuchte er, daran vorbeizuschleichen, doch vergebens. Der Riese trat heraus und befahl dem Knaben so fürchterlich brüllend, mit ihm „auf die Jagd zu gehen“, dass der arme kleine Kerl vor Angst ganz schrecklich zu zittern begann und dabei das Steinchen fallen ließ. Er wollte es rasch wieder aufheben, konnte es auf die Schnelle aber nicht mehr finden. Doch der Riese wurde auf einmal ganz still und verschwand wieder in seine Höhle. Den Plumps des Steins, der dem kleinen Jungen daraufhin vom Herzen fiel, hat man

Der heilige Kastor und das „Salzwunder“

So wie der heilige Lubentius (☞ Kapitel „Limburg“) wurde auch der heilige Kastor zur Bekehrung der Heiden an die Untermosel geschickt. Neben der Stiftskirche, in der eine Reliquie von ihm bewahrt wird, ehrt man ihn auch im Stiftsmuseum, wo ein Bild von folgender Legende erzählt: Einmal soll Kastor Moselschiffer um Salz gebeten haben. Doch diese verspotteten ihn nur und wollten weiterfahren. Da erhob sich plötzlich ein Sturm und peitschte die Wellen so hoch, dass der Kahn zu kentern drohte. In ihrer Not flehten die Schiffer den Gottesmann um Hilfe an. Kastor kniete nieder, betete und so plötzlich wie er gekommen war, legte sich der Sturm wieder. Die heidnischen Schiffer sollen durch dieses Wunder bekehrt worden sein und Kastor reichlich mit Salz gedankt haben.

vermutlich durch den ganzen Wald hören können. So schnell er konnte, machte er sich auf und davon.

Als er am Abend auf dem Rückweg wieder an der Höhle des Riesen vorbeikam, war von dem Unhold nichts zu sehen. Erleichtert ging er weiter und traf mit schlechtem Gewissen bei dem Einsiedler ein. Dort waren auch die anderen Männer versammelt, die sich die Steinchen ausgeliehen hatten und sich gerade darüber wunderten, dass keiner von ihnen den Riesen an diesem Tag mehr gesehen hatte. Schluchzend erzählte der Kleine ihnen, was ihm mit seinem Steinchen passiert war. Da erkannten sie mit einmal, was geschehen sein musste: Der Riese schien von dem hinabgefallenen Stein, der auf dem Boden liegen geblieben war, offenbar ganz in seine Höhle gebannt worden sein.

Das sprach sich schnell herum, und die Menschen in der Gegend dankten Gott, dass sie von der Bedrohung befreit waren, und erbauten dem Einsiedler ein Gotteshaus. Später entstand dort ein Hof, der nach wie vor existiert und bis zum heutigen Tag „Gotteshäuser Hof" heißt. Das Wundersteinchen aber soll noch immer im Schock vor der Riesenhöhle liegen. Und wenn es einmal jemand findet, dann möge er es liegen lassen, denn es heißt, dass der Riese sonst wieder erscheinen und die Plage von neuem anfangen würde.

WISSENSWERTES

Auch der hl. Kastor, der bei den Menschen hier mit seinen Taten große Anerkennung gewonnen hatte und sie von ihrem heidnischen Glauben bekehrte, hatte in einer Höhle gelebt. Die Legende um ihn hat sich genauso wie die Sage vom Riesen im „Treiser Schock" bis heute bewahrt.

Der Rundwanderweg durch den Treiser Schock führt vorbei an den Burgen Treis und Wildburg über den Beurenkern zum Kloster Engelport bis nach Mörsdorf, wo sich das kleine Heimatmuseum mit bäuerlichen Arbeitsgeräten aus zwei Jahrhunderten für eine Rast empfiehlt (Öffnungszeiten Tel. 06762/1681). Der Rückweg geht durch das Dünnbachtal über Lieg und das idyllische Lützbachtal vorbei am 426 Meter hohen sagenumwobenen „Treiser Schock".

Die Gründung von Kloster Engelport

Einer Legende zufolge soll sich Emelricus von Monreal durch eine wundersame Begebenheit dazu berufen gefühlt haben, das heute idyllisch im Flaumbachtal liegende Kloster zu errichten: Als der Edelherr um 1220 eine Treibjagd ausrichtete, liefen seine Hunde plötzlich an einer Stelle zusammen und schienen ein Wild verbellt zu haben. Die Treiber hörten jedoch nur ein zartes Glockengeläut und sahen zwei Engel mit einer brennenden Kerze in der Hand. Als der Jagdherr hinzukam, waren die Engel zwar wieder verschwunden, aber das kleine silberne Glöckchen, das sie zurückgelassen hatten, erklang noch immer auf wunderbare Weise, ohne dass jemand Hand anlegte.

Treis-Karden – Touristisch

Geschichtliches: Bereits in keltischer Zeit, im 1. Jh. v. Chr., befand sich auf dem zwischen Pommern und Karden gelegenen **Martberg** ein Heiligtum, in dem der keltische Stamm der Treverer seinen Hauptgott Lenus verehrte. In römischer Zeit wurde hier ein ausgedehnter **Tempelbezirk** errichtet, zu dem eine große Zahl von Menschen strömte, die sich Heilung von Krankheiten erhofften. An der Stelle des heutigen **Ortsteils Karden** befand sich früher das römische Straßendorf Cardena mit einem großen Töpferbezirk. Hier fertigte man Weihegeschenke an, die die Gläubigen dem Gott als Opfer darbrachten.

Um 350 n. Chr. wurde in Treis-Karden vom **hl. Kastor**, einem Priester aus Aquitanien (Südfrankreich), die erste christliche Gemeinde an der unteren Mosel gegründet. Später war Karden ein **religiöses Zentrum** des Erzbistums Trier.

Das Stiftsmuseum
Als Teil des Stiftsbezirkes wurde das derzeitige Museumsgebäude, 1238 erbaut, ursprünglich vor allem als Zehnthaus genutzt. Hier lagerten die Waren, die das Stift von seinen Pfarreien als Abgaben erhielt. Heute präsentiert man hier Dokumente und Ausstellungsstücke, die die Bedeutung Kardens als religiöses Zentrum sowohl in keltisch-römischer als auch in christlicher Zeit illustrieren. Daneben bietet der Sakralraum mit seiner feierlichen Atmosphäre einen passenden Rahmen für die Präsentation sakraler Kunst und wertvoller mittelalterlicher Handschriften aus dem Umfeld des Stifts.

Auch der **Ortsteil Treis** ist keltisch-römischen Ursprungs. Überreste einer alten Mauer und Wasserleitung geben Zeugnis aus römischer Zeit. Die erste urkundliche Erwähnung von Treis Anfang des 12. Jh. steht im Zusammenhang mit dem Kollegiatstift Karden auf der anderen Moselseite. Geschichtlich in Erscheinung trat der Ort erstmals, als Otto von Rheineck 1120 die von den Herren von Trihis erbaute **Burg Treis** besetzte. Etwas später wurde zur Sicherung der Burg Treis die **Wildburg** gebaut.

Sehenswertes: Der Ortsteil Treis wird von dem **Bergfried** der Burg Treis überragt, der sich an den hart abfallenden Hängen zum Dünnbach und zum Flaumbach befindet. Die dahinter liegende **Wildburg** hatte die Aufgabe, die Straßen in den Tälern zu bewachen und den Anmarschweg auf die Höhe zur Burg Treis zu sichern. Sie befindet sich heute in Privatbesitz.

Das Ortsbild von Treis wird durch die 1831 ein-

geweihte katholische Pfarrkirche **St. Johannes der Täufer** bestimmt. In der Kastellauner Straße beginnt ein Kreuzweg durch die Weinberge zum Zillesberg mit der um 1100 erbauten **Zilleskapelle**. Schon im 17. Jh. befand sich hier ein Stationsweg.

In Karden beherrscht die **ehemalige Stifts- und jetzige Pfarrkirche St. Kastor** mit ihren mächtigen Türmen das Panorama der Stadt. Von den Einheimischen auch **„Moseldom"** genannt, gehört sie mit ihren romanischen, gotischen und barocken Stilelementen zu den kunsthistorisch bedeutendsten Sakralbauten an der Mosel. Zu der reichen Innenausstattung der Kirche gehören u. a. der spätgotische Altarschrein mit der Anbetung der Heiligen Drei Könige (um 1420, aus heimischem Ton gebrannt) und die dreimanualige Barockorgel von Johann Michael Stumm aus dem Jahr 1728.

Unweit von Treis-Karden liegt **Moselkern**, ein schöner Fremdenverkehrsort am Zusammenfluss von Elz und Mosel. Sehenswert sind das hier 1915 gefundene **Merowingerkreuz** aus dem 7. Jh., die älteste Darstellung des gekreuzigten Christus nördlich der Alpen (dessen Original sich heute im Rheinischen Landesmuseum in Bonn befindet) sowie das **älteste Rathaus der Moselregion**, zugleich ein eindrucksvolles Beispiel moselländischen Fachwerkbaus.

Empfehlenswertes: Neben dem unter „Wissenswertes" empfohlenen Rundweg laden zahlreiche weitere **Wanderwege** rund um Treis-Karden ein, die wunderschöne Landschaft mit ihren Weinbergen, Wiesen und Wäldern zu genießen. So hat der Weinort Müden zum Beispiel einen mit 25 Schautafeln bestückten informativen und schönen **Weinlehrpfad** eingerichtet. Mit dem **Buchsbaum-Wanderpfad** wurde im Oktober 2004 zwischen Müden und Karden ein neuer, aufschlussreicher Themen-Wanderweg fertig gestellt, der auch an der **Höhle des hl. Kastor** vorbeiführt. Bedingt durch das milde Klima befinden sich hier die nördlichsten wilden Buchsbaumbestände in Europa, die an heißen Tagen einen mediterranen Duft verbreiten. Auf vier Thementafeln wird über Buchsbaum, Flora und Fauna, Kastor und die Moselterrassenlandschaft informiert.

Treis-Karden – Informationen & touristische Empfehlungen

Tourist Information Ferienland Treis-Karden

Hauptstraße 27 · 56253 Treis-Karden (Ortsteil Treis)
Tel.: 02672/6137 · Fax: 02672/6153
info@ferienland-treis-karden.de · www.treis-karden.de

Die 17 Ortsgemeinden im Ferienland Treis-Karden erstrecken sich vom vorderen Hunsrück über das romantische Moseltal bis auf die Höhen der Eifel. Zu den herausragenden historischen Sehenswürdigkeiten gehören der Stiftsbezirk Karden mit der ehemaligen Stiftskirche St. Kastor und dem Stiftsmuseum, die Tempelanlage auf dem Martberg sowie die im romantischen Elzbachtal gelegenen Burgen Eltz und Pyrmont.

WeinKultur-Reisen

Lisa & Dieter Möntenich · Silberstraße 12 · 56254 Müden
Tel.: 02672/910606 bzw. 0175/2104118 · Fax: 02672/910605
info@weinkultur-reisen.de · www.WeinKultur-Reisen.de

Abseits der bekannten Touristenströme bietet WeinKultur-Reisen geführte Wandererlebnisse und komplette Reisearrangements an der Terrassenmosel sowie fachkundige Stadtführungen an verschiedenen Moselorten. Besondere Höhepunkte der Touren sind kulinarische Weinproben an ausgewählten Plätzen in freier Natur. Die Angebote richten sich an Einzel- und Gruppenreisende sowie an Unternehmen für Kunden- und Mitarbeiterevents.

Schloss-Hotel Petry – Hotel / Restaurant / Weinstube

St. Castorstraße 80 · 56253 Treis-Karden (Ortsteil Karden)
Tel.: 02672/934-0 · Fax: 02672/934-440
info@schloss-hotel-petry.de · www.schloss-hotel-petry.de

Die wechselvolle Geschichte des Schlösschens führt bis in das 12. Jh. zurück. Die Hotelanlage (3-Sterne superior) verfügt über 4 zusammenhängende Häuser, von denen jedes seine individuelle Note mit unterschiedlich eingerichteten Zimmern und Apartments hat. Im Restaurant „Weinstube" werden die Gäste mit regionalen hausgemachten Spezialitäten verwöhnt, und im Gourmetrestaurant „Schlossstube" locken erlesene internationale Köstlichkeiten. Entspannung findet der Gast im Fitnessbereich mit Whirl-Pool, Sauna und Gymnastikraum.

Hotel-Weinhaus „Am Stiftstor" – Hotel / Restaurant

St. Castorstraße 17 · 56253 Treis-Karden (Ortsteil Karden)
Tel.: 02672/1363 · Fax: 02672/8849
info@hotel-stiftstor.de · www.hotel-stiftstor.de

Wie der Name bereits vermuten lässt, steht das Hotel und Weinhaus an einer der ehemaligen Außengrenzen des Stiftsbezirks. Das familiär geführte Hotel verfügt über 10 behaglich und komfortabel eingerichtete Zimmer. Und die anheimelnde Holzvertäfelung sowie die nach historischen Motiven gestalteten Glasmalereien in den Fenstern des Restaurants bilden den stimmungsvollen Rahmen für die ausgezeichnete Küche und die erlesenen Weine des gastronomischen Angebotes.

Gästehaus-Weingut Otto Knaup

Am Rathaus 6 · 56253 Treis-Karden (Ortsteil Treis)
Tel.: 02672/2446 bzw. 0177/8612446
weingut.knaup@onlinehome.de · www.weingut-otto-knaup.de

Ein einzigartiges und individuelles Urlaubserlebnis bietet das Weingut von Otto Knaup: 5 geschmackvoll im Landhausstil eingerichtete Zimmer im 4-Sterne-Gästehaus mit Sauna bieten ebenso Erholung wie die abwechslungsreichen Angebote des Weingutes: Geführte Wanderungen und Planwagenfahrten durch die reizvolle Mosellandschaft, Weinproben im alten Gewölbekeller und deftiges Winzeressen.

Cochem

„Cochemer Stückelchen“

„Cochemer Stückelchen“

Was den Kölnern ihre „Kölsche Krätzcher“, das sind den Cochemern ihre „Cochemer Stückelchen“: kleine lustige Geschichten, die an Schildbürgerstreiche erinnern und mit denen man die Obrigkeit oder sich selbst „auf die Schippe“ nahm. Zwar wurde der Ort erstmals bereits 866 erwähnt, doch könnte man angesichts der „Stückelchen“ fast geneigt sein, die Herkunft des Ortsnamens auch der – allerdings sich erst später entwickelnden – jiddischen Sprache zuzuschreiben. Denn im Jiddischen bedeutet „cochem“ übersetzt so viel wie „gewitzt“. Unter dem Schutz der Herren von Beilstein war 1309 im nahe gelegenen gleichnamigen Ort, einem der schönsten an der Mosel, eine jüdische Gemeinde gegründet worden, sodass das Jiddische sicherlich seinen Einfluss auf die Region gehabt hat.

Es gibt eine Vielzahl dieser althergebrachten, amüsanten „Stückelchen“, von denen im Folgenden eine Auswahl zu lesen ist.

Der Distelfink

Eines Tages lief durch das Städtchen Cochem die aufgeregte Kunde, dass des Bürgermeisters Distelfink in einem unbewachten Augenblick seinen versehentlich offen stehenden Käfig verlassen und das Weite gesucht hatte. Da der Bürgermeister sehr beliebt war, wollte man ihm schnell wieder zu seinem Vogel verhelfen. Der Stadtrat ließ eiligst Bekanntmachungen anfertigen und aushängen, bis es einem Stadtrat einfiel, dass der Vogel ja gar nicht lesen konnte. Man beschloss deshalb, die Stadttore sofort zu schließen, damit er nicht entweichen könne. Glücklicherweise flog der Vogel aber von selber wieder in seinen Käfig. Und seitdem hat der Bürgermeister von Cochem (wieder) einen Vogel.

Die Stadtkuh

Auf der Stadtmauer, die das Städtchen seit 1332 umschloss, aber seit der furchtbaren Zerstörung Cochems durch die Franzosen im Jahr 1689 als Schutzwall nicht mehr zu gebrauchen war und vernachlässigt wurde, wuchs jedes Jahr im Frühling frisches Gras, an dessen sinnvolle Verwendung bisher niemand gedacht hatte. Ein Schlauer unter den Stadtvätern war aber der Meinung, dass es unverantwortlich sei, dieses Gras verkommen zu lassen. Es wurde daher eine Stadtkuh angeschafft, die das Gras fressen sollte. Doch dann stellte sich die Frage, wie die Kuh zu dem Gras auf der Stadtmauer gelangen konnte. Zum Glück fehlte es nicht an weiteren weisen Männern im Stadtrat. Sie machten den Vorschlag, der Kuh einen Strick um den Hals zu legen und sie auf die Stadtmauer hinaufzuziehen. Man war sofort damit einverstanden und zog die Kuh gemeinsam die Mauer hoch. Auf halbem Wege nach oben streckte das arme Vieh aber bereits die Zunge heraus, doch alle meinten, das Tier lecke sich vor Freude schon das Maul. Aber oh weh, die langen Gesichter hinterher. Denn als die Cochemer die Kuh endlich oben auf der Stadtmauer hatten, stellten sie fest, dass sie tot war.

Die Maulwurfplage

Eines Tages befasste sich der Stadtrat mit einer Plage von Maulwürfen, die in den Gärten viel Schaden angerichtet hatten. Solche Wühler konnte man unmöglich dulden, und man beschloss, sie mit Fallen einzufangen und dann auf dem Rathaus abzuliefern. Als eine beträchtliche Anzahl an Maulwürfen zusammen war, sprach der Stadtrat den Tieren auf Anraten seines ältesten Mitgliedes das Todesurteil aus und beschloss, sie lebendig zu begraben. So wurden die Maulwürfe in einer kleinen Grube zugeschüttet ...

In den 1930er Jahren setzte der Stadtrat den „Cochemer Stückelchen" sogar einen Brunnen als Denkmal, was zeigt, dass die Cochemer auch über sich selbst lachen können. Dieser „Bockbrunnen" an der Moselpromenade bezieht sich auf folgendes „Stückelchen":

Der gekelterte Ziegenbock

Ein Ziegenbock war ertappt worden, als er trotz der Sperrung der Weinberge weiße Rieslingtrauben gefressen hatte. Unverzüglich wurde er vor das Stadtgericht gebracht, doch der Prozess war schwierig, denn im Gesetz waren keine Strafen für Ziegenböcke vorgesehen. Nach langem Hin und Her erzielte man jedoch schließlich eine Einigung: Der Ziegenbock sollte unter die Kelter. Auf diese Weise wollte man den Traubendieb bestrafen und gleichzeitig den Most zurückgewinnen. Als aber der Bock unter der Kelter lag und sein Blut zu tropfen begann, wollten die anwesenden Räte ihren Augen nicht trauen. Der Ziegenbock hatte weiße Trauben gefressen, gab aber roten Most von sich. Das Rätsel machte sie stutzig und sie beschlossen, die Folter sofort auszusetzen. Sie erklärten den Bock für unschuldig und ließen ihn frei.

Auch das Makabere kommt in den „Cochemer Stückelchen“ nicht zu kurz:

Der Enthauptete

Eines Tages war wieder ein armer Sünder zum Tode durch das Schwert verurteilt worden. Es war aber in jenen Tagen so bitterlich kalt, dass sogar das Wasser in den Kochtöpfen einfror. Wie das Gesetz es befahl, musste die Hinrichtung dennoch stattfinden. Doch kaum hatte der Scharfrichter seines Amtes gewaltet, gefror das Blut des Enthaupteten, ohne dass ein Tropfen davon verloren ging, sodass der Kopf mit dem Halse zusammenblieb und nicht fortrollte. Der „Enthauptete“ lebte weiter. Was nun? Da war guter Rat wirklich teuer. Eine zweimalige Hinrichtung war bisher beispiellos und in keinem Gesetzesblatt vorgesehen. Unter den ungewöhnlichen Umständen fasste man daher einen ungewöhnlichen Beschluss und gewährte dem Sträfling Strafaufschub mit Bewährungsfrist. Der „Enthauptete“ erhob sich, um heimzugehen. Doch kehrte er zuvor in der nächsten Wirtschaft ein, um sich von seiner Todesangst zu erholen und aufzuwärmen. Wie er nun warm wurde, begab es sich, dass ihm die Nase zu tropfen begann. In Ermangelung eines Sacktuches wollte er die Nase mit den Fingern schnäuzen, griff aber zu fest zu und schleuderte den inzwischen ebenfalls aufgetauten Kopf zum Entsetzen der Anwesenden in großem Bogen in die Gaststube.

Die eine oder andere Anekdote ist möglicherweise auch dem leckeren Moselwein zu verdanken, dem man hier gern zuspricht und auf den man wohl noch nie verzichten mochte. Davon erzählt das folgende „Stückelchen“:

Die Beichte

Der trinkfreudige Lohgerber Vinzenz Laux aus der Löhrstraße ging regelmäßig zur Beichte zum gutmütigen Cochemer Pastor. Als dieser verstarb, kam ein eifriger und strenger Nachfolger, der vor allem das viele Trinken verbot. Vinzenz beichtete wie gewohnt und erhielt als Buße drei Litaneien. Da er sehr schwerhörig war und das Gehörte nicht glauben wollte, fragte er noch mal nach, und der Pastor wiederholte etwas lauter: „Drei Litaneien!“ Daraufhin kehrte Vinzenz ins „Stüffje“ ein und meinte, gegen den neuen Pastor könne man wirklich nichts Schlechtes sagen. Er habe ihm als Buße „drei Liter Neuen“ auferlegt, und das wäre eine Buße, die durchaus nicht zu verachten sei.

Anfang des 16. Jahrhunderts hatten sich die Cochemer den Zorn des Ritters Franz von Sickingen zugezogen, da nicht zuletzt wegen ihnen die Belagerung Triers gescheitert war. Über das dann Folgende berichtet das letzte „Stückelchen“:

Die Cochemer Fässerschlacht

Auf dem Rückzug des Ritters von Sickingen zogen dessen marodierende Soldaten auch an Cochem vorbei, die die Stadt in ihrer Wut stürmen wollten. Da die Stadttore aber fest verschlossen waren, schlugen die Landsknechte zunächst ein Lager auf den Wiesen im Enderttal auf.

Innerhalb der Mauern galt es nun, eine Verteidigung zu organisieren. Und schlau wie die Cochemer nun einmal sind, hatten sie auch schnell eine Idee: Alle Bürger wurden aufgefordert, ihre leeren Weinfässer auf die Höhe über dem Enderttor zu rollen und dort übereinander zu stapeln.

Als die Angreifer schließlich zum Sturm auf das Tor bliesen, lösten die Cochemer dann ihre Fässerpyramide – und die schweren Fässer polterten den Hang hinunter. Die Eindringlinge, die das Tor gerade eingerammt hatten, erlebten eine böse Überraschung: Hunderte Fässer rasten ihnen entgegen und fügten ihnen schwere Verletzungen zu, sodass ihnen schnell die Lust am weiteren Angriff verging. Überstürzt zogen sie daher wieder ab und meinten nur: „Wo es so viele leere Fässer gibt, ist die Beute wohl gering. Da lohnt sich die Schlacht auch nicht."

Auf die gewonnene Fässerschlacht sind die Cochemer bis heute stolz. Und die Fässer sind inzwischen auch wieder mit köstlichem Moselwein gefüllt.

WISSENSWERTES

Habt Ihr das lustige Cochem gesehen?
Die Stadt, wo die tollen Streiche geschehen,
wo die Kühe man lässt auf den Dächern weiden
und der Krebs im Wasser den Tod muss leiden?
Es ist eine gar alte fröhliche Stadt,
wo man lieber den Wein als das Wasser hat.

Diese Verse erschienen bereits 1847 und bezeugen, dass die Cochemer schon damals für ihre Schelmenstücke bekannt waren. Den kleinen illustrierten Band mit allen „Cochemer Stückelchen", aus dem die hier erzählten ausgewählt wurden, können Sie beim Verkehrsamt der Stadt Cochem erwerben.

Knippmontag – Der „höchste Cochemer Feiertag"

Jedes Jahr am so genannten Knippmontag ziehen die Cochemer mit Körben voller Speisen und Krügen voller Wein zur Knippwiese, einem Hang gegenüber der Reichsburg. Sie amüsieren sich, trinken, essen – und holen das nach, worauf ein Burgknecht und seine Liebste vor über dreihundert Jahren verzichten mussten.

Als der Burgknecht damals nämlich wie sonst auch seine Liebste im Dorf Faid besuchen wollte, entdeckte er zu seinem Entsetzen auf der Knippwiese schwer bewaffnete französische Truppen. Er versteckte sich und erfuhr so von einem geplanten Angriff auf die Burg. Aufgeregt rannte er zurück, wo man sofort begann, sich für die Verteidigung zu rüsten. So holten sich die Angreifer am nächsten Morgen nur blutige Köpfe und mussten eiligst wieder von dannen ziehen. Der Burgherr war daraufhin so dankbar, dass er den Montag nach dem „Weißen Sonntag", dem ersten Sonntag nach Ostern, zu einem Feiertag bestimmte.

Cochem – Touristisch

Geschichtliches: Die erste Erwähnung Cochems findet sich in einer Urkunde der Abtei Prüm aus dem Jahr 866. Mit ihr schenkten die Ezzonen, die dort herrschenden Pfalzgrafen, dem Kloster umfangreiche Güter, darunter ein Herrenhaus **„in villa cuchema"**. Vermutlich 1020 ließ Pfalzgraf Ezzo **Burg Cochem** erbauen. Mit der ezzonischen Herrschaft blieb Cochem bis 1151 verbunden; sie endete nach einem Streit um die Vormacht am Rhein, bei dem Otto von Rheineck durch den Pfalzgrafen Hermann von Stahleck ermordet wurde (☞ Kapitel „Bad Breisig"). König Konrad III. zog daraufhin das Pfalzgrafengut ein und ließ es durch einen Burggrafen verwalten. Später unterstand Cochem den Kurfürsten in Trier, wurde mitsamt der Burg 1689 von den Franzosen zerstört und fiel im Anschluss an die napoleonische Herrschaft (ab 1796) 1815 an das Königreich Preußen.

1877, am selben Tag, an dem Burg Cochem wieder vollständig aufgebaut worden war, wurde der 4,5 km lange **Kaiser-Wilhelm-Tunnel** durch den „Cochemer Krampen" zwischen Eller und Cochem fertiggestellt, der bis vor einigen Jahren der längste Eisenbahntunnel Deutschlands war.

Die „märchenhafte" Reichsburg Cochem

1689 zerstört, wurde das Wahrzeichen der Stadt zwischen 1868 und 1877 nach einem alten Holzstich im neugotischen Stil wieder aufgebaut und ist seitdem eine der eindrucksvollsten Burgen im Moseltal. Das Angebot für den heutigen Besucher ist vielfältig: das historische Bauwerk kann besichtigt werden, die Burgschänke lädt zur Rast ein, und für Kinder besonders attraktiv sind die Flugvorführungen der Falknerei oder die „Geisterführung mit Räuberessen". Paare können sich am schönsten Tag ihres Lebens hier auch trauen lassen.

Seit dem 19. Jh. strömten romantisch begeisterte Touristen an die Mosel. Schon damals gab es in Cochem so viele **Gasthöfe**, dass sich ein Reiseschriftsteller fragte, warum hier ebenso viele **Wein- und Bierschänken** wie in der weitaus größeren Stadt Breslau existierten.

Sehenswertes: Neben **Burg Cochem**, dem Wahrzeichen der Stadt, thront auf einem sonnigen Plateau das ehemalige **Kapuzinerkloster** aus dem Jahr 1623, das heute als Wein-Kultur-Erlebnis-Zentrum dient. Über Treppenaufgänge erreicht man den Klosterberg und die ehemalige Klosterkirche, in der sich sehenswerte Gemälde befinden. Von hier oben hat man zudem einen wunderschönen Blick zur Burgruine **Winneburg im Enderttal**, dem ehemaligen Stammsitz der Fürsten Metternich.

Ein ebenso schöner Ausblick bietet sich von der **Klottener Höhe**. Eine **Sesselbahn** führt hinauf zum

Aussichtspunkt **Pinnerkreuz.** Von hier aus erreicht man in wenigen Minuten auch den **Wild- und Freizeitpark Klotten**, wo 15 Fahr- und Spaßattraktionen sowie 100 Tier- und Vogelarten auf Jung und Alt warten und der ebenso viel Erholung bietet wie das **Freizeitzentrum Moselbad**.

Die idyllische mittelalterliche Altstadt – mit ihren engen Gassen, winkligen Fachwerkhäusern, der **mittelalterlichen Stadtbefestigung** mit dem Endert-, dem Balduins- sowie dem Mäusetor, dem vom Zwiebelturm der alten Martinskirche überragten Marktplatz inklusive des barocken Rathauses – lädt ebenso zum Bummeln und Flanieren ein wie die **blumengeschmückte Promenade** und der **Yachthafen.**

Empfehlenswertes: Es muss an dem guten Riesling liegen, dass der typische Ausspruch des Moselaners lautet: „Jetzt trinke mer erst mal e Fläschche Wein, dann könne me ja darüber reden." Diesen und andere kulinarische Genüsse findet der Gast in den zahlreichen **urigen Gaststätten, romantischen Weinstuben** und **exklusiven Hotels.**

Liebhaber von Delikatessen sollten unbedingt auch die **Historische Senfmühle** von 1810 besuchen, die mit Führung besichtigt werden kann – Geschmacksproben eingeschlossen.

Die Umgebung von Cochem lädt zu ausgedehnten Wanderungen über **Weinberghöhen** ein, wobei besonders der **Alpine Wanderweg** zwischen Eller und Bremm, der **Archäologische Wanderweg** bei Bruttig-Fankel mit Hügelgräbern, Teilen der alten Römerstraße entlang der Mosel und einem mittelalterlichen Höhlensystem sowie der **Apolloweg** bei Valwig (der anschaulich über den unter Artenschutz stehenden Apollo-Falter informiert) zu empfehlen sind.

Beilstein – Das „Dornröschen" von der Mosel

Dem pittoresken – unter Denkmalschutz stehenden – Gesamtambiente mit seinen wunderschönen Fachwerkhäusern in den verwinkelten Gassen, dem Wallfahrtskloster mit der „Schwarzen Madonna„ sowie der über dem Ort thronenden Burg Metternich an einer der beeindruckendsten Moselschleifen verdankt Beilstein seine große Beliebtheit. Der Ort lockt nicht nur Touristen, auch Filmproduzenten nutzten die Kulisse für „Wenn wir alle Engel wären" mit Heinz Rühmann oder „Der wahre Jakob" mit Willi Millowitsch.

Die Cochemer Feste erstrecken sich vom **Ostermarkt,** dem **Knippmontag** und der **Mosel-Wein-Woche** über das **Burgfest** und das **Heimat- und Weinfest** bis hin zum **Fest des „Neuen Weines"** sowie dem **Adventszauber** vor der romantischen Kulisse der Altstadt.

Cochem –
Informationen & touristische Empfehlungen

i

Tourist Information Ferienland Cochem
Endertplatz 1 · 56812 Cochem
Tel.: 02671/6004-0 · Fax: 02671/6004-44
info@ferienland-cochem.de · www.cochem.de

Die Urlaubsregion um das bekannte Städtchen Cochem ist nicht nur ein uraltes Kulturland mit unzähligen Sehenswürdigkeiten und einer einzigartigen Natur, sondern zugleich eine fröhliche, aktive Urlaubsregion, die mit ihren zahlreichen Freizeitangeboten keine Langeweile aufkommen lässt und in der die Gastfreundschaft hohen Stellenwert genießt.
Bei der Tourist Information erhalten Sie alle gewünschten Auskünfte.

!

Reichsburg Cochem
Schlossstraße 36 · 56812 Cochem
Tel.: 02671/255 · Fax: 02671/5691
info@reichsburg-cochem.de · www.reichsburg-cochem.de
Führungen: Von Mitte März-Nov., täglich 9-17 Uhr (ca. 40 Minuten),
jeden Do 15 Uhr: „Geisterführung mit Räuberessen" für Kids
Gruppenführung nach Voranmeldung unter 02671/6004-0

Das weitere Angebot: Gutsschänke, Falknerei, Burghochzeiten, private u. geschäftliche Veranstaltungen, umfangreicher Veranstaltungskalender.

Historische Senfmühle von Wolfgang Steffens
Stadionstraße 1 · 56812 Cochem
Tel.: 02671/607-665 · Fax : 02671/607-667
info@senfmuehle.net · www.senfmuehle.net

Bei einer Führung (tägl. 11, 14, 15, 16 Uhr) können Sie die fast 200 Jahre alte Senfmühle besichtigen und erfahren, wie nach überlieferten und eigenen Rezepturen dieser besondere Gourmetsenf entsteht – mit Kostproben.

Burg Metternich – Hotel Burgfrieden – Hotel/Restaurant
Im Mühlenthal 17 · 56814 Beilstein
Tel.: 02673/9363-9 · Fax: 02673/9363-88
F.von.Metternich@t-online.de · www.burg-metternich.de

Die Burg Metternich (mit Restaurant/Terrasse), umgeben von Weinbergen und zauberhafter Natur, mit traumhafter Aussicht auf die Mosel, befindet sich – wie auch das Hotel mit individuell möblierten und wohnlich ausgestatteten Gästezimmern – in Familienbesitz. Die Küche des Restaurants bietet Spezialitäten aus frischen Produkten der Saison.

Moselromantik-Hotel Keßler-Meyer – Hotel/Restaurant
Am Reilsbach 12 · 56812 Cochem-Sehl
Tel.: 02671/46-00 · Fax: 02671/38 58
rezeption@hotel-kessler-meyer.de · www.hotel-kessler-meyer.de

Das romantisch gelegene, von Weinbergen umgebene 4-Sterne-Hotel (superior) mit komfortabel eingerichteten Zimmern und Suiten lädt ein zum Wohlfühlen, Entspannen und Erholen. Neben den Restaurants „Klostergarten" und „Schmandeleckstube" verfügt das Hotel über einen großen Beauty- und Wellnessbereich, der keine Wünsche offen lässt.

Moselromantik Hotel Panorama – Hotel/Restaurant
Klostergartenstraße 44 · 56812 Cochem
Tel.: 02671/91414-0 · Fax: 02671/91414-14
mail@panorama-hotel.de · www.cochem.com

Das Hotel bietet komfortable Zimmer in verschiedenen Kategorien, darunter auch 2 luxuriöse Suiten, teilweise mit Balkon und herrlichem Blick auf die Reichsburg. Gästen stehen ein einzigartiges mediterranes Sole-Hallenbad mit wunderschönen Wandmalereien, eine Sauna mit Licht- und Sauerstofftherapie und ein römisches Dampfbad zur Verfügung.

Von Bad Ems bis Limburg

Vom Rhein an die Lahn

„kein schöner Land"
lahn taunus

Lahn-Taunus-Touristik
Obertal 9a
(Günter-Leifheit-Kulturhaus)
56377 Nassau/Lahn
Tel.: 0 26 04/95 25 – 0
Fax: 0 26 04/95 25 – 25
info@lahn-taunus.de
www.lahn-taunus.de

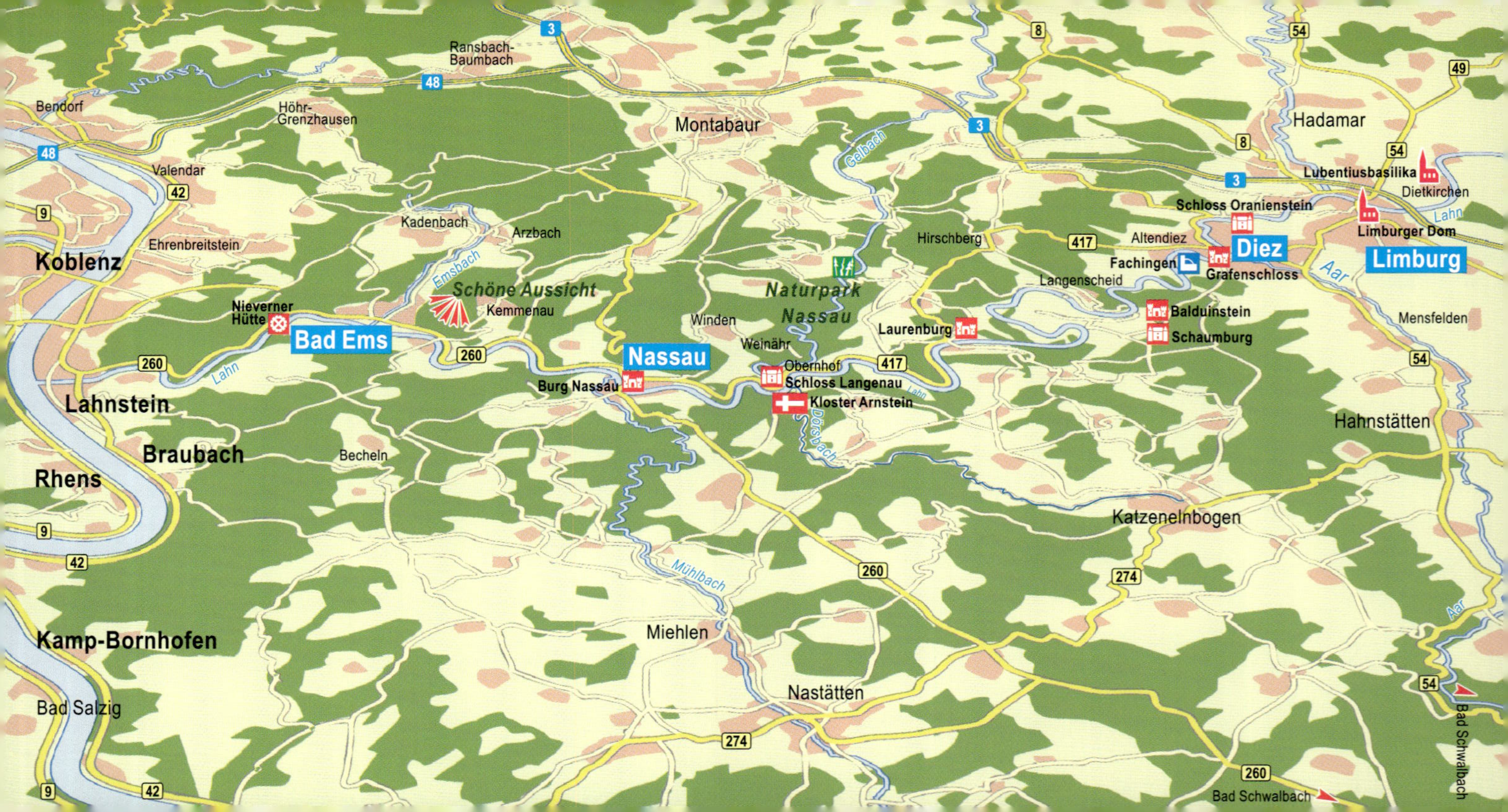

Koblenz
Bendorf
Valendar
Ehrenbreitstein
Höhr-Grenzhausen
Ransbach-Baumbach
Montabaur
Kadenbach
Arzbach
Emsbach
Schöne Aussicht
Kemmenau
Nieverner Hütte
Bad Ems
Lahn
Lahnstein
Braubach
Rhens
Becheln
Nassau
Burg Nassau
Winden
Weinähr
Naturpark Nassau
Obernhof
Schloss Langenau
Kloster Arnstein
Dörsbach
Gelbach
Hirschberg
Laurenburg
Langenscheid
Fachingen
Altendiez
Diez
Grafenschloss
Schloss Oranienstein
Balduinstein
Schaumburg
Hadamar
Lubentiusbasilika
Dietkirchen
Limburger Dom
Limburg
Aar
Mensfelden
Hahnstätten
Katzenelnbogen
Mühlbach
Miehlen
Nastätten
Kamp-Bornhofen
Bad Salzig
Bad Schwalbach

Bad Ems

Die „Emser Depesche“

Die „Emser Depesche“

„Im Herzen des Flüssedreiecks Rhein, Mosel und Lahn erstreckt sich eine der schönsten Urlaubs- und Ferienregionen Deutschlands: das Lahntal. Und inmitten dieser Landschaftspoesie liegt der traditionsreiche Kurort Bad Ems. Er gehört zu den ältesten Badeorten in Europa und gilt heute als idealer Standort für Fitness- und Vitalitätstraining sowie für Privatkuren mit ambulanten Heilbehandlungen.“

Diese Nachricht ist der Informationsbroschüre des Heilbades Bad Ems entnommen, und sie ist – darauf sei an dieser Stelle in aller diplomatischen Form hingewiesen – ungekürzt! Denn wer weiß, welche weltpolitischen Auswirkungen es diesmal zur Folge hätte, wenn erneut eine Nachricht aus Bad Ems verkürzt wiedergegeben würde? Dabei hat alles, was den Beinamen „Emser“ trägt, im Grunde nur Gutes zur Folge, insbesondere für die Gesundheit. Vor allem das Emser Salz bzw. die „Emser Pillen“ und das „Emser Kränchen“ haben den weit verbreiteten, guten Ruf der Stadt als Heilbad für Katarrh und Asthma begründet. Darüber hinaus haben die einzigartigen und erholsamen Kur-, Freizeit- und Wellnessangebote das geschichtsträchtige und idyllische Heilbad an der Lahn so bekannt gemacht, dass man einen Aufenthalt hier kurz gefasst auch einfach nur mit „Emsen“ bezeichnen könnte. Eine Nachricht aus Bad Ems hatte jedoch keine guten Folgen: Sie führte 1870 zum Deutsch-Französischen Krieg und ist in die Weltgeschichte als „Emser Depesche“ eingegangen. Wie es dazu gekommen ist, wird im Folgenden berichtet.

Eine Schlüsselrolle in den Ereignissen um die Emser Depesche nahm Otto von Bismarck ein, der von 1862 bis 1890 wesentlich die Geschicke der preußischen und und später der reichsdeutschen Politik bestimmte. Er war im Zuge des „Preußischen Verfassungskonflikts“ an die Macht gekommen, welcher sich von der anfänglichen Diskussion um eine Heeresreform zu einer Machtfrage zwischen Wilhelm I. von

Berlin 13. Juli 1870
A/2/301
Kurha

Hohenzollern als Staatsoberhaupt und dem Abgeordnetenhaus, das von Liberalen dominiert wurde, entwickelt hatte. Bismarck setzte ab 1862 einen die Krone stärkenden Weg durch, indem er zunächst gegen und ohne das Parlament regierte – und durch seine Außenpolitik von dem Konflikt ablenkte.

Und die stand für Bismarck vor allem unter dem Zeichen, Preußens Rolle in der Rivalität mit Österreich zu stärken und auszubauen. Dabei ging es lange Zeit um die Frage der Vorherrschaft im Deutschen Bund. Dieser Bund war ein loser Zusammenschluss aller deutschen Einzelstaaten, in dem immer wieder auch die Frage eines gesamtdeutschen Bundesstaates verhandelt wurde. Bismarck lehnte eine solche großdeutsche Lösung jedoch entschieden ab und ließ 1863 auch einen entsprechenden Vorschlag Österreichs zu Fall bringen, da er einen Machtverlust Preußens fürchtete.

Über den nicht abklingenden Auseinandersetzungen zwischen den beiden Großmächten zerbrach der Deutsche Bund 1866, und es kam zum so genannten Deutschen Krieg. Preußen errang den Sieg über Österreich, und 1867 wurde der Norddeutsche Bund gegründet, ein Staatenbund aller deutschen Länder nördlich der Mainlinie und der Vorläufer des Deutschen Reiches von 1871. Lediglich Baden, Bayern und Württemberg sowie Österreich gehörten nicht dazu – Preußen hatte ihre Unabhängigkeit auf Drängen der Franzosen anerkennen müssen.

1869/70 begannen dann die entscheidenden politischen Entwicklungen: Erbprinz Leopold von Hohenzollern-Sigmaringen – aus der katholischen, in Schwaben regierenden Linie der Hohenzollern –

Das „Emser Kränchen" und die „Emser Pastillen"

Zwischen 1870 und 1888 – bis zum Tode von Wilhelm I., der hier regelmäßig kurte – durfte sich Bad Ems Kaiserbad nennen. Während seiner Badeaufenthalte bewohnte der preußische Herrscher einen Flügel des schlossartigen Kurhauses, in dem heute u. a. „Häcker's Kurhotel" und das Ayurveda-Gesundheitszentrum untergebracht sind. Das Zentrum bildet die Brunnenhalle, in der die Lieblingsquelle des Kaisers entspringt: das „Emser Kränchen". Dessen gutes Wasser wurde so sehr geschätzt, dass um 1900 jährlich über zwei Millionen Liter „Emser Kränchen" in Tonkrüge abgefüllt und verschickt wurden. Die Krüge, die später durch Glasflaschen ersetzt wurden, kann man heute im Kur- und Stadtmuseum besichtigen.

Das Besondere am Emser Wasser ist das darin enthaltene „Natürliche Emser Salz". Bis Mitte des 19. Jh. konnte man dieses, um seine Atemwege zu heilen, nur trinken oder darin baden. Das änderte sich jedoch, als der Bad Emser Kurarzt Dr. Ludwig Spengler, der Apotheker August Weber und der Hausverwalter Georg Hasslacher 1858 gemeinsam ein Verfahren entwickelten, mit dem das Thermalwasser verdampft und das salzhaltige Resultat in Pastillenform gepresst werden konnten. So konnte schon bald jedermann in den Genuss der wohltuenden Heilkraft der „Emser Pastille" kommen, die auch heute noch ein Klassiker unter den Halsschmerz-Tabletten ist.

wurde die spanische Krone angeboten. Bismarck drängte darauf, sie anzunehmen, insbesondere, um Bündnisverhandlungen Frankreichs mit Österreich zu gefährden. Doch Kaiser Napoleon III. legte energischen Protest ein: Er befürchtete für den Fall der Thronbesteigung die Einkreisung Frankreichs durch preußische/deutsche Fürsten von Osten und von Süden her. Und er erreichte tatsächlich, dass Wilhelm I. den Erbprinzen zum Verzicht auf die Kandidatur veranlassen konnte. Doch Napoleon gab sich damit noch nicht zufrieden. Er wollte eine Demütigung Preußens und verlangte eine bindende Verzichtserklärung für alle Zeiten.

Diese Forderung erreichte den preußischen König just zu der Zeit, als er sich zur Kur in Bad Ems aufhielt. Der französische Gesandte Vincent Benedetti überbrachte ihm die Botschaft des Kaisers, doch Wilhelm I., der gerade am Ufer der Lahn promenierte, lehnte es ab, eine solche Garantie zu unterzeichnen. Heinrich Abeken verfasste daraufhin am 13. Juli 1870 den Bericht über die Unterredung und telegrafierte ihn nach Berlin.

WISSENSWERTES

Es war am 13. Juli 1870, kurz nach 9 Uhr, als es auf der Kurpromenade in Bad Ems zu der Begegnung kam, die die europäische Geschichte bedeutend beeinflussen sollte und damit der Kurstadt einen ewigen Platz in den Geschichtsbüchern verschafft hat. Dort weist heute der „Benedetti-Stein" am Lahnufer auf dieses denkwürdige Ereignis hin.

Während der König es im Original bestimmt, aber höflich abgelehnt hatte, Benedetti nochmals zu empfangen, da sich eine weitere Unterredung über die französische Forderung vorerst erübrigt habe, verschickte Bismarck am folgenden Tag eine durch Streichungen bewusst verschärfte Fassung, die dann als „Emser Depesche" in die Geschichte einging: „… Seine Majestät der König hat es darauf abgelehnt, den französischen Botschafter nochmals zu empfangen, und demselben durch den Adjutanten vom Dienst sagen lassen, daß Seine Majestät dem Botschafter nichts weiter mitzuteilen habe."

So formuliert, stellte diese Depesche eine ernste Brüskierung Frankreichs und die Niederlage seiner Diplomatie dar – und Frankreich antwortete am 19. Juli 1870 mit einer Kriegserklärung an Preußen. Alle deutschen Bündnisstaaten schlossen sich daraufhin Preußen an, und so begann, ausgelöst durch die „Emser Depesche", der Deutsch-Französische Krieg. An seinem Ende standen die Niederlage Frankreichs und die Gründung des Deutschen Reichs, das am 18. Januar 1871 im Spiegelsaal von Versailles proklamiert wurde – mit dem preußischen König als Staatsoberhaupt Kaiser Wilhelm I.

Bad Ems – Touristisch

Geschichtliches: Das Heilbad Ems, das 880 erstmals urkundlich als fränkisches Hofgut „in aumezu“ erwähnt wurde, feiert im Jahr 2005 seinen 1125. Geburtstag. Die ersten Siedlungsspuren – u. a. Hügelgräber in den Wäldern rund um Bad Ems – reichen jedoch bis in das 1. Jahrtausend v. Chr. zurück. Von der römischen Vergangenheit zeugen noch die Reste des römischen Grenzwalls, des **Limes,** sowie rekonstruierte Wachtürme bei Arzbach und Bad Ems.

Seit dem 14. Jh. kamen die Familien der Adelshäuser aus ganz Europa hierher, um die heilende Wirkung der **heißen Quellen** zu nutzen. Später folgten viele berühmte Personen wie z. B. **Jacques Offenbach**, der hier kurte und komponierte, **Richard Wagner** oder **Friedensreich Hundertwasser**, der hier in einem keramischen Betrieb Bauelemente anfertigen ließ.

Schon die Römer hatten im Tal des Emsbachs Bergbau betrieben. Im Mittelalter besserten dann die Trierer Erzbischöfe mit dem hier abgebauten Silber ihre Kasse auf. An die Geschichte des Bergbaus rund um Bad Ems erinnert neben dem **Emser Bergbaumuseum** auch eines der eindrucksvollsten Industriedenkmäler in Rheinland-Pfalz, die 1671 gegründete **Nieverner Hütte**, die sich auf der zu Fachbach gehörenden Insel Oberau befindet.

Kur- und Stadtmuseum
Das Museum zeigt bei freiem Eintritt einen Querschnitt durch die Geschichte und Kultur von Bad Ems. Neben der Ur- und Frühgeschichte mitsamt der Römerzeit, der Geschichte der Kur und ihrer berühmten Gäste, geht es um die Nutzung des Emser Wassers sowie um den Bergbau.

Sehenswertes: Bad Ems hat zahlreiche Sehenswürdigkeiten zu bieten. Dazu zählen:

· das **Kurhaus**, ein im Kern barockes Badeschloss von 1711 mit Brunnenhalle, das im 19. Jh. zum königlich-kaiserlichen Feriendomizil wurde,
· das **Kursaalgebäude** mit dem **Kurtheater** und dem 1839 erbauten **Marmorsaal**, der auch heute noch den Rahmen für viele kulturelle Events bietet, sowie dem **Spielcasino**, Deutschlands älteste konzessionierte Spielbank,
· die **Römerstraße** mit einer einmaligen Folge historischer Hotelbauten, darunter viele im Stil des Barock und Rokoko, und einer kleinen Kunstgeschichte des Balkongitters,
· das barocke **Haus der vier Türme** aus dem späten 17. Jh., in dem einst Prominente wie Carl Maria von Weber und Zar Alexander II. wohnten,

· **Schloss Balmoral**, eine Mischung aus Villa und weißer Ritterburg, in dem – auch heute noch als Künstlerhaus genutzt – schon früher Künstler und Musiker, wie z. B. Richard Wagner, der hier seine Oper „Parzifal" vollendete, ein und aus gingen.

Abgerundet wird das Ensemble beeindruckender Sehenswürdigkeiten durch die majestätischen Kirchenbauten, zu denen die katholische **St. Martinskirche**, die evangelische **Martinskirche**, die **Russisch-Orthodoxe Kirche** und die **Kaiser-Wilhelm-Kirche** gehören.

Empfehlenswertes: Das Tal zwischen **Taunus** und **Westerwald**, in dem Bad Ems liegt, lädt zum Wandern entlang des **malerischen Lahnufers** ein. Wer hoch hinaus möchte, kann die **Kurwaldbahn** nutzen, die 220 m hoch zum **Bismarckturm** führt, den **Lahnhöhenweg** erkunden oder die Aussicht vom **Concordiaturm** in 265 m Höhe genießen.

Gesundheit und Wellness wird in Bad Ems groß geschrieben. Dass die Stadt der Heilquellen neben den zahlreichen Kureinrichtungen – wie z. B. dem **Ayurveda-Gesundheitszentrum**, mit dem sich Bad Ems in den vergangenen Jahren international einen Namen gemacht hat – auch über ein Thermalbad verfügt, ist fast schon selbstverständlich. In dem 32 Grad warmen, kristallklaren Wasser der **Emser Therme** können die Besucher ebenso entspannen wie im Sommer auf der großen Liegewiese. Ergänzt wird das Angebot durch eine moderne Saunalandschaft.

Schon Kaiser und andere gekrönte Häupter haben sich dem sinnlichen Kulturgenuss in Bad Ems hingegeben. Zu den herausragenden Ereignissen zählen heute neben den regelmäßigen **Kurkonzerten** das einzigartige **Brückenfestival**, bei dem die legendären **Drachenboote** auf der Lahn um die Wette eifern, der traditionsreiche **Bartholomäusmarkt** mit dem weltberühmten und international bedeutenden **Blumenkorso**, der legendäre **Rosenball** sowie das **Jacques-Offenbach-Festival**.

Bad Ems –
Informationen & touristische Empfehlungen

Stadt- und Touristikmarketing Bad Ems e. V.

Bahnhofsplatz · 56130 Bad Ems
Tel.: 02603/9415-0 · Fax: 02603/9415-50
info@bad-ems.info · www.bad-ems.info
Öffnungszeiten der Tourist-Information:
Mo-Fr 9-12:30 Uhr, 13:30-17:00 Uhr, · Sa, So, feiertags 10:00-16:30 Uhr

Das Stadt- und Touristikmarketing Bad Ems e. V. steht Ihnen mit Rat und Tat zur Seite, damit Ihr Aufenthalt in Bad Ems zu einem unvergesslichen Erlebnis wird. Egal, ob Sie Bad Ems zum Erholen oder Aktivsein besuchen, Ihnen Ihre Gesundheit am Herzen liegt oder Sie Kunst und Kultur genießen möchten – hier hat man den Anspruch, Ihren Aufenthalt zu einem tollen Erlebnis zu machen und unterstützt Sie bei der Buchung von attraktiven Urlaubsangeboten, Organisation von themenorientierten Führungen, Gestaltung von ein- oder mehrtägigen Ausflugsprogrammen und stellt Ihnen Informationsmaterial über Bad Ems und die Region zur Verfügung.

Staatsbad Bad Ems GmbH

Römerstraße 1 · 56130 Bad Ems
Tel.: 02603/973-0 · Fax: 02603/973-100
sbbe@staatsbad-badems.de · www.staatsbad-badems.de

Bad Ems bietet mit seinen von der Natur gegebenen Mitteln die Möglichkeit, den geschädigten Organismus auf schonende Weise zu regenerieren und gleichzeitig die ebenso wichtige Vorbeugung zu betreiben – im Sinne der Stabilisierung und zunehmenden Imunisierung. So vereinen sich unter dem Dach der Staatsbad Bad Ems GmbH Einrichtungen und Angebote, die diesem Ziel bestmöglich entsprechen. Die Basis dafür sind vor allem die 17 Bad Emser Heilquellen. Mehr zum vielfältigen Angebot finden Sie im Internet.

Maharishi Ayurveda Gesundheits-und Seminarzentrum

Am Robert-Kampe-Sprudel · 56130 Bad Ems
Tel.: 02603/9407-0 · Fax: 02603/3122
info@ayurveda-badems.de · www.ayurveda-badems.de

Das ganze Zentrum ist in einzigartiger Weise auf den Maharishi Ayurveda und seine verschiedenen Therapieverfahren spezialisiert. Bei einer ersten ambulanten Konsultation gehen Ärzte speziell auf die individuell bestehenden Beschwerden und Dosha-Störungen ein, sodass durch entsprechende Maßnahmen und Kräuterpräparate das geistige und körperliche Wohlbefinden noch weiter gesteigert werden kann.

Kur- und Stadtmuseum Bad Ems

Römerstraße 97 · 56130 Bad Ems
Tel.: 02603/3572
sbems@rz-online.de · www.bad-ems.de
Öffnungszeiten: April-Sept: Di-Fr und So 14-17 Uhr
Okt-März: Mi und Fr 14-17 Uhr · Gruppen auch nach telefonischer Vereinbarung · Eintritt frei · Informationen auch auf S. 196

Häcker's Kurhotel Bad Ems – Hotel / Restaurant / Wellness

Römerstraße 1 · 56130 Bad Ems
Tel.: 02603/799-0 · Fax: 02603/799-252
bad-ems@haeckers-kurhotel.de · www.haeckers-kurhotel.de

Das Kurhotel, 1711 als „Fürstlich Nassau-Oranisches Badehaus" erbaut, ist in seinem Originalzustand erhalten geblieben. Heute wird das geschichtsträchtige 4-Sterne-Hotel mit seinen 107 geschmackvoll eingerichteten Zimmern und Suiten mit viel Herz und Engagement familiär und weltoffen so geführt, dass (fast) kein Wunsch unerfüllt bleibt.

Nassau

Nur der Nassauer ist kein „Nassauer"

Nur der Nassauer ist kein „Nassauer"

Sollte der Begriff „Emsen" irgendwann einmal weitläufig mit dem erholsamen Aufenthalt in Bad Ems in Verbindung gebracht werden (☞ Kapitel „Bad Ems"), dann werden die Etymologen, die sich mit der Herkunft von Worten befassen, dieses Buch als Quelle zitieren müssen. Mit dem zehn Kilometer von Bad Ems entfernt gelegenen Nassau wird allerdings auch heute schon eine Wortschöpfung verbunden, die bereits seit Anfang des 19. Jahrhunderts geläufig ist und umgangssprachlich einen Menschen bezeichnet, der auf Kosten anderer lebt – einer, der sich gerne aus- und freihalten lässt oder sich vor dem Bezahlen drückt: der Nassauer. Nun könnte man auf den Gedanken kommen, dass der Ursprung dieses Begriffs im Zusammenhang mit dem bekannten Räuberhauptmann Schinderhannes steht, der im nur 12 Kilometer entfernt gelegenen Miehlen geboren wurde. Seine Verbrechen waren jedoch viel krimineller Natur als das, was man heute unter „Nassauern" versteht. Zudem war er bereits 14 Jahre, bevor es 1817 zu der Wortschöpfung kam, als Strafe für seine Verbrechen hingerichtet worden. Es muss also ein anderer gewesen sein, der dafür verantwortlich ist, dass der Begriff „Nassauer" bzw. „Nassauern" untrennbar mit der landschaftlich traumhaft gelegenen, gleichnamigen Stadt im Nassauer Land verbunden ist. Wie es dazu gekommen sein soll, davon erzählt die folgende Geschichte.

Die Region und die Stadt verdanken ihren Namen dem berühmten Geschlecht derer von Nassau. Als erster Graf von Nassau wird Heinrich I. im Jahr 1160 urkundlich erwähnt, die Wurzeln der Familie reichen jedoch noch weiter zurück bis in das vorangegangene Jahrtausend. Ihre im 12. Jahrhundert erbaute Stammburg thront bis heute über der Stadt, und Nachkommen des Hauses, das sich 1255 in zwei Linien aufteilte, sitzen heute auf dem niederländischen und dem luxemburgischen Thron.

Bürg
Nassau
Freitisch Nassau
Gerda Lautenberg

Hier soll allerdings von dem jungen Herzog Wilhelm I. berichtet werden, der 1816 mit 24 Jahren die Verantwortung für das Herzogtum Nassau übernahm, nachdem sein Vater im Januar desselben Jahres tödlich verunglückt war. Wilhelm galt als hochbegabt, witzig und als geschäftstüchtig.

Im Zuge des Wiener Kongresses, bei dem die europäischen Verhältnisse neu geordnet wurden – Wilhelm hatte selber an der Schlacht gegen Napoleon bei Waterloo teilgenommen –, war das Herzogtum Nassau 1815 gerade als selbstständiger Gliedstaat des Deutschen Bundes anerkannt worden. Aber dieser Staat, den der junge Herzog nun regierte, hatte keine Universität. Wenn ein nassauischer junger Mann (Frauen erhielten erst zu Beginn des 20. Jahrhunderts in Deutschland das Studienrecht) also nicht „landesverräterisch" im Ausland studieren wollte – damit waren die anderen Teilstaaten Deutschlands gemeint –, blieb für das Studium nur die „Hohe Schule" von Herborn. Da diese jedoch kein Promotionsrecht besaß, schloss Herzog Wilhelm im Oktober 1817 einen Staatsvertrag mit dem Königreich Hannover ab, wodurch die Königlich Hannoversche Georg-August-Universität zu Göttingen zu einer nassauischen Landesuniversität wurde. Ein gelungener Schachzug, denn so war es den nassauischen Studenten fortan möglich, ein vollwertiges Studium im „Inland" zu absolvieren. Dies war für den Herzog insbesondere deshalb wichtig, weil es ihm vor allem darum ging, seine zukünftigen Landesbeamten dort ausbilden zu lassen.

Die Sache hatte nur einen Haken: Göttingen war über 300 Kilometer von Nassau entfernt, und die Kosten für ein Studium konnten sich zur damaligen Zeit nur die wenigsten leisten. Aber Wilhelm I. hatte vorgebaut. Im März des Jahres 1817 war ein 72 Seiten umfassendes „Landesherrliches Edikt" erlassen worden, mit dem die gesamte Kulturpolitik, zu der auch das Schul- und Bildungswesen zählte, neu geregelt wurde. In diesem Zusammenhang war auch ein Zentralstudienfonds gebildet worden, der die Finanzierung des gesamten Vorhabens gewährleisten sollte. Und in diesem hatte der Herzog bereits die finanziellen Voraussetzungen für die Bezuschussung des „inländisch-nassauischen Studiums" seiner Studenten im Königreich Hannover geschaffen.

Um nun den jungen Männern, die sich dem Nassauer Staatsdienst widmen wollten, neben dem Stipendium einen zusätzlichen Anreiz zur Aufnahme des Studiums im entfernten Göttingen zu schaffen, war mit der dortigen Universität noch eine weitere Vereinbarung geschlossen worden, in der Folgendes geregelt war: „Von den in Göttingen bestehenden siebenundsechzig Königlichen Hannövrischen Freitischstellen, welche zunächst für Ausländer bestimmt sind, werden drei Stellen ausschließlich Nassauischen Studierenden gewidmet, und wird überdies hinsichtlich der übrigen vierundsechzig Stellen auf die zu Göttingen studierenden qualificirten Nassauer gleich allen übrigen Competenten Rücksicht genommen."

Diese „Freitischstellen" bedeuteten, dass die Nassauer Studenten bei den dafür bestimmten Göttinger Wirten kostenlos verköstigt wurden. Blieb dann einmal einer von ihnen dem Freitisch fern, gab es schnell einen anderen Studenten, der nicht aus Nassau kam, sich jedoch als Nassauer ausgab und so unbefugterweise das Mahl einnahm. Da es damals noch keine Personal- oder Studienausweise gab, genügte es meistens schon, wenn man sich ein wenig in der Geschichte des Nassauer Geschlechtes auskannte, um sich als Nassauer ausweisen zu können.

Auf diese Weise entstanden hier die studentischen Ausdrücke „Nassauer" und „Nassauern", die sich zunächst lediglich auf die fremden und ungebetenen Gäste bezogen, die auf Kosten der Nassauer Stipendiaten gegessen und getrunken hatten. Woraus sich allerdings auch ganz logisch ergibt, dass der Nassauer an sich in Wirklichkeit gar kein „Nassauer" ist!

Und vielleicht liegt in der Großzügigkeit des Herzogs von Nassau ja die zuvorkommende Gastlichkeit im Nassauer Land begründet, die den Besucher – so zum Beispiel auch heute noch auf der Burg Nassau – zwischen den Höhen des rapsgelben Taunus und dem buchengrünen Westerwald hier im romantischen Lahntal erwartet.

WISSENSWERTES

Einer anderen Erklärung zufolge leitet sich das Wort „Nassauer" aus dem hebräischen Wort „nasson" für „geben" oder „schenken" ab. Bereits das Rotwelsch, eine im 13. Jh. entstandene Geheimsprache der Gauner, deren Wortschatz zu einem großen Teil auf umgedeuteten Anleihen aus dem Jiddischen und aus Zigeunersprachen basiert, kannte bereits den Ausdruck „nass" für „umsonst". Auch im Frühhochdeutschen findet man z. B. die Bezeichnung „nasser Bube", was so viel wie durchtriebener und gerissener Junge hieß.

Aus dem Vermögen des Herzogs werden bis heute noch Stipendien an Studenten, die im ehemaligen Herzogtum Nassau geboren wurden, vergeben. Denn das Stiftungsvermögen des von Wilhelm I. geschaffenen Nassauischen Zentralstudienfonds besteht aus dem einst ihm gehörenden erheblichen Grund- und Waldbesitz rund um die Burg Nassau sowie vier Hofgütern und Wertpapieren. Und die Vergabe von Stipendien orientiert sich bis heute an den herzöglichen „Fleiß- und Sitte-Anforderungen". So muss jeder Antragsteller ein Zeugnis über eine Fleißarbeit – die nicht zum eigentlichen Studienplan gehört – beifügen, die von einem Dozenten bzw. Professor mindestens mit der Note 3 bewertet ist. Erst dann erhält der Student sein Stipendium, und da es sich dabei um eine „Ausbildungsbeihilfe in Form einer Belobigung in Geld für eine besondere Studienleistung" handelt, mindert dies auch nicht eventuelle Bafög-Zahlungen.

Nassau – Touristisch

Geschichtliches: Der Name Nassau entwickelte sich aus der Bezeichnung **„Nasse Aue"**. Im 6. Jh. sicherte eine fränkische Militärstation den Lahnübergang an diesem Knotenpunkt wichtiger Straßen. Als **„Villa Nassova"** wurde der Ort 915 erstmals urkundlich erwähnt, die Stadtrechte erhielt er 1348.

Prägend für die Region war das **Grafenhaus Nassau**, eines der ältesten deutschen Adelsgeschlechter. Mit dem Bau der **Stammburg** auf dem Bergkegel über der Stadt hatten die Nassauer bereits 1120 hier ihr Zuhause gefunden. Ihre Nachkommen regieren heute das **Großherzogtum Luxemburg** und die **Niederlande**.

Sehenswertes: Die Sehenswürdigkeiten lassen sich bei einem gemütlichen Rundgang erkunden. Diesen beginnt der Besucher am besten am **Adelsheimer Hof** (1607/09 erbaut), der seit 1912 als Rathaus genutzt wird. Die reichen Schnitzereien an den Eckpfosten gehören mit zu den wertvollsten in Rheinland-Pfalz.

Das Stein'sche Schloss
In Nassau steht das Geburtshaus eines der bedeutendsten politischen Denker und Reformer des 18./19. Jahrhunderts: des Freiherrn Heinrich Friedrich Karl vom und zum Stein. In der von ihm verfassten „Nassauer Denkschrift" forderte er die Beseitigung der bäuerlichen Erbuntertänigkeit und die Teilnahme der Bürger an der Bewältigung der gemeindlichen Aufgaben. Unterhalb der Burg Nassau steht die Ruine der Burg Stein, das Stammhaus der Grafen vom Stein, sowie das zu Ehren Steins errichtete Denkmal.

Vom **Pont-Château-Platz** unterhalb der Stadthalle hat man einen herrlichen Blick auf den Burgberg und die **Burg Nassau**. Weiter führt der Weg zum **Grauen Turm** von 1414, in dem im 17. Jh. „Hexen" verhört und gefoltert wurden. Vorbei an der **evangelischen Pfarrkirche**, der **Weinstube Stoll**, einem Fachwerkhaus mit reich verzierten Dreiecksgiebeln aus dem 18. Jh., und dem **Hotel „Zur Krone"**, das von 1770 bis 1825 als Poststation der Thurn- und Taxispost diente, gelangt man zum Kurpark. Hier kann man auf Ruhebänken, im Lesesaal, beim Freiluftschach oder Minigolf herrlich entspannen. Von dort gelangt man zum **Eimelsturm** und vorbei an der **Mühlpforte** zum **Stein'schen Schloss**, dem Freiherr vom und zum Stein zur Erinnerung an die deutschen Befreiungskriege gegen Napoleon I. einen achteckigen Turm im neugotischen Stil anbauen ließ.

Zum Schluss des Rundgangs, bevor es hinauf zur Burg Nassau geht, von der man einen überwältigenden Blick über das

Lahntal hat, überquert man die 1828 erbaute **Kettenbrücke** und passiert das **Stein-Denkmal** sowie die **Ruine der Burg Stein.** 1976 wurde der verfallene Bergfried der **Burg Nassau** nach einem Stich von Merian aus dem 17. Jh. wiederhergestellt, 1980 erfolgte dann der Wiederaufbau des Palais mit dem Rittersaal. Heute kümmert sich Burg-Vogt Philippe Courseau um das Wohl seiner Gäste, denen er am offenen Kamin im Rittersaal oder an sonnigen Tagen auf der schattigen Terrasse im Burghof mit seiner guten Küche Freude bereitet. Empfehlenswert ist das Königliche Rittermahl, bei dem der Burg-Vogt kleine Possen erzählt und die Gäste bei einer deftigen Mahlzeit mit mittelalterlicher Musik unterhält (nur für Gruppen).

Empfehlenswertes: Zu dem Ensemble mittelalterlicher Prachtbauten im Nassauer Land zählen auch das ca. 5 km lahnaufwärts gelegene **Schloss Langenau** und das **Kloster Arnstein.** Seit 1924 kommen jährlich Tausende Pilger zum Herz-Jesu-Wallfahrtsort Arnstein. Reizvoll eingebettet zwischen Rebhängen und bewaldeten Bergen liegt Schloss Langenau, eine der wenigen Niederungsburgen des Rhein-Lahn-Kreises, das durch eine Stauanlage zu einer Wasserburg wandelbar war. Diese herrliche Landschaft im **Naturpark Nassau** ist ein Paradies zum Picknicken und bietet die Möglichkeit zu ausgedehnten **Wanderungen** oder zu **Radtouren** (z. B. entlang des Lahn-Radwanderweges oder den gepflegten Wanderwegen in den nahegelegenen Tälern des Dörs- und Gelbaches). Zudem eignet sich die Lahn hervorragend zu **Kanufahrten, Floßfahrten** und gemütlichen **Kaffeerundfahrten.** Auch die **Bauernhöfe** im Nassauer Land öffnen ihre Tore und bieten Kindern mit ihren vielen Tieren und den Erwachsenen mit **Grillabenden** oder einem **ausgefallenen Stallfrühstück** lebendigen Urlaubsspaß.

Hinweise zum **umfangreichen Veranstaltungsangebot**, das vom Kleinkunstabend über Volksfeste bis zu erlesenen Kunstausstellungen reicht und durch das Veranstaltungsangebot auf **Burg Nassau** (u. a. Burg- und Gauklerfest, Openair mit Rock und Irish-Folk) ergänzt wird, findet man unter: www.nassau-touristik.de oder www.burg-nassau.de

Nassau –
Informationen & touristische Empfehlungen

Tourist-Info „Nassauer Land"

Obertal 9a (Günter Leifheit-Kulturhaus) · 56377 Nassau/Lahn
Tel.: 02604/9525-0 · Fax: 02604/9525-25
info@nassau-touristik.de · www.nassau-touristik.de

Dort, wo die Lahn am schönsten ist, erstreckt sich das Nassauer Land. Hier erwarten Sie unberührte Naturlandschaften, aber auch gastfreundliche Menschen und die Begegnung mit einer lebendigen Geschichte. Ausdruck der Nassauer Gastfreundlichkeit sind die vielen Urlaubsangebote, über die man Sie in der Tourist-Info informiert.

Burg Nassau – Burgschänke Burg Nassau

56377 Nassau/Lahn · Tel.: 02604/942954 · Fax: 02604/942956
info@burg-nassau.de · www.burg-nassau.de und www.burgen-rlp.de

Die Burg und der gleichnamige Ort an der Lahn waren Namensgeber für eines der ältesten deutschen Adelsgeschlechter: die Nassauer. 1160 wurde die Burg zu ihrem Stammsitz und im Laufe der Jahrhunderte entsprechend repräsentativ ausgebaut. Fantastischer Blick ins Lahntal.
In dem ebenfalls wieder errichteten herrschaftlichen Palais befindet sich das vom Burg-Vogt Philippe Courseau geführte Restaurant.

Bootsvermietung Michael Hofmann

Kaltbachtal 2 · 56377 Nassau/Lahn
Tel.: 02604/9420-83 (Büro) bzw. 1639 (Bootshaus) ·
Fax: 02604/9420-84
firma@kanucharter.de · www.kanucharter.de

Die romantische Flussidylle des Lahntals zu erkunden ist ein traumhaft schönes Erlebnis. Hierfür finden Sie neben einem Fahrradverleih ein umfangreiches Mietangebot von Booten: Kanus, Elektro-, Tret- und Ruderboote sowie Kajak's und Canadier. Und viele weitere tolle Angebote.

„Zur Stadthalle" – Restaurant / Café / Gaststätte

Amtsstraße 8 · 56377 Nassau/Lahn
Tel.: 02604/9424-83 · Fax: 02604/9424-84
info@nassau-spezial.de · www.nassau-spezial.de

Neben verschiedenen Räumen für Tagungen, Betriebs- und Familienfeiern beherbergt die Stadthalle ein hervorragendes Restaurant mit Sonnenterrasse und umfangreicher Speisekarte sowie einem erlesenen Weinangebot.

„Lahnromantik" – Hotel / Café / Restaurant

Bezirksstraße 20 · 56377 Nassau/Lahn
Tel.: 02604/9531-0 · Fax: 02604/9531-27
info@lahnromantik.de · www.lahnromantik.de

Liebevoll, mit vielen kleinen Accessoires eingerichtetes, romantisches 3-Sterne Hotel, in dem die Gäste ein vollkommenes Wohlfühlerlebnis genießen können. Das stilvolle historische Ambiente, der traumhafte Blick auf das Lahntal und die Gartenterrasse in idyllischer Natur sorgen für die gewünschte Entspannung und Erholung. Und die saisonale Frischeküche des Hauses verspricht Köstlichkeiten für verwöhnte Augen und Gaumen.

Landhotel Weinhaus Treis – Hotel / Restaurant / Café

Hauptstraße 1-3 · 6379 Weinähr
Tel.: 02604/9750 · Fax: 02604/4543
mail@landhotel-treis.de · www.landhotel-treis.de

Familiär geführtes Haus mit angenehmem Komfort, persönlichem Service und ausgezeichneter Gastronomie im romantischen Gelbachtal (einem Seitental der Lahn), 5 km von Nassau entfernt. Behagliche Zimmer laden zu unbeschwerten Urlaubstagen ein. Das Haus ist kinderfreundlich, verfügt über ein beheiztes Freibad, und zu geselligen Stunden trifft man sich in der Kaminhalle oder in der Weinstube.

Diez

DIEZ AN DER LAHN

Die heldenhafte Diezer Landesmutter

Die heldenhafte Diezer Landesmutter

„Wilhelm von Nassau, bin ich von deutschem Blut, dem Vaterlande treu, bleib ich bis in den Tod, ein Prinz von Oranien." Mit diesen ersten Zeilen ihrer Nationalhymne besingen die Niederländer den berühmten Oranier und Vorfahren ihrer heutigen Landesmutter, Königin Beatrix. In Diez, das wegen seiner vielen grünen Oasen auch die „Grüne Stadt" an der Lahn genannt wird, steht das prachtvolle barocke Stammschloss der Oranier, und so zieht es jedes Jahr Tausende niederländische Touristen in die Heimatstadt der Vorväter ihres Königshauses. Das Schloss ist von einem großen Park umgeben, der ebenso wie einige der 318 Räume des Anwesens, in dem heute die Bundeswehr untergebracht ist, besichtigt werden kann. Der Hauptflügel wurde im 17. Jahrhundert von Fürstin Albertine Agnes als Witwensitz errichtet und von ihrer Schwiegertochter, Fürstin Henriette Amalie, von 1704 bis 1709 zu dem heutigen prächtigen Schloss umgebaut. Henriette Amalie verdankt Diez seine wichtigste touristische Sehenswürdigkeit. Auch eine andere Landesmutter halten die Diezer nach wie vor in dankbarer Erinnerung: Sophie Hedwig von Braunschweig-Wolfenbüttel, die Schwiegermutter von Albertine Agnes, die die Stadt mit einer heldenhaften Tat vor dem Angriff der Spanier während des Dreißigjährigen Kriegs bewahrt hat.

Kalt war es draußen. Die Dezembernacht des Jahres 1634 hatte wieder reichlich Schnee gebracht, als Sophie Hedwig eingehüllt in einen dicken Mantel ihr Amtszimmer im gräflichen Schloss von Diez betrat. Steil thronte die Burg über der Altstadt und bot einen wunderschönen Blick über die Ländereien der Grafschaft Nassau-Diez. Doch schon lange konnte sich Sophie dieses Ausblicks nicht mehr erfreuen. Denn im Land wütete der Dreißigjährige Krieg, und es waren schwere Zeiten für die Landesherrin. Da ihr Gatte Graf Ernst Casimir von Nassau-Diez in

Schloss Oranienstein
Burg Diez

den Niederlanden weilte, um für die Freiheit der dortigen Besitzungen zu kämpfen, lastete die ganze Verantwortung auf Sophies Schultern.

Sophie war eine fürsorgliche Regentin und bei ihrem Volk sehr beliebt. Wann immer sie konnte, versuchte sie Schaden von den Diezern abzuwenden, und so schaute sie traurig auf die alte Lahnbrücke unten im Tal, die zerstört im Flussbett lag. „Hätte ich anders entscheiden sollen, als der schwedische Kanzler Oxenstierna Anfang März des Jahres vor mir stand und auf eine Entscheidung wartete?“, dachte sie bei sich. Sie hatte die Wahl gehabt, entweder die schwedischen Truppen zur Verteidigung der Brücke in der Stadt aufzunehmen oder diese unbrauchbar zu machen. Da den Diezern zu dieser Zeit selbst nur wenig zu essen geblieben war und plündernde Horden schon genug Schaden in der Stadt angerichtet hatten, schien ihr die zweite Alternative die bessere zu sein, und sie hatte die Brücke sprengen lassen.

Auf ihrem Amtstisch lagen an diesem Morgen schon wieder zahlreiche Anklagen von Diezern gegen ihre Mitbürger, die sich, oft bedingt durch ihre unterschiedlichen religiösen Weltanschauungen, gegenseitig der Hexerei und Ketzerei verdächtigten. Dabei musste Sophie an Wilhelm I., Prinz von Oranien, den Onkel ihres Gatten denken.

WISSENSWERTES

Als bedeutende Persönlichkeit der deutschen Geschichte wurde eine Oranierin sogar auf einer Briefmarke verewigt: Luise Henriette von Oranien (1627–1667). Sie war die Enkelin von Wilhelm I., Prinz von Oranien, und Schwester von Albertine Agnes, der Schwiegertochter der heldenhaften Sophie Hedwig. Mit Friedrich Wilhelm von Brandenburg, dem „Großen Kurfürsten“, verheiratet, gilt sie als die Stammmutter der brandenburgisch-preußischen Linie des Hauses Hohenzollern. Im Lustgarten ihres Schlosses Oranienburg bei Berlin, den sie im holländischen Stil anlegen ließ, sollen auch die ersten Kartoffeln auf deutschem Boden gepflanzt worden sein, die für die Versorgung der schnell wachsenden preußischen Bevölkerung später von existenzieller Bedeutung werden sollten.

Der „legendäre“ Lubentiusweg

Bei der etwa vierstündigen Wanderung am Rande des Naturparks Nassau, die von Balduinstein über Langenscheid und Hirschberg bis nach Diez führt, wandelt man auf den Spuren des hl. Lubentius (☞ Kapitel „Limburg“). Einer der Orte verdankt seinen Namen einem Ereignis, das er hier erlebt haben soll: Der Legende nach befand sich Lubentius bei einer seiner missionarischen Wanderungen durch das Lahntal, als er auf der bewaldeten Höhe bei Hirschberg in ein undurchdringliches Dickicht geriet, aus dem er keinen Ausweg mehr fand. Da soll ein stolzer Hirsch mit glänzendem Geweih in dem Gebüsch erschienen sein und ihn zurück zum richtigen Wege geführt haben. Aus Dankbarkeit für die wundersame Errettung gab Lubentius dem nahe gelegenen Dorf den Namen „Hirschberg“.

Am Ortsrand von Hirschberg, wo man einen herrlichen Ausblick auf das Lahntal genießen kann und wo die Schnapsbrennerei Meckel mit einem „Lubentiusgeist“ an den Heiligen erinnert, stößt man auch auf die „Stumpe Eiche“, einen als Naturdenkmal geschützten, sehr alten Baum.

Auch er war als Folge des Konflikts zwischen Katholiken und Protestanten vor genau 50 Jahren ermordet worden. Wehmütig blickte sie aus den Fenstern des Schlosses und wünschte sich bessere Zeiten herbei. In diesem Moment stürmte plötzlich ihr Amtmann Dr. Marinus Naurath aufgeregt in das Zimmer. „Die Spanier ziehen von Mensfelden aus gegen Diez“, rief er und riss Sophie aus den Gedanken.

Nachdem sie sich von ihrem ersten Schrecken erholt und mit den Kommandeuren ihrer Soldaten beraten hatte, wurde ihr schnell klar, dass militärische Mittel hier wenig Erfolg versprachen, da die spanischen Truppen zu übermächtig waren. „Die Waffen einer Frau“ schienen ihr das einzige probate Mittel in dieser aussichtslosen Situation zu sein. Sie zog sich kurz in ihre Gemächer zurück und begab sich dann „hochgerüstet“ in den Kampf. „Nur das Beste, was die Stadt noch zu bieten hat“, waren ihre letzten Anweisungen an den Schlossverwalter zur Vorbereitung eines Festgelages, bevor sie dem Anführer der Spanier, Don Fernando, mit einem charmanten Lächeln entgegenritt.

Spät wurde es an diesem Abend, bis die Gräfin dem Spanier ein Zimmer zur Nachtruhe anbot. Vielleicht war es ihr Charme, vielleicht auch der Spundkäs, den Don Fernando zum Abschluss des opulenten Mahls in der reizvollen Gesellschaft der Gräfin und ihres Hofes verzehrt hatte, zusammen mit reichlich „Runkeler Roten“, einem blauen Spätburgunder, der hier im Lahntal angebaut wurde ... Auf jeden Fall

zogen die spanischen Truppen, denen die Diezer ebenfalls einen feuchtfröhlichen Abend in warmen Stuben bereitet hatten, am nächsten Morgen weiter, ohne die Stadt anzugreifen.

Von diesem Ereignis zeugt bis heute ein Fresko an einem Haus in der Diezer Altstadtstraße, auf dem Sophie Hedwig mit einem Mantel dargestellt wird, den sie wie eine Glucke schützend über ihre Küken ausbreitet.

WISSENSWERTES

Diez und das 65 km entfernte Dillenburg gelten als „Wiege der Oranierdynastie“, die seit 1815 die Herrscher im niederländischen Königshaus stellt. In Dillenburg erblickte Wilhelm I., Prinz von Oranien, 1533 das Licht der Welt. Er gilt als der „Vater der Niederlande“. Den Beinamen „von Oranien“ (als deutsche Form von „Orange“), den das Königshaus bis heute trägt, legte er sich nach dem Erbe des Fürstentums Orange an der Rhône zu. Aus politischen Gründen musste er zwischen 1567 bis 1572 in seine nassauische Heimat fliehen und organisierte von Dillenburg aus den niederländischen Freiheitskampf gegen die spanischen Machthaber. Mit dem Tod des kinderlosen Wilhelm III. von Oranien, König von England und Erbstatthalter der Niederlande, starb 1702 die männliche Linie der Dillenburger aus. So wurde dessen Vetter, Johann Willem Friso Fürst von Nassau-Diez, ab 1708 Prinz von Oranien und ist direkter Vorfahr von Königin Beatrix. (Infos zur Oranierroute siehe: www.oranierroute.de)

Diez – Touristisch

Geschichtliches: Theodissa, wie die Stadt ursprünglich hieß, wurde 790 erstmals urkundlich erwähnt. Die **Diezer Grafen**, die geschichtlich um das Jahr 1000 in Erscheinung treten, ließen im 11. Jh. die mächtige **Diezer Burg** erbauen.

Der früheste bekannte Vertreter des Diezer Grafengeschlechts ist Heinrich von Diez (1101–1117). Er und seine Nachfahren vermehrten geschickt ihren Besitzstand, und ihr Herrschaftsbereich wurde auch die **„Güldene Grafschaft"** genannt. Um die Burg herum errichtete der niedere Adel des Lahngaues seine Wohnsitze, womit der Grundstein für die spätere Stadt gelegt wurde.

1329 erhielt Diez die **Stadtrechte** und wurde mit einer mächtigen Mauer und fünf Toren umgeben. 1386 fielen Stadt und Grafschaft Diez durch Erbfolge an das Haus Dillenburg. Der „Diezer Vertrag" beendete 1564 diesen Zustand langjähriger Gemeinherrschaft. Im gleichen Jahr wurde durch Graf Johann VI. von Dillenburg die Reformation eingeführt. Dessen Sohn – und Neffe des berühmten Wilhelmus von Nassauen – **Ernst Casimir** (1573–1632), der Gatte der berühmten Gräfin und **Landesmutter Sophie Hedwig**, gründete die neue **Linie Nassau-Diez.**

Schloss Oranienstein
In der prachtvollen, barocken Schlossanlage aus dem 17. und 18. Jh. können im Rahmen von geführten Rundgängen der blau-goldene Saal, der Marschallsaal, das Gartenkabinett, die Gartenterrasse, die Schlosskapelle und das Museum Nassau-Oranien besichtigt werden. Von September bis Juni verwandeln die Oraniensteiner Konzerte die Schlosskapelle und Orangerie in Konzertsäle, die musikalischen Hochgenuss auf Weltklasseniveau bieten.

Gräfin Sophie Hedwigs Schwiegertochter, Prinzessin Albertine Agnes von Oranien, eine Enkelin Wilhelmus' von Nassauen, erbaute 1672–1684 auf den Grundmauern des Benediktinerklosters Dirstein bei Diez das **Schloss Oranienstein**, das 1697 von ihrer Schwiegertochter, Fürstin-Regentin Henriette Amalie von Anhalt-Dessau, zum **Barockschloss** umgebaut wurde. Unter Fürstin Albertine Agnes begann auch der Bau der so genannten Neustadt, in der gut erhaltene Fachwerkhäuser auch heute noch von den damals engen Verbindungen zu den Niederlanden zeugen.

Im 18. Jh. hatte sich Diez zu einer **blühenden Handelsstadt** entwickelt. Neben dem im Lahntal abgebauten **Lahnmarmor** war Getreide das am meisten transportierte Gut, denn der **Diezer Getreidemarkt** war berühmt und nach den dortigen Umsätzen richteten sich die Preise weit und breit.

Nach dem Wiener Kongress ging das Herzogtum Nassau an Preußen über. Im Jahr 1971 wurde

Diez mit 22 weiteren Gemeinden Teil der **Verbandsgemeinde Diez.**

Sehenswertes: Die Silhouette von Diez wird bestimmt von dem mächtigen **„Grafenschloss“**, wie die Diezer Burg meist genannt wird. Mit ihren Giebeln und Zinnen erhebt sie sich steil über der Altstadt, in der sich auch die sehenswerten **Fachwerkhäuser im holländischen Stil** befinden. Von der Altstadt aus gelangt man über die Schlosstreppe in die Burg. Das Regionalmuseum und die Jugendherberge, die darin untergebracht sind, sind derzeit allerdings geschlossen – sie werden 2006 wieder ihre Tore öffnen.

Interessante Ausstellungen findet der Besucher im **Puppenhaus** in Altendiez (nach Voranmeldung), im **Heimat- und Bergbaumuseum Holzappel** oder auch im **Haus Eberhard** mit Präsentationen bildender Künstler. Hier gibt es zudem einen romantischen Garten, in dem neben Obstbäumen im Mai/Juni der in Europa seltene Tulpenbaum zartorange blüht. Grüne Oasen findet der Besucher neben dem **Park** rund um Schloss Oranienstein zudem im **Diezer Stadtwald Hain**, in der **Diersteiner Aue** und dem **Robert-Heck-Park.**

Sehenswertes außerhalb von Diez bieten **Schloss Schaumburg** und **Burg Balduinstein** sowie die **Laurenburg** mit ihrer Militärsammlung.

Empfehlenswertes: Die waldreiche Mittelgebirgslandschaft, die Sehenswürdigkeiten und außergewöhnlichen Naturdenkmäler rund um Diez sind ein Paradies für Ausflügler – zu Fuß, mit dem Rad (Lahn- und Aartalradweg) oder auf dem Wasser (z. B. mit Kanu oder bei Floß- und Schifffahrten). Wanderer können auf dem **Lahnhöhenweg**, dem **Aarhöhenweg**, dem **Halfterweg** (Pfad der schlauen Treidler) sowie im **Naturpark Nassau** die Umgebung genießen. Abwechslung für Groß und Klein bieten zudem idyllische Badeseen sowie die **Eissporthalle.**

Neben den **Oraniensteiner Konzerten** bieten u. a. der **Frühlingsmarkt**, die **Traditionelle Nacht** mit Serenade und Feuerwerk im Schloss, das **Altstadtfest** und auf der Burgruine Ardeck in Holzheim die **Burgfestspiele** sowie der **Historische Bauernmarkt** immer wieder Anlässe zum Besuch der Urlaubsregion Diez.

Diez–
Informationen & touristische Empfehlungen

i

Tourist-Information der Felke- und Oranierstadt Diez an der Lahn

Wilhelmstraße 63 · 65582 Diez
Tel.: 06432/501275 · Fax: 06432/924275
mail@urlaubsregion-diez.info · www.urlaubsregion-diez.info

Hier erhalten Sie Informationen zu Wanderungen, Radtouren, Kanufahrten, Betriebsausflügen, Stadtführungen, Schlossbesichtigungen, Konzerten und Festen. Genießen Sie das Flair dieser kleinen Stadt in romantischer Umgebung – bummeln Sie durch Geschäfte, die aktuelle Mode, Torten- und Pralinengenüsse aus eigener Erzeugung, kostbaren Schmuck, elegante Düfte und vieles andere mehr anbieten. Genießen Sie Ihre Zeit in gemütlichen Restaurants, Cafés und interessanten Kneipen. Wer die Stadt ganz genau kennen lernen möchte, vertraut sich einem der Stadtführer an, die Interessierte auf die Spur von Geschichte und Gegenwart bringen.

!

Schloss Oranienstein und die Oraniensteiner Konzerte

Informationen über die Tourist-Information Diez (s. o.)
oder unter www.oraniensteiner-konzerte.de

Musikalischen Hochgenuss auf Weltklasseniveau bieten seit 1996 die Oraniensteiner Konzerte. International renommierte Solisten, Ensembles und Orchester verwandeln zwischen September und Juni Schlosskapelle und Orangerie in hochkarätige Konzertsäle.

Grafenschloss Diez

Das Grafenschloss Diez ist derzeit wegen Renovierung geschlossen (Stand Juli 2005). Voraussichtlich werden die Schlossjugendherberge und das Museum im Grafenschloss Mitte 2006 wieder eröffnet.

Burg Laurenburg / Kleines Militärmuseum

56379 Laurenburg / Lahn
Tel. und Fax: 06439/6601 · www.laurenburg.de

Der Eingangsraum des Bergfrieds beherbergt passend zur ehemals wehrhaften Umgebung eine Militaria-Sammlung, die vor allem Helme, Säbel und Schusswaffen aus der ersten Hälfte des 20. Jh. zeigt.

Hotel Wilhelm von Nassau / Restaurant „Zum Hecker"

Weiherstraße 36-38 · 65582 Diez
Tel.: 06432/8002-0 · Fax: 06432/8002-190
info@hotel-wilhelm-von-nassau.de · www.hotel-wilhelm-von-nassau.de

Das ansprechende Ambiente und der Komfort des ruhig, aber dennoch verkehrsgünstig gelegenen 3-Sterne-Hotels mit seinen großzügig eingerichteten 37 Gästezimmern, Sauna, Solarium und Schwimmbad, 2 Bundeskegelbahnen, modernen Tagungs- und Feierräumen sowie die rustikale bis raffinierte Speisekarte des Restaurants „Zum Hecker" sorgen dafür, dass Sie sich als Gast wohlfühlen werden.

Villa Oranien – Hotel / Restaurant / Café

Lorenzstraße 14 · 65582 Diez
Tel.: 06432/80098-76 · Fax: 06432/80098-68
info@villa-oranien.de · www.villa-oranien.de

Die Jugendstilvilla, umgeben von einem wunderschönen alten Baumbestand in einem traumhaft angelegten Park, zeigt sich von innen als ein modernes Haus mit historischem Ambiente. 13 gemütlich und komfortabel ausgestattete Zimmer verbinden das Flair vergangener Zeiten mit luxuriösem Komfort von heute. Auch die Gaststube ist urgemütlich eingerichet und bietet den stilvollen Rahmen für geselliges Beisammensein. Im eleganten Wintergarten, im Oranienzimmer und im rustikalen Schankraum verwöhnt man Sie mit deutscher Küche.

Limburg

„Ausstiegspunkt Limburg“ – Der heilige Lubentius

„Ausstiegspunkt Limburg" – Der heilige Lubentius

Neben der A3, einer der meist befahrenen Autobahnen Deutschlands, erhebt sich über der Stadt Limburg der weltweit bekannte Limburger Dom. Sein imposanter Anblick ist den meisten Autofahrern, die einmal an Limburg vorbeigefahren sind, sicherlich im Gedächtnis geblieben. Bei vielen dürfte er aber auch Erinnerungen an jene Zeiten wecken, als sein Bild noch den 1000 DM-Schein zierte.

Die direkte Anbindung Limburgs an die Autobahn mit einer eigenen Autobahnausfahrt macht die Stadt zum verkehrsgünstig gelegenen Ein- oder Ausstiegspunkt des „Rheinischen Sagenwegs". „Aussteigen" musste man hier auch schon vor langer Zeit, denn die Stadt lag an einer der wichtigsten Handelsstraßen des Mittelalters, die von Antwerpen nach Byzanz führte: Vor oder nach dem Überqueren der alten Lahnbrücke waren die Händler gezwungen, von ihren Pferdekarren abzusteigen, um den Brückenzoll zu zahlen. Zudem befand sich hier die engste Durchfahrtsstelle entlang der Handelsstraße, die noch heute sehenswert ist und auf beiden Seiten von wunderschönen Fachwerkhäusern, darunter einem der ältesten in Deutschland, gesäumt ist. Die Tradition, in Limburg auszusteigen, reicht sogar bis ins 4. Jahrhundert zurück. Wie es dazu kam, davon erzählt die Legende vom heiligen Lubentius, dessen Reliquien bis heute in der St. Lubentiusbasilika im Limburger Stadtteil Dietkirchen aufbewahrt werden.

Lubentius Basilika
LIMBURG

Lubentius wurde im 4. Jahrhundert geboren und noch als Säugling von seinen Eltern in die Obhut des heiligen Martin gegeben. Martin, der zu der Zeit Bischof von Tours war, nahm Lubentius als geistlichen Sohn an und zog ihn auf. So wie dieser Bischof auch heute noch wegen seiner Barmherzigkeit als Sankt Martin verehrt wird, so achtete seinerzeit auch Lubentius ihn, eiferte ihm mit Fleiß nach und begleitete ihn auf seinen Reisen. Eine dieser Reisen führte die beiden nach Trier, wo Martin seinen Ziehsohn dem Trierer Bischof Maximin als Zögling anvertraute, damit dieser ihn in den geistigen Wissenschaften unterrichte. Als Lubentius die Ausbildung abgeschlossen hatte, wurde er von Maximin zum Priester geweiht und als Seelsorger nach Kobern an die Untermosel geschickt.

Nach dem Tod von Maximin erhielt Lubentius von dessen Nachfolger Bischof Paulinus den Auftrag, die Gebeine des Verstorbenen nach Trier zu überführen. Da dieser aber bei Verwandten in Aquitanien, dem heutigen Südwesten Frankreichs, verschieden war, musste Lubentius sein Wirken an der Untermosel für einige Zeit unterbrechen. In Begleitung mehrerer Geistlicher begab er sich auf die Reise. An seinem Ziel angekommen, verzögerte sich die Ausführung seines Auftrags jedoch zunächst, weil niemand ihm sagen konnte, an welcher Stelle Maximin beigesetzt worden war. Erst ein Engel, der Lubentius im Gebet erschienen sein soll, führte ihn zum Leichnam des Bischofs. Nachdem er seine Mission erfolgreich abgeschlossen hatte, kehrte er wieder nach Kobern zurück und widmete sich erneut der Seelsorge und Bekehrung der Heiden an der Untermosel. Dort blieb er bis zu seinem Tode um das Jahr 350.

Hier nun beginnen die Ereignisse, um die sich die Legende über den weiteren Weg des Lubentius' rankt. Bereits sein Begräbnis gestaltete sich mehr als ungewöhnlich, denn als man den Sarkophag mit seinem Leichnam bestatten wollte, war niemand von den Kobernern in der Lage, diesen von der Stelle zu bewegen. Er schien wie festgewurzelt, und alle Mühen waren vergebens. Der Überlieferung nach soll dies eine göttliche Strafe dafür gewesen sein, dass die Koberner die Lehren des Lubentius' sowie seine Tugenden missachtet haben und stattdessen in der finsteren Wildheit ihrer alten Gewohnheiten verharrten.

Aber auch die Bemühungen der herbeigerufenen Priester, die Lubentius in der Koberner Kirche beisetzen wollten, blieben erfolglos, denn ihnen gelang es genauso wenig, den Sarg zu bewegen. Die Nachricht von diesem wundersamen Ereignis gelangte schnell bis nach Trier und Köln, und jetzt kamen sogar Bischöfe nach Kobern, um Lubentius mit in ihre Heimat zu nehmen. Jedoch konnten auch sie zunächst nichts bewirken, und es wurde beraten, was nun getan werden könne. Man kam zu dem Ergebnis, dass ein Gottesurteil über das weitere Schicksal Lubentius' entscheiden sollte. Und wie durch ein Wunder war es vom Moment dieses weisen Entschlusses an möglich, den Sarkophag anzuheben.

Wie damals auch andernorts üblich, sollte der Lauf des Wassers den weiteren Weg bestimmen. Also trug man den Sarg zum nahe gelegenen Moselufer, setzte ihn auf einen unbemannten Kahn, stieß diesen ab und überließ Lubentius' sterbliche Hülle ihrem Schicksal. Der Kahn trieb bis zur Mündung der Mosel in den Rhein flussabwärts, nahm dort jedoch Kurs rheinaufwärts, zog an Koblenz vorbei, lenkte in die Lahn und landete schließlich in Lahnstein. Dort soll das Boot zunächst wie von selbst angelegt haben und von zwei Ordensschwestern gefunden worden sein. Nachdem diese, die von den wundersamen Geschehnissen um Lubentius' Gebeine erfahren hatten, einen Teil ihrer Weinernte als Opfergaben darbrachten, glitt das Boot wie von himmlischer Kraft angetrieben wieder in die Mitte des Flusses und trieb weiter stromaufwärts.

Erst in dem nahe bei Limburg gelegenen Ort Dietkirchen schien der Kahn sein endgültiges Ziel erreicht zu haben, denn nach seiner Landung bewegte er sich nicht mehr von der Stelle. Die dortigen Ordensleute deuteten dies als Zeichen und ließen den Sarkophag mit dem Leichnam des Lubentius', der später heilig gesprochen wurde, an Land bringen und setzten ihn bei. Genau an dieser Grabstelle wurde die St. Lubentiusbasilika errichtet, in der die sterblichen Überreste des Heiligen nachweislich seit dem 9. Jahrhundert bis zum heutigen Tage aufbewahrt werden.

WISSENSWERTES

Die St. Lubentiusbasilika, die „Mutterkirche" des Niederlahngaus, liegt vier Kilometer vom Zentrum Limburgs entfernt im heutigen Ortsteil Dietkirchen auf einem Felsplateau in Ufernähe. Ausgrabungen zeugen davon, dass sich hier schon im 4. Jh. eine Kultstätte befunden haben muss. Die ältesten Fundamente stammen von einer frühkarolingischen Saalkirche aus dem 8. Jh. Eine erste dreischiffige Basilika entstand Ende des 10. Jh., ihre heutige Gestalt erhielt die Kirche im 11. und 12. Jh.

Lubentius soll zu Lebzeiten auch an der Lahn missionarisch tätig gewesen sein (☞ Kapitel „Diez"). Seine Reliquien scheinen tatsächlich aber erst im 9. Jh. von der Lubentiuskirche in Kobern, wo er zuerst begraben gewesen sein soll, an die Lahn überführt worden zu sein.

Limburg – Touristisch

Geschichtliches: Der Name der Stadt geht auf die gleichnamige **Burg Limburg** (ursprünglich „Lintpurc“ genannt) zurück, die vermutlich im 7. Jh. zur Sicherung einer Lahnfurt errichtet wurde. Um sie und das 910 errichtete **St. Georg-Stift** entwickelte sich die heutige Altstadt. Eine Urkunde von 942 sagt, dass ein Konrad Kurzbold das Limburger Stift in seiner Burg errichtet habe. Eng verbunden ist die Geschichte der Stadt mit der ihres ab 1215 an der Stelle des Stiftes „St. Georg“ errichteten Wahrzeichens, dem **Limburger Dom.**

Unter dem Schutz des reichen, mächtigen Stifts und durch die günstige Verkehrslage – Limburg lag an der wichtigen Handelsroute von Antwerpen nach Byzanz – blühte die Stadt auf und nahm ab dem 12. Jh. eine rasche Entwicklung, von der heute noch Reste der damals schnell gewachsenen Stadtbefestigung zeugen. Seinen Reichtum verdankte Limburg dem **Brückenzoll**, den es fünfhundert Jahre lang für das Überqueren der 1315 erbauten steinernen **Lahnbrücke** am **Brückenturm** von den Kaufleuten erhob.

Der Limburger Dom und der Domschatz
Das Wahrzeichen Limburgs ist der Dom. Mit ihren sieben Türmen, der Doppelturmfassade, den Langhausemporen, der Zwerggalerie, den Rautendächern der Türme und den farbenfrohen romanischen Fresken gilt die viergeschossige Emporenbasilika als Meisterwerk rheinischer Spätromanik. Auch in seinem Inneren birgt der Dom einzigartige sakrale Kunstwerke. Dazu zählen u. a. das Kreuzreliquiar (10. Jh.), das Petri-Stab-Reliquiar (von 988), Messkelche und Patene (13. Jh.), silberne Buchdeckel (14. Jh.), ein Abtsstab (15. Jh.) und der Barockschatz aus dem 17. Jh.

Sehenswertes: Von dem blühenden mittelalterlichen Handel zeugen noch viele der im 13. Jh. erbauten gotischen Hallenhäuser Limburgs. Unter ihnen ist auch **eines der ältesten Fachwerkhäuser Deutschlands,** das 1289 erbaute Haus Römer 2-4-6, das inzwischen den Status eines nationalen Denkmals verliehen bekommen hat. Diese **Hallenhäuser** waren so angelegt, dass ein Pferdewagen darin Platz fand und von der Galerie aus be- und entladen werden konnte. Heute sind viele dieser historischen Häuser sorgfältig restauriert und bieten kleinen Boutiquen und Werkstätten, Restaurants und Cafés ein reizvolles Ambiente. Und vor allem der Blick nach oben lohnt: hervorspringende Stockwerke und Erker, verziert mit reichen Schnitzereien, machen die Limburger Altstadt – eine der wenigen **unzerstörten mittelalterlichen Stadtkerne**

Deutschlands – einzigartig. 1978 führte dies dazu, dass Limburg im Bundeswettbewerb „Stadtgestalt und Denkmalpflege" mit einer **Goldmedaille** ausgezeichnet wurde. Reizvoll sind auch die Kuriositäten in den schmalen Gassen, wie z. B. das **Haus der sieben Laster**, wo sieben kunstvoll in die Balken geschnitzte Holzköpfe den Betrachter anblicken, die die sieben Laster symbolisieren: Hoffahrt, Geiz, Neid, Wollust, Unmäßigkeit, Zorn und Trägheit. Im Walderdorffer Hof hingegen halten rosige Engel das Familienwappen, und auf dem Kornmarkt präsentiert ein Wirtshaus seit 1527 stolz den goldenen Hirsch.

Sehenswert sind auch die **Johanneskapelle**, die einst zum Hof des Zisterzienserklosters Eberbach gehörte, das **Rathaus**, der **Katzenturm**, in dem sich heute das Schifffahrtsmuseum befindet, die **Marktplätze** (Kornmarkt, Rossmarkt, Auf der Plötze/Salzgasse) und die **St. Lubentiusbasilika** im Stadtteil Dietkirchen.

Empfehlenswertes: Die **Natur an der Lahn** und die Feriengebiete von **Taunus und Westerwald** schaffen erfrischende und erholsame Naturerlebnisse, ob zu Fuß auf dem **Lahnhöhen-Wanderweg** oder zu Wasser, zählt die Lahn doch zu einem der beliebtesten Flüsse für **Kanu-Wanderungen**.

Limburg verfügt über ein **reges Veranstaltungs- und Kulturleben.** Dazu zählen die **Limburger Meisterkonzerte**, ein über die Region hinaus bekanntes Musikereignis, zahlreiche Märkte sowie Feste wie z. B. das **Altstadtfest** Ende Juni, der größte **Flohmarkt** der Region Anfang September, die **Rheingauer Weintage** Ende Juli als größtes Weinfest mit Rheingauer Weinen außerhalb des Rheingaus, der **Mittelhessische Kultursommer**, der **Limburger Sommertreff**, der im Juli und August in den Serenadenhof lockt, und zum Ende des Jahres der **Limburger Christkindelmarkt**, der die Altstadt mit romantischer Weihnachtsstimmung verzaubert.

Limburg – Informationen & touristische Empfehlungen

Tourist-Information (neben der Stadthalle)
Hospitalstraße 2 · 65549 Limburg an der Lahn
Tel.: 06431/6166 · Fax: 06431/3293
vvv-limburg@t-online.de · www.limburg.de
Zwischen Mittelalter und Moderne: Limburg bietet mehr als Fachwerk und Dom. Bummeln Sie durch die malerischen Gässchen der Altstadt mit ihren Cafés und Boutiquen oder gehen Sie zum Schauen und Shoppen in die pulsierende Innenstadt. Limburg, einzigartig im Lahntal gelegen und flankiert von Westerwald und Taunus, ist auch idealer Ausgangspunkt für Unternehmungen in die Natur. Die Tourist-Information organisiert für Sie Führungen durch die Altstadt, Ausflüge ins Umland, Tagungen, Kongresse und vieles mehr.

St. Georgs-Dom
Führungen: Tel.: 06431/295332
Seit der Außenrenovierung 1973 erstrahlt der Dom wieder in der Farbfassung des Mittelalters. Die jüngste Innenrestaurierung förderte sensationell farbenfrohe romanische Fresken der Original-Raumfassung aus dem 13. Jh. zu Tage. Ein in Europa einmaliger Kunstschatz.

Diözesanmuseum
Domstraße 12 · 65549 Limburg an der Lahn
Tel.: 06431/295327 · Fax: 06431/295471
Dioezesanmuseum@BistumLimburg.de · www.staurothek.de
Öffnungszeiten: 15. März bis 15. November,
Di-Sa 10-13 und 14-17 Uhr, So + Fei 11-17 Uhr
Das Diözesanmuseum besitzt die bedeutendsten sakralen Kunstsammlungen zwischen Köln und Frankfurt. Das auf dem Weg zum Dom gelegene Museum zeigt neben dem Domschatz in einer Dauerausstellung Glaubenszeugnisse aus 12 Jahrhunderten.

Fahrgastschiffahrt H. R. Heldmann
Schleusenweg 2 · 65549 Limburg an der Lahn
Tel.: 06431/3984 · mobil: 0171/7729105 · Fax: 06431/26323
info@lahnschiffahrt.de · www.lahnschiffahrt.de
Mit den beiden Schiffen „Wappen von Limburg" und „Kleiner Held" werden Rundfahrten nach Diez, Fachingen und Balduinstein sowie Dietkirchen angeboten. Sie können zudem für Sonderfahrten gechartert werden. Die Bordküche bietet neben Kaffee und Kuchen warme und kalte Speisen.

Wirtshaus Obermühle
Am Huttig 3 · 65549 Limburg an der Lahn · Tel.: 06431/27927
Großer Beliebtheit erfeut sich die gepflegte Gastlichkeit in der idyllischen „Obermühle" am Lahnufer (1237 erstmals erwähnt) unterhalb des Limburger Domfelsen, die 1997 zu einem Wirtshaus umgebaut wurde. Im urgemütlichen Ambiente des Untergeschosses, im modern eingerichteten ersten Stock sowie auf der Terrasse werden bodenständige sowie delikate und internationale Gerichte angeboten. Die Räume, ebenso wie die benachbarte Farbmühlinsel mit Pavillon, können für Veranstaltungen auch gemietet werden.

Hotel Nassauer Hof – Hotel/Restaurant
Brückengasse 1 · 65549 Limburg an der Lahn
Tel.: 06431/996-0 · Fax: 06431/996-555
nassauerhof-limburg@t-online.de · www.hotel-nassauerhof-limburg.de
Direkt an der Lahn und zentral in der historischen Altstadt liegt das 3-Sterne-Hotel Nassauer Hof mit 31 Zimmern, das 1991 nach Originalplänen wieder aufgebaut wurde. Das Restaurant „Der kleine Prins" bietet kreative deutsche Küche. Das Hotel bietet zudem Veranstaltungsräume für 60 Personen.

Von Koblenz bis Bingen

Im „Tal der Loreley"

OBERES MITTELRHEINTAL
UNESCO-WELTERBE SEIT 2002

Tal der Loreley

Rheintouristik im Tal der Loreley
Bahnhofstr. 8
56346 St.Goarshausen
Tel.: 0 67 71 / 910 – 20
Fax: 0 67 71 / 910 – 19
info@tal-der-loreley.de
www.tal-der-loreley.de
www.welterbe-mittelrheintal.de

Andernach
Neuwied
Engers
Vallendar
Lützel
AK Koblenz
Moselweiß
Koblenz
Festung Ehrenbreitstein
Niederlahnstein
Lahnstein
Bad Ems
Burg Stolzenfels
Waldesch
Oberlahnstein
Königsstuhl
Burg Lahneck
Ruppertsklamm
Jakobsberg
Rhens
Brey
Spay
Braubach
Marksburg
Vierseenblick
Naturpark Nassau
Boppard
Fähre
Humperdinck-Schlösschen
Kamp-Bornhofen
Burg Sterrenberg
Bad Salzig
Burg Liebenstein
Emmelshausen
Kestert
Burg Maus
St.Goarshausen
Burg Katz
OBERES MITTELRHEINTAL
Burg Rheinfels
Besucherzentrum Loreley
Loreley-Felsen
St.Goar
Freilichtbühne
Die 7 Jungfrauen
Oberwesel
Schönburg
Kaub
Burg Gutenfels
Pfalzgrafenstein
Burg Stahlberg
Bacharach
Burgruine Nollig
Burg Stahleck
Lorch
Ruine Fürstenberg
Wisper
Niederheimbach
Burg Sooneck
Rheingaugebirge
Salzkopf
Trechtingshausen
Burg Reichenstein
Assmannshausen
Burg Rheinstein
Binger Wald
Niederwald-Denkmal
Stromberg
Mäuseturm
Rüdesheim am Rhein
Waldalgesheim
Geisenheim
Rochuskapelle
Burg Klopp
Bingen
61
48
9
42
274

Koblenz

Der „Augenroller“

Der „Augenroller“

Erzbischof Diether von Wied rief 1216 die Ritter des Deutschen Ordens an den Rhein und schenkte ihnen einen Teil des Geländes des St. Kastor-Stiftes, das unmittelbar an der Stelle gelegen war, wo die Mosel in den Rhein mündet. Trug diese Stätte zunächst die Bezeichnung „Deutscher Ordt“, wurde daraus später das „Deutsche Eck“. Und genau an dieser Stelle errichtete man im Jahr 1897 Kaiser Wilhelm I. als Dank für die Einigung des deutschen Volkes das Denkmal, das Koblenz weltberühmt gemacht hat. Die folgende Geschichte erzählt jedoch von einem anderen Koblenzer Denkmal.

Hier, wo Mosel und Rhein zusammenfließen, befindet sich eine der schönsten historischen Altstädte am Mittelrhein. Das dortige bunte Treiben am Florinsmarkt wird ständig von einer finster dreinblickenden, bärtigen Fratze „beäugt“, die unterhalb der Turmuhr am spätgotischen Kauf- und Tanzhaus, das heute das Mittelrhein-Museum beherbergt, als Relief angebracht ist. Die großen, Furcht erregenden Augen rollen, angetrieben von dem Uhrwerk, mal nach rechts und mal nach links, und zu jeder vollen Stunde streckt der „Augenroller“ seine rote Zunge heraus. Es heißt, so lange die Fratze dort als Denkmal Zeugnis über den Ritter Johann Lutter und seine Geschichte abgibt, bringe sie den Koblenzern Glück.

Im Jahre 1536 herrschte bereits seit einigen Jahrzehnten der so genannte „ewige Landfriede“. Es waren schwierige Zeiten für die Ritter auf den Burgen an Rhein und Mosel, denn da sie außer dem Kriegshandwerk keinen weiteren Broterwerb gelernt hatten, mussten sie sich andere Geldquellen einfallen lassen. So wurde aus manchem „edlen Herren“ ein Raubritter, der seine Kampferfahrungen jetzt an reisenden Kaufleuten ausübte. Einer von ihnen war der Ritter Johann Lutter von Cobern-Weiss, dem heutigen Koblenzer Stadtteil Moselweiß.

Am Sonntag, dem 7. Mai 1536, fielen einigen Bewohnern von Gillenbeuren zwei Männer auf, die in den Hecken am Weg zwischen Gevenich und Gillenbeuren schon seit längerer Zeit auf der Lauer lagen. Die Leute wunderten sich deshalb, weil sie den Männern bereits Stunden zuvor auf deren Frage hin den Weg nach Wollmerath erklärt

hatten, diese aber offensichtlich immer noch nicht weitergezogen waren. Daher vermuteten sie, dass es sich um Straßenräuber handelte, worauf einer der Dorfbewohner kundtat: „Der Trierer Erzbischof hat doch befohlen, dass alle Wegelagerer zu verhaften seien."

Schnell war die Nachricht weitergeleitet, und im Nu kamen acht bewaffnete Männer des Erzbischofs herbeigeeilt und nahmen die beiden fest. Am nächsten Tag wurden sie dem Amtmann Joerg von der Leyen in Cochem vorgeführt und von diesem als Raubritter Johann Lutter von Cobern und dessen Komplize Friedrich Weissgerber identifiziert.

Letzterer wollte aber nicht zugeben, dass er zusammen mit dem Ritter Johann Lutter einen Kölner Kaufmann hatte überfallen und ausrauben wollen, und so ordnete der Amtmann an, dass Weissgerber so lange gefoltert werde, bis er geständig sei. Dreimal ließ der Gefangene die fürchterlichen Schmerzen über sich ergehen. Als er dann jedoch mit einem Flaschenzug gestreckt wurde, gab er den Plan schließlich zu. Sein Geständnis bewahrte ihn allerdings nicht vor einer Strafe, und schon kurz darauf vollstreckte der Scharfrichter an ihm das Todesurteil.

Der Raubritter Johann Lutter wurde auf Befehl des Trierer Erzbischofs nach Koblenz überstellt und von dem Koblenzer Amtmann Gerlach Schilling angeklagt. Doch der Raubritter war zunächst ebenfalls nicht geständig, und so wurde auch ihm die Folter angedroht. Dies war

Der Koblenzer Schängel

Die Symbolfigur der Stadt am Rhein ist der Koblenzer Schängel. Der Begriff „Schängel" bedeutet „der kleine Schang" und ist abgeleitet von dem französischen Vornamen Jean, der dem deutschen Hans oder Johann entspricht. Entstanden ist diese Bezeichnung in den Jahren 1794 bis 1814, als die Stadt unter französischer Herrschaft stand und die von den Franzosen abstammenden Kinder deutscher Frauen so genannt wurden. Da die Koblenzer aber Schwierigkeiten hatten, „Jean" französisch auszusprechen, wurde daraus in der dortigen Mundart „Schang". Ursprünglich als Schimpfwort benutzt, entwickelte sich im Laufe der Jahre hieraus der Spitzname „Schängel", mit dem auch heute noch pfiffige Koblenzer Lausbuben bezeichnet werden, die zudem gerne Schabernack treiben.

Mit dem Schängelbrunnen hat man dem Koblenzer „Schängel" und dessen Streichen im von Renaissance- und Barockbauten umgebenen Rathaushof ein Denkmal gesetzt. Der Brunnen wurde 1940 von Carl Burger entworfen und ist dem Koblenzer Heimatdichter Josef Cornelius gewidmet, der 1914 das Gedicht „Dat Cowelenzer Schängelche" geschrieben hatte. Die Bronzefigur in der Mitte des Brunnens speit etwa alle zwei Minuten einen sprühenden Wasserstrahl. Aber Achtung: Er geht mehrere Meter weit über das Brunnenbecken hinaus und hat schon so manchen Passanten nass gemacht – typisch Schängel eben!

Der Musikalienhändler und Komponist Carl Wilhelm Kraehmer schuf zu dem Gedicht von Josef Cornelius dann die passende Melodie. Das fröhliche Lied vom Koblenzer Schängel wurde ein Riesenerfolg und im Laufe der Jahre gar zur Koblenzer „Nationalhymne".

möglich, weil seit 1532 die von Kaiser Karl V. erlassene „Peinliche Halsgerichtsordnung" galt, nach der auch die unter Folter abgerungenen Geständnisse vor Gericht zugelassen waren. Daher erging an den Scharfrichter die Anweisung: „ Foltern – und wenn er wieder kalt geworden ist, weitermachen." Grausame Zeiten waren das damals. Nachdem er die Tortur dreimal über sich hatte ergehen lassen, gestand dann auch Johann Lutter schließlich: „Ja, wir haben den Überfall geplant."

Der anschließende Prozess gegen ihn verzögerte sich, doch die Richter verkündeten im Namen des Erzbischofs schließlich folgendes Urteil: „Der Raubritter Johann Lutter von Cobern-Weiss wird geköpft, weil er einen Kölner Kaufmann überfallen wollte. Die Absicht zur Tat, zu deren Ausführung nicht der Wille, sondern nur die Gelegenheit gefehlt hat, ist der Tat gleichzusetzen." Als Termin für die öffentliche Hinrichtung wurde der 14. Oktober 1536 festgelegt. Das Urteil sollte auf dem „Plan" in Koblenz vollstreckt werden, einem Platz, auf dem auch heute noch die altehrwürdigen Häuser mit ihren verzierten Fassaden stehen. Viel Volk war zusammengekommen, um sich die Hinrichtung anzusehen. Auf dem Weg durch die engen Gassen rief Lutter den Koblenzern immer wieder mit lauter Stimme zu: „Errichtet mir ein Denkmal, es wird euch Glück bringen." Als er schließlich auf dem Schafott stand und der Henker bereits zum Schlag ausholte, streckte der Raubritter den Zuschauern die Zunge heraus und rollte mit den Augen. Das soll er sogar noch getan haben, als sein Kopf bereits abgeschlagen auf dem Boden lag.

Die Koblenzer Bürger sahen darin ein Zeichen Gottes und ließen eingedenk der letzten Worte des Ritters ein Denkmal anfertigen – ein Relief in Form einer Fratze, das sie über dem Eingang des Kauf- und Tanzhauses auf dem Florinsplatz anbrachten.

WISSENSWERTES

Wann das erste „Augenroller"-Relief entstand, ist ungewiss. Fest steht, dass bereits im 17. Jh. die – damals bunte – Maske das ehemalige Kauf- und Tanzhaus zierte. 1688 wurde das Gebäude im Pfälzischen Erbfolgekrieg zerstört, 1724 jedoch wieder aufgebaut, allerdings ohne die Fratze des Ritters. Erst 1965 erinnerte man sich wieder an die Worte Johann Lutters und fertigte ein neues Denkmal, das im Sekundentakt mit den Augen rollt und zum Stundenschlag seine rote Zunge herausstreckt. Seitdem hat sich der Spruch des Ritters tatsächlich bewahrheitet und das Relief der Stadt Glück gebracht. Denn Hunderttausende von Touristen strömen jährlich nach Koblenz, nicht zuletzt um den „Augenroller" zu sehen, und tragen so erheblich zum Wohlstand der Stadt bei. Bei der Führung „Koblenz kriminell" kann man auf den Spuren des „Augenrollers" und anderer mehr oder weniger spektakulärer Gesetzesbrecher wandeln. Weitere Informationen dazu bei der Tourist-Information der Koblenz-Touristik.

Koblenz – Touristisch

Geschichtliches: Vermutlich im Jahr 9 v. Chr. wurde von den Römern hier bereits ein **Kastell** angelegt. Im ersten nachchristlichen Jahrhundert tauchte dann der Name **„Confluentes"** auf, die römische Bezeichnung für die Stadt am Zusammenfluss von Rhein und Mosel.

Unter fränkischer Herrschaft (ab dem 5. Jh.) entstand eine Königspfalz mit Pfalzkapelle, die der Vorgängerbau der romanischen Kirche St. Florin ist. Das romanische Gotteshaus **St. Kastor** wurde 836 geweiht.

Um 1250 wurde die **Burg Stolzenfels** als Zollburg errichtet, jedoch 1688 während des Pfälzischen Erbfolgekriegs zerstört. 1823 als Ruine dem späteren König Friedrich Wilhelm IV. von Preußen geschenkt, wurde sie ab 1836 nach Entwürfen von K. F. Schinkel als **Schloss** wieder aufgebaut.

118 m über dem Rhein erhebt sich die **Festung Ehrenbreitstein.** Um 1000 war hier zunächst eine kleine Burganlage entstanden, die im Laufe der Jahrhunderte zu einer Festung ausgebaut wurde. Von den Franzosen (1799) zerstört, ließen die Preußen sie ab 1817 wieder herstellen, wodurch eine der stärksten nach 1815 in Europa errichteten Festungen entstand. Heute sind in ihr u.a. das **Landesmuseum**, das **Ehrenmal des Deutschen Heeres,** eine Jugendherberge und ein Restaurant untergebracht. Von hier aus hat man einen herrlichen Ausblick über Koblenz und das **Deutsche Eck** mit dem Reiterdenkmal Kaiser Wilhelms I. Im Zweiten Weltkrieg zerstört, wurde es dank großzügiger Spenden 1993 durch eine Nachbildung ersetzt.

Das Mittelrhein-Museum
Im gotischen Kauf- und Tanzhaus (1419) befindet sich das Mittelrhein-Museum der Stadt Koblenz. Mit dem angebauten Schöffenhaus (1528) bildet es eine der schönsten Baugruppen der Altstadt, deren Turm vom „Augenroller" geziert wird.

Sehenswertes: Für die meisten Touristen ist das erste Anlaufziel das **Deutsche Eck.** Von hier aus empfehlen wir einen Stadtrundgang zu den Sehenswürdigkeiten der **historischen Altstadt** mit ihren schönen Fachwerkhäusern und romantischen Winkeln und Plätzen. Moselabwärts führt er zum **Deutschherrenhaus**, in dem das **Ludwig-Museum** mit seiner Sammlung zeitgenössischer französischer Kunst untergebracht ist, vorbei an

der **Basilika St. Kastor** zum **Kurfürstlichen Schloss** und den **Kaiserin-Augusta-Anlagen.** Hier steht auch das **Denkmal für Joseph Görres,** den großen Sohn der Stadt und Mitherausgeber des „Rheinischen Merkur“, den Napoleon als fünfte Großmacht gegen sich bezeichnete.

Der Weg vom Deutschen Eck die Mosel flussaufwärts führt zur **Balduinbrücke** (erbaut 1332) mit ihren 18 steinernen Bögen. 50 m stromabwärts fand man die Überreste einer alten römischen Holzbrücke. In unmittelbarer Nähe befinden sich der **Florinsmarkt**, der **Münzplatz, der Jesuitenplatz** und der **Plan.** Diese Plätze werden von einer Reihe historischer Gebäude gesäumt: das alte Rathaus mit dem **Schängelbrunnen, Vier Türme** (vier Häuser aus dem 17. Jh. mit kunstvollen Erkertürmen am Plan), die **Florinskirche** am Florinsmarkt, und nicht weit entfernt die **Liebfrauenkirche** und die **Alte Burg.** Am Münzplatz ist noch das **alte Münzhaus** von 1763 erhalten geblieben, außerdem befindet sich hier das **„Haus Metternich“**, in dem 1773 der spätere Fürst Metternich geboren wurde.

Sehenswert ist das bereits erwähnte **Kurfürstliche Schloss,** das Kurfürst Clemens Wenzeslaus 1777 bis 1786 im Stil des französischen Klassizismus errichten ließ. Da es heute Behördensitz ist, kann es nur von außen besichtigt werden.

Empfehlenswertes: Koblenz liegt am Schnittpunkt von vier Abschnitten des **„Rheinischen Sagenwegs“** und ist somit idealer Ausgangspunkt für Ausflüge zu den Stationen im **Mittelrheintal,** dem **Moseltal** und **Lahntal** sowie nach Norden zu den Städten und Orten am **„Romantischen Rhein“**.

Zudem bietet die Stadt ein breit gefächertes Unterhaltungsangebot für Jung und Alt. Die Veranstaltungssaison beginnt im Frühling mit den **Internationalen Musiktagen**, dem Internationalen Pfingstseminar (**Koblenz Guitar Festival**), dem **Blütenfest** im Stadtteil Güls, den **Kulturtagen** in Ehrenbreitstein und den **Historienspielen** auf der Festung Ehrenbreitstein. Im Verlauf des Sommers folgen die **Mittelrhein Musik Momente**, das **Weltkulturfestival HORIZONTE**, das **Internationale Gaukler- und Kleinkunstfestival, Rhein in Flammen** mit Großfeuerwerk und Europas größtem Schiffscorso sowie der **Koblenzer Schängelmarkt.** Den Abschluss stellt der traditionelle **Weihnachtsmarkt** mit einem abwechslungsreichen Rahmenprogramm dar.

Koblenz – Informationen & touristische Empfehlungen

Koblenz Touristik

Tourist-Information: Rathaus Jesuitenplatz · 56068 Koblenz
Tel.: 0261/1291610 Fax: 0261/1309211
info-jesuitenpl@touristik-koblenz.de · www.touristik-koblenz.de
Tourist-Information: Bahnhofplatz 17 · 56068 Koblenz
Tel.: 0261/1004399 Fax: 0261/1004388
info-hbf@touristik-koblenz.de · www.touristik-koblenz.de
Koblenz-Touristik steht mit zwei modern gestalteten Tourist-Informationen und einem umfangreichen Angebot an sieben Tagen in der Woche zu besucherfreundlichen Öffnungszeiten zur Verfügung. Das vielfältige Service-Angebot beinhaltet u. a. individuelle Beratung & allgemeine Informationen, attraktive Programmbausteine und Angebote für Individual- & Gruppenreisende, spannende Führungen wie Comedy-, Nacht- und Szeneführungen sowie Stadtrundfahrten mit dem Oldiebus, Vermittlung von Hotelzimmern & Ferienwohnungen, Tickets zu zahlreichen Event-Highlights und ein umfangreiches Sortiment an Reiseliteratur & regionaltypischen Verkaufsartikeln.

Mittelrhein-Museum Koblenz

Florinsmarkt 15-17 · 56068 Koblenz
Tel.: 0261/129-2501 bzw.-2520 (Info-Telefon) · Fax: 0261/129-2500
info@mittelrhein-museum.de · www.mittelrhein-museum.de
Öffnungszeiten: Di-Sa 10.30-17 Uhr, Sonn- und Feiertage 11-18 Uhr
Führungen: Jeden Sonntag um 15 Uhr, Gruppen nach Vereinbarung
Die Sammlungen reichen von der Vor- und Frühgeschichte und der Römerzeit über die Kunst des Mittelalters, des Barock und 19. Jh. bis in die Gegenwart. Sammlungsschwerpunkt des Museums ist die rheinische Landschaft, insbesondere die Rheinromantik.

Festung Ehrenbreitstein – Landesmuseum Koblenz

Burgen, Schlösser, Altertümer Rheinland-Pfalz (www.burgen-rlp.de)
56077 Koblenz · Tel.: 0261/6675-4000 · Fax: 0261/6675-4444
Die zwischen 1817 und 1828 von den Preußen erbaute Festung gilt als Meisterwerk preußischer Festungskunst. Schon im 19. Jh. war der Blick auf das Deutsche Eck ein „Muss" für jeden Rheinreisenden. Geboten werden Festungsführungen, viele kulturellen Veranstaltungen und Ausstellungen.

Schloss Stolzenfels

Burgen, Schlösser, Altertümer Rheinland-Pfalz (www.burgen-rlp.de)
56075 Koblenz · Tel.: 0261/51656 · Fax: 0261/5791947
Dezember und 1. Werktag der Woche geschlossen · nur Führungen
Das bis 1842 von Friedrich Wilhelm IV. von Preußen wiederaufgebaute Schloss Stolzenfels bei Koblenz gilt als architektonisches „Kronjuwel der Rheinromantik". Die kostbare Inneneinrichtung stammt noch aus dieser Zeit.

Lorenz ©Veltins - Hotel / Restaurant / Bar / Café

Jesuitenplatz 1-3 · 56068 Koblenz
Tel.: 0261/13336-0 · Fax: 0261/9143412
info@lorenz-koblenz.de · www.lorenz-koblenz.de
Zu jeder Tageszeit ein beliebter Treffpunkt inmitten des Deutschen Ecks und nahe dem Schängelbrunnen in edel-modernem Ambiente.

Hotel Trierer Hof

Clemensstraße 1 · 56068 Koblenz
Tel.: 0261/100 6-0 · Fax: 0261/100 6-100
info@triererhof.de · www.triererhof.de
Die herzliche Atmosphäre und der persönliche Service zeichnen das 3-Sterne-Hotel mit modernen Zimmern aus. In dem traditionsreichen, 1786 erbauten Hotel nächtigte bereits Napoleons Mutter.

Lahnstein

Das tragische Schicksal der Idilia Dubb

Das tragische Schicksal der Idilia Dubb

Das „Obere Mittelrheintal“ zwischen Koblenz und Bingen wurde im Jahr 2002 zum UNESCO-Welterbe ernannt. Das nördliche Portal dieser unvergleichlich reizvollen Landschaft bilden rechtsrheinisch die Burg Lahneck und linksrheinisch das Koblenzer Schloss Stolzenfels. Die Burg Lahneck mit ihrem unverwechselbaren fünfeckigen Bergfried thront wie ein Wachturm hoch über der Lahn und dem Rhein und bietet von dort einen herrlichen Panoramablick. Auch der Dichterfürst Goethe, der eine große und romantische Liebe zum Rhein hegte, war von der damaligen Burgruine und ihrem Bergfried derart beeindruckt, dass er sie 1774 in einem Gedicht bedachte. Und genau dort hat sich 1851, als von der Burg außer dem Bergfried nur noch die Grundmauern standen, eine überaus tragische, wahre Geschichte ereignet. Was sich damals tatsächlich zugetragen hatte, hat man aber erst im Nachhinein erfahren, als bei Restaurationsarbeiten das Tagebuch der Engländerin Idilia Dubb auf der Burg gefunden wurde. Ihre Aufzeichnungen schildern das grauenvolle Schicksal, das sie einst im Turm der Burg erlitten hat.

Ein Gedicht vom Drachenfels, das der englische Poet Lord Byron in sein berühmtes, 1818 erschienenes Werk „Childe Harolds Pilgrimage“ eingefügt hatte und das in unzähligen Reiseführern erschien, löste bei seinen Landsleuten eine regelrechte Reisewelle zum „romantischen Rhein“ aus. So unternahm auch der englische Kaufmann William Dubb zusammen mit seiner Frau und ihrer gemeinsamen 17-jährigen Tochter Idilia im Sommer des Jahres 1851 eine Schiffsreise entlang des Rheins. Nach einem Aufenthalt in Koblenz bezog die Familie Quartier im „Wirtshaus an der Lahn“ in Niederlahnstein. Am nächsten Morgen brach das junge Mädchen früh auf, um sich ein Plätzchen zum Zeichnen zu suchen – ohne zu ahnen, dass ihr Schicksal an diesem Tag einen tragischen

GOETHE

Verlauf nehmen würde. Ihr Weg führte sie den überwucherten Pfad zur Ruine Lahneck hinauf. An der Schildmauer vorbei erreichte sie das Tor und den Eingang des 30 Meter hohen Bergfrieds. Sie bemerkte zwar, dass die Treppenstufen im Turm alt und morsch waren, aber Idilia überwand ihre Angst und stieg beherzt die Treppe empor.

Sie hatte schon fast ihr Ziel erreicht und die Plattform des Bergfrieds erklommen, als etwas Fürchterliches passierte: Ein Teil des Treppengebälks zerbarst direkt unter ihren Füßen, stürzte in die Tiefe und zerstörte dabei auch die anderen Balken und Pfeiler. Die ohnehin baufällige Treppe hatte nun keinen Halt mehr und brach unter lautem Getöse in sich zusammen. Nur dank ihrer blitzschnellen Reaktion konnte Idilia gerade noch rechtzeitig mit den Händen das untere Mauerwerk der Plattform umklammern und sich unter großen Mühen auf das flache Turmdach hochziehen. Erschöpft blieb sie auf dem bemoosten Boden liegen. Ihr wurde bewusst, dass sie gerade dem sicheren Tod entkommen war, denn der Sturz wäre zu tief gewesen, um ihn zu überleben. Auch der erträumte Blick über die Täler von Rhein und Lahn sowie auf Lahnstein und Koblenz konnte sie nicht beruhigen. Denn ihr wurde nur zu schnell klar, dass sie sich ohne fremde Hilfe nicht aus ihrer Situation würde befreien können. Selbst ein Abstieg über die äußeren Mauern des Turmes war unmöglich, sie waren zu glatt und boten keinerlei Halt.

Als Idilia nicht zurückkehrte, benachrichtigten ihre Eltern am nächsten Tag die Gendarmerie. Eine große Suchaktion mit über hundert

Der Geist des Ritterfräuleins

Einst verliebte sich ein Ritterfräulein aus Burg Lahneck in einen jungen Ritter aus der Umgebung, der ihre Liebe auch erwiderte. Doch der Vater hatte seine Tochter bereits einem anderen versprochen und verbot den beiden, sich zu sehen. Den Liebenden blieb nichts anderes übrig, als sich fortan heimlich zu treffen. Immer wenn der Vater die Burg verließ, gab das Mädchen ein Zeichen, indem sie ihren Schleier an die höchste Zinne des Bergfrieds hängte. Der Ritter, der den Turm von seinem Heim auf der anderen Seite der Lahn gut sehen konnte, schwang sich dann sogleich auf sein Pferd und durchquerte den Fluss, um zu seiner Geliebten zu kommen.

Eines Tages war der Vater fort nach Koblenz, und der Schleier hing wie immer als Zeichen an der Zinne. Der junge Ritter bestieg auch sofort sein Pferd und ritt los zum Ufer des Flusses. Doch es war mitten im Herbst, es hatte die Zeit zuvor unentwegt geregnet, sodass die Lahn an diesem Tag Hochwasser führte. Verliebt wie er war, ließ sich der junge Mann davon jedoch nicht abhalten und wollte den Fluss trotzdem durchqueren. Aber die Strömung war zu stark. Mitten im Fluss verlor das Pferd den Halt und stürzte mitsamt seinem Reiter in die reißenden Fluten, wo beide ertranken.

Vergeblich wartete das Mädchen an diesem und am nächsten Tage auf ihren Geliebten. Als sie endlich erfuhr, was passiert war, drehte sie sich wortlos um, stieg stumm auf die höchste Zinne des Turms und sprang in die Tiefe.

Da sie ihrem Leben selbst ein Ende gesetzt hat, wird ihr Geist der Sage nach niemals Ruhe finden. Und so soll man das junge Ritterfräulein noch heute an manchen Abenden in der Dämmerung auf dem Turm stehen und mit dem Schleier winken sehen.

Beteiligten begann und obwohl man einige Wochen lang in der gesamten Rheingegend nach ihr gesucht hatte, fand man keine Spur von der Engländerin.

Idilia durchlitt indes fürchterliche Tage auf dem Turm. In ihrer Verzweiflung versuchte sie alles Erdenkliche, um auf sich aufmerksam zu machen, doch tragischerweise hielten die Reisenden auf dem Rhein ihr Winken nur für einen freundlichen Gruß. Auch einen alten Mann nahm man nicht Ernst, der im Lahnsteiner Wirtshaus berichtete, er habe beim Kräutersammeln nahe der Burg den Geist des Ritterfräuleins oben auf dem Bergfried gesehen.

Da Idilia weder Nahrung noch Wasser hatte, schwanden ihre Kräfte immer mehr dahin. Ihrem Tagebuch vertraute sie in diesen Tagen Folgendes an: „Mir ist eiskalt, und ich bin so hungrig! Die Zunge klebt mir am Gaumen. In meiner Todesangst habe ich begonnen, mit den Fingernägeln lockere Steine aus dem Mörtel zu kratzen und sie zu einer Stufe aufzutürmen. Meine Finger bluteten, und als ich sie mir vor Schmerzen in den Mund steckte und die warme Flüssigkeit schmeckte, hätte ich mich am liebsten zerrissen, um mein eigenes Blut trinken zu können. Lieber Gott, es ist alles, was ich in den letzten achtundvierzig Stunden zu mir genommen habe." Der letzte Eintrag ist vom 19. Juni 1851 und endet mit dem Satz: „Gott im Himmel, erbarme Dich meiner Seele."

Nachdem alle Suchaktionen ergebnislos verlaufen waren, kehrten Idilias Eltern schweren Herzens im Herbst 1851 nach England zurück und warteten weiterhin auf ein Lebenszeichen ihrer Tochter, jedoch vergebens.

Später kaufte der Direktor der rechtsrheinischen Eisenbahngesellschaft die Burgruine Lahneck und begann mit dem Wiederaufbau. Die Arbeiten erstreckten sich über mehrere Jahre, und eines Tages fand man oben auf der Turmplattform die Überreste menschlicher Gebeine. Ebenso wurden auch eine goldene Armbanduhr, Ringe, eine Gürtelschnalle und die Reste eines weißen Damen-Strohhutes entdeckt. Schnell vermutete man einen Zusammenhang mit der verschwundenen Idilia Dubb, und als die eigens herangereiste Mutter die Habseligkeiten tatsächlich als die ihrer Tochter Idilia identifizieren konnte, war das tragische Rätsel um deren Verschwinden gelöst.

WISSENSWERTES

Bei der im Zuge des Wiederaufbaus vorgenommenen Erneuerung des Turmes fanden Arbeiter in einer Mauerspalte später dann auch das kleine Tagebuch, auf dessen halbvermoderten Seiten sich die Aufzeichnungen der letzten Tage von Idilia Dubb befanden. Bereits damals wurde ihr Schicksal in englischen und deutschen Zeitungen veröffentlicht und ist auch heute nachzulesen: Genevieve Hill (Hrsg.), „Das verschwundene Mädchen – Die Aufzeichnungen der Idilia Dubb" (C. Bertelsmann Taschenbuch)

Lahnstein – Touristisch

Geschichtliches: An der Mündung der Lahn in den Rhein liegt die Stadt der „bunten Märkte" und der „plätschernden Ufer". Lahnsteins Geschichte reicht weit zurück. Funde aus der jüngeren Steinzeit belegen eine erste Besiedlung zwischen 4000 bis 1800 v. Chr. Um 370 n. Chr. wurde von den Römern an der Lahnmündung zur Sicherung der Reichsgrenzen ein römischer Burgus errichtet. Von diesem **„domus fortis supra Lonetam"**, einem befestigten Haus an der Lahn, leitet sich der Stadtname ab.

Nachdem Friedrich II. im Jahr 1220 den Mainzer Erzbischof mit dem Silberbergwerk im nahen Friedrichssegen belehnte, wurde zwischen 1240 und 1245 zum Schutze des Mainzer Territoriums **Burg Lahneck** errichtet, die **Goethe** zu seinem **ersten romantischen Rheingedicht** („Geistes-Gruß") inspirierte.

Die Burg Lahneck
Im Mittelalter war hier der nördlichste Posten des Kurfürstentums Mainz. Zur Sicherung der Grenzen gegen das Kurfürstentum Trier ließ der Mainzer Erzbischof Siegfried III. 1240 die Burg Lahneck (damals Loynecke) erbauen. Die herrliche Aussicht auf den Rhein und Lahnstein ist nach wie vor ein faszinierendes Schauspiel, kann aber inzwischen ohne Angst vor einstürzenden Treppen genossen werden. Das Wohnhaus wurde auf den alten Grundmauern komplett neu errichtet. Die Räume im unteren Stockwerk – Rittersaal, Repräsentationsräume und Burgküche – können besichtigt werden, das Obergeschoss ist heute wieder bewohnt.

1400 spielte Lahnstein eine Rolle in der „großen Weltgeschichte": Hier beschlossen die Kurfürsten, König Wenzel abzusetzen und einen neuen König zu wählen.

Sehenswertes: Neben Burg Lahneck, dem Wahrzeichen der Stadt, das malerisch auf einem steilen Bergrücken thront, zeugen noch viele weitere Gebäude von der langen Geschichte der Stadt. Dazu zählen die **mittelalterlichen Märkerhöfe**, **Schloss Martinsburg**, eine im Jahr 1298 errichte Zollburg direkt am Rhein, in der heute das **Fastnachtsmuseum** und eine **Münzwerkstatt** untergebracht sind, sowie die romanische **Johanniskirche**, eine der ältesten Emporenkirchen am Mittelrhein, deren Ursprünge bis ins 9. Jh. zurückgehen.

Das mittelalterliche Flair der Stadt spiegelt sich auch in den herrlichen **Fachwerkhäusern** wider, z. B. bei dem **Wirtshaus an der Lahn** von 1697 mit einem Zollturm aus dem 14. Jh., dem **Goethe** einen Besuch abstattete, sowie in den Mauerresten der alten Stadtbefestigung mit einigen erhaltenen Türmen. In einem der Türme, dem **Hexenturm**,

befindet sich das **Museum der Stadt**. Bereits 1914 gegründet, zeigt es neben vielen interessanten Exponaten auch Stoßzahnbruchstücke und Backenzähne eines in der Nähe Lahnsteins gefundenen **Mammuts** sowie **keltische Waffen**. Die Plattform des 26 m hohen Turms ermöglicht einen herrlichen Blick über die rheinische Landschaft.

Im Inneren des **alten Rathauses**, ebenfalls ein wunderschöner rheinischer Fachwerkbau mit **gotischer Halle** aus dem 15. Jh., befindet sich eine Dauerausstellung zur Stadtgeschichte.

Empfehlenswertes: Im Kurzentrum, dem Stadtteil Lahnstein auf der Höhe, bietet die **Kurtherme** großzügige Badelandschaften mit Hallen- und Freibad sowie eine große Saunalandschaft. Unmittelbar in der Nähe befinden sich der **Kurpark**, **Ruderwanderwege** sowie der **Nordic Walking Parcours**.

Einen Genuss ganz anderer Art halten die **Weinstuben**, **Brauschenken** und **Biergärten** bereit. Denn zur Freude aller Liebhaber sind in Lahnstein Weinkultur und Biertradition gleichermaßen lebendig. Ob nun der **Riesling des Mittelrheins** oder doch lieber die Brauspezialitäten der einheimischen Brauhäuser – die Qual der Wahl bleibt jedem selbst überlassen.

Die **Ruppertsklamm** bei Lahnstein entführt in ein unwirklich wirkendes Tal voll von Felsen, Schluchten und üppigem Grün, während die sonnigen **Rheinhöhen** mit teils einzigartiger Flora und Fauna aufwarten. Auch der 2000 ha große **Stadtwald**, der zum **Naturpark Nassau** gehört, ist mit seinen befestigten **Wanderwegen** sowie Aussichts- und Ruheplätzen ideal zum Wandern geeignet.

Abgerundet wird das touristische Angebot durch zahlreiche attraktive Veranstaltungen. Dazu zählen das Groß-Event **Rhein in Flammen** an jedem zweiten Samstag im August, die **Open-Air-Theaterspiele** auf der Freilichtbühne Burg Lahneck, das **Kulturfestival „Lahneck-Live“**, das längst überregionale Bedeutung gewonnen hat, und das **Bluesfestival** im Herbst.

Lahnstein –
Informationen & touristische Empfehlungen

i

Tourist-Information Lahnstein
(im Stadtteil Oberlahnstein unmittelbar hinter der Stadthalle)
Stadthallenpassage · 56112 Lahnstein
Tel.: 02621/914-171 · Fax: 02621/914-340
tourist@lahnstein.de · www.lahnstein.de
Lahnstein an Rhein und Lahn spiegelt Tradition und Gegenwart wider, bedeutet Gastlichkeit und rheinischen Humor, Geselligkeit und Frohsinn, Interessantes und Wissenswertes. Auch Tagen, Feiern und kulturell Verwöhnen lassen kann man sich hier, der Veranstaltungskalender ist prall gefüllt. Ob Karneval, Kirmes, Stadtfest, Rhein in Flammen – in Lahnstein werden die Feste gefeiert, wie sie fallen. Kunst, Theater und Festivals kommen ebenfalls nicht zu kurz.

!

Burg Lahneck
Besichtigung: 1. April bis 1. November, tägl. 10-17 Uhr
Burg-Restaurant: Tel.: 02621/2244
Bei einer Burgbesichtigung kann man sich auf die Spuren von Idilia Dubb begeben und die herrliche Aussicht über Rhein und Lahn genießen. Die Burg-Gastronomie bietet internationale sowie böhmische Küche und gestaltet Tagungen und Feierlichkeiten.

Museum der Stadt Lahnstein im Hexenturm
Tel.: 02621/914-296 (Archiv im alten Rathaus)
Öffnungszeiten: Mai - Ende September im Rahmen der Stadtführung
(Mi 14 Uhr ab Hexenturm) · Infos: 02621/914-171
Das 1914 gegründete Museum der Stadt Lahnstein ist im Hexenturm untergebracht. Das Museum präsentiert mit Wappen, Siegeln und Urkunden die reiche Geschichte der beiden ehemals selbstständigen Städte Oberlahnstein und Niederlahnstein. Eine Nebenstelle befindet sich im Alten Rathaus im Museumsraum, Hochstraße 34. Hier werden Dokumente zur Stadtgeschichte vom 17. bis 20. Jh. ausgestellt.

Wirtshaus an der Lahn
Lahnstraße 8 · 56112 Lahnstein · Tel.: 02621/7849
kontakt@wirtshaus-an-der-lahn.info · www.wirtshaus-an-der-lahn.info
Öffnungszeiten: Di-So ab 17.30 Uhr · So + Fei 11.30-14 Uhr
und ab 17.30 Uhr · Mo Ruhetag
Ein dreigeschossiger Fachwerkbau mit steinernem Erdgeschoss von 1697 beherbergt das historische Wirtshaus. Hier kehrte Goethe am 18. Juli 1774 bei seiner Lahnfahrt ein, um das Mittagsmahl einzunehmen.

Mercure Hotel Lahnstein – Hotel/Restaurant/Kurtherme
Zu den Thermen · 56112 Lahnstein
Tel.: 02621/912-115 · Fax: 02621/912-100
H5405-DM@accor.com · www.accor.com
Das 4-Sterne-Hotel mit seinen 227 Zimmern liegt in einer Parkanlage und bietet 2 Restaurants, 2 Bars sowie 18 Veranstaltungsräume. Zusätzlich stehen den Gästen ein Thermalbad (innen und außen), Sauna, Dampfbad, Solarium, Massage, Bowling und Tennisplätze zur Verfügung.

Hotel Weiland – Hotel/Restaurant/Beauty-Center
Bürgermeister-Müller-Straße 3-5 · 56112 Lahnstein
Tel.: 02621/2233 · Fax: 02621/40919
info@hotelweiland.de · www.hotelweiland.de
Das traditionsreiche Hotel wird seit 1851 als Familienbetrieb geführt und verfügt über 56 individuell eingerichtete Zimmer – die meisten mit Blick auf den Rhein – und bietet neben dem Restaurant mit exquisiter Küche eine Bar, einen rustikalen Weinkeller sowie ein Beauty-Center.

Braubach

Wie die Marksburg zu ihrem Namen kam

Wie die Marksburg zu ihrem Namen kam

Im UNESCO-Welterbegebiet „Oberes Mittelrheintal" reihen sich über 40 mehr oder weniger gut erhaltene Burgen aneinander. Bei den meisten handelt es sich allerdings um „Neubauten" aus dem 19. und 20. Jahrhundert, die im Zuge der Rheinromantik auf den Ruinen der ursprünglichen Bauwerke errichtet wurden. Nur ganz wenige Ausnahmen haben die Zeiten unbeschadet überdauert. Dazu gehört zum Beispiel Pfalzgrafenstein bei Kaub – und, als einzige Höhenburg, die nie zerstört wurde, die Marksburg in Braubach. Schon von weitem sichtbar, erhebt sie sich mit ihrem hohen Bergfried und dem markanten Kapellenturm auf einem steilen Felsen über dem Rhein. Im Schutz dieser imposanten Festung liegt die romantische Wein- und Rosenstadt Braubach. Früher war es fast unmöglich, auf den hohen Felskegel vorzudringen und die mittelalterliche Wehranlage einzunehmen. Heute führt jedoch eine schmale Straße fast bis vor die Tore der Burg, und auch mit der Marksburgbahn lässt sich diese „echte" Ritterburg bequem erreichen. Wie die Marksburg zu ihrem Namen kam, darum rankt sich eine alte Sage.

Im 13. Jahrhundert ließ der Graf von Eppstein, der einer der mächtigsten Familien im hohen Mittelalter angehörte, die Burg Braubach errichten. So wie die Burg wuchs auch Elisabeth, die Tochter des Grafen, zu einem wunderschönen Mädchen heran. Ihre Schönheit hatte sich bald im ganzen Land herumgesprochen, und als sie schließlich ins heiratsfähige Alter kam, machten ihr zahlreiche edle Ritter aus den besten Familien den Hof. Doch alle wurden sie abgewiesen und mussten unverrichteter Dinge wieder nach Hause zurückkehren.

Eines Tages machte Siegbert von Lahnstein, der junge Graf von Burg Lahneck, die fast in Sichtweite der Marksburg über der Lahnmündung liegt, Elisabeth seine Aufwartung. Auch er war angetan vom Liebreiz

Marksburg

der jungen Frau, und es gelang ihm, das Herz der Grafentochter zu gewinnen. Schon bald schmiedeten sie gemeinsame Zukunftspläne, und der alte Graf gab nur allzu gern seine Zustimmung, als Siegbert ihn um die Hand seiner Tochter bat.

Die Vorbereitungen für die Hochzeitsfeierlichkeiten waren bereits in vollem Gange, als eines Morgens ein Bote auf der Burg erschien. Er überbrachte einen Aufruf, der alle Ritter und Edelleute im Land aufforderte, König Rudolf im Kampf gegen Ottokar von Böhmen zu unterstützen. Seinem Treueeid Folge leistend, musste auch Siegbert in den Kampf ziehen. Es war ein sehr schmerzlicher Moment für die beiden Liebenden, als sie voneinander Abschied nehmen mussten. Noch quälender wurde für Elisabeth die lange Zeit des Wartens auf die Rückkehr ihres Geliebten. Als schließlich die Nachricht vom Sieg Rudolfs über Ottokar eintraf, war daher niemand glücklicher als die junge Braut, glaubte sie doch, den Vermissten bald wieder in die Arme schließen zu können. Doch Siegbert kehrte nicht heim und ebenso wenig gelang Kunde auf die Burg, was aus ihm geworden sei – ob er noch lebte oder ob er in der Schlacht umgekommen war.

Ein Jahr später tauchte auf Burg Lahneck schließlich ein junger Ritter auf und behauptete: „Ich bin Rochus von Andechs, der Vetter Siegberts, und kann bezeugen, dass Siegbert auf dem Marchfeld gefallen ist." Ohne zu zögern erhob er sogleich Anspruch auf das Erbe und nistete sich auf Burg Lahneck ein. Doch damit nicht genug – die Trauerzeit war kaum vorüber, da hielt er bei dem Grafen von Eppstein auch um die Hand von dessen Tochter an.

Elisabeth hatte Siegberts Tod jedoch noch nicht verwunden. Außerdem gab es etwas an Rochus' Art, was ihr nicht behagen wollte. Zwar war der Ritter ein überaus stattlicher Mann und verhielt sich ihr gegenüber auch ausgesprochen höflich, aber sie konnte keine Gefühle und keine Herzenswärme in seinem Charakter verspüren.

Zu dieser Zeit war ein junger Mönch vom Kloster Bornhofen als Kaplan auf Burg Braubach tätig – Bruder Markus. Er hatte denselben Schutzpatron wie die Burgkapelle, in der er seinen Dienst versah, denn diese trug ebenfalls den Namen des Evangelisten.

Elisabeth, die Rochus' begehrliche Blicke als zunehmend beängstigend empfand, vertraute sich schließlich dem Burgkaplan an. Irgendetwas in ihrem Herzen schien sie vor dem Ritter zu warnen. Markus verspürte ebenfalls eine Abneigung gegen den neuen Herrn von Lahneck, und es war offensichtlich, dass auch Rochus die Gegenwart des Gottesmannes mied.

Der alte Graf jedoch war sehr besorgt um seine Tochter, die immer noch um Siegbert trauerte. Ihm schien es das Beste zu sein, wenn sie Rochus heiraten würde. Schließlich willigte Elisabeth in den Wunsch des Vaters ein, um sein Leid nicht zu vergrößern.

Am Abend vor der Hochzeit betete Markus, der spürte, dass sich Elisabeth in großer Gefahr befand, zu seinem Schutzpatron. Beschwörend bat er ihn, für Elisabeths Seelenheil Sorge zu tragen. Kaum hatte er seine Bitte ausgesprochen, wurde die kleine Kapelle von einem hellen Licht erfüllt und dem Kaplan erschien der heilige Markus. „Wisse“, sprach dieser zu dem Betenden, „der Mann, der sich Rochus von Andechs nennt, gehört zu dem Fürsten der Finsternis. Du hast meine Hilfe erbeten, so rette also Elisabeth, die sich dir anvertraut hat. Habe keine Furcht, widerstehe dem Bösen und berühre ihn mit dem geweihten Kreuz.“ Kaum hatte er geendet, verschwand er ebenso plötzlich, wie er erschienen war.

Am nächsten Morgen wartete die Hochzeitsgesellschaft im Burghof auf die Ankunft von Rochus. In dem Augenblick, als er mit klirrenden Sporen über den Burghof schritt, lief Bruder Markus hastig auf ihn zu, berührte ihn mit dem Kreuz und rief ihm die dreifache Beschwörung der Hölle entgegen. Zornentbrannt sprang der Ritter zurück und stampfte mit seinem Fuß auf den Boden. Die Schar der Gäste glaubte noch das Schlagen eines Pferdehufes zu hören, als sich die Erde unter Rochus auftat und er vor ihren entsetzten Augen im Boden verschwand.

Elisabeth war gerettet. Und doch war dieser zweite Schicksalsschlag zu viel für sie. Sie beschloss, dem weltlichen Leben zu entsagen und ging ins Kloster, wo sie schon bald darauf verstarb.

Die Braubacher Burg aber wurde von diesem Zeitpunkt an zu Ehren des Heiligen „St. Markusburg“ und später kurz „Marksburg“ genannt. Noch heute erinnert man sich dort an den Evangelisten, der die junge Grafentochter damals vor dem Teufel bewahrt haben soll.

WISSENSWERTES

Wie es bei vielen Sagen der Fall ist, hält auch diese Geschichte der genaueren historischen Prüfung nicht stand. Die Marksburg wurde nämlich in der gesamten Eppsteiner Zeit – und auch anschließend noch bis 1479 – Burg Braubach genannt. Der Name „Sankt Marxpurgk“ erscheint erstmals 1574 in den Urkunden, um die Festung von der neuen, ebenfalls auf Braubacher Gebiet liegenden Philippsburg zu unterscheiden. Außerdem war zur Zeit der Umbenennung in Braubach bereits ein halbes Jahrhundert lang die Reformation eingeführt und daher kein (katholischer) Burgkaplan mehr dort tätig. Tatsächlich verdankt die Marksburg ihren Namen wohl dem Schutzpatron der 1437 eingeweihten spätromanische Kapelle St. Markus – ohne teuflisches bzw. himmlisches Eingreifen.

Im Jahre 1900 erwarb die Deutsche Burgenvereinigung die Marksburg (www.marksburg.de). Sie ist eine Denkmalschutzinitiative und ein Zusammenschluss von Menschen, die sich für Burgen und Schlösser sowie deren Erhalt einsetzen.

Braubach – Touristisch

Geschichtliches: Die erstmalige urkundliche Erwähnung des Ortes, an dem sich bereits in der Bronzezeit um 1800 v. Chr. eine Besiedlung nachweisen lässt, stammt aus den Jahren **691/692**. Damals hatte der Merowinger Helmgar der Basilika St. Kassius und Florentinus – an deren Stelle heute die Bonner Münsterbasilika steht – einen Weingarten mit Hof geschenkt, der im Dorf Braubach lag.

Diese Schenkung bezeugt zugleich die weit zurückreichende Geschichte des Weinbaus in Braubach, das sich auch gern als **Wein- und Rosenstadt** bezeichnet, und der 1276 von König Rudolf von Habsburg die Stadtrechte verliehen wurden. Die ersten Rebstöcke wurden auf den Hängen rund um die Marksburg gepflanzt. Die Bezeichnung als Rosenstadt verdankt Braubach Johann Dennert, der Ende des 19. Jh. den Grundstein für die prächtigen und weithin bekannten **Rosenanlagen** legte. „Möge es niemand versäumen, sich den Rosenflor anzusehen und einige Stunden zu verweilen, in Braubach, dem Garten am Rhein", wurde bereits um die Jahrhundertwende die dortige Uferpromenade lyrisch beschrieben. Hier, in den **wunderschönen Rheinanlagen**, befindet sich auch das **Kriegerdenkmal**, ein aus alten Bruchsteinen errichteter Turm, der an die im Krieg gefallenen Bürger Braubachs erinnert.

Die Marksburg

Sie gilt als eine der wenigen „echten" Ritterburgen, da sie im Gegensatz zu anderen Burgen im Mittelrheintal nie zerstört wurde. Die BurgführerInnen bemühen sich, auch Kindern einen anschaulichen Einblick in das mittelalterliche Leben zu vermitteln – mit überraschenden und einprägsamen Informationen über Essen, Trinken, Schlafen (und aufs Klo Gehen!) während dieser Epoche.

Schon der steile Aufstieg zur Burg – entweder durch den Wald über den alten Burgweg an der „Eierwiese" vorbei oder über den steilen Eselspfad – ist ein Erlebnis und zeigt, wie mühsam es damals war, hinaufzugelangen. Man kann aber auch mit dem Auto und der Burgbahn hinauffahren.

Früher durchzogen zahlreiche **Bleierzgänge** das heutige Stadtgebiet. Da sie an der Erdoberfläche zutage traten, war der Abbau, der bereits von Kelten und Römern betrieben wurde, mit einfachen Mitteln möglich. 1301 verlieh König Albrecht dem Grafen von Katzenelnbogen das Recht, hier neben Blei auch Silber abzubauen, was die Grundlage für den Reichtum der Grafenfamilie sowie Braubachs schuf. Letztes Zeugnis dieser Aktivitäten ist die **Blei- und Silberhütte** von Braubach, auch wenn man sich dort heute dem Recycling von Autobatterien widmet.

Der berühmteste, 1888 hier geborene Sohn der Stadt ist der Kammersänger **Heinrich Schlusnus**. Nach seinem erfolgreichen Weg durch die großen

Opernhäuser dieser Welt fand er 1952 neben der **Martinskapelle** seine letzte Ruhestätte.

Sehenswertes: Die um 1230 errichtete **Marksburg** thront als Wahrzeichen imposant über der Stadt. Neben zahlreichen Sehenswürdigkeiten, u. a. den Kanonen, der so genannten Folterkammer, Burgküche, Rittersaal und Rüstkammer, empfiehlt sich ein Besuch des mittelalterlichen botanischen Gartens der Burg mit seinen 160 Heil-, Nutz- und Zauberpflanzen nach Karl dem Großen und Hildegard von Bingen. Nach einem Rundgang durch die Burganlage lässt sich bei einer Rast in der **Burgschänke** der herrliche Blick über das Rheintal genießen.

Am Südende der Stadt steht die **Philippsburg**. Landgraf Philipp der Zweite ließ sie ab 1567 als Witwensitz für seine Gemahlin bauen. Heute hat hier das Europäische Burgeninstitut seinen Sitz. Sehenswerte **Fachwerkgiebel** schmücken die leider durch den Eisenbahnbau 1880 dezimierte Anlage.

Die älteste Kirche ist die **Barbarakirche**, die nach dem Bau der Stadtmauer 1276 erbaut wurde und heute als Gemeindezentrum dient. Auf halber Höhe zur Marksburg findet sich die **Martinskapelle**, die von einem **uralten Friedhof** umgeben ist und von der man einen wunderschönen Ausblick auf den Rhein hat.

Die malerische Altstadt mit Resten der alten **Stadtmauer** sowie das **Obertor** verleihen Braubach seinen reizvollen mittelalterlichen Charme. Im Ortskern steht eine große Anzahl an **kunstvoll restaurierten Fachwerkhäusern** aus dem 16. – 18. Jh. mit liebevoll bepflanzten Höfen. Einige dieser Häuser beherbergen einladende Gaststätten, z. B. der historische Landgasthof **„Zum weißen Schwanen"** mit seiner alten Mühle und dem noch funktionierenden Mühlrad, oder der **Eck-Fritz** aus dem Jahre 1597.

Empfehlenswertes: Die Täler und Höhen rund um Braubach werden von zahlreichen **Höhenwegen**, z. B. dem **Naturlehrpfad Mittelrhein** und dem **Rheinsteig**, durchzogen und bieten Wanderern ungeahnte Eindrücke und wunderschöne Ausblicke.

Zu den Höhepunkten im Veranstaltungskalender zählen **Rhein in Flammen** (immer am 2. Samstag im August) mit angeschlossenem **Sommernachtsfest**, das traditionelle **Winzerfest** mit Höhenfeuerwerk und Festzug (Anfang Oktober) sowie der romantische **Weihnachtsmarkt in der historischen Altstadt**.

Braubach – Informationen & touristische Empfehlungen

i

Tourist Information Braubach – Ritter · Rhein · Romantik

Rathausstraße 8 · 56338 Braubach
Tel.: 02627/976001 · Fax: 02627/976005
stadtbraubach@t-online.de · www.braubach.de
Eine Stadt mit langer Geschichte, mittelalterlichem Charakter und idyllischem Flair. Umgeben von Reben und Rosen, bewacht von der imposanten Marksburg, die hoch über den verwinkelten Altstadtgassen thront, bietet sie viele Sehenswürdigkeiten.

!

Marksburg

56338 Braubach · Tel.: 02627/206 · Fax: 02627/8866
marksburg@deutsche-burgen.org · www.marksburg.de
Besichtigung: nur im Rahmen von Führungen · Beginn: zu jeder vollen Stunde
Dauer: ca. 50 Min. · Sommersaison 10-17 Uhr · Wintersaison 11-16 Uhr
Die einzige nie zerstörte Höhenburg am Rhein – eine der wenigen „echten" Ritterburgen – die einen in die Zeit des Mittelalters versetzt. Und im Wappensaal, dem alten Rittersaal, kann stilvoll geheiratet werden.

Marksburg-Schänke

Marksburg · 56338 Braubach · Tel.: 02627/971240 · Fax: 02627/971520
kontakt@marksburg-schaenke.de · www.marksburg-schaenke.de
Die Terrasse mit schönem Ausblick ins Rheintal und der gemütliche Speiseraum laden zu kleinen Gerichten, Kuchen, Eis und Getränken ein. Und was passt besser auf diese Burg als ein Mahl nach mittelalterlicher Manier und einen unvergesslichen Abend in Schmaus und Braus zu erleben – zu den musikalischen Klängen eines Barden (nach Voranmeldung).

Bauernschänke „Eckfritz"

Obermarktstr.11 · 56338 Braubach · Tel.: 02627/677
Der Eck-Fritz wurde 1597 als Bauernschänke erbaut und erfüllt seine Aufgabe noch heute. Im Inneren befindet sich eine urgemütliche Schankwirtschaft, über die die Gäste ins Schwärmen geraten und wo historische Fotos und Werkzeuge an die „gute alte Zeit" erinnern.

Hotel zum Weißen Schwan – Hotel / Restaurant

Brunnenstraße 4 · 56338 Braubach · Tel.: 02627/9820 · Fax: 02627/8802
info@zum-weissen-schwanen.com · www.zum-weissen-schwanen.de
In der familiengeführten Hotelanlage (3-Sterne superior), einem der schönsten Landgasthöfe in Rheinland-Pfalz („Gastgeber des Jahres 2002"), wird der (Kurz-)Urlaub zum Erlebnis – mit einem Hauch feiner Lebensart, Romantik pur und zelebrierter kulinarischer Gastlichkeit. Neben den indivduell eingerichteten Hotelzimmern zwischen Biedermeier und Belle Epoque ist das Haus auch für seine kreative, hochwertige Küche, die ihre Anerkennung regelmäßig von sämtlichen renommierten Gastronomiekritikern erfährt, bekannt. Empfehlenswert sind auch die Veranstaltungsräume, denn eine Präsentation bei laufendem Mühlrad im Ambiente des 13. Jh. oder eine Kaffeepause vor dem Kelterhaus im Kräutergarten bleibt garantiert lange in Erinnerung.

Weinhaus Wieghardt – Hotel / Restaurant

Marktplatz 7 · 56338 Braubach · Tel.: 02627/242 · Fax: 02627/10218
info@weinhaus-wieghardt.de · www.weinhaus-wieghardt.de
Neben dem von der Familie betriebenen Weinbau werden den Gästen im 2-Sterne-Haus – direkt am historischen Marktplatz gelegen – freundlich gestaltete und stilvoll eingerichtete Gästezimmer geboten, die einen erholsamen Schlaf garantieren. Das Restaurant ist bekannt für seine gutbürgerliche Küche: rheinische Spezialitäten sowie Wild- und Grillgerichte. Zudem steht das Kaminzimmer für besondere Anlässe zur Verfügung.

Kamp – Bornhofen

Die „Feindlichen Brüder“

Die „Feindlichen Brüder"

Eingebettet und umgeben von hohen Felsen liegt die Wallfahrtskirche von Bornhofen. Auch heute noch ziehen alljährlich tausende Pilger dorthin, um vor dem Gnadenbild zu beten. Über der Kirche und dem Kapuzinerkloster von Kamp-Bornhofen erheben sich auf dem Berg, wie eine Krone, die zwei einander unmittelbar gegenüberliegenden Burgen Sterrenberg und Liebenstein. Ihren Ruf als die „Feindlichen Brüder" verdanken sie den immer wiederkehrenden Streitigkeiten zwischen den verschiedenen Burgherren. Im Laufe der Zeit hat sich daraus die Sage von dem „Beziehungsdrama" zweier Brüder entwickelt, die ehemals diese Burgen bewohnt haben sollen.

Gegenüber von Kamp-Bornhofen am linken Ufer des Rheins liegt der Ort Boppard, auf dessen Burg einst Heinrich aus dem Geschlecht der Beyer mit seinen zwei Söhnen Heinrich und Konrad lebte. Der reiche Edelmann hatte sich zudem des Waisenmädchens Hildegard Brömser angenommen, die aus einer entfernt verwandten Rüdesheimer Familie stammte. Alle drei Kinder wuchsen gemeinsam auf, entwickelten sich aber bald zu Jugendlichen mit sehr unterschiedlichen Charakteren. Während der ältere Heinrich ernst und verschlossen war, hatte Konrad ein offenes und lebenslustiges Wesen. Auch Hildegard hatte ein fröhliches, aber sanftes Gemüt und war äußerst hübsch. Und so dauerte es nicht lange, da hatten sich beide Brüder in sie verliebt. Heinrich, der schnell spürte, dass Hildegard in ihm aber nur den Bruder, in Konrad jedoch den Mann ihres Herzens sah, sprach eines Tages zu seinem Bruder: „Ich weiß, dass ihr beide euch liebt. Nimm du Hildegard zur Frau, ich trete zurück." Auch der Vater gab den beiden seinen Segen. Und da das Paar genauso wie Heinrich künftig ein eigenes Heim haben sollte, begann er, auf zwei Bergen auf der anderen Rheinseite für jeden eine Burg zu erbauen. Bis zu ihrer Fertigstellung, was früher oft Jahrzehnte

dauerte, blieben die jungen Leute bei ihrem Vater. Doch so großmütig Heinrich auch gewesen war, er litt unter Liebeskummer. Und da er die fortwährende Nähe zu Hildegard nur schwer ertragen konnte, teilte er dem Vater eines Tages seinen Entschluss mit: „Ich werde mich an den Kreuzzügen beteiligen und schon bald mit den kaiserlichen Truppen in ferne Länder ziehen."

Konrad und Hildegard lebten indes glücklich zusammen und bereiteten ihre Hochzeit vor. Eines Tages stand jedoch ein Bote vor dem Tor und berichtete: „Ritter Heinrich ist für seinen Mut und seine Taten im Morgenland vom Kaiser ausgezeichnet worden." Da erwachte auch in Konrad der Heldenmut. „Es gehört sich nicht, dass mein Bruder für das Kreuz kämpft und ich hier ohne Ruhm meine Jugend verbringe", erklärte er. „Auch ich werde mich den Kreuzrittern anschließen und meine Pflicht erfüllen." Und weder Hildegards Tränen noch die mahnenden Worte seinen Vaters hielten ihn von seinem Vorhaben ab.

Die Zeit ging ins Land, und nur spärlich waren die Informationen, die aus der Ferne zu ihnen drangen. Inzwischen war der Bau der ersten Burg auf der anderen Rheinseite abgeschlossen, und Hildegard zog auf Burg Liebenstein ein. Da der Vater mittlerweile gestorben war, musste sie allein auf den Geliebten warten.

Eines Tages sah Hildegard endlich eine Reitertruppe herannahen, deren Wappen sie frohgemut sofort erkannte. Doch es war Heinrich, der zurückkehrte und berichtete: „Konrad war nur kurz im Heiligen Land und ist dann nach Athen gereist. Mehr weiß ich nicht."

Da Burg Sterrenberg, die inzwischen ebenfalls fertig gestellt war, Konrad zugedacht war, richtete sich Heinrich in Burg Liebenstein ein. Um nicht ganz allein zu sein, blieb Hildegard ebenfalls dort wohnen, bis ihr Verlobter zurückgekehrt sein würde. Obwohl seine Liebe nie erloschen war, sah Heinrich in Hildegard jedoch nur die Braut seines Bruders und kam in all der langen Zeit, die sie weiterhin ohne eine Nachricht von Konrad miteinander verbrachten, nie auf den Gedanken, sich ihr auf unehrenhafte Weise zu nähern.

Hildegards Sorge um ihren Verlobten wurde immer größer. Doch endlich traf ein Bote ein. „Ritter Konrad ist auf dem Heimweg", berichtete er. Doch dann fügte er hinzu: „Aber er ist nicht allein, sondern wird von einer hübschen Griechin begleitet." Hildegard konnte das zunächst nicht glauben, doch bei der Rückkehr Konrads erstarrte sie fassungslos: Inmitten der Gruppe, die fröhlich hinauf nach Sterrenberg zog, erblickte sie an seiner Seite tatsächlich eine Frau mit langen schwarzen Haaren. Von einem Moment zum nächsten war sie nicht mehr dieselbe. Aus der unbeschwerten Hildegard wurde eine ernste, in sich gekehrte Frau. Heinrich hingegen war außer sich. Er konnte es nicht ertragen, dass seine große Liebe von ihrem Verlobten, und dazu noch seinem eigenen Bruder, derart hintergangen worden war. So brach er mit Konrad, ließ als Zeichen der Trennung eine Mauer zwischen den beiden Burgen bauen und forderte ihn zum Duell.

Und so standen sich die beiden eines Morgens auf Leben und Tod gegenüber und schlugen ihre Schwerter gegeneinander. Da tauchte Hildegard auf und rief: „Heinrich, willst du meinetwegen zum Brudermörder werden?“ Die beiden Kämpfer ließen die Waffen sinken, und Hildegard redete ihnen ins Gewissen: „Gebt euch die Hand darauf, nicht mehr gegeneinander zu kämpfen, sondern Frieden zu halten, auch wenn ich fern von euch bin. Denn ich werde ins Kloster Marienberg gehen und die Welt, die mir kein Glück brachte, hinter mir lassen.“ Daraufhin reichten die beiden Brüder einander ihr zuliebe die Hand, ein Wort der Versöhnung wurde aber nicht gesprochen.

Während Hildegard ihren Entschluss in die Tat umsetzte, und Heinrich sich fortan ernst und still auf Burg Liebenstein zurückzog, lebte man auf Sterrenberg in Saus und Braus. Ständig ging es hoch her, und unter Führung der Griechin wurde getrunken und gefeiert. Doch Konrad fand mit der Zeit immer weniger Gefallen daran. Zu seinem Bruder hatte er seit dem Duell keinen Kontakt mehr, und so war dieser sehr verwundert, als Konrad eines Tages leichenblass vor ihm stand. „Die Griechin ist mit einem jungen Ritter durchgebrannt“, erzählte er. Heinrich machte ihm keine Vorwürfe, sondern nahm ihn brüderlich in seine Arme.

So fanden die Brüder wieder zueinander, und als Konrad kurz darauf starb, trat Heinrich in das Kloster Bornhofen ein. Der Sage nach soll am gleichen Tage, als im Kloster Marienberg die Totenglocke erklang und Hildegard zu Grabe getragen wurde, auch in Bornhofen die Grabesglocke zur letzten Ruhe für Heinrich geläutet haben.

WISSENSWERTES

Die Sage wurde 1587 erstmals erzählt, doch der konkrete Anlass dafür ist heute nicht mehr genau bekannt. Die Burgen gehörten damals unterschiedlichen Landesherren: den Grafen von Sponheim und den Erzbischöfen von Trier. Im 13. Jh. hat es jedoch tatsächlich Familienstreitigkeiten gegeben: Burg Sterrenberg, seit mehreren Generationen Sitz der Pfalzgrafen von Bolanden, wurde 1268 unter den Brüdern Werner und Philipp aufgeteilt, was Werner 1288 rückgängig zu machen versuchte. Dies gelang ihm aber nicht, und so wurde der andere Teil unter den zwei Schwestern des verstorbenen Nachfolgers Philipps aufgeteilt. Zum Schutz gegen den Onkel, Werner von Bolanden, errichtete man um 1290 Burg Liebenstein. Die berühmte Streitmauer zwischen den Burgen wurde erst im 14. Jh. im Zuge von Streitigkeiten zwischen den späteren Burgbesitzern gebaut.

Kamp-Bornhofen – Touristisch

Geschichtliches: Das Gebiet um die beiden heutigen Stadtteile Kamp und Bornhofen war schon zu keltischer Zeit besiedelt. Erstmals urkundlich erwähnt wurde im Jahre **950** der **Ortsteil Kamp**, wobei sich der Name vom lateinischen Wort für „campus“ (Feld) ableiten soll.

Der Name des **Ortsteils Bornhofen**, der erstmalig im Jahr 1110 urkundlich erwähnt wurde, erklärt sich wohl daraus, dass der Ort als Ansiedlung und fränkischer Herrenhof am Fuße der Reichsburg Sterrenberg, die schon im 11. Jh. bestand, seinen Anfang nahm. So ist in der Zeit von 1140 bis 1250 ein Rittergeschlecht „von Bornhofen“ urkundlich nachweisbar, das dem Ort vermutlich seinen Namen gab.

In früheren Zeiten waren der Weinanbau und später der Obstanbau die wichtigsten Erwerbsquellen. In der zweiten Hälfte des 19. Jh. erlebte die **Flößerei** auf dem Rhein ihren Höhepunkt, und Kamp wurde zu einer „Flößer-Hochburg“. 1965 befuhr jedoch das letzte Floß den Rhein, womit auch diese Ära ein Ende fand. Heute präsentiert sich Kamp-Bornhofen dank seiner Sehenswürdigkeiten und dem **Marien-Wallfahrtskloster**, das erstmalig im 13. Jh. urkundlich erwähnt wurde, als beschauliche **Feriengemeinde**. Einzigartig in Kamp-Bornhofen sind die bereits seit dem Mittelalter stattfindenden **Schifffahrtsprozessionen** zum Wallfahrtskloster.

Burg Sterrenberg
Burg Sterrenberg zählt zu den ältesten Höhenburgen am Rhein. Sie liegt hoch über dem Ort Bornhofen, nur einige Meter gegenüber von Burg Liebenstein. Die Besichtigung der Befestigungen und des Hofes ist bei guter Witterung jederzeit möglich, wenn man auch nicht in alle Innenräume hineinkommt. Der Blick hinab in das Flusstal und auf die Hunsrückhöhen gehört zu den schönsten Aussichtspunkten am Rhein. Und Café und Restaurant bieten „ritterliche Gaumenfreuden“.

Die Burg **Sterrenberg**, urkundlich 1034 erstmals erwähnt, und die höher gelegene, aber jüngere Burg **Liebenstein** (um 1290 errichtet), im Volksmund die **„Feindlichen Brüder“** genannt, sind neben dem Kloster die Hauptsehenswürdigkeiten. Die berühmte, 10 m hohe Streitmauer wurde im 14. Jh. errichtet, als die beiden Burgen unterschiedlichen Besitzern zufielen.

Sehenswertes: Die beiden sagenumwobenen **Burgen Sterrenberg und Liebenstein** sind zu Fuß, aber auch mit dem Auto gut zu erreichen. Sie entführen die Besucher in längst vergangene Zeiten, und von dort oben kann man den bezaubernden Ausblick ins romantische Rheintal und über die endlosen Wälder von Hunsrück und Taunus genießen.

Ab dem 13. Jh. erlangte der Ortsteil Bornhofen größere **Wallfahrtsbedeutung.** Einen Besuch des **Wallfahrtsklosters,** das malerische Kunstschätze aus vergangenen Zeiten beherbergt, sollte man nicht versäumen. Das Gnadenbild der Gottesmutter und der Marmor-Hochaltar aus dem 18. Jh. werden jährlich von zahlreichen Pilgern besucht und bewundert.

Sehenswert ist auch das **Flößer- und Schiffermuseum** im Rathaus, das einen Eindruck von den Epochen der Binnenschifffahrt und der Bedeutung Kamps als „Flößer-Hochburg" vermittelt.

Empfehlenswertes: Die Natur rund um Kamp-Bornhofen kann man am besten auf dem **Naturlehrpfad Mittelrhein** erkunden. Auf über zehn Lehrtafeln informiert er über Landschaft, Flora und Fauna der Region. Zudem eröffnen sich auf der Strecke herrliche Aussichten auf das Mittelrheintal. Der **Grenzsteinlehrpfad** ist ebenfalls ein informativer Wanderweg durch die abwechslungsreiche Natur.

Im **Freibad** und auf den **Tennisplätzen** der Stadt können sich Groß und Klein austoben; wer jedoch ruhigere Momente sucht, dem sei ein Spaziergang am neu gestalteten **Rheinufer** mit seinen idyllischen Ruhezonen empfohlen.

Neben modernen Hotels, gemütlichen Pensionen, rheinischen Weinstuben und gehobener Gastronomie, die keine Wünsche offen lassen, bietet auch der Veranstaltungskalender weitere Anreize für einen Besuch: neben den zahlreichen Wallfahrten sind u. a. **„Tal to Tal"**, der autofreie Sonntag im Juni im gesamten Mittelrheintal, die Veranstaltungen der **Mittelrhein Musik Momente** in der Pilgerhalle des Klosters sowie auf der nahe gelegenen **Loreley-Freilichtbühne** besonders zu empfehlen.

Kamp-Bornhofen – Informationen & touristische Empfehlungen

i

Verkehrsamt Kamp-Bornhofen
Rheinuferstraße 34 · 56341 Kamp-Bornhofen
Tel.: 06773/9373 · Fax: 06773/9374
ortsgemeinde@kamp-bornhofen.de · www.kamp-bornhofen.de.
Öffnungszeiten: Mo-Sa 9-11.30 Uhr · Mo-Fr 15-17 Uhr
Die Flößer- und Schiffergemeinde ist eine über die Landesgrenzen hinaus bekannte freundliche Fremdenverkehrsgemeinde. Sie bietet moderne Hotels, gemütliche Pensionen, Weinstuben sowie gehobene Gastronomie. Für Aktive gibt es ein Freibad, Tennisplätze, Wander-, Rad- und Spazierwege auf den Höhen und am Rhein. Der Naturlehrpfad Mittelrhein, der Grenzsteinlehrpfad, ein Flößer- und Schiffer- sowie ein Heimatmuseum runden das Angebot ab. Einzigartig in Deutschland sind hier zudem die Schiffsprozessionen zum Kloster Bornhofen.

!

Burg Sterrenberg – Restaurant / Café
56341 Kamp-Bornhofen · Tel.: 06773/323 · www.burg-sterrenberg.de
Öffnungszeiten Café/Restaurant: März - Okt. ab 10 Uhr · Di Ruhetag
Küche: 11:30-14 Uhr sowie 18-20:30 Uhr
Burg Sterrenberg zählt zu den ältesten Höhenburgen am Rhein. Die Besichtigung der Außenanlage ist bei guter Witterung jederzeit möglich und neben den „ritterlichen Gaumenfreuden" im Café und Restaurant (s. a. Hotel Rheinpavillon) genießt man hier die fantastische Aussicht auf den Rhein.

Burg Liebenstein – Hotel / Restaurant / Café
56341 Kamp-Bornhofen · Tel: 06773/308 · Fax: 06773/7686
info@burg-liebenstein.de · www.burg-liebenstein.de
Die ehemaligen Wohnräume des Burgherrn beherbergen neben der Gastronomie acht einzigartige und gepflegte Zimmer, die meisten mit romantischem Blick auf den Rhein, sowie eine (Burg-)Suite, in denen man sich in die Zeit des Mittelalters zurückversetzen lassen kann.

Hotel Becker – Hotel / Restaurant / Geschenkboutique
Kirchplatz 4 · 56341 Kamp-Bornhofen
Tel.: 06773/244 · Fax: 06773/7339
info@hotel-restaurant-becker.de · www.hotel-restaurant-becker.de
Idyllisch am Fuße der Auffahrt zu den Burgen und in Klosternähe gelegenes familiäres 3-Sterne-Hotel (superior). Neben den gepflegten Gästezimmern gehört zum Hotel in einer separaten, direkt am Rhein gelegenen Villa auch eine schöne Ferienwohnung mit Liegewiese, eigenen Fahrrädern und Grillplatz. In der Franziskanerstube erwartet den Gast eine kreative, saisonorientierte Küche mit kulinarischen Gerichten aus dem heimischen Raum – dazu ausgesuchte, erlesene Weine. Auf der Dachterrasse können Sie bei herrlichem Blick über den Rhein hausgemachte Kuchen und fantasievolle Eiskreationen genießen. Und in der Geschenkboutique finden Sie Künstlerpuppen, Clowns aus Naturstein, Handarbeitsdecken, Gourmet-Geschenke, hausgemachte Marmeladen und vieles mehr.

Hotel Rheinpavillon – Hotel / Restaurant / Biergarten
Rheinuferstraße 64a · 56341 Kamp-Bornhofen
Tel.: 06773/9380 · Fax: 06773/9389
rheinpavillon@rheinhotel.com · www.rheinpavillon.rheinhotel.com
Der Inhaber (der im Übrigen auch Burgherr auf Sterrenberg ist) dieses direkt am Rhein gelegenen, gepflegten Hotels mit einem großen Biergarten bietet hier, wie auf der Burg, eine gutbürgerliche rheinische Küche mit Wildspezialitäten aus dem Kamper Wald und verwöhnt seine Gäste mit Gaumenfreuden aus der erstklassigen eigenen Konditorei.

Rhens

Die Rhenser Eierspende

Die Rhenser Eierspende

Es war der Ort, an dem die deutschen Könige gewählt wurden: das idyllische Rhens, direkt am Rhein gelegen und von Wäldern und Weinbergen umgeben. Seit 1273 kamen hier in einem Nussbaumgarten außerhalb der Stadt die deutschen Kurfürsten zu Verhandlungen über Angelegenheiten des Reiches zusammen, vor allem zu solchen, in denen über die Königswahlen beschlossen wurde.

Die alte Stadtmauer umschließt nicht nur eines der ältesten, auch heute noch genutzten Rathäuser in Rheinland-Pfalz – und zugleich ein wunderschöner Fachwerkbau –, sondern auch den „Scharfen Turm", der zuerst als Späh-, dann als Zollturm und später als Gefängnis für „Hexen" genutzt wurde.

Agnes von Flören, Tochter des reichen Koblenzer Weinhändlers und Ratsherrn Johannes von Flören, war alles andere als eine Hexe. Wie so oft weilte sie auch 1631 mit ihren Eltern zur Osterzeit, im Anschluss an eine Wallfahrt nach Bornhofen, wieder einmal zu Besuch bei dem kurkölnischen Amtmann Sebastian Högg in Rhens. Die beiden Familien waren seit Jahren miteinander befreundet und trafen sich regelmäßig. Im Laufe der Zeit hatten Agnes und der Sohn des Amtmanns, Hans Högg, einander lieben gelernt, und dieses Mal hatte der Besuch einen besonders freudigen Anlass: Man feierte die Verlobung der beiden.

In Rhens gab es damals einen Brauch, der schon seit dem Mittelalter gepflegt wurde: die Eierspende. Jeden Ostermontag zogen Kinder und Jugendliche, angeführt von ihren Lehrern und dem Stadthirten, der auf einer Schalmei spielte, vom Marktplatz aus in einem Festzug durch den Ort. Sie hielten vor jedem Haus an, sangen einen uralten Bittspruch – und wenn sie den erbetenen Osterfladen oder gefärbte Eier erhalten hatten, ließen sie ihren Dankesspruch erklingen und zogen weiter.

An diesem Ostermontag trat Agnes strahlend vor Freude gemeinsam

mit ihrem Verlobten den Kindern entgegen, um Eier und Osterkuchen an sie zu verteilen. Dieser Brauch war auch ihr mittlerweile zu einer lieben Tradition geworden, und als sich der Vorrat dem Ende neigte, versprach sie: „Nächstes Jahr komme ich als Ehefrau von Hans wieder und werde erneut Eier und Kuchen verteilen." Die kleine Gesellschaft quittierte dies mit freudigem Jubelgeschrei.

Doch tragischerweise sollte es ganz anders kommen. Es waren die Zeiten des Dreißigjährigen Krieges, und Hans musste kurz darauf ins Feld ziehen, wo er in einer der Schlachten von einer Geschützkugel tödlich getroffen wurde. Auch das Rheinland blieb nicht vom Krieg verschont. Agnes musste mit ihren Eltern nach Bacharach fliehen, doch als die Schweden dieses kleine Städtchen im Sturm nahmen, kamen ihr Vater und ihre Mutter ebenfalls ums Leben.

Agnes war nun völlig allein auf der Welt und suchte als Nonne Zuflucht im Kloster Oberwerth. Viel von dem, was ihr Freude bereitete, war ihr nicht mehr geblieben – nur die Liebe zu Kindern trug sie weiterhin tief in ihrem Herzen. So kam im Jahr darauf zu Ostern keine strahlende Ehefrau mit ihrem Mann nach Rhens, sondern eine bleiche, stille Nonne. Dennoch hielt sie das gegebene Versprechen und spendete den Rhenser Kindern wieder gefärbte Eier und Kuchen – eine Gewohnheit, die sie auch in den darauf folgenden Jahren einhielt: Jeden Ostermontag empfing sie von nun an den Zug der fröhlichen Kinder, denn ihnen eine Freude zu machen, das war ihr zugleich immer auch eine

Die Sage vom Königsstuhl

Auch um den Königsstuhl rankt sich eine Sage, genauer gesagt um Wenzel, Sohn Karls IV., der guten Wein sehr geschätzt haben soll. Er war am 9. Juli 1376 in Aachen zum deutschen König gekrönt worden, wurde jedoch im August 1400 von seinem Amt abgesetzt. Zu seinem Nachfolger wählte man Ruprecht von der Pfalz aus dem Geschlecht der Wittelsbacher. Ruprecht war auch der Erste, der auf dem Ende des 14. Jh. erbauten, steinernen Königsstuhl in dieses Amt erhoben wurde.

Der Grund für die Absetzung Wenzels soll eine verlorene Wette gewesen sein. Nachdem der König sich schon aus verschiedenen anderen Gründen ziemlich über die Kurfürsten geärgert hatte, brachte ein Glas saurer Wein, das sie ihm eingeschenkt hatten, das „Fass zum Überlaufen". Verärgert versprach er demjenigen, der ihm am nächsten Tag ein Fass lieblichen Pfälzer Wein bringen würde, die Königskrone. Da zu seiner Zeit ein Schiff aus der Pfalz bis nach Rhens fünf Tage brauchte, war er sich sicher, sein Versprechen nicht halten zu müssen. Der Pfälzer Kurfürst Ruprecht war aber ebenfalls ein Weinliebhaber und hatte immer ein Fässchen Wein aus seiner Heimat bei sich. Als Ruprecht ein solches am nächsten Tag nun herbeirollen ließ und demselben ein lieblicher Duft entströmte, war auch Wenzel um seinen „Weinverstand" gebracht. Er hatte die Wette verloren, worauf ihn die Kurfürsten Kraft ihres Amtes absetzten.

Wenn diese Interpretation historischer Ereignisse auch sicherlich etwas „weinselig" ist, stellt sie doch eine charmante Liebeserklärung an den Pfälzer Wein dar.

liebe Erinnerung an das eigene, unwiederbringlich vergangene Glück.

Dieser Brauch war Agnes im Laufe der Jahre so heilig geworden, dass sie darauf bedacht war, dass er auch über ihren Tod hinaus erhalten bleiben sollte. Deshalb vermachte sie das gesamte Vermögen, das sie von ihren Eltern geerbt hatte, dem im 14. Jahrhundert gegründeten Rhenser Hospital unter der Bedingung: „Alljährlich müssen am Ostermontag 1100 gefärbte Eier und ebenso viele Wecken an die Kinder der Stadt Rhens verteilt werden." Und fast zwei Jahrhunderte lang wurde ihr Vermächtnis auch beibehalten.

Doch im Jahr 1823 stellten einige den Sinn dieses Brauchs in Frage, und der damalige Landrat Burret verfügte, dass das Hospital für zwei Drittel der vorgesehenen Summe von nun an Bücher für arme Kinder kaufen sollte. Das verbleibende Drittel sollte als Belohnung für die Kinder verwendet werden, die fleißig gewesen waren und sich gut geführt hatten. Das Hospital aber widersprach dieser Anweisung, und der Landrat genehmigte schließlich erneut die Ausgabe von Eiern – allerdings unter der Bedingung, dass die Stiftungsurkunde herbeigebracht würde. Doch obwohl die Urkunde nicht aufzufinden war, wurde die Eierspende auf Beschluss des Hospitals zunächst auch weiterhin in althergebrachter Art gefeiert.

Aber in den darauf folgenden Jahrzehnten wechselten sich die Zeiten, in denen der Brauch gepflegt wurde, mit denjenigen ab, in denen er nicht am Leben erhalten wurde oder zum Beispiel durch Kriege nicht aufrechterhalten werden konnte. Erst das Engagement der Stiftung „Rhenser Kulturbesitz" hat seit 1988 dazu geführt, diese Tradition wieder aufleben zu lassen und sie zu bewahren. Gemeinsam mit der Stadt und dem Rhenser Mineralbrunnen lädt sie seitdem jedes Jahr zu Ostern Kinder und Eltern ein, die alte Sitte des Eierspendens im Sinne von Agnes von Flören fortzuführen.

WISSENSWERTES

Der Brauch, Eier zu verteilen, herzugeben und zu verschenken, hat unterschiedliche Traditionen. Als Symbol für Fruchtbarkeit und neues Leben dienten Eier in vorchristlicher Zeit schon immer auch als Opfergaben. Im Mittelalter war die Osterzeit ein feststehender Zahlungstermin, an dem dem Grundherren als Sachleistung für das gepachtete Land Eier überreicht wurden. In der christlichen Fastenzeit hatte dieser Brauch zudem einen praktischen Grund, denn Strenggläubigen war in diesen Wochen der Genuss von Eiern verboten. Weil aber die Hühner auch während dieser Zeit ihre Pflicht taten, wurde das Überangebot der gesammelten Eier, die aus Gründen der Haltbarkeit gekocht wurden, zur Osterzeit verschenkt – vor allem an Kinder, sowohl aus ernährungsbedingten als auch aus religiösen Gründen. Heute ist davon nur noch die lieb gewonnene Tradition geblieben, ohne dass der eigentliche Ursprung noch allgemein bekannt ist.

Rhens – Touristisch

Geschichtliches: Der Ortsname ist keltischen Ursprungs und bedeutet übersetzt **„Ort am Strom"**. Erstmals urkundlich erwähnt wurde Rhens im Jahr 874.

Dank der günstigen politisch-geografischen Lage – hier stießen **vier der sieben deutschen Kurfürstentümer** aufeinander (Kurköln/Rhens, Kurmainz/Lahnstein, Kurtrier/Kapellen-Stolzenfels und die Kurpfalz/Braubach) – wurde Rhens zum **Versammlungsort der deutschen Kurfürsten** erkoren. Von 1346 bis 1486 wurden hier am Rheinufer die deutschen Könige und Kaiser gewählt, was Karl IV. Ende des 14. Jh. zur Errichtung des **Königsstuhls** veranlasste.

Der Königsstuhl

Die Geschichte des Königsstuhls beginnt 1273, als die deutschen Kurfürsten zur Vorbesprechung der Wahl Rudolfs von Habsburg in einem Nussbaumgarten außerhalb von Rhens zusammenkamen. 1338 gründeten sie den „Rhenser Kurverein" zur Verteidigung des Reichsrechts und der Kurrechte. Mit Karl IV. wurde 1346 hier dann der erste König gewählt. Er forderte die Bürger der Stadt auf, ein „Steynen Gestuel" zu errichten, im Gegenzug wurde ihnen dafür Zollfreiheit zugesichert. Dies war die Geburtsstunde des historischen Königsstuhls. Mit dem späteren Kaiser Maximilian I. wurde 1486 der letzte König auf ihm inthronisiert. 1795 zerstört, wurde er 1842 aus schwarzen Lavaquadern wieder aufgebaut und 1929 auf die Rheinhöhe Schawall verlegt.

Der **Scharfe Turm** am Rhein zeugt von einer dunklen Periode der Rhenser Geschichte. Lange Zeit als Gefängnis genutzt, wurden hier zwischen 1645 und 1647 zehn angebliche Hexen und Hexenmeister bis zu ihrer Hinrichtung gefangen gehalten und gefoltert.

Sehenswertes: Das Wahrzeichen der Stadt ist der **Königsstuhl**. Er wurde Anfang des 20. Jh. von seinem ursprünglichen Platz in der Nähe des Rheinufers auf eine Anhöhe über der Stadt verlegt, von der man die schöne Aussicht über das Tal genießen kann. An dem alten Standort am **Rhenser Brunnen**, wo seit dem 16. Jh. eine **Mineralwasserquelle** erschlossen ist, deren Wasser auch exportiert wird, erinnert heute eine **Gedenktafel** an die vergangenen Zeiten.

Beim Bau der Stadtmauer scheinen die Rhenser das Sprichwort „man solle die Kirche im Dorf lassen", vergessen zu haben, denn die **Pfarrkirche St. Dionysius** liegt ungewöhnlicherweise nicht im Ort, sondern südlich davon auf einem Hügel. Der Ursprung des Baus stammt aus dem 13. Jh., Langhaus und Chor entstanden im 16. Jh. Die Ausstattung erfolgte weitestgehend im barocken Stil. Anfang des 20. Jh. wurde die neue Pfarrkirche, **St. Theresia**, westlich der Stadt im neugotischen Baustil errichtet.

Beachtliche Reste der alten acht Meter hohen

fünfeckigen **Stadtmauer** sind auch heute noch erhalten: der Scharfe Turm, das Josefstor, das Rheintor, das Kirchtor sowie das Viehtor. Das Koblenzer Tor befindet sich derzeit im Wiederaufbau.

Stolz sind die Rhenser auf die vielen malerischen **Fachwerkbauten**. Eines, das durch seine Schönheit besonders auffällt, ist das an der Hauptstraße gelegene **Rathaus**. Im 16. Jh. errichtet, ist es mit dem **kleinen Glockentürmchen** eines der ältesten Rathäuser am Mittelrhein.

Neben den zahlreichen anderen idyllischen Gasthäusern empfiehlt sich eine Ruhepause im Hotel Königsstuhl. In diesem im 16. Jh. errichteten Haus hat **Wilhelm von Kügelgen**, der Künstler und Autor des einstigen Bestsellers „Jugenderinnerungen eines alten Mannes“, so manche Stunde seines Lebens verbracht.

Empfehlenswertes: Die Verbandsgemeinde Rhens mit der Stadt Rhens und den Ortsgemeinden Brey, Spay und Waldesch ist auf der einen Seite vom Ufer des romantischen Rheins umgeben, auf der anderen von Wiesen, Wäldern und Rebhängen – eine Umgebung, die die Region zu einem wunderschönen Rundwandergebiet macht. Die Ortsgemeinde Spay liegt unmittelbar an der Spitze der **größten Schleife des Rheins** auf dessen Weg nach Norden.

Nicht weit entfernt befindet sich der **Jakobsberg** mit seiner ehemaligen Klosteranlage, heute eines der besten Hotels im Mittelrheintal und zugleich ein Golferparadies. Auch die Nicht-Golfer können hier – von der Terrasse des Golfclubs aus – die Aussicht ins Rheintal genießen.

Die Verbandsgemeinde Rhens veranstaltet das ganze Jahr über fröhliche Heimat- und Volksfeste, darunter natürlich die jährliche **Rhenser Eierspende** am Ostermontag sowie **Frühlingsfeste**, das **Country-Fest**, das **Rheinuferfest**, **Rosenfest**, **Kröbbelches-Fest**, das berühmte Lichterspektakel **Rhein in Flammen** und das **Stadtfest**. Am letzten Sonntag im Juni ist die Strecke von Koblenz bis Bingen für den Autoverkehr gesperrt - **Tal to Tal**. Anlässlich dieser Veranstaltung werden zahlreiche Aktivitäten innerhalb der einzelnen Gemeinden geboten.

Rhens – Informationen & touristische Empfehlungen

Tourist-Information Rhens

Rathaus, Am Viehtor 2 · 56321 Rhens
Tel.: 02628/9605-42 · Fax: 02628/9605-24
touristik@rhens.de · www.rhens.de

Inmitten des UNESCO-Welterbegebiets „Oberes Mittelrheintal" liegt am romantischen Rheinufer die Verbandsgemeinde Rhens – bestehend aus der Stadt Rhens und den Ortsgemeinden Brey, Spay und Waldesch. Der historisch bedeutsame Königsstuhl in Rhens, zahlreiche Fachwerkhäuser und die kultur-historische Geschichte der Ortschaften entführen Sie auf eine Zeitreise in die Vergangenheit. Die traumhaft schöne Landschaft bietet den idealen Rahmen für ausgedehnte Wanderungen (u. a. Rheinburgen-Wanderweg & Kulturweg Brey-Spay-Jakobsberg). Gepflegte Rheinanlagen (mit Schiffsanlegestellen) laden zum Verweilen ein. Und die heimischen Winzer verwöhnen ihre Gäste mit einem „guten Tropfen" und kulinarischen Genüssen des Rheinlands. In der Tourist-Information gegenüber einem der ältesten und schönsten Rathäuser in Rheinland-Pfalz erhalten Sie alle Informationen, die Sie für einen gelungenen Aufenthalt in Rhens benötigen.

Hotel Königstuhl – Hotel / Restaurant

Am Rhein 1 · 56321 Rhens
Tel.: 02628/2244 · Fax: 02628/984353
info@hotel-koenigstuhl.de · www.hotel-koenigstuhl.de

Bei einer Reise entlang des „Rheinischen Sagenwegs" gibt es viele Kleinode mit herausragender Geschichte, die zum „Pflichtprogramm" gehören. Dazu zählt auch das Hotel Königstuhl im historischen Haus von 1573, das lange Zeit als älteste und berühmteste Künstlerkneipe am Mittelrhein galt und wo neben Mozart, Haydn, Goethe, Fallersleben und Freiligrath viele Romantiker sowie andere berühmte Persönlichkeiten die Gastlichkeit des stilvollen Restaurants, der rustikalen alten Schänke und die herrliche Gartenterrasse zu schätzen wussten. Liebevoll wurde es von Wilhelm von Kügelgen in seinem Bestseller „Jugenderinnerungen eines alten Mannes" beschrieben.
Der ebenso liebevoll geführte Familienbetrieb, der dank der Wahrung der Tradition bis heute seine Wertschätzung bei Kennern genießt, beherbergt schöne und stilvoll eingerichtete Gästezimmer mit Blick auf den Rhein und die Marksburg. Das Restaurant bietet internationale Küche und ständig wechselnde Spezialitäten der Saison. Und an schönen Tagen sitzen die Gäste auf der Gartenterrasse, auf der man umgeben von Kastanienbäumen und einer alten Rotbuche das reizvolle Rheinpanorama genießen kann. Der Königsaal mit angrenzender Bibliothek und Biedermeierzimmer eignet sich zudem für Tagungen, Geschäftsessen und Familienfeiern.

Hotel Roter Ochse – Hotel / Restaurant

Hochstraße 27 · 56321 Rhens
Tel.: 02628/2221 · Fax: 02628/3709
info@roter-ochse.net · www.roter-ochse.net

Das zwischen 1699 und 1702 erbaute Fachwerkhaus – in der Nähe des historischen Rathauses gelegen – beherbergt neun gemütliche und komfortable Gästezimmer. Die bekannt gute Küche bietet kulinarische Leckereien sowie Wild aus eigenem Revier, Diät- und vegetarische Kost. In dem Restaurant finden bis zu 100 Personen Platz, sodass neben den Einzelgästen gerne auch Gruppenreisende (Busgesellschaften, Tagungen, Betriebsfeiern und Familienfeste) empfangen werden. Im hinteren Teil des Restaurants befindet sich ein separater Bereich (für Gruppen bis 14 Personen), dessen Rückwand – eine Bruchsteinwand – ein Teil der originalen alten Stadtmauer ist.

Boppard

Ein Märchen geht um die Welt

Ein Märchen geht um die Welt

„Ein Märchen aus alten Zeiten, das kommt mir nicht aus dem Sinn." Dies sind die Worte Heinrich Heines in seinem Gedicht über die Loreley, das von Heines Verleger Julius Campe 1824 in der Sammlung „Drei und Dreißig Gedichte" veröffentlicht wurde. Auch Clemens Brentano hatte sich schon einige Jahre zuvor hier im Mittelrheintal zu seinem „Rheinmärchen" anregen lassen, in dem er die „Lore Lay" erschaffen hat. Der Mythos um die betörende Jungfrau, der damals entstand, ist einer der Gründe dafür, dass das „Tal der Loreley" nun schon seit zweihundert Jahren das Ziel von Reisenden aus aller Welt ist. Und kaum einer wird sich den starken Gefühlen entziehen können, die von dieser wunderschönen Landschaft und ihren zahlreichen Sagen und Geschichten ausgehen. So erging es wohl auch dem Komponisten Engelbert Humperdinck, der sich in Boppard zu seinen weltweit bekannten und erfolgreichen Märchenopern hat inspirieren lassen. Sein „Schlösschen", das „Humperdinck-Schlösschen" in Boppard, wurde zu seinem Refugium, und die Märchenoper „Königskinder", die im Dezember 1910 an der Metropolitan Oper in New York uraufgeführt wurde, zu einem großartigen und „märchenhaften" Welterfolg.

Geboren wurde Engelbert Humperdinck am 1. September 1854 in Siegburg als Sohn eines Gymnasiallehrers. Seine Mutter, eine begabte Sängerin, erkannte und förderte bereits früh das musikalische Talent ihres Sohnes. Auch in der Fachwelt erkannte man bald Humperdincks Begabung. Im Jahr 1879 gewann er in Berlin den ersten Preis der Mendelssohn-Stiftung und dazu eine Italienreise, durch die es am 9. März 1880 in Neapel zu einer schicksalhaften Begegnung mit Richard Wagner kam. Dieser bot Humperdinck an, ihm als sein Assistent bei der Vorbereitung der Uraufführung des „Parsifal" zu helfen. Humperdinck nahm das Angebot Wagners an und arbeitete mit ihm bis zu dessen Tod 1883

Die Königskinder

WISSENSWERTES

Wer sich für Engelbert Humperdinck und sein Werk interessiert, kann sich zahlreiche Informationen aus dem Internet holen oder sich an den Verein Engelbert-Humperdinck-Freunde Siegburg e.V. wenden (Telefon 02241/33 42 65, www.engelbert-humperdinck-musikschule.de).

Und mit den Schichtholzstühlen des Tischlers Michael Thonet, die in der Thonet Ausstellung des Museums der Stadt Boppard ausgestellt sind, sowie den Erzeugnissen von Dr. Heinz Maurer, der die Bedeutung von Reinigungsprodukten für die Haut mit einem ph-Wert von 5,5 erkannte und die Firma Sebamed gründete, entstanden hier in Boppard weitere „märchenhafte" Erfolge, die um die ganze Welt gingen.

zusammen. Auch wenn Humperdinck viel zartgliedriger als Wagner komponierte, verehrte er seinen „väterlichen Freund" Wagner sehr, wie er es selbst bei dessen Beisetzung kundtat.

Berühmt wurde Humperdinck, als er seiner Schwester einen Wunsch erfüllte. Die poesiebegeisterte Adelheid schrieb Grimmsche Märchen zu Theaterstücken um und bat den Bruder, ihr zu „Hänsel und Gretel" die passende Musik zu komponieren. So entstand die gleichnamige Märchenoper, die am 23. Dezember 1893 in Weimar uraufgeführt wurde. Kein Geringerer als Richard Strauss hielt dabei den Taktstock. Die Oper wurde zu einem „märchenhaften" Erfolg, sorgte auch im Ausland für Furore und brachte Humperdinck weltweiten Ruhm ein.

Neben dem künstlerischen Erfolg verhalf ihm dieses Werk auch zu dem Wohlstand, der es ihm ermöglichte, sich in seinem geliebten Rheinland einen Wohnsitz einzurichten. Humperdinck konnte sich so den Wunschtraum eines jeden freischaffenden Künstlers erfüllen, an einem schönen Ort und ohne Alltagssorgen sich seinen Neigungen widmen zu können. Dabei hatte es ihm, wie sein Sohn später bestätigte, die reizvolle und verkehrsgünstig am romantischen Mittelrhein gelegene, geschichtsträchtige Stadt Boppard besonders angetan. So kaufte er sich 1895 das Haus, das er nach seinem Geschmack umgestalten ließ und das heute als das „Humperdinck-Schlösschen" bekannt ist (Bild links). Oft soll er hier frühmorgens zu Wanderungen aufgebrochen sein, und was ihm dabei an Melodien in den Kopf gekommen ist, hat er in seinem „Bopparder Skizzenbuch" notiert.

1907 wurde das „Schlösschen“ zum Refugium für eine seiner großen Kompositionen, und Humperdinck bezeichnete die beiden folgenden Sommer als die glücklichste Schaffensperiode in seinem Leben. Es entstand sein zweiter Welterfolg: die Märchenoper „Königskinder“. Das Werk wurde am 28. Dezember 1910 an der New Yorker Metropolitan Opera, der schon damals legendären „Met“, uraufgeführt.

Der Erfolg seiner Werke währt bis heute, und einige seiner Kompositionen gehören inzwischen zum allgemeinen Liedgut, wie zum Beispiel „Ein Männlein steht im Walde“, „Suse, liebe Suse, was raschelt im Stroh“ und „Brüderchen, komm tanz mit mir“ aus der Oper „Hänsel und Gretel“.

Am 27. September 1921 starb Engelbert Humperdinck bei einem Aufenthalt in Neustrelitz. Sein „Schlösschen“ wurde bis in die Mitte der 1930er Jahre von seinem Sohn und dessen Familie bewohnt, der es damals auch als Gedenkstätte für seinen Vater ausstattete. Heute ist es ein privates Wohnhaus und kann daher nur von außen besichtigt werden.

Die Entstehungslegende von Kloster Marienberg

Das Stadtbild Boppards wird geprägt von dem Benediktinerinnenkloster Marienberg, das seit 1123 oberhalb der Stadt liegt. Der Legende zufolge geht seine Gründung auf eine tragische Geschichte zurück.

Das Leben von Graf Konrad Beyer von Boppard schien zunächst von großem Glück geprägt, als er Maria, ein bezauberndes Ritterfräulein, kennen lernte. Einst ein tollkühner Reiter, der die Jagd und das Abenteuer liebte und oft bis spät in die Nacht beim Würfelspiel saß, ließ er sich von nun an gerne von seiner geliebten Braut davon abhalten. Seine Freunde versuchten jedoch auf jede erdenkliche Weise, ihn von der geplanten Hochzeit abzubringen. Und schon bald war Konrad tatsächlich von Zweifeln befallen und gab Maria sein Eheversprechen zurück. Der jungen Frau schwand daraufhin aller Lebensmut. Aber auch Konrad quälten bald die Erinnerungen an die verlassene Braut, doch sein Stolz hinderte ihn daran, sie noch einmal um ihre Hand zu bitten.

Als er eines Tages im Wald ausritt, kam es zu einer schicksalhaften Begegnung: Konrad traf einen Ritter, der ihn zum Kampf aufforderte. Da dieser sein Visier verschlossen hatte, verriet nur das Wappen auf seinem Schild, dass er zu Marias Familie gehörte. „Vielleicht ist es ihr Bruder, der sie rächen möchte“, dachte Konrad, als ihre Schwerter gegeneinander schlugen. Bald lag sein Gegner tödlich getroffen am Boden. Als Konrad nun dessen Visier öffnete, sprang er entsetzt zurück. Es war Maria, die mit erlöschender Stimme zu ihm sprach: „Ich wollte von deiner Hand sterben.“

Der Graf ließ an dieser Stelle ein Kloster errichten und nannte es der Geliebten zu Ehren Marienberg. Anschließend verließ er seine Heimat, zog mit den Kreuzrittern ins Heilige Land und fand auf dem Schlachtfeld bald den ersehnten Tod.

Boppard – Touristisch

Geschichtliches: Boppard kann auf eine über 2000-jährige Geschichte zurückblicken, und wie bei vielen anderen Städten und Orten entlang des „Rheinischen Sagenwegs" geht auch diese Gründung bereits auf die Römer zurück. Um 50 v. Chr. errichteten diese hier eine Siedlung und nannten das von ihnen erbaute Kastell **Bodobrica.** Von der im 4. Jh. zum Schutz gegen die anstürmenden Franken errichteten Festungsanlage sind heute noch in weiten Teilen Türme und Mauern erhalten. Erstmals urkundlich erwähnt wurde Boppard im Jahr 643.

Im Mittelalter stieg Boppard zunächst zur freien Reichsstadt auf, wurde im 14. Jh. jedoch von Kurfürst Balduin von Trier besetzt. Zum Schutz gegen die nach Freiheit strebenden Bopparder ließ er 1327 die **Kurfürstliche Burg** als Zoll- und Zwingburg erbauen.

In den darauf folgenden Jahrhunderten wechselten sich die Besetzer gegenseitig ab, und so standen die Bopparder unter der Herrschaft der Spanier, Schweden, Franzosen bis hin zu den Preußen.

Bekanntheit erhielt der Stadtteil **Bad Salzig** durch die glaubersalzhaltige Leonorenquelle, die dem Ort im 20. Jh. die Bezeichnung **„Karlsbad am Rhein"** einbrachte.

Das Museum der Stadt Boppard
Die Museumsräume befinden sich in der ehemaligen „Kurfürstlichen Burg". Neben den Ausstellungen zu den Bugmöbeln von Michael Thonet sowie der sakralen Kunst und Kirchengeschichte mit ausführlicher Darstellung verschiedener Klöster, Kirchen und Kapellen erfährt der Besucher hier Interessantes zur Vor- und Frühgeschichte sowie der Stadtgeschichte von Boppard.

Sehenswertes: Das Stadtbild wird von beschaulichen Fachwerkhäusern, stilvollen Villen, Bürgerhäusern und Adelshöfen, den engen Straßen der Altstadt sowie alten Kirchen und Klöstern geprägt. Umringt wird die Stadt von der alten Stadtmauer, u. a. mit dem mittelalterlichen Binger Tor, die als eine der **besterhaltenen römischen Stadtmauern** Deutschlands gilt.

Zahlreiche kirchliche Bauten legen Zeugnis christlicher Baukunst ab, darunter die 1236 vollendete **St. Severus-Kirche** mit ihrem mächtigen Turmpaar, ein markantes Beispiel spätromanischer Baukunst; die **Christuskirche**, ein sehenswerter neuromanischer Bau; die Barockkirche **St. Pankratius** und die 1300 erbaute Kirche der **Karmeliter** mit dem dazugehörigen Kloster. Diese verfügt über eine reichhaltige Ausstattung – eine Besonderheit ist die **„Trau-**

benmadonna", die nach wie vor jedes Jahr von den Winzern mit den ersten reifen Trauben beschenkt wird.

Überragt wird die Altstadt von der ehemaligen **Benediktinerinnenabtei Marienberg** aus dem 12. Jh. Unmittelbar am Rhein liegt die **Kurfürstliche Burg**, die heute das **Städtische Museum** beherbergt. Hier ist u. a. eine beachtliche Sammlung von Möbeln des Erfinders der Bugholzmöbel Michael Thonet zu sehen, der mit seinen **Kaffeehausstühlen** die ganze Welt erobert hat. An den gebürtigen Bopparder erinnern auch die Wasserspiele des **Thonet-Brunnens** auf dem Marktplatz.

Ein wahres Schmuckstück ist das **Ritter-Schwalbach-Haus**, ein stattlicher Adelssitz aus dem 15. Jh. mit Eckturm, Treppenturm und Kapellenchor. Sehenswert ist auch der **Archäologische Park**, der die Besucher zurück in die Römerzeit führt

Für Erholung, aber auch Vergnügen sorgt das reichhaltige gastronomische Angebot entlang der gut 3 km langen Rheinpromenade, die zu herrlichen Spaziergängen einlädt. Und wer nicht so gut zu Fuß ist, dem empfiehlt sich eine Stadtrundfahrt mit dem **„Rheinexpress"**.

Empfehlenswertes: Boppard ist eine Stadt der Superlative. Mit dem Bopparder Hamm verfügt Boppard nicht nur über **Europas größte Rheinschleife**, sondern auch über die größten zusammenhängenden Rebenhänge am Mittelrhein, die entlang des **„Weinbergpfades"** erkundet werden können. Die besonders sonnige Lage der Weinberge wird auch durch die **Smaragdeidechse** bezeugt, die in Deutschland nur am Kaiserstuhl und hier zu Hause ist. Aus demselben Grund ist auch die einzigartige, die Sonne liebende Blume **Iberis Boppardensis** nur in dieser Region zu finden.

Zudem hat Boppard mit der unter Denkmalschutz stehenden **Hunsrückbahn** die steilste Normal-Eisenbahnstrecke Deutschlands, die bei einem Höhenunterschied von 350 Metern den mehr als 3000 ha großen Stadtwald durchquert und während der Fahrt eine herrliche Aussicht auf das Mühltal bietet. Abgerundet wird dieses Angebot durch die **Sesselbahn**, die hoch zum **„Vierseenblick"** und **Gedeonseck** führt, Ausgangspunkt für wunderschöne Wanderungen rund um die Stadt.

Boppard – Informationen & touristische Empfehlungen

Tourist Information Boppard
Marktplatz (Altes Rathaus) · 56154 Boppard
Tel.: 06742/3888 · Fax: 06742/81402
tourist@boppard.de · www.boppard.de
Öffnungszeiten: Mai-September Mo – Fr 8-18 Uhr · Sa 9-13 Uhr · Oktober-April Mo-Fr 8-16 Uhr

Museum in der Kurfürstlichen Burg
Burgstraße (an der Fähre) · 56154 Boppard
Tel.: 06742/103-69 · Fax: 06742/103-30
Öffnungszeiten: April bis Oktober Di-So 10-12.30 Uhr u. 13.30-17 Uhr
Führungen nach Vereinbarung
Ausstellungen zu den Bugholzmöbeln von Michael Thonet, zur Stadtgeschichte und zu sakraler Kunst- und Kirchengeschichte.

Weinhaus Heilig Grab – Weingut/Weinhaus
Zelkesgasse 12 · 56154 Boppard
Tel.: 06742/2371 · Fax: 06742/81220
WeinhausHeiligGrab@t-online.de · www.heiliggrab.de
Das Weinhaus „Heilig Grab" ist Boppards älteste Weinstube und seit mehr als 200 Jahren in Familienbesitz. Im Sommer lockt die Gartenwirtschaft unter alten Kastanienbäumen mit Weinen aus dem eigenen Weingut.

Bellevue Rheinhotel – Hotel/Restaurant/Wellness
Rheinallee 41 · 56154 Boppard
Tel.: 06742/102-0 · Fax: 06742/102-602
info@bellevue-boppard.de · www.bellevue-boppard.de
Seit 1887 bietet das direkt an der Rheinufer-Promenade gelegene 4-Sterne-Hotel (superior) familiäre Gastlichkeit, die bereits der Eiserne Gustav, König Rama V. von Siam, Juliette Greco, Hildegard Knef, Willy Brandt, Helmut Kohl und das Kaiserpaar von Japan genossen haben. Hier können Sie sich vom Jugendstil und dem Flair aus Belle Epoque, Gründerzeit, Thonet, Monet, Steinway, Chopin, Miro verzaubern lassen. Neben 2 Restaurants und einer schönen Bar verfügt das Hotel über Hallenbad, Sauna, Fitnessraum und 6 Veranstaltungsräume.

Jakobsberg – Hotel/Restaurant/Sport- & Golfanlage
Im Tal der Loreley · 56154 Boppard / Rhens
Tel.: 06742/8080 · Fax: 06742/3069
info@jakobsberg.de · www.jakobsberg.de
Das 4-Sterne-Hotel (superior) im ehemaligen. Klostergut mit seinen 118 Zimmern (und Hubschrauberlandeplatz) liegt auf einer Terrasse hoch über dem Rhein mit herrlicher Aussicht und bietet neben dem Golfplatz ein hervorragendes Restaurant und eine große Sport- und Wellnessanlage.

Hotel Ebertor – Hotel/Restaurant
Heerstraße 172 · 56154 Boppard
Tel.: 06742/807-0 · Fax: 06742/807-100
info@ebertor.de · www.ebertor.de
Ein familiär geführtes, gastfreundliches 3-Sterne-Hotel (superior) mit vier außergewöhnlichen gastronomischen Einrichtungen und schönem Garten

Landidyll Park – Hotel Bad Salzig – Hotel/Restaurant
Römerstraße 38 · 56154 Boppard
Tel.: 06742/9393-0 · Fax: 06742/9393-93
info@park-hotel-online.de · www.park-hotel-online.de
Wunderschönes 3-Sterne-Hotel (superior) mit idyllischem Charme – ausgezeichnet als „Gastgeber des Jahres 2005" in Rheinland-Pfalz.

St. Goar

Die Loreley

St. Goarshausen

Die Loreley

„Ich weiß nicht, was soll es bedeuten, dass ich so traurig bin ..." Dies sind die berühmten Zeilen von Heinrich Heine, mit denen der Zauber beschrieben wird, der von dem sagenumwobensten aller Orte im Mittelrheintal ausgeht: dem Loreleyfelsen.

Dieser 193 Meter hohe Schieferfelsen wurde im Jahr 2002 mitsamt dem „Tal der Loreley" zum UNESCO-Welterbe erklärt. Kein Wunder, dass die Schönheit dieser außergewöhnlich faszinierenden Landschaft bereits zahlreiche Künstler zu ihren Werken inspiriert hat: Der Rhein hat hier mit 22 Metern seine tiefste, engste und gefährlichste Stelle und liefert dem Szenario vor dem berühmten Felsen mit einer scharfen Rechtsbiegung das dazugehörige dramatische Fundament.

Bis ins 19. Jahrhundert hinein waren die Felsklippen und Stromschnellen in dieser engen Schlucht äußerst gefürchtete Hindernisse für Schiffer und Flößer, von denen viele hier verunglückten und die sinnenbetörende Loreley zuweilen als Ausrede benutzten. Da das Rheintal an dieser Stelle auch für sein ungewöhnliches Echo berühmt war, hatte sich schon im 13. Jahrhundert ein Mythos um diesen Felsen gebildet. Clemens Brentano erschuf aus dem Namen des Felsens „Lurlei" im Jahre 1800 die Zauberin Lore Lay, und seitdem ranken sich unzählige Erzählungen um die Sage von der verführerischen Jungfrau.

In Bacharach lebte einst eine wunderschöne Jungfrau. Ihr Name war Loreley, und ihre Augen strahlten einen Zauber aus, dem sich kein Mann entziehen konnte. Viele versuchten ihr Herz zu gewinnen, gelungen ist dies jedoch nur einem, einem Ritter von der Burg in Bacharach. Dem Glück der beiden war leider keine lange Dauer beschieden, denn schon bald musste der Ritter in den Krieg ziehen. Der Kummer der Loreley war groß, unentwegt war sie in Gedanken bei dem fernen Geliebten. Die Sehnsucht in ihren Augen ließ sie aber nur noch reizvoller erscheinen, und so wuchs die Zahl der Bewerber mit jedem Tag. Unter ihnen waren auch zwei Männer, die der Kirche nahe standen,

und als sie ebenfalls abgewiesen wurden, klagten sie die Loreley in ihrer Enttäuschung beim Bischof an: „Sie ist eine böse Zauberin."

Der Bischof ließ sie zu sich kommen, und auch er konnte seine Augen vor dem Zauber der Jungfrau nicht verschließen. Da er aber ein gerechter Kirchenmann war, konnte er an ihrem Liebreiz nichts Schändliches entdecken. Die Loreley kniete vor ihm nieder und brach in Tränen aus. „Hochwürden", sprach sie zu ihm, „ich bin so unglücklich und verbreite nur noch Leid. Am liebsten würde ich sterben." Der Bischof aber erwiderte: „Sterben sollst du nicht, nur für diese Welt. Nonne sollst du werden, dann wirst du deinen Frieden finden." Und er befahl drei Rittern, sie in das nahe gelegene Kloster zu bringen.

Als sie an dem hohen Felsen am Rhein vorbeikamen, bat die Loreley: „Lasst mich diesen Felsen besteigen. Ich möchte so gerne noch einmal das Schloss meines Liebsten sehen und den Anblick des Tals genießen, bevor ich Gottes Braut werde." Die Männer gewährten ihr diese Bitte, und so stieg sie zur Spitze hinauf und schaute über den Strom. In diesem Moment näherte sich ein Schiff, das die Flagge ihres geliebten Ritters trug. Freudig schrak sie zusammen. Im nächsten Moment meinte sie, auch den Geliebten selbst zu erkennen und streckte ihre Arme nach ihm aus. Dabei vergaß sie jedoch, dass sie am Rand des Felsens stand, und als sie einen Schritt nach vorne tat, stürzte sie hinab und versank in den Fluten des Rheins.

Da sie aber, wie der Bischof gesagt hatte, nicht von dieser Welt gehen sollte, lebte die Loreley fortan als Nixe in den Tiefen des Rheins weiter. Oft tauchte sie allerdings aus dem Wasser auf und stieg in der Dämmerung oder bei Mondenschein auf den Felsen und ließ ihren betörenden Gesang erklingen, während sie ihr goldenes Haar kämmte.

Ebenso romantisch wie tragisch wussten fortan die Dichter zu berichten, „dass so manche Schiffer am Felsenriff und in den Strudeln untergingen, weil sie nicht mehr auf den Lauf des Schiffes achteten, sondern von den himmlischen Tönen der wunderbaren Jungfrau gleichsam vom Leben abgelöst wurden, wie das zarte Leben der Blumen sich in ihrem süßen Duft verhaucht."

Eine weitere Sage berichtet von dem Sohn des Pfalzgrafen, der damals in dieser Gegend sein Hoflager aufschlug, da ihm die schöne Jungfrau nicht aus dem Sinn ging. Sie hatte sein Herz entflammt, und so ließ er sich eines Abends stromabwärts fahren, um nach ihr Ausschau zu halten. Die Sterne standen schon am Himmel, und der Mond hinter dem mächtigen Felsen warf sein Licht bis tief ins Tal, als der süße Klang ihres Gesangs in seine Ohren drang. Und dann erblickte der

Jüngling auch die Loreley, die nicht weit entfernt auf einer Klippe saß. Ihr Haar schimmerte golden im Schein des Mondes. Er nötigte den Schiffer, den Felsen anzufahren, und wollte hinüberspringen. Doch er sprang zu kurz und versank im Strom. So sehr man auch nach ihm suchte, der Unglückliche blieb verschwunden. Und so mussten seine Begleiter alleine zurückfahren und dem Pfalzgrafen die schreckliche Nachricht überbringen.

Von Schmerz und Wut erfüllt, befahl der Graf sogleich, dass man diese Frau gefangen nehmen solle, tot oder lebendig, um ihrem verführerischen Treiben ein Ende zu setzen. Ein Hauptmann erklärte sich bereit, sie an Ort und Stelle zu ertränken. Der Pfalzgraf willigte ein, und so wurde der Felsen vom Rhein her umstellt. Bald schon hatten sie die Jungfrau erblickt, die mit einer Bernsteinkette geschmückt oben auf der Spitze saß. Der Hauptmann kletterte mit dreien seiner Leute den Felsen hinauf. „Was habt ihr hier zu suchen?“, rief die Loreley, als sie die Männer kommen sah. Der Hauptmann antwortete: „Du Zauberin, du sollst von hier oben in den Rhein springen.“ „So“, antwortete sie, „der Rhein soll mich holen?“ Daraufhin warf sie ihre Kette in den Fluss und begann zu singen: „Vater, geschwind, geschwind, die weißen Rosse schick’ deinem Kind, es will reiten mit Wogen und Wind!“

WISSENSWERTES

Das bekannteste, 1824 erstmals veröffentlichte Gedicht von der Loreley schuf der Dichter Heinrich Heine. Zum Volkslied, das in Japan fast jedes Kind kennt, wurde es durch die Vertonung von Friedrich Silcher im Jahr 1837.

Kaum hatte sie geendet, rauschte ein starker Sturm heran und peitschte das Wasser zu hohen Wellen auf. Plötzlich erhoben sich zwei der riesigen Wellen, nahmen die Gestalt von Pferden an und trugen die Jungfrau hinab in den Strom. Jetzt erst erkannte der Hauptmann, dass die Loreley eine Nixe war und menschliche Gewalt ihr nichts anhaben konnte. Als die Männer zurückkehrten, trafen sie dort zu ihrem Erstaunen auch den tot geglaubten Sohn wieder glücklich vereint mit seinem Vater an. „Nur an eine große Welle, die mich weit entfernt zärtlich ans Ufer legte, kann ich mich noch erinnern“, schloss der Jüngling seine Erzählung von den Umständen seiner wundersamen Rettung.

Die Liebe zu der Jungfrau begleitete ihn zeitlebens, und manchmal, wenn ihn abends die Sehnsucht an das Ufer des Rheins zog, glaubte er tief unten im Fluss den verführerischen Klang ihrer Stimme zu hören.

Gesehen wurde die Loreley nie mehr, aber der Mythos rankte seitdem noch intensiver um diesen Felsen und lockt die Menschen aus aller Welt bis heute hierher.

St. Goar / St. Goarshausen – Touristisch

Geschichtliches: Die **Loreley** vor der romantischen Kulisse dramatischer Rheinschluchten, hoher Felsen und darauf thronender Burgen – vor diesem eindrucksvollen Panorama liegen das linksrheinische St. Goar und das rechtsrheinische St. Goarshausen, die zu zentralen Reisezielen der **Rheinromantiker** im beginnenden 19. Jh. wurden. William Turner, Victor Hugo, Ferdinand Freiligrath, Clemens Brentano, Heinrich Heine und viele weitere Künstler haben sich von dieser sagenhaften Atmosphäre inspirieren lassen und den Ort weltweit berühmt gemacht.

Mit einer solchen Entwicklung hatte der **hl. Goar** wahrscheinlich nicht gerechnet, als er Mitte des 6. Jh. an der Lohbachmündung eine Klause erbaute und das Evangelium am Mittelrhein verkündigte.

Sehenswertes in St. Goar: Gegenüber dem **Loreleyfelsen**, nur wenige hundert Meter stromabwärts, liegt St. Goar, überragt von der monumentalen Kulisse der **Festung Rheinfels.**

Im Zentrum von St. Goar steht die dem Stadtheiligen geweihte **Stiftskirche.** Bei den gotischen Fresken im Inneren handelt es sich um den umfangreichsten Zyklus spätmittelalterlicher Malereien am ganzen Rheinlauf.

Burg Rheinfels
Von Graf Diether von Katzenelnbogen 1245 errichtet, setzte die Feste Rheinfels einst Maßstäbe für den gesamten Burgenbau im Deutschen Reich. Heute beherbergt die Anlage eines der besten Hotels im Mittelrheintal, das Heimatmuseum und ein Restaurant, von dem man einen herrlichen Blick auf den Loreleyfelsen hat.

Größter Schatz der Ende des 19. Jh. errichteten katholischen **Pfarrkirche** ist ein anderes Meisterwerk der späten Gotik: ein Altarbild, das zu den wertvollsten Arbeiten mittelrheinischer Malerei um 1480 gehört.

Bereits Anfang des 13. Jh. wurde in St. Goar eine an die **Burg Rheinfels** angeschlossene **Wehrmauer** errichtet, von der noch einzelne Türme und malerisch wirkende Überreste existieren.

Und beim Anblick der über 3000 Puppen, Bären und Spielzeuge aus den verschiedenen Epochen im **Puppen- und Bärenmuseum** schlagen nicht nur Kinderherzen höher.

Sehenswertes in St. Goarshausen: Mit einer Autofähre gelangt der Besucher von St. Goar nach St. Goarshausen. Das **romantische Weinstädtchen** liegt am Fuße des 193,14 m hohen, berühmten Loreleyfelsens und bildet den Mittelpunkt der **Loreley-Burgen-Straße.**

Die Hauptstraße der Stadt führt den Gast in eine vergangene Welt. Denn die beiden **Türme**, die früher die Stadt sicherten, sind noch erhalten und begrüßen den Besucher. Die **Fachwerkhäuser** an der parallel zum Rhein verlaufenden Hauptstraße und der **historische Stadtturm**, der das **Weinmuseum** beherbergt, runden die romantische Atmosphäre ab. Über der Altstadt thronen die **Burgen Katz und Maus**. Kurz nach dem Bau der Burg Rheinfels ließ der Trierer Erzbischof die Burg Maus als Zollburg errichten. Im Gegenzug bauten die Katzenelnbogener etwas südlicher die größere Burg „Neukatzenelnbogen". Da sich die Burgherren „wie Katz und Maus" gegenüber standen, etablierten sich im Volksmund deren Namen. Die Burg Maus beherbergt heute einen Adler- und Falkenhof mit regelmäßigen Flugschauen der Greifvögel und bietet eine herrliche Aussicht über das Mittelrheintal.

Das neue **Besucherzentrum Loreley** zeigt eine umfassende **Ausstellung** zur Geschichte, Kultur und Natur rund um die Loreley, in deren **Mythosraum** dem Besucher die Einzigartigkeit dieses Ortes vermittelt wird. Auch der neu gestaltete **Landschaftspark Loreley** ist mit seinen Lehrpfaden, Aussichtspunkten und exotischen Gärten ein beliebtes Ausflugsziel.

Empfehlenswertes: Die Natur rund um St. Goar und St. Goarshausen verwöhnt den Besucher mit überdurchschnittlich vielen **Sonnenstunden**, die zu **ausgedehnten Wanderungen** (z.B. auf dem **Rheinsteig**) oder zu **Radtouren** einladen. **Flora und Fauna** warten hier mit einer erstaunlichen **Artenvielfalt** auf. Wie am Mittelrhein üblich, wird auch hier überwiegend **Riesling** und **Burgunder** angebaut – und ein Gang durch die Weinberge bietet eine weitere herrliche Aussicht auf das Rheinpanorama.

In den beiden Orten wird gut und gern gefeiert – und das zu jeder Jahreszeit. Höhepunkt ist der „Lichterzauber" **Rhein in Flammen** vor der Kulisse des Loreleyfelsens. Neben zahlreichen **Wein- und Winzerfesten** stehen noch viele weitere Veranstaltungsangebote im „Tal der Loreley" auf dem Programm, darunter auch die von Mai bis September in der Freilichtbühne auf dem Loreleyfelsen stattfindenden **Open-Air-Konzerte** von internationalem Rang, bei denen für jeden Geschmack etwas geboten wird.

St. Goar/St. Goarshausen – Informationen & touristische Empfehlungen

Tal der Loreley – Rheintouristik im Tal der Loreley

Bahnhofstraße 8 · 56346 St. Goarshausen
Tel.: 06771/91020 · Fax: 06771/91019 · info@tal-der-loreley.de
www.tal-der-loreley.de · www.welterbe-mittelrheintal.de

Zwischen dem Deutschen Eck und dem Binger Mäuseturm erzählen 29 Burgen, Schlösser oder Ruinen von einer bedeutenden Geschichte. Lassen Sie sich gefangen nehmen vom Zauber und der Romantik des Mittelrheins mit seinen Sagen und Legenden, den malerischen Städten, den Burgen, den Weinbergen, den Menschen und dem Leben am Strom. Wein- und Winzerfeste, mittelalterliche Spectaculi, Rhein in Flammen, der autofreie Erlebnistag „Tal to Tal" laden rund um's Jahr zum Feiern ein.

Loreley Besucherzentrum

Auf der Loreley · 56346 St. Goarshausen
Tel.: 06771/599093 · Fax: 06771/599094
loreley-aktuell@freenet.de · www.besucherzentrum-loreley.de
Öffnungszeiten: 30. März bis 31. Okt. · täglich von 10-17 Uhr

In der Ausstellung „Rund um den Mittelrhein" im Loreley Besucherzentrum, als EXPO-Projekt offiziell eröffnet, wird dem Besucher anschaulich nahegebracht, was dieses sagenumwobene Gebiet ausmacht. Neben dem Mythosraum, in dem ein Film Geschehnisse, Menschen und Situationen rund um den Rhein und die Region wiedergibt, besteht in der Ausstellung selbst die Gelegenheit, mit fast „allen Sinnen" mehr zu erfahren. In sechs Themen unterteilt, kann der Besucher hier von der Rheinreise über den Weinanbau, Geologie bis hin zur Rheinschifffahrt alles Wissenswerte lesen, hören und ertasten.

Freilichtbühne Loreley

Auf dem Loreleyfelsen · 56346 St. Goarshausen
Info- und Ticket-Hotline: 01805/160140 (12 Cent pro Minute)
Veranstaltungsprogramm: www.loreley-open-air.de

Umfangreiches Open-Air-Programm mit Konzerten, Opern und Festivals.

Burg Maus – Adler- und Falkenhof/Burgschänke

56346 St. Goarshausen-Wellmich · Tel.: 06771/7669
Fax: 06771/951003 · info@burg-maus.de · www.burg-maus.de
Öffnungszeiten Adler- und Falkenhof: Ende März - Anfang Okt. täglich außer montags ab 10 Uhr · Flugvorführungen (ca. 1 Std.) um 11 und 14:30 Uhr · sonn- und feiertags auch um 16:30 Uhr

Neben Konzerten auf der Burg, der Möglichkeit im Kurfürstenzimmer zu Heiraten, im Rittersaal zu feiern (Führungen nur im Rahmen von Veranstaltungen) beherbergt die Burg Europas erfolgreichste Aufzuchtstationen von Seeadlern und Steinadlern und eine kleine Burgschänke.

Schloss Rheinfels – Hotel/Restaurant/Wellness

Schlossberg 47 · 56329 St. Goar am Rhein
Tel.: 06741/802-0 · Fax: 06741/802-802
info@burgrheinfels.de · www.schloss-rheinfels.de

Nirgends auf der Welt drängen sich auf engstem Raum so viele Burgen, steile Weinberghänge und enge Gässchen mit verwinkelten Fachwerkhäusern wie im Tal der Loreley. Hier auf den Rheinhöhen und gegenüber dem legendären Loreleyfelsen liegt Schloss Rheinfels, ein Refugium des Wohlbefindens in historischen Mauern. Das Schlosshotel ist Teil der Burg, der größten Festungsruine am Mittelrhein. Neben den 61 Zimmern inklusive 4 Suiten verfügt das 4-Sterne-Hotel (superior) über 2 Restaurants mit einer einzigartigen Panorama-Terrasse, eine Bar sowie den neuen Wellnessbereich „AusZeit auf Rheinfels". Ausgezeichnet als Gastgeber des Jahres 2005 wird das Wort Erholung hier im Schloss neu definiert. Als erstes deutsches Hotel verfügt es über elektrosmogfreie Zimmer, die ein gesundes Schlaferlebnis garantieren.

Kaub/Lorch

Der Freistaat Flaschenhals

Der Freistaat Flaschenhals

Das alte Weinstädtchen Kaub ist berühmt geworden durch die historische Rheinüberquerung der preußisch-russischen Armee unter Feldmarschall Blücher in der Neujahrsnacht 1813/14, dessen Truppen 1815 auch zum Sieg über Napoleon beitrugen. Über hundert Jahre später rückte die Gegend um Kaub und das benachbarte Lorch erneut ins Blickfeld der jüngeren deutschen Geschichte, denn nach den Wirren des Ersten Weltkriegs kam es hier zu einer kuriosen territorialen Entwicklung, die fast einem Schildbürgerstreich gleichkam. Was hier am Rhein in der Zeit vom 10. Januar 1919 bis zum 25. Februar 1923 genau passierte, davon berichtet die folgende Geschichte.

Nach dem Ersten Weltkrieg befanden sich die westlich des Rheins gelegenen Provinzen Deutschlands in der Hand der Franzosen und der Amerikaner. Um ihre militärische Präsenz bis auf die östliche Seite des Rheins auszuweiten, wurden unter anderem bei Koblenz (von der amerikanischen Armee) und Mainz (von der französischen Armee) Brückenköpfe eingerichtet. Beide Brückenköpfe waren mit einem Radius von jeweils 30 km halbkreisförmig angelegt und stießen rechtsrheinisch bei Laufenselden im Taunus aneinander. Aber es waren zwei Zirkelschläge von planerischer Gedankenlosigkeit. Denn wenn sich zwei Kreise nicht überschneiden, sondern nur an einem Punkt zusammenstoßen, bleibt eine Freifläche. So war aufgrund dieser Unachtsamkeit ein unbesetztes Gebiet entstanden, das bei Limburg begann und sich bis zum Rhein erstreckte, von Kaub bis Lorch. Ein kleiner freier Raum, eingeschlossen zwischen den Grenzen zu den besetzten Gebieten und abgeschnitten vom übrigen Deutschland, der vom Umriss her an einen Flaschenhals erinnerte und daher „Freistaat Flaschenhals“ genannt wurde.

Man kann sich vorstellen, dass die dort lebende Bevölkerung zu-

Brückenkopf Koblenz
Rhein
St. Goarshsn.
Lautenselden
Brückenkopf Mainz
Kaub
Lorch
Bacharach
Rüdesheim
Rhein
Mainz

nächst glücklich war, nicht unter alliierter Kontrolle zu stehen. Die Verantwortlichen legten daher heftigen Protest ein, als die Siegermächte ihren Fehler korrigieren und auch dieses Gebiet besetzen wollten. Der Einspruch hatte Erfolg, und der Freistaat wurde fortan geduldet.

Die Verwaltung und Versorgung der Bevölkerung wurde vom Lorcher Bürgermeister Pnischeck organisiert. Da ein wirtschaftliches Leben ansonsten unmöglich gewesen wäre, wurde sogar eine neue Währung, das Freistaatgeld, eingeführt. Die Sprüche auf den Geldscheinen spiegelten die Stimmung der damaligen Freistaat-Bewohner wider: „Nirgends ist es schöner als in dem Freistaat Flaschenhals“ oder „In Lorch am Rhein, da klingt der Becher, denn Lorcher Wein ist Sorgenbrecher“. Heute sind die Geldscheine bei Sammlern eine begehrte Rarität.

Die Existenzmöglichkeit dieses kleinen Freistaats war natürlich stark eingeschränkt, vor allem die Versorgung der 8000 Einwohner gestaltete sich äußerst schwierig, denn der gesamte Waren- und Postverkehr war im wahrsten Sinne des Wortes nur sehr begrenzt möglich. Weder gab es Straßenverbindungen ins unbesetzte Deutschland, noch durften die von dort kommenden Eisenbahnen im Freistaat anhalten. Eine Ausnahme ist einem beherzten freistaatlichen Lokführer zu verdanken, der im Rüdesheimer Bahnhof einen Güterzug mit französischer Beutekohle kaperte und in den Flaschenhals lenkte, wo das willkommene Heizmaterial unter der Bevölkerung verteilt wurde.

Erschwert wurde die Versorgung vor allem dadurch, dass sowohl die Grenzen bei Laufenselden zu den unbesetzten deutschen Gebieten als auch die zu den von Alliierten vereinnahmten Regionen verstärkt kontrolliert wurden. Die Beschaffung von Nachschub war daher nur auf Schmuggelpfaden möglich. Bei Nacht und Nebel blühte auch der Schmugglerverkehr über den Rhein, wurde allerdings von den

Das Elslein von Kaub

Im Jahre 1504 verliebte sich Else Welzer, die Tochter eines Geschützgießermeisters, in den Gesellen ihres Vaters, worauf dieser das Mädchen des Hauses verwies. Auch der Geselle zog in die Welt hinaus und kehrte erst als Meister wieder zurück. Dies geschah just zu der Zeit, als Kaub belagert wurde, denn der Stadt mangelte es zur Verteidigung an Kanonen. Schuld war der alte Meister, dem nicht der rechte Guss zum Kanonenbau gelang. Da sprang sein ehemaliger Geselle helfend ein, worauf sich der alte Meister wieder mit ihm versöhnte. Mittlerweile hatte auch die Tochter des Meisters erfahren, dass ihr Geliebter nach Kaub zurückgekehrt war, und es drängte sie nun ebenfalls wieder in ihre Heimatstadt. Sie hatte schon das andere Ufer des Rheins erreicht, da stieß sie auf die Ersatztruppen, die Kaub von der Belagerung befreien sollten, aber nicht den rechten Weg durch die Klippen des Rheines fanden. Als Soldat verkleidet, ließ sie sich daraufhin von den Truppen anwerben und führte die Männer des Nachts unentdeckt über den Rhein. So half sie, die Stadt zu befreien, und zum Andenken an dieses Mädchen wird jedes Jahr zum Winzerfest ein „Elslein von Kaub“ gewählt.

Agnes zu Pfalzgrafenstein – Eine „glückliche" Gefangenschaft

Der Pfalzgraf Konrad von Staufen hatte eine Tochter, deren Schönheit und Anmut weithin bekannt waren. Und so geschah es, dass auch der Welfe Heinrich der Lange sich in sie verliebte. Agnes fand ebenfalls Gefallen an dem Herzog. Doch als ihr Vater hörte, dass sich ein Welfe um die Hand seiner Tochter bemühte, sperrte er Agnes in dem von ihm erbauten Rheinkastell ein, um weiteres „Unglück" zu verhindern. Doch Agnes' Mutter konnte an dieser Liebschaft nichts Schlechtes entdecken und sann auf eine List. Sie sandte einen Boten aus, um Heinrich, der auf seiner Burg weilte, zu informieren. Dieser kehrte sofort zum Rhein zurück, setzte über zum Kastell, und mit einem von der Mutter erkauften Priester wurde die Trauung der beiden vollzogen. Frohlockend eilte nun die Gräfin zu ihrem Mann, um ihm zu berichten. Sie wusste dabei ihre noch immer außergewöhnlichen Reize und große Liebenswürdigkeit so gut zu entfalten, dass des Pfalzgrafen Zorn schnell besiegt und von den warmen Küssen der Gattin hinweggehaucht war. Um sich jedoch für den gespielten Betrug eine Genugtuung zu verschaffen, ordnete er an, dass Agnes und Heinrich so lange als Gefangene im Turm bleiben müssten, bis sie einem Sohn das Leben geschenkt haben.

Warum und wie die Burg Pfalzgrafenstein Ort der Handlung der Sage wurde, ist nicht bekannt. Denn tatsächlich wurde sie erst 1327 erbaut, und geheiratet haben Agnes und Heinrich bereits 1194 auf Burg Stahleck (☞ Kapitel „Bacharach").

Franzosen vom linken Rheinufer aus mit starken Scheinwerfern überwacht und immer wieder gestört. Eine heitere Episode aus jenen Tagen zeigt, mit welchem Humor man hier aber diese Situation ertragen hat: Als die Franzosen eines Nachts wieder einmal über den Fluss herüber in den Flaschenhals leuchteten, sahen sich einige mutige Jungen veranlasst, sich auf die Ufermauer zu stellen, ihre Hosen runterzulassen und den Franzosen frech ihre entblößten Hinterteile entgegenzustrecken.

Sorge bereitete den Freistaatlern, was mit dem kostbaren Wein passieren sollte, der hier in Kaub und Lorch lagerte und wie man ihn vor dem Zugriff der Alliierten, sollten sie denn eines Tages doch einmarschieren, schützen konnte. Selbst aus dem nahe gelegenen, besetzten Rheingau wurde der Wein nachts mit Ochsenkarren über Waldwege hierher geschmuggelt, damit er nicht dem Durst der Franzosen zum Opfer fiel. Die Lösung der Freistaatler: Sie mauerten die Türen der Weinkeller einfach zu. Noch heute kann man in einigen Kellern Spuren dieser Tarnung besichtigen. Vor allem aber waren diese Lagerungsbedingungen dem Ausbau der Weine so förderlich, dass diese Jahrgänge bei Auktionen inzwischen Höchstpreise erzielen.

Wissenswertes

Am 25. Februar 1923 endete dieses außergewöhnliche Kapitel deutscher Geschichte, denn an jenem Tag wurde der Freistaat entgegen der Vereinbarungen von Versailles doch von französischen Truppen besetzt. Jedoch nur bis zum 16. November 1924, als die Franzosen endgültig abziehen mussten und die Gebiete um Lorch und Kaub Teil der Weimarer Republik wurden. (Mehr Informationen finden Sie im Internet: www.loreley.de/flaschenhals)

Kaub / Lorch – Touristisch

Geschichtliches: In **Kaub** belegen Grabfunde eine frühe Besiedlung um 500 v. Chr., offiziell erwähnt wird der Ort erstmals im Jahr 983. 1289 erwarb Ludwig II. von der Pfalz die Güter zu Kaub. Nach der Verleihung der Stadtrechte 1324 wurde ab 1326 zur Sicherung des Zolls und besseren Überwachung der Rheinschifffahrt ein Zollturm auf der Rheinau gebaut, der nach der Erweiterung als **„Pfalzgrafenstein"** zu Kaubs Wahrzeichen wurde.

1813/14 wurde das **romantische Städtchen** zum welthistorisch bedeutenden Ort, als **Feldmarschall Blücher** hier über Pontons mit Tausenden Soldaten den Rhein überquerte (ein Nachbau befindet sich im Hof des Blüchermuseums). Zusammen mit den Truppen Wellingtons führte er 1815 die Niederlage Napoleons bei Waterloo herbei. Der schon seit karolingischer Zeit für Weinbau bekannte, heute staatlich anerkannte **Erholungsort Lorch** ist ebenfalls eines der ältesten Rheinstädtchen. Erstmals wurde der Ort im Jahre 1085 urkundlich erwähnt, doch Bodenfunde zeigen, dass hier bereits zur Zeit der Kelten Siedlungen bestanden, und seit Mitte des 2. Jh. waren hier auch die Römer ansässig.

Die „Freistaat Flaschenhals Initiative" (FFI)
Zum 75. Jahrestag des historischen Freistaats Flaschenhals wurde von engagierten Winzern und Gastronomen 1994 die FFI aus der Taufe gehoben. Ihre Mitglieder haben sich verpflichtet, Weine zu erzeugen, die über den gesetzlichen Qualitätsnormen liegen, und in Verbindung damit dem Gast gebietstypische Speisen anzubieten. Wer mag, kann sich in den „Freistaat Flaschenhals" einbürgern lassen und erhält sogar einen „Reisepass".

Sehenswertes in Kaub: Heute erinnern in Kaub das **Blücherdenkmal** am Rhein und das **Blüchermuseum**, in dem sich damals das Hauptquartier des Feldmarschalls befand, an das denkwürdige Ereignis der Rheinüberquerung.

Die **Wasserburg Pfalzgrafenstein**, die wie ein Schiff geformt ist, erhebt sich inmitten des Rheins vor Kaub auf einem Felsenriff. Die **ehemalige Zollburg** von 1327 wurde nie zerstört und gehört zweifellos zu den **volkstümlichsten und einprägsamsten Baudenkmälern Deutschlands**. Bei Führungen durch die Burg kann sich der Besucher ihre Geschichte sowie die verschiedenen Bauphasen erläutern lassen und einen Eindruck vom Leben auf einer Burg gewinnen.

Die im 13. Jahrhundert erbaute **Burg Gutenfels** thront über Kaub und rundet das romantische

Panorama ab. Zur Rheinseite hin ist Kaub durch eine **Stadtmauer** geschützt, die im ältesten Teil der Stadt, zwischen Kirche und **Mainzer Torturm**, noch gut erhalten ist. Sie wird durch die **Pfarrkirche**, die alle Baustile seit der Romanik vereint, überragt. Der alte Wohlstand des kleinen Rheinstädtchens spiegelt sich auch heute noch in den Fassaden der **stattlichen Wohnhäuser** des Ortes wider. Sehenswert sind zudem das **Adolfstürmchen** und der **Innenhof des kurfürstlichen Amtshauses.**

Sehenswertes in Lorch: Oberhalb des Städtchens, 176 m über dem Rhein, steht die **Burgruine Nollig.** Sie entstand als nordwestlicher Eckpfeiler der Stadtbefestigung um das Jahr 1300 als Fachwerkturm, der den Übergang in kurpfälzisches Gebiet absicherte. Das Fachwerk wurde außen mit Bruchstein ummauert und durch eine Schildmauer mit zwei Rundtürmen verstärkt. Heute befindet sie sich in Privatbesitz.

Als **Renaissancebau am Mittelrhein** bekannt ist das **„Hilchenhaus“**, das der Feldmarschall Johann Hilchen 1546–1548 errichtete und seiner Familie lange Zeit als Wohnsitz diente.

Sehenswert sind zudem der **„Strunk“**, ein alter Befestigungsturm von 1527, das **Leprosenhaus**, die **Pfarrkirche St. Martin** inmitten des alten Friedhofs mit einem **prächtigen Hochalter** und der **Kreuzkapelle**, die schöne, doppelbögige **Brücke über die Wisper** von 1567 aus rotem und hellen Sandstein sowie das **Kunst- und Heimatmuseum**, das eine reiche **Skulpturensammlung** beherbergt, darunter einen beeindruckenden Kopf Johannes' des Täufers.

Empfehlenswertes: Für den kulturell Interessierten lohnt sich ein Besuch im „Freistaat Flaschenhals“ besonders an den mittlerweile zur Tradition gewordenen **Kauber Theatertagen** und den **Lorcher Kulturtagen** mit Orgelkonzerten in der St. Martinskirche. Dem kulinarisch Interessierten bieten **„Die Tage der offenen Weinkeller“** (Mitte September) und die **„Schlemmerwochen“** (Ende April/Anfang Mai) alles, was das Genießerherz begehrt.

Kaub/Lorch – Informationen & touristische Empfehlungen

i

Kaub – Städtisches Verkehrsamt

Schulstraße 12 · 56349 Kaub
Tel.: 06774/222 · Fax: 06774/8230
Stadt.Kaub@t-online.de · www.kaubamrhein.de
Öffnungszeiten: Mo-Fr 8-12 Uhr
Historisches Städtchen am Welterbegebiet „Oberes Mittelrheintal" und Station im „Freistaat Flaschenhals". Hier erhalten Sie Auskünfte über Blüchermuseum, Burg Pfalzgrafenstein, Stadtführungen, Schifffahrten sowie Anregungen für erholsame Urlaube und Wochenendausflüge.

Lorch am Rhein – Städtisches Verkehrsamt

Markt 5 · 65391 Lorch am Rhein
Tel.: 06726/1815 · Fax: 06726/1844
info@lorch-rhein.de · www.lorch-rhein.de
Öffnungszeiten: Mo-Fr 9-12 Uhr · Do 16-18 Uhr
Landschaftlich reizvoll gelegene Stadt an der Wispermündung und wie Kaub Station im „Freistaat Flaschenhals". Lorch ist eine der ältesten Weinbaugemeinden im Rheingau, und die Lorcher Weine, gewachsen auf Schiefer-Verwitterungsboden in Steillagen, sind von hervorragender Qualität mit einem eigenen Charakter.

!

Pfalzgrafenstein

56349 Kaub · Tel.: 0172/2622800 · www.burgen-rlp.de
Etwa halbstündlich setzt eine Fähre zur Burg über · Im Dezember und am ersten Werktag der Woche geschlossen
Pfalzgrafenstein erinnerte den Schriftsteller Victor Hugo an ein steinernes Schiff, das für immer vor Anker gegangen ist. Im Mittelalter sahen die Schiffer die Burg mit weniger romantischen Empfindungen: 1327 wurde sie auf einer kleinen Insel mitten im Fluss errichtet, um Zoll zu kassieren.

Hotel „Zum Turm" – Hotel/Restaurant |

Zollstraße 50 · 56349 Kaub
Tel.: 06774/9220-0 · Fax: 06774/9220-11
info@rhein-hotel-turm.com · www.rhein-hotel-turm.de
Di Ruhetag · Telefonische Reservierung erforderlich
Das Hotel liegt malerisch in der Altstadt von Kaub, direkt neben dem alten Stadtturm. Im Restaurant erwarten Sie schön gedeckte Tische und eine freundliche Bedienung. In der Küche, die unter Feinschmeckern inzwischen als brandheißer Geheimtipp gehandelt wird (lobende Erwähnungen u. a. „Michelin", „Gault Millau", „Schlemmeratlas", „Feinschmecker" und „Varta") werden täglich marktfrische Produkte, die man aus der Region direkt vom Erzeuger oder aus den Pariser Markthallen bezieht, mit viel Liebe nach eigener Kreation zubereitet.

Weinhaus „Zur Pfalz" – Weingut/Brennerei/Hotel |

Bahnstraße 10 · 56349 Kaub
Tel.: 06774/258 · Fax: 06774/8337
Öffnungszeiten: März-Okt.: Mo-Sa ab 15 Uhr · So ab 14 Uhr
Mi Ruhetag · Nov./ Dez. nur Fr-So · Jan./Feb. geschlossen
Das Weinhaus „Zur Pfalz" besteht seit 1876. Deftige Speisen wie Wildschweinsülze, Saumagen, gebackene Blutwurst oder einfach nur gute Hausmacherwurst erwarten Sie hier. Das kleine Hotel bietet 7 DZ mit Du/WC. Zum Weinhaus gehört auch ein kleines Weingut. Hier werden auf 2,3 ha Riesling und Spätburgunder in den Steillagen Blüchertal und Rauschelay angebaut. Während der Freistaat-Flaschenhals-Zeit waren in dem Weinkeller mehr als 38.000 Liter Rheingauer Wein versteckt. Seit 1925 werden im Weingut auch Trester- und Weinhefebrände destilliert.

Oberwesel

Die „Sieben Jungfrauen“

Die „Sieben Jungfrauen"

Mitten im romantischen „Tal der Loreley" liegt die Stadt Oberwesel. Von mittelalterlichen Mauern und zahlreichen Türmen umgeben, wird sie auch die „Wehrhafte" genannt. Einer der Türme, der auf einem hohen Felsen über der Stadt steht, überragt sie alle: der Bergfried der Schönburg. Die Geschichte dieser prächtigen Burg von Oberwesel, eine der ältesten Hochburgen am Rhein, lässt sich bis ins 12. Jahrhundert zurückverfolgen. Von hier aus hat man einen atemberaubenden Ausblick auf das enge Rheintal, aus dem flussabwärts in den Sommern, in denen der Strom wenig Wasser führt, sieben Felsen aus dem Wasser ragen, die schon so manchem Schiffer zum Verhängnis geworden sind: Die „Sieben Jungfrauen" werden diese Felsen genannt, und sie erzählen die Geschichte von sieben bezaubernd schönen Ritterfräulein, die vor langer Zeit auf der Schönburg gelebt und von denen die Burg ihren Namen haben soll.

Die Kunde von der Tugend, dem Reichtum und vor allem der Schönheit dieser Jungfrauen wurde damals von Sängern bis in die fernsten Länder getragen. So war es kein Wunder, dass manch junger Rittersmann von stolzem Geschlecht sich hoffnungsvoll auf den Weg begab, um ihnen den Hof zu machen. Schon bald herrschte reges Treiben auf der Schönburg, und die Edelmänner gaben sich die Klinke in die Hand, um das Herz einer der liebreizenden Damen zu erobern.

Dies war für die Ritter keine leichte Aufgabe, denn die Konkurrenz war groß. Ständig fanden Turniere und Wettkämpfe statt, bei denen sie zeigten, wie tapfer und geschickt sie waren. Und mit romantischen Liebesliedern versuchten sie, das Herz einer der Schönheiten für sich zu gewinnen.

Oft hatte es den Anschein, als hätte sich das eine oder andere jungfräuliche Herz auch tatsächlich einem Bewerber zugeneigt, und die

Männer prahlten des Nachts untereinander mit ihren vermeintlichen Erfolgen. „Mir hat sie beim Tanzen fest die Hand gedrückt!", trumpfte einer der Ritter auf, und ein anderer rief beglückt: „Mir hat sie eine Stickerei geschenkt." Aber schon nach wenigen Tagen war dann von der Gunst der jeweiligen Jungfrau nichts mehr zu spüren, und so mussten die stolzen Männer schmerzlich feststellen, dass sie die Zeichen wohl falsch gedeutet hatten.

Die Herzen der sieben Schönen schienen aus Stein zu sein, denn sie ließen jeden Bewerber abblitzen. Während einige Freier dieses unnahbare Verhalten nur noch mehr reizte und sie sich immer neue Eroberungskünste einfallen ließen, zogen andere verärgert und enttäuscht von dannen, um auf einer anderen Burg ihr Glück zu suchen.

Im Laufe der Jahre setzte sich schließlich die Überzeugung durch, dass die sieben Jungfrauen die Bewerber nur zum Narren halten wollten. „Nein, das lassen wir uns nicht mehr länger gefallen!", war daher eines Tages der einstimmige Tenor der Ritterrunde. Und drohend tönte der Beschluss aus allen Männerkehlen: „Wir belagern die Schönburg so lange, bis der Stolz der sieben Jungfrauen gebrochen ist."

Als diese Botschaft die Jungfrauen erreichte, schien es, als seien diese davon tatsächlich sehr betroffen, denn sie zogen sich sogleich zur Beratung zurück. Doch wie hätten die Schönen so lange mannigfaltigem Werben standhalten können, wenn sie nicht immer einen Ausweg gewusst hätten? Kurz darauf traten sie also wieder vor die Schar der Freier und teilten mit: „Wir sind bereit, dem Spiel morgen nunmehr ein

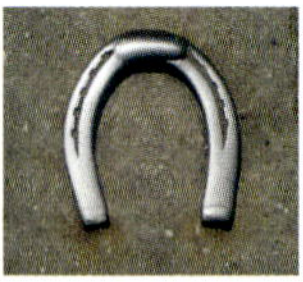

Das Hufeisen auf dem Marktplatz

Vor langer Zeit, als Petrus die Oberweseler Winzer schon seit Jahren mit schlechtem Wetter für den Weinanbau quälte und der Vogt auf der Schönburg den wenigen guten Rebensaft auch noch fast allein wegtrank, schlossen die Winzer in ihrer Not einen Pakt mit dem Teufel. Beide Seiten profitierten davon, denn der Vertrag brachte den Winzern eine gute Ernte und dem Satan jedes Jahr guten Wein ein. Doch ob dieses gotteslästerlichen Abkommens bekamen die Oberweseler nach einiger Zeit ein schlechtes Gewissen, das sie zunächst mit Kirchenbauten zu besänftigen versuchten.

Schließlich wollten sie sich aber ganz von dem Teufel befreien. Der lachte sie jedoch nur hämisch aus und holte sich weiterhin Jahr um Jahr seinen Wein. Eines Tages kam den Winzern allerdings eine Idee, wie sie sich des Satans entledigen könnten. Sie bauten eine raffinierte Konstruktion zum Halten des Weinfasses, das für den Teufel bestimmt war. Als dieser nichtsahnend zum Fass emporstieg, zogen die Männer einen befestigenden Keil weg, sodass das schwere Fass den schrägen Marktplatz hinunter in Richtung Rhein rollte und dabei den Fuß des Satans zerquetschte. Der Teufel verlor nicht nur das Hufeisen seines linken Pferdefußes, sondern war so erbost, dass er unter tobendem und schmerzerfülltem Geschrei die Stadt verließ und seit diesem Tage in Oberwesel niemals wieder gesehen ward. Das Hufeisen aber ist auch heute noch fest im Boden des holprigen Marktplatzes eingelassen und erzählt von dieser alten Sage.

Ende zu setzen." Die Freude unter den Edelmännern war groß. Sie putzten sich heraus, zogen ihre schönsten Gewänder an, sangen fröhliche Lieder, und so mancher steckte den Knappen und Zofen der sieben Jungfrauen noch heimlich Geschenke zu, um möglicherweise einen Vorteil zu erlangen.

Als die Stunde der Entscheidung endlich gekommen war und sich alle Ritter im Hof der Schönburg versammelt hatten, war von den Schönen jedoch keine Spur zu entdecken. Stattdessen tauchte ein Herold auf und verkündete: „Lose sollen über die Zukunft der sieben Jungfrauen entscheiden." Die Lose wurden zwar verteilt, aber jetzt war es vorbei mit der Einigkeit im Männerlager: Neid herrschte unter den Verlierern, die voller Missgunst dennoch auf den nächsten Tag warteten, an dem die Gewinner ihre zukünftigen Ehefrauen treffen sollten.

WISSENSWERTES

Es heißt, erst wenn ein starker Mann diese sieben Felsen aus dem Rhein hebt und sie zu Säulen einer Kapelle macht, würden die Seelen der Jungfrauen erlöst. Dem Volksmund nach sollen die „Sieben Jungfrauen" auch heute noch jeder Frau als Warnung dienen, sich nicht allzu hartnäckig dem Werben aufrichtiger Freier zu verschließen.

Am Morgen versammelten sich erneut alle im Hof, und als die Diener die Türen des Rittersaals öffneten, marschierten die Edelleute erwartungsvoll in den festlich geschmückten Raum. Doch schnell stockte ihnen der Atem: Denn dort saßen nicht die sieben Schönheiten, sondern lediglich Strohpuppen, die mit den Gewändern der Frauen bekleidet waren. Fassungslos blickten die Männer einander an, dann schweiften einige Blicke durch die Saalfenster hinunter zum Rhein. Und dort sahen sie ein Boot, in dem die sieben Jungfrauen stromabwärts fuhren. Schelmisch winkten sie hoch zur Burg, und ihr spöttisches Gelächter drang bis zur Schar der gedemütigten Freier hinauf.

Doch plötzlich, wie aus dem Nichts, verdunkelte sich der Himmel. Es donnerte und blitzte, und der Kahn wurde von einer ungewöhnlich hohen Welle erfasst. Das Boot kenterte und wurde mitsamt seiner herzlosen Besatzung von den Tiefen des Rheins verschlungen. Dann verschwand das Unwetter genauso überraschend wieder, wie es gekommen war. Und genau an der Stelle, wo das Boot versunken war, sahen die sprachlosen Ritter auf der Schönburg, wie sich nun sieben spitze Felsen aus dem Rhein erhoben. Diese wurden fortan die „Sieben Jungfrauen" genannt.

Oberwesel – Touristisch

Geschichtliches: Der Ortsname ist **keltischen Ursprunges**, und ca. 12 v. Chr. richteten die **Römer** in „Vosolvia" eine Militärstation ein. Als die **Franken** im 5. Jh. das Mittelrheingebiet in Besitz nahmen, machten sie aus dem römischen Staatsbesitz einen Königshof namens „Vesalia"/„Wesile". **966** schenkte Kaiser Otto I. dem Erzbistum Magdeburg den Amtsbezirk Wesel mit Leibeigenen und Rechten.

Während des **Weseler Kriegs** (1390/91), in dem sich der Streit der Stadt mit dem inzwischen kurtrierischen Ortsherren entlud, wurden hier erstmals im Rheinland **Kanonen** verwendet. Im 17. Jh. wurde aus Wesel dann Oberwesel, um Verwechslungen mit der gleichnamigen Stadt am Niederrhein zu vermeiden. Heute ist die **altdeutsche Weinbau- und Weinhandelsstadt** ein beliebter Fremdenverkehrsort.

Die Schönburg
Ursprünglich im Besitz der Grafen von Stahleck, wurde die Burg von Friedrich I. „Barbarossa" 1166 einem seiner Ministerialen als Reichslehen überschrieben. Der Dichter Freiligrath bezeichnete das Bauwerk als „der Romantik schönster Zufluchtsort am Rhein". Heute befindet sich in der Schönburg ein zauberhaftes Hotel mit Restaurantbetrieb. Romantische Turmzimmer, kuschelige Kemenaten, Butzenscheiben und Himmelbetten laden zum Verweilen ein – und in der burgeigenen Kapelle können Verliebte sich sogar trauen lassen.

Sehenswertes: Die **„wehrhafte Stadt am Rhein"** wird Oberwesel auch genannt. Aufgrund ihres eindrucksvollen, noch ganz vom Mittelalter geprägten Stadtbildes gilt sie als einer der schönsten historischen Orte Deutschlands. Von den ursprünglich 21 **Wehrtürmen** entlang der **Stadtmauer** aus dem 13. Jh. sind heute noch 16 erhalten. Vom **Hotel „Goldner Pfropfenzieher"** kommend (hier gingen die großen Dichter, Denker und Maler Deutschlands ein und aus, und **Hoffmann von Fallersleben** sang hier 1843 zum ersten Mal sein **„Deutschlandlied"**), vorbei an der **Wernerkapelle**, kann man auf der Mauerkrone spazieren gehen und den Ausblick auf den Rhein genießen. Ein besonders schöner Turm ist der nach Originalvorlagen restaurierte und begehbare **Steingassenturm**. Abgerundet wird das altertümliche Stadtbild von **Fachwerkhäusern** am **historischen Markt**, wo der aufmerksame Besucher das in den Boden eingelassene goldene **Hufeisen** findet (siehe „Das Hufeisen auf dem Marktplatz").

Die **Liebfrauenkirche**, mit deren Bau 1308 begonnen wurde und die über einen beeindruckenden Chor verfügt, beherbergt einen der **ältesten und kostbarsten Altarschreine Deutschlands**. Hier fand im Jahr 2002 auch die offizielle Übergabe der Urkunde statt, die das „Obere Mittelrheintal" zum UNESCO-Welterbe erhob.

Kein geringerer als **Victor Hugo** notierte 1838 auf seiner Rheinreise zu Oberwesel: „… sein Rotwein ist exzellent" – eine Charakterisierung, die bis heute zutrifft. Denn die Stadt zählt zu den **größten Weinanbaugemeinden des Mittelrheins.** Die Großlage auf **Schloss Schönburg** erbringt pro Jahr etwa 500.000 Liter des begehrten Rebensaftes. Heute befindet sich die Burg im Besitz der Stadt und beherbergt ein **reizvolles Hotel mit Rheinblick.**

Weitere Sehenswürdigkeiten sind das **Bäckereimuseum** und das **Museum der Stadtgeschichte** im **Kulturhaus Oberwesel** mit einer umfangreichen Ausstellung zur Historie von Oberwesel.

Empfehlenswertes: Gut ausgebaute **Wanderwege**, wie der Rhein-Burgen-Wanderweg, bieten z. B. am **„Sieben-Jungfrauen-Blick"** eine atemberaubende Aussicht auf das Rheintal. Grillplätze und ein Fahrradverleih sind auch vorhanden.

Als Besucher kommen Sie um den Genuss der herrlichen Weine nicht herum, sei es im Rahmen von **Weinproben,** bei Besichtigungen der **Weingüter** sowie **Wanderungen** durch die Weinberge – oder bei einem der **fröhlichen Weinfeste.** Eines der größten Feste im Mittelrheintal ist der **traditionelle Weinmarkt** Mitte September mit einem **Winzerumzug** und der **„Nacht der tausend Feuer".** Auch die **Weinhexennacht** im April, **Orgelmatineen in der Liebfrauenkirche** und die **Mittelrhein Musik Momente** laden den Besucher zum Feiern und Genießen ein.

Oberwesel –
Informationen & touristische Empfehlungen

Tourist-Information

Rathausstraße 3 · 55430 Oberwesel
Tel.: 06744/710624 · Fax: 06744/1540
info@oberwesel.de · www.oberwesel.de

„Von den zahlreichen altersgrauen Städtchen, die sich im Tal des Mittelrheines auf schmalem Ufersaum aneinander reihen, zeigt kein anderes ein so eindrucksvolles, noch ganz vom Mittelalter beherrschtes Stadtbild wie Oberwesel ..." Dies stellte bereits 1922 der Konservator Prof. Dr. Edmund Renard fest. Von ursprünglich 21 Wehrtürmen entlang der Stadtmauer sind heute noch 16 Türme erhalten, und ein Teil der rund 3 km langen Stadtmauer wurde begehbar gemacht. Vom Hotel „Goldner Pfropfenzieher" vorbei an der Wernerkapelle bis zum Schaarplatz können Besucher auf der Mauerkrone den Ausblick auf den Rhein genießen. Stadtführungen und Pauschalangebote können bei der Tourist-Information Oberwesel gebucht werden.

Schönburg – Hotel / Restaurant

55430 Oberwesel · Tel.: 06744/93930 · Fax: 06744/1613
huettl@hotel-schoenburg.com · www.burghotel-schoenburg.de

Auf der sagenumwobenen Burg mit 22 individuell und liebevoll eingerichteten Komfortzimmern und Suiten können Sie Jahrhunderte alte Geschichte erleben und – ebenso wie von der Burgterrasse – den wunderschönen Blick auf Oberwesel und Rhein genießen, wie einst die genarrte Ritterschar. Neben dem gastronomischen Angebot stehen die ehemaligen Ritterstuben und die Burgkapelle für Veranstaltungen zur Verfügung.

Kulturhaus Oberwesel – Museum

Rathausstraße 23 · 55430 Oberwesel
Tel.: 06744/7147-26 · Fax: 06744/7147-28
info@kulturhaus-oberwesel.de · www.kulturhaus-oberwesel.de

Im stilvoll renovierten Wohnhaus des ehemaligen Wilhelm Hoffmann'schen Weingutes wird in einer anspruchsvollen Ausstellung die bewegte Geschichte von Oberwesel dargestellt. Zudem finden hier das ganze Jahr über Konzerte, Ausstellungen, Lesungen, Kleinkunst, Filmvorführungen, Tagungen, Feste und Veranstaltungen (auch für Kinder) statt.

Weinhaus Weiler – Hotel / Restaurant / Weinhaus

Marktplatz 4 · 55430 Oberwesel
Tel.: 06744/9305-0 · Fax: 06744/9305-20
weinhausweiler@t-online.de · www.weinhaus-weiler.de

Im Weinhaus Weiler – einem liebevoll restaurierten und besonderen Ort in Oberwesel – wird die herzliche Gastlichkeit des Mittelrheintals spürbar. Tradition verbindet sich hier mit modernem Ambiente, und die 10 komfortabel ausgestatteten Gästezimmer und Suiten auf 3-Sterne-Niveau sowie das nostalgisch eingerichtete Restaurant bieten Ihnen ein geschmackvolles Zusammenspiel von Stil und Individualität. Ein besonderes Erlebnis ist der Aufenthalt in der Turmsuite über 2 Etagen mit einer von den Zinnen des Turms umgebenen Dachterrasse.

Hotel Römerkrug – Hotel / Restaurant

Marktplatz 1 · 55430 Oberwesel
Tel.: 06744/8176 und-7091 · Fax: 06744/1677
roemerkrug@web.de · www.hotel-roemerkrug.rhinecastles.com

Das kleine, 1458 erbaute Haus beherbergt heute ein 3-Sterne-Hotel mit persönlicher Note, in dem 7 individuell eingerichtete Zimmer zum Verweilen einladen. Im Restaurant können Sie bodenständige Gerichte, feine Küche und den besten Wein der Oberweseler Winzer genießen. Für außergewöhnliche Feste bietet sich der „Hexenkeller" an: auf Strohballen und Holzbänken kann man hier die Zeit vergessen und die Seele baumeln lassen.

Bacharach

Die Geisterrunde von Bacharach

Die Geisterrunde von Bacharach

Der weit gereiste Victor Hugo schrieb 1839 bei seinem Besuch: „Bacharach ist wohl der älteste von Menschen bewohnte Ort, den ich in meinem Leben gesehen habe.“ Dieses uralte kleine Städtchen zählt mit seinen historischen Mauern, verschachtelten Fachwerkhäusern, engen Gassen und idyllischen Höfen zu einem der romantischsten Städtchen am Mittelrhein. Jedes Jahr strömen daher zahlreiche Besucher her, um sich auf die Spuren der Rheinromantik zu begeben. Aber auch die „Geisterforscher“ sind hier fündig geworden und haben 13 Orte ausgemacht, an denen sich unheimliche Geschichten zugetragen haben sollen. Angeblich haben noch weitaus mehr Geister hier ihr Unwesen getrieben, aber bei so mancher dieser Erzählungen haben wohl auch die „Weingeister“ die Fantasie beflügelt. Denn schon seit langer Zeit zählt der von Weinbergen umgebene Ort, dessen Name vom lateinischen „bacchi ara“ (Altar des Bacchus) abgeleitet ist, zu den bedeutendsten Umschlagplätzen des edlen Rebensaftes am Rhein. Den Namen des römischen Weingottes trug auch ein Felsen im Rhein, der inzwischen aber gesprengt wurde, um die Fahrrinne für die Schiffe zu vergrößern. Zahlreiche andere Sehenswürdigkeiten sind jedoch bis heute erhalten geblieben, und bei einem Stadtrundgang erfährt der Besucher mehr von ihrer Geschichte. Für die „Geisterrunde von Bacharach“ braucht man etwas stärkere Nerven, denn auf ihr bekommt man gruselige Geschichten zu hören.

Der Rundgang beginnt am Posthof, dem ehemaligen Pfarrhof Bacharachs, wo sich bis 1872 auch die Klemenskapelle befand. Sie bestand nur aus einem Turm, fasste maximal elf Betende und war eine der kleinsten Kapellen der Welt.

Weiter führt der Weg zu der auf einer Anhöhe gelegenen Wernerkapelle. Bereits Victor Hugo hatte bei der Besichtigung der Ruine – für ihn

Burg Stahleck
Victor Hugo
Les contemplations
Après la Bataille
Der Sprung vom Liebesturm
Bacchus
Die Wernerlegende
Der gespenstige
vom Posthof
Bacharach

Der gespenstische Beamte vom Posthof

Das heute als Posthof bekannte Gebäude stammt aus dem 16. Jahrhundert. 1724, als in ihm eine Thurn- und Taxis' sche Postverwaltung eingerichtet wurde, begann die „postalische" Geschichte des Hauses, die erst im Jahre 1987 endete. Heute befindet sich hier das Informationsbüro der Rhein-Nahe-Touristik.

Nachts soll es in dem alten Gemäuer jedoch spuken, besonders am Fuße der Barocktreppe. Es ist der ehemalige Postmann Balthasar Pfarr, den es seit ca. 200 Jahren angeblich schlaflos umtreibt. Seit der einen Nacht, in der er einmal nicht wachsam gewesen war. Balthasar galt als einer der besten und zuverlässigsten Beamten, war sein Leben lang absolut pünktlich und wurde fast ausschließlich im Nachtdienst eingesetzt. Darüber hinaus besaß er eine beneidenswerte Eigenschaft: Er konnte exakt vier Stunden lang schlafen, dann wachte er pünktlich für den nächsten Postreiter auf.

Zu Balthasars Zeiten hatte die Post zugleich auch eine Wachfunktion, denn damals lag Bacharach im Streit mit Oberwesel. In der für den Postmann verhängnisvollen Nacht hatten die Oberweseler nun – gerade mal drei Stunden nach dem normalen Postreiter – einen Brandreiter losgeschickt, der durch die Gassen von Bacharach galoppierte und an drei Fachwerkhäusern Feuer legte. Aber der wachhabende Balthasar hatte nichts gemerkt – denn sein Schlafrhythmus war nicht zu stören. Als er erwachte, brannte bereits der gesamte Posthof, und kurz darauf brach der Mann am Fuße der herunterstürzenden Barocktreppe tot zusammen. Seitdem erschreckt er angeblich alle, die sich hier nach Mitternacht niederlassen.

Die Wernerlegende

Der 14-jährige Werner war um Ostern 1287 herum das Opfer eines grausamen Ritualmordes geworden. Um die Tat zu vertuschen, hatte man seine Leiche in den Rhein geworfen. Doch die Legende erzählt, dass der Leichnam rheinaufwärts gegen die Strömung trieb und als man ihn in der Nähe von Bacharach auf einem Felsabsatz am Ufer des Rheins fand, soll er von einem hellen Lichtschein überstrahlt worden sein. Der Körper roch auch nicht nach Verwesung, sondern es entströmte ihm ein zarter Veilchenduft. Werner wurde daraufhin feierlich in der Kapelle des hl. Kunibert beigesetzt. Ungerechtfertigter Weise wurde die Tat den Juden angelastet, was zu schlimmen Judenpogromen im ganzen Mittelrheintal ausartete. Da an dem Grab schon bald die ersten von insgesamt 90 Wundern geschahen, errichtete man bereits im folgenden Jahr eine neue, größere Kapelle über seinem Grab, die Wernerkapelle. Dies war auch schon deshalb notwendig, weil seine Beliebtheit wuchs und schon bald Hunderttausende dorthin pilgerten. Leider ist die Kapelle nur noch als Ruine erhalten, denn als die Franzosen 1689 Burg Stahleck sprengten, fielen Trümmer auf sie herab und zerstörten das Gebäude. Heute dient die Wernerkapelle als Mahnmal für Toleranz und Völkerverständigung.

Der Sprung vom Liebesturm

Auf halber Höhe zu Burg Stahleck liegt mitten im Wald ein Turm. Um seinen Namen rankt sich eine tragische Geschichte: Einst verliebte sich der junge Prinz Albert von der Burg Stahleck in Mathilde, eine bürgerliche Winzertochter aus der Stadt. Beide wussten, dass ihre Liebe nicht erlaubt war und deshalb trafen sie sich heimlich in dunklen Nächten in dem Turm, der zwischen der „Burg der Adligen" und der „Stadt der Bürgerlichen" liegt. Irgendjemand muss sie allerdings verraten haben, denn in einer dieser Nächte zogen von der Stadt Soldaten herauf, um die beiden festzunehmen. Um dieser Schande zu entgehen und nicht für immer getrennt zu werden, sprangen sie von den Zinnen herab in den Tod. Seit diesem Tag wird er nur der „Liebesturm" genannt.

der „gespenstigste“ aller gruseligen Orte in Bacharach – ein schauerliches Erlebnis: „Plötzlich fühlte ich, dass die Erde unter mir nachgab und einsank. Ich blickte nieder, und im Sternenlicht erkannte ich, dass ich auf einem frisch gegrabenen Erdhügel stand. Ich schaute ringsum; schwarze Kreuze mit weißen Totenköpfen standen überall um mich. Ich gestehe, dass ich mich in diesem Augenblick des Schauerns nicht erwehren konnte, den so Unerwartetes einflößt. Mein schönes Gärtchen voller Kinder, Vögeln, Tauben, Schmetterlingen, Musik, Licht, Leben, und Freude – war ein Friedhof.“

WISSENSWERTES

Mehr zu den gruseligen Geschichten erfährt man in Wolf Krämers Buch: „Die GeisterRunde von Bacharach – 13 gruselige Stationen“, das in der Rhein-Nahe-Touristik im historischen Posthof zu erwerben ist und mit dem man Bacharach auf ganz besondere Art entdecken kann.

Der Rundgang der Geistertour führt auch an der St. Nikolauskirche vorbei, die auf den Grundmauern des Alten Zollhofes errichtet wurde. Seltenheitswert besitzt die dortige Marienstatue, die eine zornig dreinblickende Muttergottes zeigt. Einst hatte sie ihren Blick liebevoll dem Jesuskind zugewandt, jedoch nur bis zu jener Nacht, als die Spendengelder, die in der ehemaligen Klosterkirche lagerten, geraubt wurden. Als die Diebe in einem Kahn auf den Rhein hinaus gerudert waren, soll sie ihren Blick erhoben und solange auf die Räuber gestarrt haben, bis diese auf eine Klippe aufliefen und mitsamt dem Diebesgut untergingen. Und dort, wohin seitdem ihr Blick geht, soll der Schatz immer noch im Rhein begraben sein.

Beenden sollte man den Rundgang am Postenturm, von dem man einen „sagenhaften“ Blick auf das Rheintal hat. Und diese Aussicht soll angeblich auch der Grund gewesen sein, warum ein russischer Pionier seinem Leben hier ein Ende gesetzt hatte. Der Soldat hatte bei den Truppen gedient, die in den Jahren 1814/15 Marschall Blücher im Kampf gegen Napoleon unterstützten. In jenen kalten Nächten hatte er hier Tag für Tag Wache schieben müssen. Dennoch waren es seine schönsten Tage gewesen, denn die Bacharacher waren nett zu ihm, es gab gutes Essen und Wein, und die wunderschöne Aussicht versetzte ihn in die Stimmung, die man nur nachvollziehen kann, wenn man selber einmal dort gewesen ist. Als er schließlich mit seinen Kameraden und dem preußischen Heer nach Waterloo weiterziehen sollte, entschied er sich der Überlieferung zufolge dafür, lieber auf ewig hier zu bleiben.

Auch die heutigen Besucher werden sich vermutlich nach ein paar Tagen Aufenthalt dem Reiz dieses Ortes nicht entziehen können. Aber sie können ja jederzeit wieder hierher kommen, ins „sagenhaft“ romantische Städtchen Bacharach.

Bacharach – Touristisch

Geschichtliches: Eine durchgehende Besiedlung des heutigen Stadtgebietes nimmt man seit der Merowingerzeit an. Eine erste, allerdings etwas umstrittene, urkundliche Erwähnung des Ortes datiert von 923, eine weitere, etwas sicherere aus dem Jahr 1019.

Im Mittelalter, von Beginn des 13. Jh. an, erlebte Bacharach eine wirtschaftliche Blütezeit. Durch die günstige Lage am Rhein war es der wichtigste Handels-, Stapel- und Umschlagplatz für Wein und Holz in der Region. 1314 wurde hier in einer festlichen Fürstenversammlung die Wahl Ludwigs des Bayern zum deutschen König beschlossen. Bacharach war zur blühenden Residenz geworden und erhielt im Jahre 1356 die Stadtrechte

Im 19. Jh. wurde Bacharach die **„heimliche Hauptstadt der Rheinromantik“**. Auch **Heinrich Heine** war von der Stadt angetan. „Der Rabbi von Bacharach“ ist der Titel eines seiner Bücher. Dieser Rabbi soll, auf einer Brücke über dem Münzbach stehend, derart von einer Wassernixe bezirzt worden sein, dass er alles vergaß, ins Wasser stürzte und ertrank. Die Brücke, auf der man in manchen Nächten angeblich noch immer dem Gespenst des Rabbis begegnen kann, ist im Übrigen auch eine der dreizehn Stationen auf der „Geisterrunde“.

Sehenswertes: Ein Rundgang durch die Stadt führt den Besucher zu zahlreichen historischen Gebäuden mit beachtenswerter Geschichte und Geschichten.

Beginnen sollte man die Tour am alten **Posthof** (5), in dem sich die Rhein-Nahe-Touristik befindet und ein wunderschöner Innenhof dazu einlädt, sich vom romantischen Flair des Städtchens zurück in die Zeit des Mittelalters versetzen zu lassen. Danach geht es zu einem der ältesten Häuser der Stadt, dem 1420 erbauten **Haus Sickingen** (4), so benannt, da es sich lange im Besitz der Familie des Reichsritters Franz von Sickingen befand (☞ Kapitel „Bad Münster am Stein“).

Allein der weitere Gang durch das Städtchen, entlang der alten Türme und **Mauern der Stadtbefestigung** (7), eine der am besterhaltenen im Rheinland, ist ein Erlebnis für sich.

Burg Stahleck
Urkundlich erwähnt wurde die Burg erstmals 1135, sie war aber nachweislich schon vorher bewohnt. Heute beherbergt sie eine der bekanntesten Jugendherbergen in Europa, von der man einen fantastischen Ausblick auf Bacharach und das Rheintal hat. Besichtigen kann man den Burghof und Teile der Befestigungsanlage. Geschichtliche Bedeutung erhielt sie im Jahr 1194, als Agnes von Stahleck aus dem Fürstenhaus der Hohenstaufer hier mit Heinrich dem Welfen vermählt wurde. Diese Hochzeit beendete die Feindschaft der beiden Fürstenhäuser, die jahrelang Krieg gegeneinander geführt hatten.

Obwohl sie sich den räumlichen Gegebenheiten in dem schmalen Tal anpassen mussten, zieren doch eine Reihe imposanter alter Kirchen die Altstadt Bacharachs. Herausragend sind die Pfarrkirche **St. Peter** (6) mit ihrem die Stadt überragenden Turm, mit deren Bau um 1200 begonnen wurde, sowie die in einem Weinberghang gelegene Ruine der **Wernerkapelle** (2), ein Juwel gotischer Baukunst im Rheinland, und die Nikolauskirche.

Die Altstadt wird von herrlichen **Fachwerkhäusern** geschmückt. Dazu zählt das 1568 erbaute **Alte Haus** (9), eines der bekanntesten mittelalterlichen Fachwerkhäuser am Rhein. Von vielen Rheindichtern besungen, wurde es auch Schauplatz der 1932 verfilmten Operette von Robert Stolz „Wenn die kleinen Veilchen blühen“. Ebenfalls bekannt ist das 1585 erbaute **„Haus Utsch“** (10). Im 18. Jh. residierte hier Friedrich Wilhelm Utsch, auch bekannt als der „Jäger aus Kurpfalz“ (☞ Kapitel „Bad Sobernheim“).

Weitere Sehenswürdigkeiten sind die **Alte Münze** (11), deren Münzmeister zwischen 1356 und 1508 in diesem Gebäude arbeiteten, und der **Kurkölnische Hof** (8), in dem früher die Gerichtsbarkeit ihren Sitz hatte.

Empfehlenswertes: Der Weg hinauf in die Weinberge zum **Postenturm** (3) ist zwar ein wenig mühsam, lohnt aber allein schon wegen des einmaligen Panoramablicks. Der **„Posten“** ist eine sehr bekannte hiesige Weinlage, und von diesen Weinbergen aus haben zahlreiche Maler den Anblick Bacharachs in Bildern festgehalten und damit das mittelalterlich anmutende Stadtbild weltberühmt gemacht.

Auch ein Besuch der unweit gelegenen Raubritterburgen **Burg Sooneck** (Niederheimbach) und der **Burg Reichenstein** (Trechtinghausen) sollte bei einem Aufenthalt in Bacharach nicht fehlen. Um diese Burgen ranken sich ebenfalls einige Sagen, die auf der Internetseite zum „Rheinischen Sagenweg“ nachgelesen werden können. Ein Höhepunkt im touristischen Veranstaltungskalender ist die **Kulinarische Sommernacht** (immer im August).

Bacharach – Informationen & touristische Empfehlungen

Rhein-Nahe Touristik

Besucherzentrum · Oberstraße 45 · 55422 Bacharach
Tel.: 06743/919303 · Fax: 06743/919304
info@rhein-nahe-touristik.de · www.rhein-nahe-touristik.de

Bacharach zählt am Mittelrhein zu den ältesten Orten und verfügt über einen sehr gut erhaltenen historischen Ortskern. Schon der berühmte französische Autor Victor Hugo formulierte in seinem Reisebuch „Le Rhin": „Und wenn die Sonne eine Wolke beiseite streicht und durch ein Dachfenster des Himmels scheint, gibt es nichts Herrlicheres als Bacharach." Bacharach ist stolz auf seine zahlreichen, sehr gut erhaltenen Fachwerkhäuser und einzigartigen Bauwerke, wie z. B. den historischen Posthof, wo man die Gäste gerne berät.

Burg Sooneck

55413 Niederheimbach · Tel.: 06743/6064 · Fax: 06743/949258
www.burgen-rlp.de · Innenbesichtigung nur mit Führung
Öffnungszeiten: April-Sept. 10-18 Uhr · Okt.-Nov. und Jan.-März: 10-17 Uhr
Dezember und erster Werktag der Woche geschlossen

Die ehemalige Raubritterburg und das spätere königlich-preußische Jagdschloss Burg Sooneck beherbergt eine reichhaltige Sammlung an Möbeln und Gemälden aus dem 19. Jh. sowie kostbare Waffen und Rüstungen.

Burg Reichenstein – Hotel / Restaurant

Kastellanei: Burg Reichenstein · 55413 Trechtingshausen
Tel.: 06721/6117 · Fax: 06743/937077
info@burg-reichenstein.de · www.burg-reichenstein.de
Hotel Burg Reichenstein: Im Burgweg 25 · 55413 Trechtingshausen
Tel.: 06721/6101 · Fax: 06721/6198
c.arenz@t-online.de · www.hotel-burg-reichenstein.de

Diese gewaltige mittelalterliche Feste liegt hoch über Trechtingshausen. Burgführungen durch das Museum sind ein unvergessliches Erlebnis. Speziell die Kinderführung lässt die Welt der Sagen und Legenden, die Märchenwelt der Raubritter und Burgfräulein auferstehen. Hierbei taucht auch das eine oder andere kleine Gespenst auf.
Geeignet für Einzel- und Gruppenurlauber sowie für Privat- und Firmenveranstaltungen kann man hier romantisch übernachten, kulinarisch speisen und dabei die wunderschöne Aussicht genießen.

Burg Rheinstein – Appartements / Restaurant

55413 Trechtingshausen · Tel.: 06721/6348 · Fax: 06721/6659
info@burg-rheinstein.de · www.burg-rheinstein.de

Die Burg wurde durch ihre imposante Lage auf steilem Fels zum Symbol des romantischen Wiederaufbaus der Burgen im 19. Jh. und hat eine bewegte Geschichte hinter sich, über die Sie sich bei einer Besichtigung informieren können. Von dem Restaurant der bewirtschafteten Burgterrasse sowie den zwei romantischen Appartements bietet sich ein malerischer Blick übers Tal.

Park-Hotel – Hotel / Restaurant

Marktstraße 8 · 55422 Bacharach · Tel.: 06743/1422 · Fax: 06743/1541
park-hotel-bacharach@t-online.de · www.park-hotel-bacharach.de

Bereits an der Rezeption empfängt Sie in einem der besten Hotels Bacharachs (mit Schwimmbad, Sauna, Solarium und Sonnenterrasse) wohltuende, familiäre Gastlichkeit und eine gepflegte Atmosphäre auf hohem Niveau. Die 25 Zimmer sind komfortabel ausgestattet, und einige haben einen schönen Rheinblick. Das Restaurant „Pfalzgrafenstube" bietet ein reichhaltiges und gehobenes kulinarisches Angebot regionaler und internationaler Köstlichkeiten sowie saisonaler Gerichte.

Bingen

Der Binger Mäuseturm

Der Binger Mäuseturm

Dort, wo sich die breite oberrheinische Tiefebene bei Bingen zum romantischen engschluchtigen Mittelrheintal wandelt, liegt mitten im Rhein eine kleine Insel, auf der der berühmte Binger Mäuseturm steht. Seinen Namen verdankt er einem herrschsüchtigen und geizigen Erzbischof und gibt so noch heute Zeugnis von einer der bekanntesten Rheinsagen.

Die Geschehnisse ereigneten sich zu jener Zeit im Mittelalter, als in Mainz Erzbischof Hatto herrschte. Er war ein gnadenloser Tyrann und hatte solch hohe Steuern und Abgaben verhängt, dass seinen Untertanen nur wenig Geld zum Leben übrig blieb. Sie wagten es jedoch nicht, sich ihm zu widersetzen und ertrugen stumm ihr Leid. Hatto selbst hingegen führte ein überaus luxuriöses Leben, für dessen Finanzierung er immer neue Geldquellen ersann. So kam er eines Tages wieder auf eine Idee: „Ich lasse auf der kleinen Insel im Rhein zwischen Bingen und Rüdesheim einen Zollturm errichten." Und von da an mussten alle Rheinschiffer, die auf dem Fluss talwärts fuhren, dem unersättlichen Erzbischof Zoll entrichten.

Dann kam aber ein Jahr, in dem Dürre und Hagel großen Schaden auf den Feldern angerichtet hatten und den Bauern rund um Mainz dadurch eine Missernte beschert wurde. Die Nahrungsmittel wurden knapp und knapper, und das noch Verfügbare war derart teuer, dass sich die Bevölkerung fast nichts mehr leisten konnte. Eine große Hungersnot war die Folge, und das Volk litt bitterste Not.

Der Erzbischof aber hatte riesige Getreidevorräte gehortet, die er allerdings in seinen Speichern sicher verschlossen hielt. Das blieb auch all den Hungerleidenden nicht verborgen, die sich in ihrer hoffnungslosen Verzweiflung nach Mainz begaben und Hatto um Hilfe baten: „Öffne die Kornspeicher und gib uns etwas zu essen. Sonst werden wir

diesen Winter nicht überstehen." Doch der hartherzige Hatto ließ sich nicht erweichen, sondern blieb selbst dann noch hart, als sogar seine Räte versuchten, ihn umzustimmen.

Die Not der Leute war jedoch so schrecklich, dass sie eines Tages in großer Zahl den erzbischöflichen Palast stürmten und Hatto erneut inständig um Nahrung anflehten. Aber auch jetzt kannte der Erzbischof, der gerade mit einigen anderen wohlgenährten Tischgenossen ein verschwenderisches Mahl zu sich nahm, kein Erbarmen. Als nun die zerlumpten Elenden, darunter auch Kinder mit hohlwangigen Gesichtern, vor ihm auf die Knie fielen und um Brot bettelten, kam ihm ein barbarischer Plan, wie er sich der lästigen Meute endgültig entledigen könnte. Heuchelnd versprach Hatto den hungernden Menschen, dass sie so viel Korn erhalten sollten, wie ein jeder von ihnen bedurfte. Die ausgemergelte Menge machte sich daraufhin freudig auf den Weg zu der Scheune vor der Stadt, in der das Korn lagerte.

Der Mäuseturm
Schon die Römer hatten hier eine kleine Befestigungsanlage gebaut, die während der Herrschaft der Franken aber mehr und mehr verfiel. Erst als Hatto II. 968 die Führung im Erzbistum Mainz übernahm und Souverän über Bingen wurde, tauchte der Inselturm wieder aus dem historischen Tiefschlaf auf. 1298 wurde er in das Zoll-Sperrsystem der Burg Ehrenfels einbezogen. 1689 zerstörten französische Truppen das Bauwerk. Erst 1855 erinnerte man sich wieder seiner Bedeutung: Die Preußen errichteten auf der Insel einen Signalturm für die Schifffahrt, wie er auch heute noch zu sehen ist.

Der Erzbischof aber gab seinen Schergen einen grausamen Befehl mit auf den Weg: „Wenn das Pack in der Scheune ist, verschließt das Tor und steckt das ganze Gebäude in Brand." So geschah es, und bald brannte die Scheune lichterloh. In ihren Todesqualen schrien die Menschen so fürchterlich und laut, dass selbst Hatto es in seinem erzbischöflichen Palast in Mainz vernehmen konnte. „Hört, wie die Kornmäuse pfeifen", rief er in frevelhaftem Spott zu seinen Räten und fügte herzlos hinzu: „Nun hat das Betteln ein für alle Mal ein Ende. Mich sollen die Mäuslein beißen, wenn's nicht wahr ist."

Und genau so traf Hatto die gerechte Strafe Gottes: Aus der brennenden Scheune huschten nämlich Abertausende von Mäusen, die direkt auf den erzbischöflichen Palast zusteuerten und dort in alle Gemächer eindrangen. Obwohl die Diener ununterbrochen gegen die Flut der Tiere anzukämpfen versuchten, konnten sie der immer aufgebrachter werdenden Schar nicht Herr werden. Da überfiel selbst Hatto die Panik, denn nun erahnte auch er Gottes Strafgericht.

Der Erzbischof sah keinen anderen Ausweg, als aus der Stadt zu fliehen, doch wo immer er auch hinging, stets blieben ihm Legionen von Mäusen auf den Fersen. Zu keiner Zeit ließen sie von ihm ab, selbst zum Essen und beim Schlaf raubten sie ihm die Ruhe, sodass Hatto bald völlig abgemagert und entkräftet war. Da kam ihm ein scheinbar rettender Gedanke. „Mäuse können doch weder schwimmen noch klettern, da bin ich im Zollturm auf der Rheininsel sicher vor ihnen", sprach er sich ermutigend zu und setzte unverzüglich mit einem Boot auf die Insel über. Dort ließ er sein Bett von den Dienern im obersten Stock des Turmes an Ketten aufhängen. „Jetzt werde ich wohl Frieden haben", dachte der Erzbischof erleichtert, als er sich müde in sein Bett fallen ließ.

Doch er irrte sich, denn das Heer der Mäuse war sehr wohl durch den Rhein geschwommen und ihm auf die Insel gefolgt. Mit ihren scharfen Zähnchen gruben sich die schlauen Nager unter dem Fundament des Turmes hindurch und hatten bald das Innere des Gebäudes und dann auch Hattos Schlafgemach erreicht. Entsetzt schreckte der Erzbischof aus dem Schlaf hoch und stürzte voller Panik nach draußen, um sich in dem Boot in Sicherheit zu bringen und zum Ufer überzusetzen. Doch auch das Schiff war von den Mäusen bereits vollständig zernagt worden. Der Erzbischof flüchtete zurück in den Turm, aber vergeblich – was er auch unternahm, er konnte dem Getier nicht entkommen. Als die Mäuse schließlich begannen, an seinem Körper zu nagen, rief der Gottesmann in seiner Verzweiflung den Teufel an. Hatto versprach ihm seine Seele, wenn dieser ihn doch nur von den Mäusen befreien würde. Kaum war der Pakt besiegelt, entfachte der Satan einen Höllenbrand, und auf der ganzen Insel verbreitete sich Schwefelgestank. Es dauerte nicht lange, bis auch das letzte Tier endgültig fort war.

WISSENSWERTES

Es gibt zwei mögliche Erklärungen, wie der Mäuseturm zu seinem Namen kam. Eine leitet die Herkunft von dem Begriff „Maut" ab, die hier erhoben worden sein soll. Aber das alte Wort „Mauth" war am Mittelrhein damals ungebräuchlich, ebenso wäre auch die Lage des Turms auf der Insel ungeeignet gewesen, um Zoll zu kassieren, denn kein Schiff hätte dort ohne Schwierigkeiten anlegen können.

Denkbar ist daher, dass der Name auf das althochdeutsche „musen" zurückzuführen ist, was soviel wie „Ausschau halten" bedeutet. Denn an der Stelle, wo der Turm steht, biegt der Rhein fast rechtwinklig nach Norden, der Turm wäre dem Schiffsverkehr so sicherlich eine nützliche Hilfe gewesen.

Aber davon hatte Hatto nichts mehr, denn kraftlos und gebeutelt, wie er mittlerweile geworden war, starb er binnen kurzer Zeit, und drei Tage später holte sich der Teufel die erkaufte Seele. Die Mainzer trauerten ihrem Erzbischof keine Träne nach, waren sie doch endlich vom Joch des grausamen Herrschers befreit. Und seit jener Zeit nennt man den Zollturm im Rhein, der inzwischen zum Wahrzeichen von Bingen geworden ist, den „Binger Mäuseturm".

Bingen – Touristisch

Geschichtliches: Aufgrund der strategisch bedeutsamen Lage am **Zusammenfluss von Nahe und Rhein** errichteten die **Römer** 11 v. Chr. hier das **Castellum Bingium**, das später den Alemannen zum Opfer fiel. Danach folgte die lange Herrschaft der **Franken**, in der Bingen zum **königlichen Kammergut** erklärt wurde. 1816 fiel Bingen an Hessen-Darmstadt. Eines hat sich in all den Jahrhunderten nicht geändert: Seit alters her ist Bingen eine florierende **Weinhandelsstadt.**

Die berühmteste Persönlichkeit des Orts ist **Hildegard von Bingen,** die um 1150 hier ihr erstes Kloster gründete. Mit Rochus wird in Bingen ein weiterer Heiliger verehrt: Seit 1666 gibt es die Wallfahrt auf den Rochusberg. Die **Rochuskapelle** wurde 1677 eingeweiht, und als sie nach ihrer Zerstörung 1814 wieder aufgebaut war, weilte bei den Feierlichkeiten zum Rochustag ein berühmter Gast: **Johann Wolfgang von Goethe,** der der Kapelle sogar ein Bild des Heiligen stiftete.

Sehenswertes: Das bekannteste Wahrzeichen Bingens ist der **Mäuseturm,** der wildromantisch mitten im Rhein steht. Über der Stadt thront die **Burg Klopp,** von deren Turm aus sich ein herrlicher Ausblick bietet. Zu ihren Füßen liegt der Burggraben mit schönen Grünanlagen.

Direkt am Rheinufer gegenüber des Mäuseturms befindet sich das **„Historische Museum am Strom – Hildegard von Bingen“**. In einem denkmalgeschützten Gebäude werden hier neben der Ausstellung zum Werk Hildegards von Bingen 2000 Jahre Stadtgeschichte sowie eine Ausstellung zur Rheinromantik im 19. Jh. präsentiert.

Von der römischen Geschichte erzählt auch die **Villa Rustica,** ein Gutshof aus der damaligen Zeit, der seit 1999 im **Binger Wald** systematisch freigelegt wird. Schmuckstücke der christlichen Vergangenheit sind die **Rochuskapelle** auf dem **Rochusberg,** die **Basilika St. Martin** aus dem 15. Jh. und die **Kapuzinerkirche.**

Hildegard und Bingen

Um 1150 verlässt Hildegard das Kloster Disibodenberg und errichtet über dem Grab des Binger Heiligen Rupertus ihr erstes eigenes Kloster. Hier auf dem Rupertsberg, wo sie bis zu ihrem Tod 1179 lebt, entfaltet sich das prophetische Charisma Hildegards. Die Hauptreliquien Hildegards ruhen im Schrein der Pfarrkirche zu Eibingen bei Rüdesheim, dem Ort ihres zweiten Klosters. Reliquien werden außerdem in der Pfarrkirche zu Bingerbrück und in der Rochuskapelle aufbewahrt. Mehr erfährt der Besucher im „Historischen Museum am Strom“ in der Hildegardabteilung mit Zeugnissen aus ihrem Leben und Werk sowie im Kapitel „Bad Sobernheim“ in diesem Buch.

Die Drususbrücke aus der Zeit um 1000 n. Chr. gilt als die älteste mittelalterliche Steinbrücke Deutschlands. In einem ihrer Uferbrückenpfeiler befindet sich die bekannte **Brückenkapelle**.

Im Hafengelände zeugt der schiefergedeckte **Verladekran** mit nahezu kompletter Inneneinrichtung aus dem 16. Jh. von der schon damals großen Bedeutung Bingens als Weinhandelsplatz.

Empfehlenswertes: Der **Höhenpark Rochusberg** wird von **Rundwanderwegen**, einem **Weinlehrpfad** und einem **Waldlehrpfad** durchzogen. Darüber hinaus finden sich hier idyllische **Rast- und Grillplätze**, auf denen der Besucher angenehme Stunden verbringen kann. Und nach einem ausgiebigen Wandertag durch die **Weinberge** bietet sich die Einkehr in eine der zahlreichen **Gutsschänken** auf ein Glas Wein an.

Der **Binger Wald** umfasst auf ca. 7000 ha zahlreiche einmalige **Ausblicke** über Rhein und Nahe. Die Geschichte des Waldes, seine Funktionen sowie **Flora und Fauna** erläutert der **Erlebnispfad Binger Wald** auf 20 Schautafeln. Besonders beliebt ist der **Salzkopfturm**. Hier, auf dem höchsten Punkt des Waldes, schweift der Blick über den Baumwipfeln weit über die umgebende Landschaft hinweg.

Bei niedrigem Pegelstand kann man auf den Binger **Rheinkrippen** weit in den Strom hinauslaufen. Der angeschwemmte Sand und die Muschelschalen bergen dabei für Kinder immer ein besonders großes Vergnügen.

Feste feiern, wie sie fallen, lautet hier das Motto. Egal ob beim renommierten **Jazzfestival „Bingen Swingt“** mit über 35 Jazzbands auf sieben Bühnen, bei **„Rhein im Feuerzauber“**, beim **Rochusfest** oder beim **elftägigen Winzerfest** mit Festzug – in Bingen wird das ganze Jahr über die rheinische Lebensfreude ausgelebt, bei der die Gäste aus aller Welt immer herzlich willkommen sind.

Bingen – Informationen & touristische Empfehlungen

Tourist-Information Bingen

Rheinkai 21 · 55411 Bingen am Rhein
Tel.: 06721/184-200 u.-205 · Fax: 06721/184-214
tourist-information@bingen.de · www.bingen.de

Schon allein die Lage der Stadt – am Tor zum UNESCO-Welterbe „Oberes Mittelrheintal", dort, wo die Weinanbaugebiete Rheinhessen, Nahe, Rheingau und Mittelrhein aufeinandertreffen, eingebettet in Wald und Reben – macht Lust auf einen Besuch von Bingen am Rhein. Hier starten die Ausflugsschiffe der weißen Flotte in den schönsten Teil des Rheins, hier feiert man fröhliche Feste, bummeln und shoppen macht einfach Spaß, und Erholung findet der Gast beim Wandern und Radfahren im Binger Wald, den Rheinauen und im Rebenmeer des Rochusberges. Die Tourist-Information ist dabei ein kompetenter Partner für einen gelungenen Aufenthalt in Bingen.

Historisches Museum am Strom – Hildegard von Bingen

Museumstraße 3 · 55411 Bingen am Rhein
Tel.: 06721/9906-54 · Fax: 06721/9906-53
historisches-museum@bingen.de · www.bingen.de

Das Museum am Eingang zum UNESCO-Welterbe „Oberes Mittelrheintal" mit vier Dauerausstellungen lässt 2000 Jahre Kultur und Geschichte lebendig werden. Eine große Ausstellung präsentiert Leben und Werk Hildegards von Bingen mit zahlreichen Originalen, Modellen sowie Klang- und Bildinstallationen. Die Abteilung Rheinromantik lädt dazu ein, die Rheinbegeisterung des 19. Jahrhunderts nachzuempfinden. In einer Schatzkammer kann das Binger Ärztebesteck aus dem 2. Jh. n. Chr. bewundert werden – der weltweit bedeutendste Fund zur römischen Medizin. Die Dauerausstellung zur Binger Stadtgeschichte von der Römerzeit bis zur Gegenwart wird seit 2003 schrittweise eingerichtet.

Burg Klopp – Restaurant

55411 Bingen am Rhein
Tel.: 06721/15644 · Fax: 06721/15658
info@restaurant-burg-klopp.de · www.restaurant-burg-klopp.de

Das „Restaurant Burg Klopp" verwöhnt in dreifacher Hinsicht: Mit Gaumenfreuden durch erlesene Speisen und Getränke in einem traumhaften, historischen Ambiente und mit einem unvergesslichen Blick in das Rheintal. Nicht umsonst gilt die Burg Klopp als eines der schönsten Wahrzeichen Bingens, und bei Kaffee und Kuchen kann man auch auf der Sonnenterrasse die Seele baumeln lassen.
Hier können Sie zudem Feste der Sinne feiern, an die man sich immer gerne und noch lange erinnern wird. Ob Hochzeit, Geburtstag, Jubiläum oder Firmenfeier – die individuelle Buffet- oder Menügestaltung verspricht ein Erlebnis, das dem außergewöhnlichen Rahmen gerecht wird.

NH Rheinhotel Bingen – Hotel/Restaurant/Wellness

Rhein-Nahe-Eck · 55411 Bingen am Rhein
Tel.: 06721/796-0 · Fax: 06721/796-500
nhbingen@nh-hotels.com · www.nh-hotels.com

Das moderne 4-Sterne-Hotel NH Bingen mit seinen 135 komfortablen Zimmern und einer Suite liegt in unmittelbarer Nähe zum Rheinufer und zum Historischen Museum am Strom. Ins Zentrum von Bingen sind es nur wenige Schritte, Rüdesheim liegt direkt gegenüber, und mit der Fähre oder der KD erreicht man auch die Stationen auf der anderen Rheinseite in kurzer Zeit. Neben einem Restaurant und einer Cocktailbar, beide mit Sonnenterrasse, verfügt das Hotel über alle Annehmlichkeiten eines internationalen Tagungshotels, darunter auch ein Wellnessbereich und großzügige Räumlichkeiten für Tagungen und Veranstaltungen.

Von Stromberg bis Idar-Oberstein

Vom Rhein an die Nahe

Ein Bild von einem Land

naheland

Naheland-Touristik GmbH
Bahnhofstraße 37
55606 Kirn / Nahe
Tel.: 0 67 52 / 13 76 –10
Fax: 0 67 52 / 13 76 –20
info@naheland.net
www.naheland.net

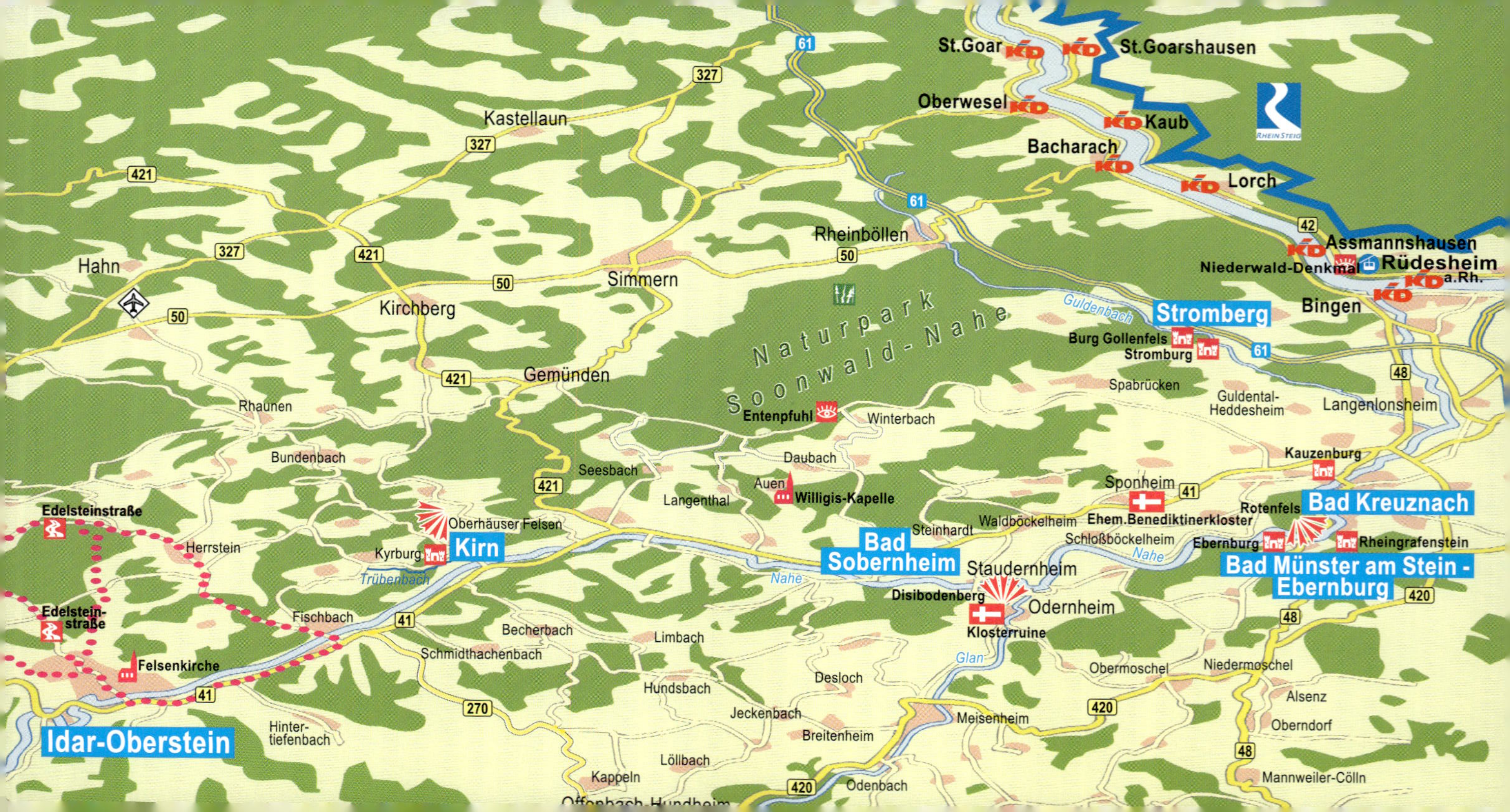
St.Goar
St.Goarshausen
Oberwesel
Kaub
Bacharach
Lorch
Assmannshausen
Rüdesheim a.Rh.
Niederwald-Denkmal
Bingen
Stromberg
Burg Gollenfels
Stromburg
Guldenbach
Spabrücken
Guldental-Heddesheim
Langenlonsheim
Kastellaun
Hahn
Simmern
Kirchberg
Rheinböllen
Gemünden
Naturpark Soonwald-Nahe
Entenpfuhl
Winterbach
Rhaunen
Bundenbach
Seesbach
Daubach
Auen
Willigis-Kapelle
Langenthal
Kauzenburg
Sponheim
Ehem.Benediktinerkloster
Rotenfels
Bad Kreuznach
Rheingrafenstein
Ebernburg
Bad Münster am Stein - Ebernburg
Schloßböckelheim
Waldböckelheim
Steinhardt
Bad Sobernheim
Staudernheim
Odernheim
Disibodenberg
Klosterruine
Glan
Nahe
Edelsteinstraße
Edelstein-straße
Herrstein
Oberhäuser Felsen
Kyrburg
Kirn
Trübenbach
Fischbach
Felsenkirche
Becherbach
Schmidthachenbach
Limbach
Desloch
Hundsbach
Jeckenbach
Breitenheim
Löllbach
Kappeln
Offenbach-Hundheim
Odenbach
Meisenheim
Obermoschel
Niedermoschel
Alsenz
Oberndorf
Mannweiler-Cölln
Hinter-tiefenbach
Idar-Oberstein
61
327
421
50
42
48
41
420
270

Stromberg

Der „Deutsche Michel“

Der „Deutsche Michel“

Eingebettet in die reizvolle Landschaft am Rande des Hunsrücks zwischen den Flüssen Rhein und Nahe liegt Stromberg, die Heimat des „Deutschen Michel“. Sie wird auch Stadt der „Drei Burgen“, der „Drei Hügel“ und der „Drei Täler“ genannt und ist auf der Reise entlang des „Rheinischen Sagenwegs“ das Tor ins Naheland. Eine der drei Burgen, die weithin sichtbar über der Stadt thront, prägt das Panorama und ist das Wahrzeichen der Stadt: die Stromburg. Während von der Stauferburg am Pfarrköpfchen nur noch die Fundamente vorhanden sind und von Burg Gollenfels nur noch Ruinen stehen, hat der bekannte Fernsehkoch Johann Lafer die Stromburg zu Füßen des Soonwaldes in ein Hotel und einen Gourmettempel verwandelt, den er – ausgezeichnet mit einem Michelinstern – „Le Val d'Or“ (Goldenes Tal) nennt. Der Blick von hier aus in die Tiefe wird dem Namen durchaus gerecht. Hat sich der heutige Burgherr einen Ruf unter den Spitzenköchen dieser Welt gemacht, so war es einer der früheren Bewohner, dessen Name zum weltweit bekannten Ruf der Deutschen als heimattapfere und unerschrockene Männer beigetragen hat. Seine militärischen Taten und Bravourstücke brachten ihm, in Anspielung auf seinen Vornamen, den bei Freund und Feind ebenso anerkennenden wie gefürchteten Ruf des „Deutschen Michel“ ein, der seitdem erhalten blieb, wenn auch oft mit falschen Attributen behaftet. Es war der Reitergeneral Hans Michael Elias von Obentraut, dessen Beiname dieser Geschichte den Titel gibt. Sie erzählt, wie er dazu gekommen ist.

Das Erbauungsjahr der Stromburg ist nicht genau zu ermitteln, man weiß nur, dass sie 1056 bereits errichtet war. Nachdem sie 60 Jahre später zerstört und vom Pfalzgrafen unter dem Namen Stromburg wieder aufgebaut wurde, verwaltete sie später der kaiserliche Rat Johann

gestern
heute

Barthel von Obentraut, dessen Stammsitz sie wurde. Im nahe gelegenen heutigen Guldental, wo die von Obentrauts große Ländereien und ein festes Haus besaßen, wurde Hans Michael Elias von Obentraut am 2. Oktober 1574 geboren. Seine Kindheit verlebte er jedoch auf der Stromburg.

Nach anfänglichem Jurastudium in Heidelberg ließ er sich von der Armee anwerben und zog 1618 an der Spitze einer 500 Mann starken kurpfälzischen Kavallerie in den Dreißigjährigen Krieg. Bei Frankenthal in der Pfalz gelang es ihm, eine spanische Reitertruppe, die auf Seiten der kaiserlichen Soldaten kämpfte, vernichtend zu schlagen. 1622 trugen seine Männer einen weiteren Sieg über den Feldherrn der katholisch-kaiserlichen Truppen, General Tilly, davon.

... „Gold" und „Ros" entsprungen

Die Burg Gollenfels, die im 10. oder 11. Jh. erbaut und urkundlich erstmals 1156 erwähnt wurde, heute jedoch weitgehend verfallen ist, ist eine der drei Burgen in Stromberg, denen die Stadt den Beinamen „... der Drei Burgen" verdankt. Am Fuß ihres Bergfrieds schlängelt sich der Guldenbach durchs Tal, in dessen Fluten einst Gold gefunden wurde, was ihm seinen Namen einbrachte. Das Gold ist heute verschwunden, woran einer Sage nach die Habgier der Menschen schuld sei. Denn einst wohnten Zwerge in den Höhlen des ehemaligen Riesensteins, des Hundsfelsen zu Stromburg, die nachts am Goldenfels Gold zu Tage förderten. Den Menschen wohlgesinnt, warfen sie so manches schwere Goldklümpchen in den Guldenbach. Aber die Menschen waren undankbar und goldgierig. Sie schlichen heimlich zu den Höhlen der Zwerge und wühlten in ihrem Hab und Gut. Als die Zwerge zurückkamen und dies bemerkten, verschwanden sie wutentbrannt auf Nimmerwiedersehen – und mit ihnen auch das Gold.

Erst viele Jahre später ist diesem Ort dann doch wieder etwas entsprungen, was zumindest die Gesichter der Menschen in der Weihnachtszeit strahlen lässt. Denn der Überlieferung nach hat Michael Praetorius hier auf der Burg das Weihnachtslied „Es ist ein Ros entsprungen" gedichtet und vertont. Und am Weihnachtsabend im Jahr 1595 soll es dann erstmals, allerdings in der Burgkapelle der Stromburg, erklungen sein.

Drei Jahre später, diesmal als Generalleutnant im Dienst des Dänenkönigs, kam es zu einer erneuten Schlacht gegen die Truppen Tillys bei Seelze, westlich von Hannover. Dabei wurde Michel von Obentraut von einer feindlichen Kugel in die Brust getroffen und tödlich verletzt. Als Feldherr Tilly diese Nachricht erhielt, ließ er das mörderische Gefecht stoppen und ging zu dem Sterbenden, um dessen Heldenmut ein letztes Mal zu ehren.

Die Spanier brachten als Erste den Namen des gefürchteten „Miguel Aleman" auf, dessen Blitzaktionen sie zu Beginn des Dreißigjährigen Krieges in Angst und Schrecken versetzt hatten. Dass er diesen anerkennenden Namen von den Spaniern erhielt, wurde erstmals in einem Schriftstück aus dem Jahre 1701 erwähnt.

Bedingt durch die Verehrung von Hans Michael Elias von Obentraut durch den preußischen König Friedrich Wilhelm IV. wurde die Bezeichnung „Deutscher Michel“ unter den bürgerlich-liberalen Revolutionären im Vormärz 1848 in Karikaturen und Satiren als eher abschätzige Personifikation des deutschen Spießbürgers, der sich um seine Bequemlichkeit sorgt statt sich politisch zu engagieren, missbraucht – so z. B. auch von Heinrich Heine in seinem Gedicht vom „Michel nach dem März“. Eine Sage um Michael von Obentraut könnte dabei ausschlaggebend für das Bild des „spießigen und schlafmützigen Deutschen“ mit der Schlaf- bzw. Zipfelmütze gewesen sein, das bis heute in Verkennung der Tatsachen erhalten geblieben ist. Denn bei der letzten Schlacht von Michael von Obentraut soll der Angriff des Gegners so überraschend und im Morgengrauen erfolgt sein, dass er sich nur mit einem Stiefel und ohne Helm, aber noch mit der Schlafmütze auf seinem Kopf heldenmütig in den Kampf gestürzt hat.

So ist der „Deutsche Michel“ bis heute ein personifiziertes „Nationalsymbol“ für die deutsche Bevölkerung. Im Gegensatz zu denen anderer Völker, wie z. B. dem „Uncle Sam“ der Amerikaner, dem „John Bull“ der Briten und der „Marianne“ der Franzosen, hat es einen „Michel“ aber tatsächlich gegeben.

Seine sterblichen Überreste wurden in der Marktkirche von Hannover beigesetzt, und ein Denkmal im nahe gelegenen Seelze erinnert noch heute an Kriegshelden.

WISSENSWERTES

Eine Theorie über „Michel“ als Bezeichnung für die Deutschen sieht den Ursprung in den „Michelbrüdern“, deutsche Pilger, die im 15. Jh. zum französischen Mont St. Michel zogen. Von deren Liedern verstanden die Franzosen nur das immer wiederholte „Michael“, was dem französischen Wort „michelot“ ähnelte, eine Bezeichnung für einen Betteljungen oder einen frömmelnden Heuchler, der nur zum Schein wallfahrtet.

Eine weitere Erklärung findet sich in der „Sprichwörtersammlung“ des deutschen Dichters Sebastian Franck von 1541. Dort kennzeichnet der „Michel“ einen ungebildeten, einfältigen Menschen. Zugrunde liegt die zu der Zeit in bäuerlichen Kreisen häufig gebrauchte Kurzform des Vornamens „Michael“.

Wer Lust hat, auf den Spuren des „Deutschen Michel“ zu wandeln, dessen Weg sollte spätestens am ersten Juni-Wochenende nach Stromberg in „Michels Land“ führen. Denn neben einem möglichen Besuch des Heimatmuseums, in dem Stücke aus der Vergangenheit des berühmten Strombergers ausgestellt sind, und einem Festmahl auf der Stromburg (Tischreservierung empfehlenswert) lädt die Stadt ihre Besucher zum „Historischen Stadtfest“ ein, bei dem Rittergilden, Spielleute und Handwerker die mittelalterliche Zeit wieder aufleben lassen.

Stromberg – Touristisch

Geschichtliches: Die Geschichte der Verbandsgemeinde Strombergs, zu dem heute auch die Gemeinden Daxweiler, Dörrebach, Eckenroth, Roth, Schöneberg, Schweppenhausen, Seibersbach, Waldlaubersheim und Warmsroth gehören, ist auch ein Spiegel der Geschichte des gesamten Nahetals. Daher sei diese hier, am „Tor zum Nahetal" auf der Reise entlang des „Rheinischen Sagenwegs", etwas ausführlicher erläutert.

Die Besiedlung des Naheraums und des Hunsrücks in **vorchristlicher Zeit** ist durch eine Vielzahl von Funden belegt. So stieß man hier in den Höhlen am Dörrebachweg auf Steinbeile, Feuersteinmesser und Pfeilspitzen sowie Holzkohlereste mit Getreidekörnern.

In den Jahren 58 bis 51 v. Chr. drangen **römische Truppen unter Julius Cäsar** bis zum Rhein vor. Naheraum und Hunsrück gehörten zu jener Zeit zum Siedlungsgebiet der Kelten, auf die auch der Name „Nahe" zurückgehen soll: Sie nannten den Fluss **„Nawa"**, was so viel wie „reißendes Wasser" bedeutet. In der Region begegnet man überall noch Zeugnissen aus der fast 500 Jahre währenden römischen Herrschaft (51 v. Chr. – 406 n. Chr.), welche auch den Straßen- und Weinanbau in die Region brachte. Hier findet man Reste einer Straße, die nach Bingen führte, sowie einer Brücke über den Guldenbach und auf dem Gollenfels die eines Wachturms. Im Stromberger Stadtwald wurden römische Grabhügel gefunden.

Mit dem Zusammenbruch der römischen Herrschaft übernahmen im Jahre 496 die **Franken** den Naheraum. Das Frankenreich wurde von Grafen verwaltet, die zunächst Beamte waren, im 11. Jh. dann den erblichen Grafentitel zuerkannt bekamen. Viele der heutigen Dorfnamen, beispielsweise diejenigen, die auf -heim, -hausen, -stätten oder -weiler enden, sind noch fränkischen Ursprungs.

Vom 10. bis Ende des 11. Jh. herrschte die Gaugrafen-Familie der „Emichonen" im „Nahegau". Ihre Nachfahren nannten sich etwa vom Jahr 1100 an „Wildgrafen" und errichteten oberhalb von Kirn die Kyrburg als einen ihrer Stammsitze. Zum Ausbau der fränkischen Verteidigungsanlagen gehörte auch die Stromburg, die 1056 erstmals von dem Grafen Bertolfus de Strumburg zusammen mit dem Ortsnamen Stromberg erwähnt wird.

Der Dreißigjährige Krieg (1618 – 1648) hinterließ in der Nahe-Hunsrück-Region besonders schlimme Verwüstungen und dezimierte die Bevölkerung auf ein Drittel. Gegen Ende des 17. Jh. drangen dann französische Truppen in den Naheraum ein, wobei zahlreiche Burgen, Städte und Dörfer zerstört wurden. Unter Napoleon fiel 1798 das gesamte linksrheinische Gebiet des heutigen Deutschlands an Frankreich. Um die Jahreswende 1813/14 zwangen dann Österreich, Preußen und Russen die Franzosen zum Rückzug und von 1815 an erstreckte sich Preußen bis zur Nahe.

Sehenswertes: Die **Stromburg** wird heute als Burghotel genutzt, in der der bekannte Fernsehkoch **Johann Lafer** zudem ein Feinschmeckerrestaurant eröffnet hat. Die **Alte Stauferburg** auf dem Pfarrköpfchen, von der nur noch die Fundamente existieren, wurde 1076 errichtet. Die **Burg auf dem Gollenfels**, deren Erbauungsjahr nicht genau zu ermitteln ist, steht auf den Trümmern einer römischen Befestigungsanlage. Derzeit bemüht man sich um den Wiederaufbau der Ruine.

Sehenswerte Kirchen sind **St. Jakobus** von 1863 mit kostbaren sakralen Gegenständen und die **Stephanskirche** von 1725 mit schönen Wappensteinen. Einen Hauch von Mittelalter vermittelt der **Schlangenturm**, ein historischer Wehrturm der früheren **Stadtmauer**. Das **Heimatmuseum** im ehemaligen Forsthaus führt durch die Stadtgeschichte und zeigt u. a. den Raum einer Schulklasse aus der Zeit um 1900 sowie eine alte Uhrmacherwerkstatt.

Neben der Stromburg und zahlreichen weiteren gastlichen Betrieben in Stromberg können die Besucher auch im **Land & Golf Hotel Stromberg** u. a. beim Golfspiel und in den Luca-Thermen aktive Erholung finden, auf der Beautyfarm entspannen und in den Restaurants des Hotels kulinarisch genießen.

Empfehlenswertes: Die wunderschöne Landschaft um Stromberg lädt zu ausgiebigen Wandertouren ein, hat aber noch zahlreiche weitere Attraktionen zu bieten. Dazu zählen der **Weinlehrpfad**, ein Jogging-Parcours, **sportliche Angebote** wie Golf, Kegeln, Reiten, Schwimmen im Höhenfreibad, **Ballooning** und **Planwagenfahrten** und seit neuestem die Einrichtung **„Michels Walderlebnis“** im Stadtwald, die aus einer Trimmrunde, einem Natur-Informationspfad und einem Philosophenpfad besteht.

Stromberg–
Informationen & touristische Empfehlungen

Tourist-Info Stromberg

(in Nähe der Verbandsgemeindeverwaltung)
Binger Straße 3 a · 55442 Stromberg
Tel.: 06724/274 · Fax: 06724/227
touristinfo@stromberg.de · www.stromberg.de

Zwischen Rhein und Nahe, am Rande des Soonwalds, liegt „Michels Land" – die Verbandsgemeinde Stromberg, die mit neun Ortsgemeinden mehr als Wein, Wald und Wandern zu bieten hat. Neben attraktiven Sportangeboten (Golf, Tennis, Ballonfahrten, verschiedene Nordic-Walking-Strecken, Jogging-Parcours, Angeln und anspruchsvolle Rad- und Wanderwege) können Sie hier in die deutsche Geschichte und Sagenwelt eintauchen. Im Gedenken an die herausragende Persönlichkeit der Stadt, Hans Michael Elias von Obentraut, feiert Stromberg jedes Jahr am ersten Wochenende im Juni sein Stadtfest, das durch viele mittelalterliche Rittergilden, Spielleute und Handwerker bereichert wird. In schmucken Winzerorten an der Naheweinstraße wächst an den Südhängen ein herzhafter Wein für Genießer heran, und auf dem Weinlehrpfad können Sie die Vielfalt der Rebsorten erwandern. Zudem bietet Stromberg Wellness, Fitness, Relaxen im Naturheilzentrum, Sport, Planwagenfahrten, Grillabende, Weinproben, Tagesausflüge und Kultur.

Heimatmuseum Stromberg

Gerbereistraße 20 · 55442 Stromberg
www.stromberg.de/heimatmuseum29.html
Öffnungszeiten: Do 16-19 Uhr, 2. So im Monat 14-16 Uhr, ansonsten nach telefonischer Vereinbarung: 06724/6447 oder 06724/274

Als besonderer Geheimtipp für Groß und Klein entpuppt sich das Heimatmuseum im Herzen Strombergs, nur wenige Schritte vom Stadtkern, dem Marktplatz, entfernt. Hier im ehemaligen Forsthaus lebt die Vergangenheit in anmutiger Weise wieder auf, in Räumlichkeiten, die den Besucher eher an seine Kindheit erinnern als an ein Museum. Von Raum zu Raum wird der Gast durch die Geschichte der Stadt und der Umgebung geführt, vorbei an Fragmenten römischer Ausgrabungen, mittelalterlichen Relikten, Landkarten, Urkunden und Schriftstücken aus dem 16. bis 20. Jh. Jeden Vormittag um 11 Uhr und jeden Nachmittag um 17 Uhr begrüßt das Glockenspiel die Besucher des Museums. Durch liebevoll und sorgfältig eingerichtete Zimmer wie Großmutters „Gute Alte Stube" oder Omas Küche gibt das Heimatmuseum zugleich einen Einblick in die Wohnkultur und den Hausrat des 19. und 20. Jh. Aber auch bekannte Persönlichkeiten wie der „Deutsche Michel" haben hier einen Platz der Erinnerung gefunden.

Gastronomie in Stromberg

Die Verbandsgemeinde Stromberg bietet ein vielfältiges gastronomisches Angebot: Vom Sternerestaurant „Val d'Or" des berühmten Fernsehkochs Johann Lafer auf der Stromburg, über die Restaurants des 4-Sterne- „Land und Golf Hotels", bis zum familiär geführten Land- und Dorfgasthof; all das finden Sie hier! Oder lassen Sie der Romantik freien Lauf bei einem Grillabend im ehemaligen Forsthaus „Lauschhütte" im Binger Wald.

Übernachten in Stromberg

In einem Umkreis von etwa 10 km um Strombergs Stadtzentrum finden Sie für jeden Geschmack das richtige Angebot: Nobel in Johann Lafer's Stromburg oder dem 4-Sterne-Superior „Land und Golf Hotel" mit eigener Beauty- und Wellnessfarm, über das Residenz Appartement Hotel, Hotels im 2-Sterne-Segment, liebevoll geführten privaten Pensionen bis hin zu Ferienhäusern, -wohnungen oder -appartements. Weitere Informationen erhalten Sie über die Tourist-Info Stromberg.

Bad Kreuznach

Auf den Spuren des historischen Dr. Faust

Auf den Spuren des historischen Dr. Faust

„Vorhang auf für Dr. Faust“, ertönte es bereits 1588, nachdem der Engländer Christopher Marlowe die erste Schauspielfassung des berühmten Stoffes, „Die Tragische Geschichte vom Leben und Tod des Doktor Faustus“, geschaffen hatte. Wandernde Schau- und Puppenspielertruppen zogen von da mit dem Stück durch Europa, und es folgte eine wahre Flut von Adaptionen. Auch der junge Goethe wurde durch ein Puppenspiel zu seinem Lebenswerk inspiriert. Seit kurzem kann man den „Faust“ auch in Bad Kreuznach im neu eingerichteten Museum für PuppentheaterKultur erleben. Auf 1500 Quadratmetern Fläche hat die Stadt in einem alten Hofgut – dem ehemaligen Rittergut Bangert und heutigen Schlossparkmuseum, eingebettet in die traumhaft schöne Umgebung des dazugehörigen Parks – ein zeitgemäßes Museum inklusive Theater und Puppenwerkstatt geschaffen. Aber nicht nur auf der Bühne, sondern auch in der mittelalterlichen Bad Kreuznacher „Neustadt“ mit ihren wunderschönen alten Fachwerkhäusern hat der sagenumwobene Dr. Faust historisch überlieferte Spuren hinterlassen.

Johann Georg Sabellicus Faust, auch der „Schwarzkünstler“ genannt, soll um 1480 im baden-württembergische Knittlingen, vielleicht aber auch in Helmstedt bei Heidelberg, geboren worden sein. Angeblich hat er den Titel eines Magisters der Philosophie erworben, sicher ist auf jeden Fall, dass er als Magier ein unstetes Wanderleben geführt hat. Dies war zu der damaligen Zeit keinesfalls unüblich. Magier, die sich mit Alchimie, Wunderheilungen, Astrologie und allerlei sonstigen „Geheimwissenschaften“ ihr Brot verdienten, unterhielten die Menschen in allen Teilen des Landes. Faust tingelte von Jahrmarkt zu Jahrmarkt, vollführte dort Zauberkunststücke und inszenierte effektvolle Schauspiele, die den Menschen seiner Zeit wie Wunder vorkamen und ihm beim

BAD KREUZNA
Magister Faust

Volke Ruhm und Sympathie einbrachte. Sowohl Zeitgenossen als auch die Nachwelt sagten ihm außergewöhnliche Kenntnisse in der Medizin und in Geheimwissenschaften nach.

Von den meisten Gelehrten wurde er jedoch verachtet und als Scharlatan abgetan. Er soll die Fähigkeit besessen haben, Menschen durch seinen Redefluss vollkommen in den Bann zu ziehen, weswegen man ihm heute auch ein Talent zur Hypnose nachsagt. Im Aberglauben aller Volksschichten wurde Unbekanntes mystifiziert und insbesondere die Ausübung der „Schwarzen Kunst" mit dem Teufel und der Hexerei in Verbindung gebracht. Daher war Faust vielen gebildeten Zeitgenossen, darunter Luther, nicht geheuer, und er wurde auch als Zauberer und Verbündeter des Teufels bezichtigt.

Wie die meisten seiner „Kollegen" hielt sich Faust nie für längere Zeit an einem festen Ort auf. Nicht zuletzt, weil sich immer wieder Menschen auch von ihm geprellt fühlten und die rechtzeitige Flucht dann häufig der einzige Ausweg war. So verwundert es nicht, dass Faust ein weitgereister Mann war. Es gibt Berichte von Aufenthalten und Wirken in Gelnhausen, Erfurt, Bamberg, von einer Ausweisung in Ingolstadt und anschließenden weiteren Aufenthalten in Nürnberg, der Kölner Gegend sowie Würzburg.

Das letzte Zeugnis aus seinem Leben ist eine Inschrift an der Fassade des Gasthauses „Löwen" in Staufen im Landkreis Breisgau-Hochschwarzwald in Baden-Württemberg. Auf ihr wird davon berichtet, dass Faust 1539 hier ums Leben gekommen sei. Er soll damals als Goldmacher bei dem hoch verschuldeten Burgherrn Anton von Staufen angestellt gewesen sein.

Im Jahr 1507 hatte Johann Georg Sabellicus Faust nun auch in Bad Kreuznach gelebt. Dass dies der historischen Wirklichkeit entspricht, belegt ein zeitgenössischer Brief des Abtes Johannes Trithemius von

Bad Kreuznacher Frauen-Geschichte(n)

Der „Originalbrunnen" am Kornmarkt ist der Startpunkt für den „Fußweg der Sinne" durch Bad Kreuznach. Dieser neue Rundgang wurde von der Frauenarbeitsgruppe der Stadt entwickelt und führt zu Sehenswürdigkeiten und Orten mit Geschichte und Geschichten. Gleich zu Beginn an dem Brunnen begegnet man bereits den ersten Persönlichkeiten der Stadtgeschichte, über die es Interessantes zu erzählen gibt. Neben den hier gezeigten Bad Kreuznacher „Originalen" entdeckt man auf dem Rundgang dann auch verschiedene Frauen, die in der Geschichte der Stadt ihren Platz gefunden haben: Marktfrauen, die „Quellnymphe", Katharina Schroth (die Erfinderin der Methode Schroth zur Heilung von verkrümmten Wirbelsäulen), Clara Schumann (die Frau des Komponisten Robert Schumann) und Jenny Marx, die 1843 hier in der Pauluskirche Karl Marx heiratete.

Sponheim. Dieses Schreiben ist eine der wenigen Quellen, die beweisen, dass Faust wirklich gelebt hat und die Sage um ihn tatsächlich einen geschichtlichen Kern birgt.

Vermutlich hatte der Reichsritter Franz von Sickingen, der auf der nur fünf Kilometer entfernten Ebernburg residierte, den Alchimisten Faust nach Bad Kreuznach geholt. Denn Faust hatte erklärt, dass er „ganz gewaltiger Dinge" fähig sei und „in der Alchimie von allen, die je gewesen, der Vollkommenste sei und wisse und könne, was nur die Leute wünschten". Das beeindruckte Franz von Sickingen, der neugierig auf mystische Dinge war und offen für alle neue Gedanken, Weltanschauungen – und die Magie, die damals von der Wissenschaft noch nicht getrennt war.

Abt Johannes Trithemius vom benachbarten Kloster Sponheim hingegen ließ in einem Brief vom 20. August 1507 an seinen Freund, den Mathematiker und Hofastrologen Johann Virdung in Heidelberg, kein gutes Haar an dem neuen Rektor. „In den Fasten dieses Jahres kam er nach Kreuznach, wo er sich in gleicher großsprecherischer Weise ganz gewaltiger Dinge rühmte ... Jener Mensch ... , Georg Sabellicus, ... ist ein Landstreicher, leerer Schwätzer und betrügerischer Strolch, würdig ausgepeitscht zu werden, damit er nicht ferner mehr öffentlich verabscheuungswürdige und der heiligen Kirche feindliche Dinge zu lehren wage." Er maße sich Titel an, die zeigten, dass er ein Narr und kein Philosoph sei, wie zum Beispiel „Magister Georg Sabellicus, Faust der Jüngere, Quellbrunn der Nekromanten (Schwarzkünstler), Astrolog, Zweiter der Magie, Chiromant (Wahrsager aus der Hand), Aeromant (Luft), Pyromant (Feuer), Zweiter in der Hydromantie (Wasser)".

In seinem Brief bezichtigte der Abt Faust zudem der scheußlichsten Gräueltaten, und als die Sache ans Licht kam, wurde diesem auch in Bad Kreuznach der Boden unter den Füßen zu heiß und er verschwand bei Nacht und Nebel – so geheimnisvoll wie er kam – wieder aus der Stadt, um der drohenden Strafe zu entgehen.

WISSENSWERTES

Das Faust-Haus in der Magister-Faust-Gasse – ein im 16. Jh. errichteter Fachwerkbau, der zu den architektonischen Schmuckstücken der Stadt zählt – erinnert mit seinen zahlreichen Inschriften und Malereien an das Wirken des Magiers in Bad Kreuznach. An dieser Stelle soll im 15. Jh. das Haus gestanden haben, in dem Faust gelebt hat.

Der Faust-Stoff ist vielfach bearbeitet worden, neben Goethe unter anderem von Thomas Mann und Karl Simrock (☞ Kapitel „Unkel") sowie in einer Komposition von Richard Wagner („Faust-ouvertüre"). Aber auch der berühmte Kreuznacher Maler und Dichter Friedrich Müller (der von 1749 bis 1825 in derselben Gasse der Neustadt lebte) hat sich dem Stoff gewidmet und ein Großgedicht – den metrischen Faust – geschaffen.

Bad Kreuznach – Touristisch

Geschichtliches: Bereits von den Kelten wurde auf dem Boden der heutigen Stadt eine Siedlung gegründet, die sie wahrscheinlich nach ihrem Gründer **„Crucinia“** nannten. 58 v. Chr. begann die Besiedlung des Naheufers durch die **Römer**, die den Weinbau einführten, prachtvolle Villen errichteten und schon die **Quellen** der Stadt zu schätzen wussten.

Mitte des ersten Jahrtausends übernahmen die Burgunder, später die **Franken** den römischen Siedlungskern. Um 1200 entstanden die beiden Stadtteile, die durch eine steinerne Brücke verbunden sind. Diese Brücke wurde ebenso wie die Kauzenburg, die seit 1206 über der Stadt thront, von den **Grafen von Sponheim** errichtet.

Große Zäsuren für die Stadt waren der Dreißigjährige Krieg und der Pfälzische Erbfolgekrieg im 17. Jh., in denen große Teile der Stadt, darunter auch die Kauzenburg, zerstört wurden.

Das Schlossparkmuseum
Neben dem neuen Museum für PuppentheaterKultur beherbergt das Schlossparkmuseum auch die stadt- und kunstgeschichtlichen Sammlungen sowie eine vor- und frühgeschichtliche Abteilung mit einer Sammlung von Fossilien aus dem Hunsrück. Das Gebäude ist von einem wunderschönen Schlosspark umgeben, einem Landschaftspark mit exotischen Bäumen und einem Weiher, der an das alte Rittergut Bangert (= Baumgarten) grenzt.

Seit 1732 wird im **Salinental** Salz produziert, doch wahrscheinlich hatten schon die Kelten aus den salzhaltigen Quellen der Gegend Salz gewonnen. Aber erst mit der Nutzung der Sole für Trink- und Badekuren 1817 durch Dr. Johann Erhard Prieger entwickelte sich Bad Kreuznach zum **mondänen Kur- und Badeort**.

Zu den geschichtsträchtigen Ereignissen zählen zudem das Jahr 1507, in dem der berühmte Alchimist und Magier **Johann Georg Sabellicus Faust** hier wohnte, und das Jahr 1958, in dem durch die Staatschefs Konrad Adenauer und Charles de Gaulle in Bad Kreuznach die **Deutsch-Französische Freundschaft** geschlossen wurde.

Sehenswertes: Wahrzeichen der Stadt sind die **Brückenhäuser** auf den Pfeilern der im Jahr 1300 erbauten **Alten Nahebrücke**. Weitere Zeugnisse der historischen Baukunst sind das **Pfeffermühlchen**, ein Turm der alten Stadtbefestigung mit barocker Haube, die **Wilhelmsbrücke** mit dem integrierten **Fischerturm** sowie die **Pauluskirche** von 1332 (in der Karl Marx geheiratet hat) und die **St. Nikolauskirche** aus dem Jahr 1250.

Sehenswert sind auch das 1913 errichtete geschichtsträchtige

Kurhaus im **Kurpark**, die Häuserzeile an der Einmündung des Ellerbachs in die Nahe, die auch **„Klein-Venedig"** genannt wird, sowie das **Schlossparkmuseum** mit Schlosspark. Inmitten dieses historischen Kurparks mit exotischen Pflanzen und einem Weiher befindet sich auch die **Römerhalle**, in der die Reste einer prachtvollen römischen Villa (2.-4. Jh.) ausgestellt sind. Glanzpunkte der Sammlung sind zwei fast vollständig erhaltene Mosaikböden. In den Gebäuden von Kurhaus und Museum finden zudem regelmäßig **Wechselausstellungen** und **Konzerte** statt.

Einen der **schönsten Blicke** auf Bad Kreuznach hat man von der **Kauzenburg**, die 1972 auf den Ruinen der alten Burg mit moderner Architektur neu errichtet wurde. Der Weg hinauf führt vorbei an einem Teetempel. Um die Burg herum wuchs die historische Neustadt, in der noch heute viele wunderschöne **Fachwerkhäuser** zu sehen sind.

Empfehlenswertes: In Bad Kreuznach ist es das höchste Ziel der Gastgeber, für das **leibliche Wohl** und die **Gesundheit** ihrer Gäste zu sorgen. Das **Bäderhaus**, das als schönstes Sauna- und Wellnessbad Deutschlands gilt, wurde schon 1912 erbaut und beherbergt eine ausgedehnte **Saunalandschaft**. Hier findet der Besucher ein modernes und anspruchsvolles Gesundheitsangebot in historischem Ambiente. Ergänzt wird das Wellness-Angebot der Stadt durch das Thermal-Sole-Bewegungsbad **„Crucenia-Thermen"**.

Anlässe für einen Besuch der Stadt gibt es reichlich, wie ein Blick in den Veranstaltungskalender verrät: die **„Kreiznacher Fassenacht"** mit der „Kreiznacher Narrefahrt" am Samstag vor Rosenmontag, der **Jahrmarkt** (August), das **Fischerstechen** in Deutschlands schönster Fischerstecher-Arena „Roseninsel" (September), das **Festival der PuppentheaterKultur** (November) und der **Nikolausmarkt** zur Weihnachtszeit.

Bad Kreuznach – Informationen & touristische Empfehlungen

Bad Kreuznach Tourismus und Marketing GmbH

Postfach 18 64 · 55508 Bad Kreuznach
Tel.: 0671/83600-0 · Fax: 0671/83600-5
info@bad-kreuznach-tourist.de · www.bad-kreuznach-tourist.de

Bad Kreuznach hat neben seinen Wellness- und Gesundheitseinrichtungen (z. B. die Crucenia Thermen, das BÄDERHAUS oder das Crucenia-Gesundheitszentrum) noch vieles mehr für einen abwechslungsreichen und erholsamen Aufenthalt zu bieten. Ob beim Spazierengehen, Wandern oder Radfahren – ob mit Land oder Wasser unter den Füßen oder aus luftigen Höhe wie bei einer Ballonfahrt, beim Segelfliegen oder Bergsteigen: Bad Kreuznachs Ansichten können sich sehen lassen.

Museum für PuppentheaterKultur

Hüffelsheimer Straße 5 · 55545 Bad Kreuznach
Tel.: 0671/845 91 85 · Fax: 0671/2983966
puk.museum-kh@t-online.de · www.stadt-bad-kreuznach.de (in der Rubrik „Kultur, Freizeit" unter Punkt „Museen")

Nahezu 2000 Puppen mit kompletten Puppentheater-Bühnen können in der aufwändigen Dauerausstellung im Museum im Rittergut Bangert am Schlosspark besichtigt werden. Im Theatersaal finden zudem regelmäßig am ersten Sonntag im Monat Puppentheateraufführungen für Kinder und Erwachsene statt. Ein Festival im November sowie Workshops/Kurse für Anfänger runden das Angebot ab.

Faust-Haus

Magister-Faust-Gasse 47 · 55545 Bad Kreuznach
Tel.: 0671/9200706 · Geöffnet ab 17 Uhr, Dienstag Ruhetag
Reservierungen nach Absprache auch außerhalb der Öffnungszeiten möglich.

Das historische Faust-Haus liegt im Herzen der „Neustadt" – genau an dieser Stelle soll im 15. Jh. jenes Haus gestanden haben, das den sagenumwobenen Magister Faust beherbergte. Heute werden hier im gemütlichen und historischen Flair das „Steak Mephisto", „Fauste Gretchen's Schmaus" und andere Leckereien serviert.

Domina Parkhotel Kurhaus – Hotel / Restaurant

Kurhausstraße 28 · 55543 Bad Kreuznach
Tel.: 0671/802-0 · Fax: 0671/35477
parkhotelkurhaus@domina.it · www.dominahotelsresorts.com

Das Domina Parkhotel Kurhaus ist ein elegantes 4-Sterne-Hotel mit einer Tradition, die bis ins Jahr 1913 zurückreicht. Mitten im Kurpark gelegen und umgeben von der Nahe ist es nur ein kurzer Spaziergang zur Altstadt mit ihren Museen, der Fußgängerzone und den zahlreichen gemütlichen gastronomischen Einrichtungen in Bad Kreuznach.

Kauzenburg mit Landhotel – Hotel/Restaurant

Auf dem Kauzenberg · 55545 Bad Kreuznach
Tel.: 0671/3800-0 · Fax: 0671/3800-124
info@kauzenburg.de · www.kauzenburg.de

Hoch über der Kurstadt Bad Kreuznach liegt die Kauzenburg mit dem 4-Sterne-Landhotel in stressfreier Umgebung am Rande des Schlossparks. Im Panoramarestaurant ZINNE hat man einen imposanten Ausblick auf die Kurstadt Bad Kreuznach und das idyllische Nahetal. Jeden Samstag (von Mai bis Juni und August bis Dezember auch freitags – ausgenommen der Sommerferien von Rheinland-Pfalz) lädt das Haus im Rittersaal zum großen Gelage an der Rittertafel: ein fröhlicher Abend im Stile des späten Mittelalters. Das Hotel ist zudem Ausbildungsstätte des Deutschen Nordic Fitness Verbandes.

Bad Münster am Stein-Ebernburg

Die Sage vom Rheingrafenstein

Die Sage vom Rheingrafenstein

Senkrecht und bis auf die Höhe von 136 Metern erhebt sich aus der Nahe bei Bad Münster am Stein-Ebernburg ein imposanter Felsen. Auf diesem so genannten „Rheingrafenstein“, dem Wahrzeichen des malerischen Kurortes an der Nahe, sind heute noch oben auf den beiden Felszacken die Ruinen der gleichnamigen Burg Rheingrafenstein zu besichtigen. Der Sage nach soll diese Burg in nur einer einzigen Nacht erbaut worden sein. So etwas kann natürlich nur gelingen, wenn man mit dem Teufel gemeinsame Sache macht ... Aber lesen Sie selber.

Auf der Burg Rheinberg im abgelegenen wilden Wispertal bei Lorch lebte um das Jahr 1200 der Rheingraf Friedrich mit seiner Gattin Hildegund. Da Friedrich die Burg vom Mainzer Erzbischof Konrad jedoch nur zur Hälfte als Lehen erhalten hatte, beschloss der Rheingraf, an einem anderen Ort seine eigene Burg zu erbauen. Wo dies sein sollte, das wusste er allerdings noch nicht.

Als Friedrich mit seinen Getreuen wieder einmal auf der Jagd war, führte ihn der Ritt eines Tages durch das wilde Nahetal. Das Flussbett hatte sich hier tief in die Felsen hineingefressen, und das sich durch das Tal schlängelnde Wasser bot einen malerischen Anblick. Beeindruckt von dieser faszinierenden Landschaft vergaß Friedrich das Jagen, und hinter der nächsten Flussbiegung verschlug es ihm vor Staunen gar den Atem: Vor ihm tat sich ein unglaublich hoher Felsen mit fast senkrechten Wänden auf, die auf wunderbare Weise rötlich glänzten. Der Graf war so überwältigt von dem herrlichen Anblick, dass er verkündete: „Dort oben, wo die Felsen den Himmel berühren, werde ich meine Burg bauen.“ Seine Begleiter schüttelten ungläubig den Kopf: „Wie will man da oben eine Burg bauen?“, entgegneten sie. „Das kann kein Mensch.“ In Gedanken versunken starrte Friedrich weiterhin auf den Felsen, als es plötzlich neben ihm im Gebüsch raschelte. Erschrocken

erblickte er ein fürchterliches rostig-rotes riesiges Geschöpf, weder Mensch noch Tier, mit großen Flügeln und einem Schnabel wie ein Rabe. Als die Kreatur auf ihn zukam, hatte sie jedoch plötzlich die Gestalt eines Jägers angenommen. „Ich erfülle euch euren Wunsch“, erklärte der Unbekannte, „und werde in nur einer Nacht dort oben auf dem Felsen Eure Burg erschaffen. Aber als Lohn erhalte ich dafür die Seele desjenigen, der als Erster aus einem der Fenster der Burg herausschaut.“ Friedrich, der nun merkte, dass der Teufel höchstpersönlich vor ihm stand, lief es eiskalt den Rücken herunter. Doch bei dem Gedanken, seinem Ziel so nahe zu sein, kam er in Versuchung und schlug ein. Der Pakt war besiegelt.

Als der Rheingraf am nächsten Morgen erwachte, traute er seinen Augen nicht: Oben auf dem Felsen stand wahrhaftig eine Burg, mit Türmen, Mauern und Zugbrücken. Selbst die Burgkapelle hatte der Teufel nicht vergessen. Wunderschön zeichnete sich die Silhouette der Burg gegen die aufgehende Sonne ab.

Doch die anfängliche Begeisterung Friedrichs schwand schon bald wieder, denn er erinnerte sich an den teuflischen Vertrag, und ihn quälte sein Gewissen. „Was soll ich jetzt bloß tun?“, fragte er seine Begleiter, die er mittlerweile in das Geheimnis eingeweiht hatte. Doch auch sie wussten keinen Rat, und so ritt man in gedrückter Stimmung zurück nach Rheinberg.

Daheim konnte Friedrich jedoch keinen Schlaf finden und schritt ruhelos auf und ab. Hildegund blieb nicht verborgen, dass ihr Ehemann von Sorgen geplagt wurde und fragte ihn nach dem Grund für seine Pein. Da erzählte er ihr von dem Pakt, den er mit dem Teufel geschlossen hatte. Hildegund war zunächst sprachlos vor Entsetzen, doch nach einer Weile hellte sich ihr Gesicht auf. „Lass mich das machen“, meinte sie. „Den werd ich schon überlisten.“ Und nachdem sie Friedrich ihren

Wie die Ebernburg zu ihrem Namen kam

Die Ebernburg soll ihren Namen der Sage nach wirklich von einem Eber erhalten haben. Dieser spielte nämlich die Hauptrolle bei einer Belagerung, während derer man versuchte, die Burgbewohner auszuhungern, um so die Burg einnehmen zu können. Als die Vorräte tatsächlich zur Neige gingen, kam der Burgherr auf eine Idee: Zwei Wochen lang ließ er jeden Tag aufs Neue den einzigen Eber, den man dort hatte, auf den Burghof zerren und auf den Rücken werfen, so, als ob er geschlachtet würde – was man dann aber nicht tat. Der Eber gab jedoch in seiner Todesangst jedes Mal ein schreckliches Gebrüll von sich, sodass die Belagerer dachten, man würde hier täglich ein Tier schlachten. Im Glauben, die Burgbewohner nicht niederzwingen zu können, da sie Fleisch im Überfluss hätten, zogen die Angreifer schließlich ab. Zu Ehren des Ebers wurde die Burg von da an Ebernburg genannt, die auch dem unterhalb von ihr liegenden Stadtteil seinen Namen gab.

Plan erzählt hatte, legte sich dieser beruhigt zu Bett.

Als der Tag des Einzugs und der Einsegnung gekommen war, näherten sich die neuen Burgherren mit ihrem Gesinde in einer Prozession dem Berg, angeführt vom Burgkaplan mit seinem Kruzifix. Auf einem Felsen gegenüber der Burg lauerte bereits der Teufel in Gestalt des riesigen rostig-roten Raben. Alles war genau so, wie er es sich gedacht hatte. Teuflisch wie er war, hatte er es nämlich auf die Seele des Kaplans abgesehen und war sich sicher, dass genau dieser es sein würde, der als Erster aus einem Fenster der Burg schauen würde, um die herrliche Aussicht zu genießen.

Am Fuße des Felsens angekommen, mussten alle von den Pferden absteigen und zu Fuß zur Burg hochgehen, da die Tiere den steilen Weg nicht bewältigen konnten. Nur die Gräfin ritt auf einem Esel hinauf, da diesem ein solcher Aufstieg nichts ausmachte. In der Burg angekommen, ließ Hildegund den Esel gleich in den Rittersaal führen, ohne dass der Teufel es sehen konnte, und verdeckte ihm die langen Ohren und den Kopf mit der Kutte des Kaplans, den sie in ihr Vorhaben eingeweiht hatte. Flugs lenkte sie darauf das Grautier zum Fenster, das seinen ‚verkleideten' Kopf auch sogleich neugierig hinausstreckte.

Voll böser Freude stürzte sich der Teufel sofort auf den vermeintlichen Kaplan, ergriff ihn mit seinen riesigen Klauen und erhob sich in die Lüfte, um mit ihm zur Hölle zu fahren. Der arme, völlig verängstigte Esel stieß indes vor lauter Schreck ganz erbärmliche Schreie aus, und die klangen eindeutig nicht wie die eines Menschen. Da erkannte der Teufel, mit welcher List man ihn reingelegt hatte. Erbost öffnete er seine Klauen und ließ den Esel in die Tiefe hinabstürzen. Die Stelle, an der das bedauernswerte Grautier mit dem Kopf aufschlug, kann man anhand des Abdrucks noch heute am Fuße des Rheingrafensteins erkennen. Der Teufel aber löste sich vor lauter Wut in einer gelben Rauchwolke auf, die noch wochenlang mit Schwefelgestank durchs Nahetal waberte, und ward seitdem nie mehr gesehen. Friedrich und Hildegund hingegen verbrachten noch viele glückliche Jahre auf der Felsenburg.

WISSENSWERTES

Dass der Teufel tatsächlich beim Bau mitgeholfen hat, kann nach heutigem Kenntnisstand angezweifelt werden. Belegt ist jedoch, dass die Burg aus dem 11. Jh. stammt und die Stammburg der Herren vom Stein war, den späteren Wild- und Rheingrafen. 1689 wurde sie von Truppen Ludwigs XIV. gesprengt und ist seitdem eine Ruine geblieben. Sehen kann man dort heute nur noch wenige Teile des Berings, einen Gewölbekeller, ein paar Treppen zum ehemaligen Wohnturm und die Grundmauern des früheren Treppenturms. Dennoch lohnt der steile Weg hinauf zur Burg schon allein deshalb, da er mit einer atemberaubend schönen Aussicht belohnt wird.

Bad Münster am Stein - Ebernburg – Touristisch

Geschichtliches: Bad Münster am Stein wurde 1200 erstmals urkundlich erwähnt. Jahrhunderte lang hat man hier vor allem von der Fischerei, Landwirtschaft und teilweise vom Kupferabbau gelebt, bis im 18. Jh. die **Salzgewinnung** und der **Kurbetrieb** hinzukamen. Auch Wein wird hier – in einem der kleinsten Weinbaugebiete Deutschlands – seit 1300 Jahren angebaut.

Der spätere Ortsteil **Ebernburg** entstand, als sich im Schutz der im 11. Jh. erbauten Ebernburg erste Siedlungen bildeten. Im 16. Jh., zur Zeit Luthers, gewährte der berühmte Burgherr Reichsritter Franz von Sickingen einigen bedeutenden Reformatoren, darunter auch Ulrich Hutten, hier Zuflucht vor religiösen Verfolgern. Daher wurde die Burg auch **„Herberge der Gerechtigkeit"** genannt.

Der Rheingrafenstein
Der Rheingrafenstein, das Wahrzeichen von Bad Münster am Stein-Ebernburg, ist eine 136 m hohe Porphyr-Felsformation an der Nahe gegenüber Ebernburg und zählt geologisch zum Kreuznacher Massiv. Auf seiner Spitze steht die Ruine der im 11. Jh. errichteten und 1689 zerstörten, gleichnamigen Burg des Ortes. Ein 200 ha großes Gebiet rund um die Felsformation wurde 1985 zum Naturschutzgebiet erklärt. Man erreicht den Rheingrafenstein über einen Fußweg, nachdem man mittels einer handgezogenen Personenfähre über die Nahe gesetzt ist.

Ein weiterer historischer Höhepunkt der Stadtgeschichte war die Einweihung der evangelischen **Martinskirche** Anfang des 20. Jh., bei der der Friedensnobelpreisträger **Albert Schweitzer** auf der Orgel spielte.

Sehenswertes: Das Wahrzeichen des Stadtteils Bad Münster am Stein ist der 136 m hohe Porphyrfelsen **Rheingrafenstein** mit der um 1050 erbauten Burg, von der allerdings nur noch die Ruinen zeugen. Die oberhalb der Einmündung der Alsenz in die Nahe liegende **Ebernburg** dient heute als Familienferien- und Bildungsstätte. Den Mittelpunkt des Kurviertels bildet das 1875 erbaute Kurhaus mit Park, dessen **Blumenpracht** die Atmosphäre einer unvergleichlichen Ruheoase schafft. Am anderen Ende des Parks liegt ein **Fachwerkensemble**, dessen westliche, ältere Hälfte als Kurverwaltung genutzt wird; das Kurmittelhaus mit Brunnenhalle wurde 1910 angebaut. Hier wird auch heute noch das Solewasser für die Trinkkur verabreicht.

Das älteste erhaltene Baudenkmal des Orts ist die evangelische **Johanniskirche**, auf deren angrenzendem Friedhof noch Gräber aus dem 18. Jh. erhalten sind. Als bedeutendes Kunstwerk des deutschen Historismus gilt das **Sickingen-Hutten-Denkmal**. Das Bronzedenkmal wurde 1889 von Ludwig Cauer geschaffen. Sehenswert ist auch der **Stein-Skulpturenpark** mit seinen eindrucksvollen Objekten.

Empfehlenswertes: In Ebernburg konzentriert man sich nach wie vor auf den **Weinbau**, wodurch auch der Charakter des Stadtteils bestimmt wird: So lockt der alte, teilweise erhaltene Ortskern zum Beispiel mit zahlreichen **Straußwirtschaften**. Hier werden regionaltypische Gerichte – wie beispielsweise „Rilles Ralles" oder der „Nahetaler Ofenschlupfer" – zusammen mit Weinen von der Nahe angeboten.

Die geschützte Lage sorgt hier für ein **mildes Klima** (Schonungsklima im Sommer, reizmildes Bioklima im Winter), und auf ca. 3 km zieht sich bis nach Bad Kreuznach das **größte Salinental** seiner Art in Deutschland mit 10 Gradierwerken und einem riesigen Freiluft-Inhalatorium.

Abwechslungsreiche und weitläufige Natur, geprägt von **Natur- und Landschaftsschutzgebieten**, bietet das Erholungsgebiet rund um den Rheingrafenstein. Der nahe gelegene **Rotenfels** ist übrigens mit seinen 202 m die höchste Steilwand nördlich der Alpen. Zahlreiche Wanderwege mit einer Länge von insgesamt 260 km führen durch schattige Wälder und zu fantastischen Ausblicken.

Die einzige **Personenfähre** an der Nahe, mit angeschlossenem **Tretbootverleih**, ist eine Rarität von 1721 und wird bis heute per Hand gezogen. Mit ihr erreicht man das **Kehrebacher Knüppchen Theater** (Puppentheater), den **Märchenhain** und den **Rheingrafenstein**.

Das alte **Quecksilberbergwerk „Schmittenstollen"** vermittelt auf eindrucksvolle Art Einblicke in die Bergwerksarbeit der vergangenen Jahrhunderte und ist für Besucher geöffnet.

Besonders empfehlenswert sind einige der zahlreichen wunderschönen Feste, wie z. B. die **„Zaubernacht unter'm Rheingrafenstein"**, bei der der Rheingrafenstein „in Flammen" steht, der Jazzfrühschoppen mit Oldtimertreffen und der **Mittelalterliche Markt mit Ritterturnier**. Zahlreiche weitere Feste, darunter der Rad-Erlebnistag **„Nahe Hit – Rad'l mit"** entlang dem **Nahe-Radweg**, das **große Weinfest** im Kurpark oder der **Romantische Weihnachtsmarkt** machen Bad Münster am Stein-Ebernburg das ganze Jahr zu einem besonderen Erlebnis.

Bad Münster am Stein-Ebernburg – Informationen & touristische Empfehlungen

Verkehrsverein Rheingrafenstein e. V.
Berliner Straße 60 · 55583 Bad Münster am Stein-Ebernburg
Tel.: 06708/64178-0 · Fax: 06708/64178-99
verkehrsverein@bad-muenster-am-stein.de
www.bad-muenster-am-stein.de
Bad Münster am Stein-Ebernburg ist mehr als nur Heilbad und heilklimatischer Kurort! Ob nur für einen Tag, ein Wochenende oder länger – ein Aufenthalt lohnt sich immer. Ob groß, ob klein, allein, zu zweit oder mit Freunden – eine wildromantische Landschaft mit vielen Facetten wartet darauf, entdeckt zu werden. Wohlbefinden durch Wellness, in der Natur aktiv sein, Nahewein genießen und außergewöhnliche Feste feiern.

Evangelische Familienferien und Bildungsstätte Ebernburg
55583 Bad Münster am Stein-Ebernburg
Tel.: 06708/3011 · Fax: 06708/4075
info@ebernburg.de · www.ebernburg.de
Die Atmosphäre der Ebernburg lädt dazu ein, einfach mal abzuschalten und den Alltag zu Hause zu lassen – ob als Seminar- oder Tagungsgast, Gast einer Gruppenfreizeit, Kurzurlauber oder als Familie. Traditionell seit vielen Jahren Familienfreizeitstätte, findet der Gast hier Familienzimmer, einen Spielplatz und auf Wunsch wird auch eine Kinderbetreuung organisiert. Zudem lädt der historische Gewölbekeller mit seinem Geheimgang aus dem 15. Jh. zu Weinproben und Festbanketten sowie zu geschichtlichen Vorträgen und Erzählabenden ein.

Kurpfälzer Amtshof – Mittelalterliche Weinschänke
Burgstraße 13 · 55583 Bad Münster am Stein-Ebernburg
Tel.: 06708/660658 · Mobil: 0177/5978302 · Fax: 06708/617433
wein@amtshof.net · www.amtshof.net · Öffnungszeiten: Mi-So ab 17 Uhr
„Speys und Tranck nach mittelalterlicher Art und wohlschmeckend für den heutigen Gaumen zugleich": Der Kurpfälzer Amtshof – soweit bekannt das älteste erhaltene Wohngebäude der Stadt – wird als Gaststätte mit einer musealen Konzeption und kulturellen Angeboten genutzt. Auch außerhalb der Öffnungszeiten kann er für Geburtstagsfeiern, Hochzeiten oder jede andere Feier genutzt werden. Zudem finden hier regelmäßig Veranstaltungen – wie z. B. mittelalterlichen Kochseminare – statt.

Ebernburger Hof – Hotel / Restaurant
Triftstraße 1 · 55583 Bad Münster am Stein-Ebernburg
Tel.: 06708/6295-0 · Fax: 06708/6295-14
info@ebernburgerhof.de · www.ebernburgerhof.de
Dieses 3-Sterne-Haus (15 DZ, 17 EZ), das seit 1927 in Familienbesitz ist, steht für eine gelungene Verbindung von Tradition und Moderne. Das Restaurant mit seiner frischen regionalen Küche ist eine Adresse, für die mancher Gast weite Wege in Kauf nimmt. Besonders gefragt sind die verschiedenen Forellengerichte (Forellen aus dem eigenen Aquarium).

Hotel Krone – Hotel / Restaurant
Berliner Straße 73-75 · 55583 Bad Münster am Stein
Tel.: 06708/84-0 · Fax: 06708/84-189
info@hotel-krone-nahe.de · www.hotel-krone-nahe.de
In einem der schönsten Ausflugs- und Wandergebiete an der Nahe befindet sich dieses 3-Sterne-Hotel (21 DZ, 31 EZ, 2 Appartements) in bevorzugter Lage in Bad Münster am Stein. Das Hotel verfügt über Restaurant, Café, Schwimmbad und Sauna. Mehr über das Hotel und die interessanten Pauschalangebote erfahren Sie über das Internet.

Bad Sobernheim

Hildegard von Bingen und der Disibodenberg

Hildegard von Bingen und der Disibodenberg

„SCIVIAS – Wisse die Wege" ist der Titel des ersten theologischen Werkes von Hildegard von Bingen, einer der bedeutendsten Frauen des Mittelalters. Sie war Mystikerin, Heilkundige, Naturforscherin und Komponistin zugleich. Ihr gesamtes Schaffen war von so großer visionärer und prophetischer Kraft, dass vor allem ihre natur- und heilkundlichen Schriften auch heute Millionen von Menschen Wegweisung und Orientierung bieten. Dies ist vor dem Hintergrund, dass ihre Werke bereits im 12. Jahrhundert entstanden sind und sie selber in einer Zeit, in der die Lebenserwartung der Menschen um die 30 Jahre betrug, 81 Jahre alt geworden ist, umso beeindruckender.

Fast 40 Jahre ihres Lebens verbrachte Hildegard von Bingen auf dem Disibodenberg, einer landschaftlich äußerst reizvoll gelegenen Bergkuppe zwischen den beiden Dörfern Staudernheim und Odernheim, etwa drei Kilometer naheabwärts von Bad Sobernheim, unweit der Mündung des Glan in die Nahe. Die Geschichte ihres „sagenhaften" Wirkens beginnt bezeichnenderweise mit der Legende um einen irischen Mönch, der dem Berg seinen Namen gab.

Im 7. Jahrhundert kam der Mönch Disibod von Irland als Missionar nach Deutschland, um hier den christlichen Glauben zu predigen. Die Legende erzählt, dass er eine Eingebung gehabt habe: An der Stelle, wo er während seines Weges in die Ferne den Wanderstab in die Erde stecke und dieser anfange zu grünen, solle er eine Hütte errichten und sich niederlassen. Und so zog Disibod mit seinen Glaubensbrüdern von Ort zu Ort, sie predigten und lehrten viele Jahre lang – aber das angekündigte Zeichen erreichte ihn nicht. Als die irischen Mönche schließlich um das Jahr 675 herum auf ihrem Weg den späteren Disibodenberg erreichten, der schon bei den Kelten und Römern eine Kultstätte gewesen war, steckte Disibod auch hier seinen Wanderstab in den Boden,

SC
IVIAS

kniete nieder und begann zu beten. Und siehe da, hier schlug der Stab tatsächlich grün aus, und ein weißes Reh kam aus dem Wald und äste, wo klares Wasser aus einer Quelle dem Boden entsprang. Da wusste Disibod, dass er sein Ziel erreicht hatte und rief: „Hier ist ein heiliger Ort, hier lasst uns unsere Hütten bauen!"

Felke – der Lehmpastor

Erdman Leopold Emanuel Felke, 1856 geboren, interessierte sich bereits früh für die Pflanzenwelt. Er studierte Medizin, Naturheilkunde und Theologie und wurde zunächst Pfarrer. Schon in dieser Zeit beriet er regelmäßig Kranke, aber erst mit seiner Übersiedelung nach Bad Sobernheim im Jahr 1915 widmete er sich vollständig seiner Tätigkeit als Naturheiler. Die größte Rolle bei Felkes Behandlungen spielen die Anwendungen von Heilerde, dem Lehm. Dies brachte dem Pastor Emanuel Felke letztlich den Beinamen „Lehmpastor" ein. Lehmanwendungen aktivieren den Stoffwechsel, die Verdauung und das Lymphsystem. Die Anwendungen wirken entgiftend, abschwellend, schmerzstillend und durchblutungsfördernd. Die Felkekur wird auch heute noch nach den Grundprinzipien Licht, Luft, Wasser und Lehm in Bad Sobernheim mit großem Erfolg angewandt.

Aus den Hütten entstand später das Kloster Disibodenberg, welches in den darauf folgenden Jahrhunderten ganz entscheidenden Anteil an der kulturellen Entwicklung des Nahetales hatte. Zwischen 976 und 1011 veranlasste der Mainzer Erzbischof Willigis (☞ Kapitel „Mainz") den weiteren Ausbau zu einem Augustinerchorherrenstift.

Im Jahr 1108 begann der Ausbau zu einem Benediktinerkloster, in dessen Frauenklause die 1098 geborene Hildegard einige Zeit später eintrat. Hier erhielt sie jene umfassende Ausbildung, die den Grundstein für ihre späteren Arbeiten und Schriften legte. Am 1. November 1112 legte sie gemeinsam mit der Grafentochter Jutta von Sponheim den Profess ab, und als diese 1136 starb, trat Hildegard ihre Nachfolge

Der „Jäger aus Kurpfalz"

„Ein Jäger aus Kurpfalz, der reitet durch den grünen Wald" – wer kennt nicht dieses Lied, das nach einer Volksweise aus dem Jahr 1763 entstanden ist. Die wenigsten aber wissen, dass es den „Jäger aus Kurpfalz" tatsächlich gegeben hat. Es war der Erbförster Friedrich Wilhelm Utsch (1732 – 1795), der im Hunsrück geboren wurde und Besitzer des „Malteser Hospitalguts" in Bad Sobernheim war. Sein Dienstsitz war das Forsthaus „Entenpfuhl", 10 km nördlich, das über mehrere markierte Wanderwege durch den Soonwald leicht zu erreichen ist. Seit 1913 erinnert dort ein Denkmal an ihn. Nicht weit entfernt steht beim Dorf Auen die tausendjährige Willigis-Kapelle, wo der „Jäger aus Kurpfalz" beigesetzt wurde.

Am Struthof, wenige Kilometer vom Forsthaus Entenpfuhl entfernt, hängt eine Gedenktafel, die an Johann Adam Melsheimer erinnert. Dieser war in der Zeit vor Utsch, von 1719 bis 1757, kurpfälzischer „Reitender Förster im Unteren Soon". Manche sehen auch in ihm den legendären Jäger aus Kurpfalz.

als Äbtissin an. Zu dieser Zeit trat sie gleichsam auch ins Rampenlicht der Geschichte, denn noch im gleichen Jahr begann Hildegard mit der Niederschrift eines ihrer berühmtesten Werke: „SCIVIAS – Wisse die Wege“, den so genannten „Visionen“. Der kontroverse Inhalt ihrer Schriften wurde 1147 auf der Trierer Synode in Gegenwart von Papst Eugen III. und Bernhard von Clairvaux diskutiert, die schließlich zur Feststellung kam, dass sich Hildegard mit ihrer visionären Beschreibung des christlichen Glaubens „im Rahmen der kirchlichen Lehre“ bewege. Ein wahrlich großer Erfolg für eine Frau, was in der damaligen Zeit ohne Beispiel war.

Bestärkt durch diese Anerkennung setzte Hildegard 1150 ihren Plan um, auf dem Rupertsberg bei Bingen ein eigenes Kloster zu gründen; daher auch ihr Beiname „von Bingen“. Hier entstanden auch die meisten ihrer musikalischen Kompositionen. 1165 kam es schließlich zu einer weiteren Klostergründung in Eibingen bei Rüdesheim.

Hildegards naturwissenschaftliche und medizinische Schriften „Physica“ und „Causae et Curae“, die auf ihren praktischen Erfahrungen im Umgang mit der Klosterapotheke basierten und das gesamte Therapie-Spektrum der damaligen Klostermedizin zusammenfassten, entstanden um das Jahr 1160. Ab 1158 absolvierte sie vier sehr erfolgreiche Predigtreisen, durch die sie überregionale Bedeutung und zunehmend politischen Einfluss erlangte. 1163 erhielt sie von Kaiser Barbarossa sogar eine Schutzurkunde für ihr Kloster.

WISSENSWERTES

Das Kloster auf dem Disibodenberg, das später durch die Zisterzienser eine enorme wirtschaftliche Blüte erlebte, wurde im 16. Jh. durch Kriegseinwirkungen zerstört und diente ab 1790 als „Steinbruch“ für den Aufbau der umliegenden Dörfer. Seit 1989 kümmert sich die „Scivias“-Stiftung, die von Ehrengard Freifrau von Racknitz gegründet wurde, um den Erhalt der Anlage. Zusammen mit dem Weingut auf dem Disibodenberg und dem angeschlossenen Hofladen ist sie zu einem „sagenhaft“ schönen Ausflugsziel geworden. Mit Hilfe des Landesamtes für Denkmalpflege in Mainz wurden umfangreiche Arbeiten durchgeführt, die der Besucher durch den Kauf einer Eintrittskarte unterstützen kann. Unter www. rheinischer-sagenweg.de kann man sich einen Voucher ausdrucken, der einen vergünstigten Eintritt ermöglicht.

Hildegard von Bingen wurde in dieser Zeit aufgrund ihres Wirkens zu einer regelrechten Volksheiligen; eine formelle Heiligsprechung hat jedoch trotz viermaliger Prüfung durch den Vatikan nie stattgefunden. 1179 ist sie dann im Kloster Rupertsberg in hohem Alter gestorben. Der Schrein mit ihren Hauptreliquien steht heute in der Pfarrkirche in Eibingen bei Rüdesheim.

Bad Sobernheim – Touristisch

Geschichtliches: Auf dem Gebiet der heutigen Stadt haben bereits die **keltischen Treverer** gelebt; im letzten Jh. v. Chr. übernahmen die **Römer** die Herrschaft, später folgten dann die **Franken**. Erstmals erwähnt wurde der Ort 1074 als **„Villa Suberenheim"**.

Während des Mittelalters teilten sich das Erzbistum Mainz, die Grafschaft Sponheim und das Kurfürstentum Pfalz das Gebiet um Sobernheim. Mit der Fürstenherrlichkeit ging es zu Ende, als 1792 die Franzosen das Nahegebiet eroberten und der gesamte linksrheinische Raum bis 1814 in ihrer Hand blieb.

Nach der Anerkennung zum **Felke-Heilbad** im Jahr 1989 wurde Sobernheim 1995 schließlich der Titel „Bad" verliehen.

Von besonderer geologischer Bedeutung sind die Sandgruben bei dem zu Bad Sobernheim gehörenden **Winzerdorf Steinhardt**. Vor 35 Millionen Jahren war hier der Rand eines flachen, subtropischen Meeres, dessen Küstenlinie entlang des Kreuznacher Beckens und der Staudernheimer Bucht verlief. Aus dieser Zeit stammt der Sand, der in den Steinhardter Sandgruben abgebaut wird und in dem sich die berühmten **„Steinhardter Erbsen"** befinden – runde, erbsenförmige, manchmal auch etwas länglich gestreckte Sandsteinkugeln, in deren Innerem häufig pflanzliche und tierische Fossilien eingeschlossen sind.

Die Klosterruine und das Museum Disibodenberg
Von dem einstigen Kloster sind heute noch die hohen Giebel und kniehohen Mauerreste erhalten. Diese und zahlreiche Hinweis- und Infotafeln geben einen guten Überblick über die Vergangenheit und einstige Größe der Klosteranlage. Das Museum im Besucherhof zeigt eine Reihe von Fundstücken und historischen Kostbarkeiten, darunter sehr schöne Steinmetzarbeiten. Nach dem Rundgang empfiehlt sich ein Besuch im Hofladen des angeschlossenen Weingutes.

Sehenswertes: Bad Sobernheim glänzt mit seinen schönen geistlichen Bauten. So ist die **Matthiaskirche** eines der ältesten spätgotischen Gotteshäuser im Nahetal und beherbergt eine 250 Jahre alte **Stummorgel**. Dazu kommen die neugotische Hallenkirche **St. Matthäus** aus dem Jahr 1898, die **Malteserkapelle** aus dem 15. Jh., die **Kapelle St. Marien** und die renovierte **Synagoge** von 1859.

Beeindruckend sind auch die Adelshöfe der Stadt. Das Haus **„Zum kleinen Erker"** von 1614 ist mit ornamentalen Außenfenstern geschmückt. Das Haus **Steinkallenfels** von 1596 ist heute ein Gasthaus, der **Ehemhof** und der **Russische Hof** befinden sich in Privatbesitz, und im

Renaissancebau **Priorhof** von 1572 ist das **Heimatmuseum** untergebracht.

Der **Markt** mit dem 1535 errichteten **Rathaus** wird durch den **Brunnen** mit seinen „sitzenden Badenden" zu einem besonderen Schmuckstück.

Empfehlenswertes: Bad Sobernheim ist von zahlreichen **Weinbergen** umgeben, die – bedingt durch das milde und niederschlagsarme Klima in der Region – mit zu den besten Lagen an der Nahe zählen. So gehört auch ein Besuch des **Disibodenberg**, auf dem Hildegard von Bingen wirkte, und des dortigen **Weingutes von Racknitz** natürlich zum Pflichtprogramm. Der landschaftlich reizvoll gelegene Disibodenberg lädt dabei ebenso zu **Wanderungen** ein wie der an Bad Sobernheim vorbeiführende Nahe-Wanderweg und der nördlich gelegene **Soonwald**, in dem man sich auf die Spuren des **„Jägers aus Kurpfalz"** begeben kann.

Weitere Ausflugsziele, die auch bei Kindern sehr beliebt sind, sind das **Freilichtmuseum** mit vier Dörfern im Nachtigallental, der einzigartige 3,5 km lange **Barfußpfad** und die **Draisinentour**, bei der bis zu 13 Personen in speziellen Vehikeln auf einer 40 km langen, stillgelegten Bahnstrecke die Landschaft erkunden können.

In Bad Sobernheim hat **„Lehmpastor" Emanuel Felke** seine Kur entwickelt, die den Charakter der Stadt in den vergangenen Jahrzehnten ganz entscheidend mitbestimmt hat. Daher erinnert am Bahnhof auch ein **Denkmal** an den Geistlichen, dessen Therapiekonzept in den **Kurhäusern** am Maasberg, Dhonau und Menschel heute noch umgesetzt wird. Weltweiten Ruf erlangte die von Katharina Schroth in Bad Sobernheim entwickelte erfolgreiche Behandlung von Skoliose, die in der **Asklepios Katharina-Schroth-Klinik** heute noch umgesetzt wird. Erholung und Wellness findet der Besucher auch im **Frei- und Erlebnisbad am Rosenberg** und in dem dort befindlichen „SaunAriuM", wo im griechisch-römischen Ambiente geschwitzt werden kann.

Zu den wichtigsten Kulturveranstaltungen gehört neben den Kurkonzerten das **Internationale Meisterklassen- und Konzertfestival** (Mattheiser Sommer Akademie). Höhepunkt des Festivals sind die Meisterkonzerte von neun hochkarätigen Künstlern, die sonst nur in den großen Philharmonien der Welt gastieren.

Bad Sobernheim – Informationen & touristische Empfehlungen

i

Bad Sobernheim Kur- und Touristinformation
Bahnhofstraße 4 · 55566 Bad Sobernheim
Tel.: 06751/81-241 · Fax: 06751/81-240
touristinfo@bad-sobernheim.de · www.bad-sobernheim.de
Bad Sobernheim – das Erholungsgebiet im mittleren Nahetal und das einzige Felkeheilbad Deutschlands. Felkekur und moderne Verwöhnbehandlungen ermöglichen Wellness pur. Traditionsreicher Weinbau, formenreiche Felsformationen und der ausgedehnte Soonwald prägen die idyllische Kulturlandschaft. Der 3,5 km lange Barfußpfad, das Rheinlandpfälzische Freilichtmuseum und die Klosterruine Disibodenberg bieten erlebnisreiche und erholsame Stunden und Urlaubstage.

!

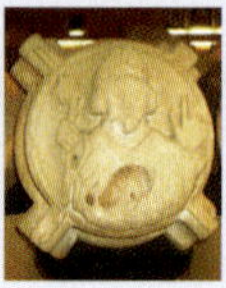

Klosterruine Disibodenberg/ Klostermuseum |
Scivias Stiftung · 55571 Odernheim/Glan
Tel.: 06755/9699188 · Fax: 06755/1653
stiftung@disibodenberg.de · www.disibodenberg.de
Öffnungszeiten: Ruine jederzeit zugänglich, Museum 9-18 Uhr
Benediktiner und Zisterzienser errichteten eine beeindruckende mittelalterliche Klosteranlage, deren Ruinen noch heute einen Eindruck von der Welt der Mönche vermitteln. Die angegliederte Frauenklause war Heimat und Wirkungsstätte Hildegard von Bingens, der berühmtesten Bewohnerin des Berges, die hier mehr als ihr halbes Leben verbrachte.

Weingut von Racknitz |
Disibodenberger Hof 3 · 55571 Odernheim/Glan
Tel.: 06755/285 · Fax: 06755/1653
weingut@von-racknitz.com · www.von-racknitz.com
Am Fuße des Disibodenbergs wird von Luise Freifrau von Racknitz-Adams und Matthias Adams die Weinbautradition des ehemaligen Klosters Disibodenberg fortgesetzt. Die Leidenschaft des jungen Winzerpaares gilt dem Riesling. Umweltbewusstes Arbeiten im Weinberg – größtenteils Steillagen – ist für die beiden Winzer selbstverständlich. Die Qualität des Weines bestimmt der Weinberg, der schonende Ausbau der Weine im Keller sorgt für den letzten Schliff. Die besten Weine stammen aus 50 Jahre alten Reben und lagern in dem sehenswerten Gewölbekeller in alten Eichenfässern.

BollAnt's im Park – Romantik Hotel & Vital Spa
Felkestraße · 55566 Bad Sobernheim
Tel.: 06751/9339-0 · Fax: 06751/2696
info@bollants.de · www.bollants.de
Die weitläufige und wunderschöne Jugendstilanlage zwischen Wald und Fluss mit mediterranem Ambiente und eigenem romantischen Park bilden ein einzigartiges Refugium der Entspannung und des Genießens. Vom Unabhängigen Deutschen Wellness Verband wurde „BollAnt's im Park" als erstes Wellnesshotel mit dem Prädikat „sehr gut" zertifiziert. Die kulinarische Palette reicht von der vegetarischen cuisine vitale bis zur Feinschmeckerküche des ambitionierten Küchenchefs, von „Gault Millau" ebenfalls mit „sehr gut" bewertet.

Landhaus am alten Schloss
Kontaktdaten siehe: BollAnt's im Park – Romantik Hotel & Vital Spa
Mit Blick über das Nahetal, eingebettet in Wälder und Wiesen, ist das heimelige Landhaus am Berg ein ideales Domizil für den Gast, der bei seinem Besuch im Nahetal mehr als nur Wellness genießen möchte: Radfahren, Wandern, Golfen auf dem neuen 9-Loch Platz in Bad Sobernheim und auf drei weiteren Plätzen der Umgebung oder eine Weinreise entlang der Nahe. Und am Abend können die Gäste die Wellness-Einrichtungen und die gute Küche des Stammhauses „BollAnt's im Park" genießen.

Kirn

Die Sage vom Trübenbach

Die Sage vom Trübenbach

Schon der Name der Stadt verrät, welches Element in ihrer Geschichte von Anbeginn eine ganz besondere Rolle gespielt hat. Denn „Kirn" geht wahrscheinlich auf das keltische Wort „Kyr" zurück, das so viel wie Wasser bedeutet. Und Kirn liegt – umgeben von den Höhen des Hunsrücks – eingebettet in den Tälern von Nahe und Hahnenbach. Waren es früher in erster Linie die existenziellen Aspekte, die hier den Wert des Wassers ausmachten, so ist es heute vor allem die Lebensfreude, die ihm entspringt und in Kirn auf besondere Weise kultiviert wird. Denn durch die beiden Gewässer tut sich eine überaus reizvolle Landschaft auf, die nicht nur für Wanderer ein Paradies ist. Außerdem beherbergt die Kyrburg, das Wahrzeichen der Stadt, heute ein weit über die Stadtgrenzen hinaus bekanntes Whiskymuseum. Und bekanntlich spielt Wasser beim Entstehungsprozess von Whisky – wie im Übrigen auch bei der lokalen Bierspezialität, dem KIRNER – eine wichtige Rolle. Am Fuße des Berges, auf dem die Kyrburg über der Stadt thront, schlängelt sich der wildromantische Trübenbach entlang. Bei dem kleinen Wasserfall soll, tief verborgen im Felsen, ein Schatz verwahrt sein. Wie er seinen Weg dorthin gefunden hat, davon erzählt eine Sage.

Die Kyrburg thronte seit vielen hundert Jahren imposant auf dem Felsen über Kirn und hatte bereits mehreren Belagerungen getrotzt, als sie 1734 von den französischen Truppen, die zu der damaligen Zeit das Rheinland beherrschten, zerstört wurde. Fluchtartig hatten der Burgherr und seine Frau die Gemäuer verlassen müssen, um in den Wäldern des nahen Hunsrücks Schutz zu suchen, denn der Angriff der französischen Truppen kam überraschend. Mitnehmen konnten sie dabei kaum etwas, und so mussten sie auch die Schatztruhe mit dem Schmuck der Gräfin zurücklassen. Trübet, ihr treuer Diener, versprach, den Schatz

aus der Burg zu schaffen und der Gräfin zu übergeben, sobald sie wieder in Sicherheit wäre. Als Treffpunkt vereinbarten sie ein verborgenes Plätzchen im Tal des Baches, der an der Burg vorbeifließt – an der Stelle, wo das Wasser auf den Felsen herabstürzt.

Tatsächlich gelang es dem Diener, mitsamt der Truhe in der Nacht unbemerkt aus der Kyrburg hinauszugelangen, bevor diese unter der zerstörerischen Wirkung der Kanonen endgültig zusammenfiel, und durch die Reihen der Belagerer hindurchzuschlüpfen. Eilig begab er sich zu der verabredeten Stelle.

Sieben Tage und Nächte verharrte er dort. Obwohl er fast nichts zu essen hatte, bewegte er sich nicht von der Stelle, sondern hielt sich an sein Versprechen. Der Verzweiflung nah, erinnerte er sich schließlich an die Erzählung von dem Wunderstab, der sich seit Generationen im Besitz der Grafen befand und in der Truhe aufbewahrt wurde. Eilig öffnete der Diener sie daraufhin, und er hatte kaum den Stab in die Hand genommen, da richtete sich dieser mit der Spitze gegen den Felsen. Der Diener traute seinen Augen nicht: Da, wo soeben noch das Wasser niedergeprasselt war, tat sich eine große Höhle auf, in deren Innerem sich eine kristallene Pracht entfaltete. Dort versteckte er die Truhe, und kaum hatte er die Höhle wieder verlassen, da schloss sich der Felsen und das Wasser ergoss sich in sein altes Bett.

Von der kostbaren Last befreit, machte sich der treue Diener sogleich auf die Suche nach der Gräfin. Er durchwanderte unzählige Dörfer und Städte, erlebte so manches Abenteuer – doch seine Herrin fand er nirgends. So gingen die Jahre ins Land, aber Trübet gab nicht auf. Eines

Der Schinderhannes – Beginn einer Räuberkarriere

„Die aus 25 Stockhieben bestehende Prügelstrafe, die ich 1796 auf dem Kirner Marktplatz bezogen hatte, war entscheidend für meine Verbrecherlaufbahn." So ungefähr gab es der Schinderhannes bei den Verhören später zu Protokoll. Hier also, auf dem Kirner Marktplatz, hatte die Karriere des legendären Räubers seinen Anfang genommen, der um 1778/79 als Johannes Bückler in Miehlen im Taunus geboren worden war. Er arbeitete damals als Abdeckerknecht und hatte 1796 zusammen mit einem anderen Knecht in der Umgebung von Kirn mehrfach Hammel gestohlen und anschließend an einen Kirner Metzger verkauft. Es dauerte nicht lange, da wurde er zum ersten Mal verhaftet und im Kirner Rathaus eingesperrt. Auch seinen ersten Mord beging er nach einem Aufenthalt in Kirn: Nachdem er sich 1797 auf dem hiesigen Christkindchen-Markt vergnügt hatte, brachte er noch am gleichen Tag in der Nähe von Hundheim einen Menschen um. 1799 wurde der Schinderhannes erneut verhaftet und zunächst wieder nach Kirn, dann aber ins Gefängnis von Simmern gebracht, wo ihm sein spektakulärster Ausbruch gelang. Es folgten zahlreiche weitere Raubüberfälle und Morde, bis es 1802 gelang, ihn endgültig festzusetzen. Nach einem langem Prozess wurde er 1803 in Mainz hingerichtet.

Tages kam er in eine einsame Berggegend, wo er sich plötzlich von einem Höhleneingang magisch angezogen fühlte. Er kletterte hinein und tastete sich vorsichtig an den Wänden entlang. Um ihn herum war es völlig dunkel. Mit einem Mal war er von lauter Schattengestalten umgeben. Lautlos schwebten sie um ihn herum durch die Höhle. In der Schönsten dieser Gestalten erkannte Trübet seine Herrin, die er so lange gesucht hatte. Sie kam auf ihn zugeschwebt, und als er in ihr Antlitz schaute, umgab Freude sein Herz. Die Gräfin bedeutete ihm jedoch mit einer Geste, die Höhle wieder zu verlassen, was Trübet auch sogleich befolgte. Denn erst jetzt merkte er, wo er sich befand: Er war in das Reich der Unterwelt eingedrungen, das nur den Toten gehörte und deren Ruhe durch Lebende nicht gestört werden durfte. So sehr Trübet zwar die Trauer über den Tod seiner Herrin bewegte, war er doch zugleich erleichtert, denn nun wusste er, wo sie verblieben war. Mit diesem Wissen begab er sich beruhigt wieder auf den Weg zurück in die Heimat.

Bei dem Versteck des Schatzes angekommen, nahm er den Wunderstab, den er immer bei sich getragen hatte, in die Hand, öffnete den Kristallraum, ging hinein und verschloss den Felsen von innen. Die Sage erzählt, dass der treue Diener dort noch heute die Truhe bewacht, um sein Versprechen einzuhalten, und sich durch die Wunderkraft des Stabes ernähre. Erlösung würde er am Jüngsten Tage finden, wenn er unter den Erwachten seine Herrin wieder träfe.

Auf den Felsen stürzt bis heute das Wasser des Baches, der nach dem getreuen Diener Trübenbach genannt wurde. Die Kyrburg wurde vor einigen Jahren restauriert, und wer seinen „Schatz“ gefunden hat, der kann im Trauzimmer der Burg auch den Bund fürs Leben schließen und seine Hochzeit dort in mittelalterlicher Atmosphäre feiern.

WISSENSWERTES

Auch wenn der Schatz wohl unwiederbringlich verschwunden ist, findet man in den Kellergewölben der Kyrburg seit einigen Jahren wieder neue, allerdings ganz andere „Schätze“: Hier im Whisky-Museum lagern mehr als 2500 hochprozentige Kostbarkeiten aus aller Welt – zum Teil begehrte Raritäten aus dem letzten Jahrhundert – in alten Fässern und schönen Flaschen. Zu den nicht trinkbaren Ausstellungsstücken gehören historische Dokumente, Werbeplakate, Rezepte und Destilliergeräte. Am Ende des Kellers sind die Fässer wie in einem Lagerhaus aufgetürmt und schaffen so das passende Ambiente für ein Whisky-Tasting, bei dem man sich mehr oder weniger nüchtern mit der sagenhaften Vergangenheit der Burg und ihren heutigen Schätzen auseinander setzen kann.

Kirn – Touristisch

Geschichtliches: Neben der Herleitung des Stadtnamens aus dem keltischen Wort „Kyr“, was so viel wie „Wasser“ bedeutet und sich auf die Wasser der Nahe und des Hahnenbachs bezog, besagt eine andere Quelle, dass der Namensgeber der ersten Siedlung jenes Flüsschen ist, das ursprünglich „Kira“ hieß und heute als „Hahnenbach“ das Städtchen durchfließt.

Die erste urkundliche Erwähnung Kirns geht auf das Jahr 841 zurück und findet sich in Urkunden des Klosters Fulda. Funde aus **keltischer** und **römischer Zeit** belegen jedoch, dass das Gebiet der heutigen Stadt bereits wesentlich früher besiedelt war.

Lange Zeit stand Kirn unter der Herrschaft der Wild- und Rheingrafen. Nachdem die Franzosen während des 18. Jh. hier verschiedentlich regiert hatten, fiel die Stadt durch die Beschlüsse des Wiener Kongresses von 1814/15 dann an Preußen.

Kirn war für seine **Lederwaren**, sein **Melaphyr** aus den **Kirner Steinbrüchen** und seine **Bierbrautradition** so bekannt geworden, dass sie im 19. Jh. **„Stadt des Leders, der Steine und des Bieres“** genannt wurde. Eine weitere alte Tradition ist die **Markttradition** von Kirn, die bis in die Anfänge des 12. Jh. zurückreicht.

Die Kyrburg
Offiziell erwähnt wird die Kyrburg das erste Mal 1128 in einer Urkunde des Grafen „Emich de Kirberc“ und seines Bruder Gerlach. Nach einer wechselvollen, durch verschiedene Besetzungen geprägten Geschichte wurde sie 1734 von den Franzosen zerstört. Neben dem Restaurant und dem weithin bekannten Whiskymuseum bietet die Freilichtbühne auf der Kyrburg heute die außergewöhnliche Kulisse für Open-Air-Veranstaltungen, die hier in den Sommermonaten stattfinden.

Sehenswertes: Weithin sichtbares Wahrzeichen ist die **Kyrburg**. Das erste nach der Zerstörung erbaute Wachhaus aus dem Jahr 1764 beherbergt heute das Restaurant, von dessen Terrasse man eine herrliche Aussicht über Kirn und das Nahetal hat. Im Tiefkeller des Gebäudes befindet sich das **Whiskymuseum**.

Kirn besitzt eine beachtliche Reihe sehenswerter und kunsthistorisch wertvoller Bauten und Denkmäler. Die repräsentativsten Gebäude der salm-kyrburgischen Fürstenherrschaft des 18. Jh. sind die stattliche **fürstliche Kellerei** und das ehemalige **Piaristenkloster**, beides dreiflügelige **Barockanlagen**, die die Handschrift des salm-

kyrburgischen Baumeisters Johann Thomas Petri tragen. Das Klostergebäude wird heute als Rathaus genutzt und prägt zusammen mit der heute evangelischen Kirche aus dem 11. Jh. das Stadtbild.

Das 1879 im klassizistischen Stil errichtete **Gesellschaftshaus** gilt als erhaltenswürdiges Kulturdenkmal und dient heute als modernes Veranstaltungshaus.

Die Idylle des Marktplatzes mit dem St. Georg-Brunnen wird geprägt durch die **historischen Fachwerkbauten** und bildete u. a. die Kulisse für das Wirken des hier wie im gesamten Nahetal durch seine Verbrechen bekannten Räuberhauptmannes **Schinderhannes** am Ende des 18. Jh.

Empfehlenswertes: Eingebettet in die herrliche Landschaft des Nahelandes ist Kirn ein idealer Ausgangspunkt für **Wanderungen** in den Hunsrück oder Radtouren entlang des **Naheradwegs**. Bei Kletterfreunden ist der Oberhauser Felsen, auch die **„Kirner Dolomiten"** genannt, weithin bekannt.

In Kirn beginnt zugleich die **Hunsrück Schiefer- und Burgenstraße**, die durch die faszinierende Mittelgebirgslandschaft des Hunsrücks mit ihrer romantischen Schönheit und unberührten Natur vorbei an alten Bürger- und Bauernhäusern, Kirchen mit den berühmten Stumm-Orgeln, Mühlen und Edelsteinschleifereien führt. Namensgeber dieser Ferienstraße sind die zahlreichen Burgen und Schlösser des Hunsrücks sowie der 400 Millionen Jahre alte hiesige Schiefer. Das zur Besichtigung freigegebene **Bergwerk** „Grube Herrenberg" (bei Bundenbach) zeigt nicht nur den historischen Schieferbergbau, sondern beherbergt auch eine fantastische Vielfalt von im Schiefer eingeschlossenen fossilen Meerestieren.

Zu den beliebten Veranstaltungen in Kirn gehören zahlreiche Märkte, darunter der **Krammarkt**, der **Handwerker- und Bauernmarkt** im Oktober, der **Andreasmarkt** Ende November und der **Thomasmarkt** kurz vor Weihnachten. Weitere Höhepunkte sind der **Kirner Kerb**, das größte Volksfest an der mittleren Nahe, und die **Open-Air-Veranstaltungen** auf der Freilichtbühne der Kyrburg.

Kirn –
Informationen & touristische Empfehlungen

Kirner Reise- und Verkehrsbüro

Bahnhofstraße 27 · 55606 Kirn
Tel.: 06752/934-0 · Fax: 06752/934-30
kirei@t-online.de · www.kirn.de

Die reizvolle Stadt Kirn an der Nahe ist dank ihrer zentralen Lage der ideale Ausgangspunkt für Touren in den Hunsrück, die Nordpfalz und entlang der Nahe. In Kirn selbst laden die historische Innenstadt, das Whiskymuseum, die Burgruinen Kyrburg und Steinkallenfels, das Kletterparadies „Oberhauser Felsen", das wildromantische Trübenbachtal und vieles mehr zum Verweilen ein. Bekannt geworden ist Kirn als Lederstadt, durch die Kirner Brauerei sowie monatlich stattfindende Märkte mit jahrhundertealter Tradition.

Restaurant & Whiskymuseum auf der Kyrburg

Auf der Kyrburg 1 · 55606 Kirn
Tel.: 06752/9119-0 · Fax: 06752/9119-11 · www.kyrburg.de

Die Gäste des Restaurants Kyrburg werden stets mit kulturellen Leckerbissen verwöhnt; denn das Motto des Inhabers Horst Kroll lautet: „Der Kunde ist König!"
Königlich werden sich hier auch alle Whiskyfreunde fühlen, denn in den Kellergewölben der Burgruine finden sich Kostbarkeiten aus der ganzen Welt. Die Pracht trifft den eintretenden Gast unvorbereitet. Sehr gemütlich ist es in der kleinen Gaststube, wo sich die Flaschen bis an die Decke drängen. Eckig, rund, bauchig-urtümlich oder schlank und edel – wie die staunenden Besucher, die ebenfalls von überall her kommen. Schon viele Whiskyfreunde haben von weit her gefunden, in den Gewölbekeller der Burg – sei es bei einer der regelmäßigen Whiskytastings oder bei einer Gruppenveranstaltung mit Dudelsackspieler und Live-Musik.

Parkhotel Kirn – Hotel / Restaurant

Kallenfelser Straße 40 · 55606 Kirn
Tel.: 06752/9509-0 · Fax: 06752/9509-11
info@parkhotel-kirn.de · www.parkhotel-kirn.de

Das 3-Sterne-Hotel steht inmitten einer wunderschönen Grünanlage, umgeben von herrlichen Wandermöglichkeiten durch den idyllischen, südlichen Hunsrück sowie das wunderschönen Nahetal. Es verfügt über 17 behaglich und komfortabel eingerichtete Zimmer mit Dusche, WC und Kabel-TV.
Das Restaurant bietet eine fein-bürgerliche Küche mit je nach Saison wechselnden frischen Spezialiäten, u. a. Wildgerichte mit Wild aus der heimischen Region. Auf der Internetseite des Hotels finden Einzel- und Gruppenreisende einige attraktive Arrangements.

Das Rosenhäuschen – Ferienwohnungen

Inhaberin: Maria Görner · Kirner Straße 90a · 55606 Kirn
Tel.: 06752/6846 · Fax: 06752/6815
info@rosenhaeuschen.de · www.rosenhaeuschen.de

Das Rosenhäuschen liegt mitten im alten Ortskern von Kirnsulzbach (Stadtteil von Kirn). Das 200 Jahre alte Bauernhaus wurde liebevoll, mit viel Gespür für Tradition renoviert und bietet mit drei Ferienwohnungen (für bis zu 8 Personen) alle Möglichkeiten zum Wohlfühlen und Entspannen. Ein Kachelofen, im Stil der alten Sesselöfen aus dem alpenländischen Raum, strahlt nicht nur behagliche Wärme aus, sondern bietet vielerlei Möglichkeiten zum Kochen, Backen und Dörren von Obst.
Omas alter Rübenkeller beherbergt heute eine finnische Sauna, in der Sie den Alltag vergessen und neue Energie tanken können. Das Ferienhaus wurde vom Deutschen Fremdenverkehrsverband mit der höchstmöglichen Bewertung von 4 Sternen ausgezeichnet.

Idar-Oberstein

Sühne für einen Brudermord

Sühne für einen Brudermord

Hoch über der Stadt Idar-Oberstein thronen die Burg Bosselstein und das Schloss Oberstein wie zwei Königsgeschwister. Der Aufstieg vom Marktplatz der Altstadt hoch zu diesen beiden Wehranlagen ist äußerst lohnenswert, denn von dort hat man einen prächtigen Ausblick über die Stadt, in das Nahetal und nach Südwesten weit hinein in die Mittelgebirgslandschaft des Hunsrücks. Unterhalb der Burgen in den Fels hineingeschlagen, prangt auf 60 Metern Höhe die Felsenkirche, das Wahrzeichen von Idar-Oberstein. Der Bau dieses ungewöhnlichen Gotteshauses, das in nahezu ganz Europa bekannt ist, soll die Sühne für einen Brudermord gewesen sein, von dem die folgende Sage erzählt.

Auf der im 12. Jahrhundert von den Herren von Stein erbauten Burg Bosselstein wohnten einst die beiden Brüder Emich und Wyrich. Eines Tages waren sie zu Gast bei einem Rittergelage auf der nicht weit entfernten Lichtenburg. Dort lebte auch das schöne Ritterfräulein Berta. Als Emich sie erblickte, war er von ihrer Schönheit und Anmut so sehr angetan, dass er sich auf der Stelle unsterblich in sie verliebte. Bereits nach kurzer Zeit stattete Emich einen weiteren Besuch auf der Lichtenburg ab und gestand Berta seine Liebe. Das junge Fräulein, dem die Gefühle des Edelmanns nicht entgangen waren, erwiderte seine Liebe, und die beiden wurden ein Paar. Aber auch Wyrich hatte ein Auge auf Berta geworfen. Da Emich davon wusste, erzählte er, um einem Streit mit seinem Bruder aus dem Wege zu gehen, nichts von der Liebschaft, sondern traf sich heimlich mit ihr. Schon bald darauf machte Emich Berta einen Heiratsantrag, und die beiden beschlossen, sich zu verloben. Aber heimlich sollte es geschehen, denn noch sollte Wyrich nichts von ihrer engen Verbindung erfahren.

Einige Zeit später klopfte ein Reiter an das Tor der Lichtenburg: „Ich

habe eine Botschaft für das Edelfräulein." Berta riss den vom Boten überbrachten Brief eilig auf und las: „Übermorgen ist Wyrich bei einigen Freunden zu Gast und wird dort einige Tage bleiben. Diese Zeit nutzen wir, um unsere Verlobung zu feiern. In Liebe, Dein Emich." Berta, die diesen Tag bereits sehnsüchtig erwartet hatte, war außer sich vor Freude. Und zwei Tage später wurde auf der Lichtenburg tatsächlich ein rauschendes Verlobungsfest gefeiert.

Als Emich kurz darauf nach Burg Bosselstein zurückkehrte, empfing ihn Wyrich, der mittlerweile von der Verlobung erfahren hatte, erzürnt: „Wie konntest du mich so hintergehen?" Aber noch bevor Emich sich erklären konnte, beschimpfte Wyrich seinen Bruder und sprach wüste Drohungen aus. „Das wirst du mir büßen", waren seine letzten Worte, bevor er sich voller Zorn in seine Gemächer zurückzog.

Am Abend stand Emich auf den Zinnen des Bergfrieds, schaute versunken auf den Fluss hinab und ließ seinen Blick sehnsüchtig weiter in Richtung der Lichtenburg schweifen. Wie aus dem Nichts stand Wyrich plötzlich hinter seinem Bruder und rief erregt: „Du wirst Berta nicht heiraten, denn ich liebe sie!" Erschrocken drehte sich Emich um, und in diesem Moment traf ihn schon der erste Faustschlag seines Bruders mitten ins Gesicht. Wyrich war wie von Sinnen und prügelte unerbittlich auf Emich ein. Dieser versuchte sich zu wehren, aber da hatte der Ältere ihn bereits gepackt und stieß ihn voller Hass in die Tiefe, wo Emichs Körper auf einem kleinen Felsvorsprung zerschmetterte.

Erst beim Anblick seines toten Bruders kam Wyrich wieder zu Verstand, und ihm wurde bewusst, welch fürchterliche Tat er begangen hatte. Sofort bereute er sein Tun, fiel zu Boden und streckte seine Hände flehentlich in die Höhe: „Herr, hilf mir, was habe ich nur getan?"

Als Berta von Emichs Tod hörte, brach sie vor Leid und Trauer

„Sagenhafte" Edelsteine aus der Edelsteinstadt an der Nahe

Vom lichten Blau des Himmels bis zum tiefen Blau des Meeres leuchten Aquamarine in einem außergewöhnlich schönen Spektrum meist heller Blautöne. Der Sage nach stammt dieser Stein aus dem Schatzkästchen der Meerjungfrauen, und so sollen seine Kräfte erst richtig zur Wirkung kommen, wenn man den Stein in Wasser legt und die Sonne darauf scheint. Auch diese Steine kann man im Deutschen Edelsteinmuseum bewundern.

Der größte jemals gefundene klare Kristall, ein 110,5 kg schweres, einen halben Meter langes und fast ebenso dickes Exemplar, wurde 1910 in Brasilien gefunden. Zwei Deutsche kauften damals das Superstück, ließen es nach Idar-Oberstein bringen und dort verarbeiten. 200.000 Karat prächtiger Edelsteine sollen daraus gewonnen worden sein. Und auch der größte jemals geschliffene Aquamarin kommt aus Idar-Oberstein. Es ist das Werk des für seine Extravaganzen bekannten Idar-Obersteiner Schleifers Bernd Munsteiner, der aus dem fast 26 kg schweren, so genannten Dom-Pedro-Kristall 1992 einen 35 cm hohen Obelisken erschuf.

zusammen. Der Verlust ihres Geliebten schmerzte sie so sehr, dass sie schwer erkrankte. Wyrich aber, der zu jeder Stunde von seinem schlechten Gewissen gequält wurde, wäre am liebsten gestorben. Er beschloss, nicht länger an dem Ort zu bleiben, wo er immerzu mit dem Geschehenen konfrontiert würde, und verließ Burg Bosselstein.

Jahrelang irrte Wyrich im Land umher. Er schloss sich sogar den in den Krieg ziehenden Truppen an, um den Tod auf den Schlachtfeldern zu finden. Lebensmüde stürzte er sich bei jeder Gelegenheit auf die feindlichen Truppen, doch immer vergebens. So kehrte Wyrich eines Tages schließlich wieder in die Heimat zurück.

Berta war mittlerweile vor Gram gestorben. Kaum angekommen, eilte Wyrich sogleich zu ihrem Grab. Dort begegnete er einem alten Abt, dem er Hilfe suchend seine Tat beichtete: „Ich habe wegen dieser Frau meinen Bruder getötet. Seitdem finde ich keine Ruhe mehr. Was soll ich bloß tun? Bitte hilf mir."

WISSENSWERTES

Der Bau der Felsenkirche durch den damaligen Inhaber der Reichsherrschaft Oberstein, Wyrich IV. von Daun-Oberstein, ist urkundlich für die Jahre 1482-84 belegt. Tatsächlich hat es in der Familie der Herren von Oberstein auch einmal einen Verwandtenmord gegeben. Auf der Basis doppelt überlieferter Hinweise geht man heute davon aus, dass in der ersten Hälfte des 14. Jh. ein Wyrich von Daun von einem entfernten Vetter aus dem Geschlecht derer von Bossel zu Stein im Bett umgebracht wurde, worin der Ursprung der Sage zu suchen ist.

Der weise Abt überlegte und suchte himmlischen Rat. Offenbar einer göttlichen Eingebung folgend, sprach er anschließend zu Wyrich: „Kehre heim und gib alles, was du besitzt, den Armen. Dann schlage in den Felsen, auf dem dein Bruder starb, ein großes Loch und errichte dort eine Kirche." In der Hoffnung, dass Gott ihm so vergeben möge und er endlich Ruhe finden würde, folgte Wyrich dem Rat des Greises. Er verteilte sein gesamtes Hab und Gut an die Armen und tat dann viele Jahre lang schwere Buße, denn es bedurfte größter Anstrengungen, das Loch in das harte Felsgestein zu schlagen. Nachdem er es schließlich geschafft hatte, begann er, mit seinen eigenen Händen die Kirche zu erbauen. An dem Tage, als das Gotteshaus fertig wurde, plätscherte plötzlich Wasser aus einer Quelle, die dem Fels entsprang. Wyrich erkannte dies als Zeichen der Gnade Gottes.

Zur feierlichen Einweihung der fortan so genannten Felsenkirche lud Wyrich die ganze Stadt ein und bat den Abt, einen Gottesdienst abzuhalten. Genau in dem Augenblick aber, als der Introitus der Messe beendet war, brach Wyrich vor den Stufen des Altars tot zusammen. Man bestattete ihn ebenfalls in der Gruft, die Wyrich für die Gebeine seines Bruders gemeißelt hatte. So sind die beiden Brüder bis heute im Tode vereint, und Wyrich konnte seinen Frieden finden.

Idar-Oberstein – Touristisch

Geschichtliches: Das heutige Idar-Oberstein ist eine sehr junge Stadt – sie entstand erst 1933 durch die Zusammenlegung der Städte Idar und Oberstein und einiger weiterer Gemeinden. Die Geschichte der Stadt wird geprägt durch das **Geschlecht derer von Stein** (die erstmals 1075 erwähnt wurden) und durch Edelsteine. Bereits die Römer sollen hier Wein an- und Edelsteine abgebaut haben. Aber erst die 1497 erlassene Verordnung der Herren von Oberstein, die die Ausfuhr von Rohsteinen aus ihrer Herrschaft untersagte, die Abgabe jedes dritten Zentners an die Herren von Oberstein verlangte und bei Zuwiderhandlungen die Todesstrafe androhte, gilt als die Geburtsstunde der heute weltberühmten Idar-Obersteiner **Edelstein- und Schmuckindustrie.**

Die Felsenkirche und Burg Bosselstein
230 Stufen führen von der Altstadt hinauf zur Felsenkirche. Deren Innenraum ist mit dem Altarbild eines unbekannten Meisters der „Mainzer Schule", wertvollen Tafelmalereien, kunstvollen Ornamentschnitzereien und einem naturgewachsenen Achatkreuz ausgeschmückt. Wer noch weiter aufsteigt, gelangt zur Burg Bosselstein, die hoch über der Kapelle thront. Da sie seit dem 16. Jh. nicht mehr bewohnt wurde, ist die Burg im Laufe der Zeit verfallen. Heute ist nur noch ein Teil des Bergfrieds erhalten, von dem der Sage nach Emich in die Tiefe stürzte.

Sehenswertes: Das Wahrzeichen der Stadt ist die **Felsenkirche.** 60 m über dem Erdboden schmiegt sie sich an den Felsen, über ihr steht die **Burg Bosselstein.** Von der 1196 erbauten Burg ist nach Kriegszerstörungen nur noch eine **Turmruine** erhalten geblieben. Die damaligen Burgherren errichteten später, 1320, das oberhalb der Stadt gelegene **Schloss Oberstein.**

Unterhalb der Felsenkirche liegt in der Altstadt das **Museum Idar-Oberstein.** Die Ausstellung umfasst alles, was die Stadt bekannt gemacht hat: **Mineralsammlungen, Handwerkskunst** und Überseemineralien im schönsten **Kristallsaal** Deutschlands.

In unmittelbarer Nähe zur Edelsteinbörse beherbergt eine denkmalgeschützte Gründerzeitvilla das **Deutsche Edelsteinmuseum** mit der wohl **umfassendsten Edelsteinsammlung der Welt.**

In einer überraschenden und eindrucksvollen Inszenierung erlebt der Besucher die geheimnisvolle Schönheit von kostbaren Edelsteinen, Kristallen und Mineralien in den Höhlen und Grotten der **Edelstein-Erlebniswelt.** Diese präsentiert sich mit zauberhaften Licht- und Farbspielen in einer geheimnisvollen Höhlenlandschaft mit plätschernden Quellen und einem feurig glühenden Vulkan.

In der **Edelsteinmine im Steinkaulenberg** lässt

sich eine einzigartige Reise durch eine faszinierende Welt voll Glanz und Kostbarkeiten unternehmen. Schatzsucher und Sammler können hier zudem unter bergmännischer Aufsicht nach Herzenslust Achate, Amethyste, Jaspis und andere Quarze schürfen. Die zahlreichen Stollen liegen inmitten eines Naturschutzgebietes. Bereits der Fußweg vom Parkplatz zur Mine, entlang des neu angelegten geologischen Lehrpfades, ist ein Erlebnis für sich.

Sehenswert ist auch die **Historische Weiherschleife** von 1634. In dieser letzten wasserradgetriebenen Edelstein-Schleife am Idarbach demonstrieren die Schleifer, wie die kostbaren Steine in früheren Jahrhunderten verarbeitet wurden. Zudem lädt eine herrliche Parklandschaft mit dem idyllischen Kallwiesweiher und einem kleinen Restaurant zum Verweilen und Relaxen ein.

Ein weiteres Highlight ist das **Industriemuseum Jakob Bengel**. In den historischen Fabrikationsräumen der ehemaligen Ketten- und Bijouteriewarenfabrik wird der Besucher in die Zeit der mechanischen Produktion des Unternehmens von 1870 bis 1990 geführt.

Empfehlenswertes: Die Umgebung von Idar-Oberstein ist geprägt durch die geschwungenen **Mittelgebirgshöhen** des Hunsrücks mit bezaubernden **Flusstälern** und **großen Waldgebieten** und kann auf den **gut ausgebauten Wanderwegen** leicht erkundet werden. Eine Fahrt entlang der **Deutschen Edelsteinstraße**, die in Idar-Oberstein beginnt, gehört hier zum Pflichtprogramm für alle, die sich für Edelsteine interessieren.

Der neue Höhepunkt im Veranstaltungskalender ist das Kulturfestival **„Idar-Oberstein leuchtet"**. Hierzu zählen u. a. die **Idar-Obersteiner Jazztage** und die **Idar-Obersteiner Schlosstage**. Weitere empfehlenswerte Veranstaltungen sind der **Maimarkt**, das **Europafest** und der **Deutsche Edelsteinschleifer- und Goldschmiedemarkt** sowie die **Kreativseminare** „Edelsteine schleifen" und „Schmuck gestalten", die in Verbindung mit Übernachtung und Rahmenprogramm über die örtliche Tourist-Information gebucht werden können.

Idar-Oberstein – Informationen & touristische Empfehlungen

i

Tourist-Information Idar-Oberstein
Hauptstraße 419 · 55743 Idar-Oberstein
Tel.: 06781/5639-0 · Fax: 06781/5639-10
info@info-idar-oberstein.de · www.idar-oberstein.de
Idar-Oberstein bietet vielseitige Sehenswürdigkeiten, vor allem natürlich rund um das Thema Edelsteine. Gäste erhalten zahlreiche Vergünstigungen durch die Gäste- und Familienkarte. Hier ist man bestens vorbereitet, Ihren Urlaub erlebnisreich und interessant zu gestalten: zentrale Zimmervermittlung im gesamten Naheland, vielseitige Pauschalen für Individualisten und Gruppen, Informationen zu Veranstaltungen, z. B. „Idar-Oberstein leuchtet", und vieles mehr.

!

Deutsches Edelsteinmuseum
Hauptstraße 118 · 55743 Idar-Oberstein
Tel.: 06781/900980 · Fax: 06781/944266
info@edelsteinmuseum.de · www.edelsteinmuseum.de
Ein faszinierender Einblick in die Welt der Edelsteine, von der Gewinnung bis zur kunstvollen Verarbeitung – mit mehr als 10.000 Objekten.

Edelstein Erlebniswelt
Nahestraße 42 · 55743 Idar-Oberstein
Tel.: 06781/205-0 · Fax: 06781/205-205
info@goldgottlieb.de · www.edelstein-erlebniswelt.de
In einer überraschenden und eindrucksvollen Inszenierung erlebt der Besucher die geheimnisvolle Schönheit von kostbaren Edelsteinen, Kristallen und Mineralien in den Höhlen und Grotten dieser Erlebniswelt.

Restaurant „Zum Alten Goten" (mit Sommerterrasse)
Hauptstraße 468/470 · 55743 Idar-Oberstein
Tel.: 06781/2088-20 · Fax: 06781/2088-40
Steuer-Garlipp@t-online.de · www.zum-alten-goten.de
In dem um 1400 erbauten, ältesten Fachwerkhaus im Nahetal, inmitten der malerischen Altstadt gelegen, empfiehlt es sich besonders, den original „Idar-Obersteiner Spießbraten" zu probieren.

Restaurant Kammerhof (mit idyllischem Sommergarten)
In der Kammer · 55743 Idar-Oberstein
Tel.: 06781/24348 · Fax: 06781/367834
info@restaurant-kammerhof.de · www.restaurant-kammerhof.de
In herrlicher Natur am Naheufer liegt der aus einer ehemaligen Wasserschleife hervorgegangene Kammerhof – der ideale Anlaufpunkt des „Schleiferweges" und großartiger Ausstiegspunkt für Kanufahrer.

Park Hotel – Hotel / Restaurant
Hauptstraße 185 · 55743 Idar-Oberstein
Tel.: 06781/5090-0 · Fax: 06781/5090-500
info@parkhotel-idaroberstein.de · www.parkhotel-idaroberstein.de
Das „kleine Grandhotel" hat 38 mit viel Liebe zum Detail ausgestattete elegante Zimmer und Suiten. Das Restaurant bietet erstklassige internationale Gerichte und Spezialitäten der regionalen Küche.

Kristall Berghotel – Hotel / Restaurant
Wiesenstraße 50 · 55743 Idar-Oberstein
Tel.: 06781/969-60 · Fax: 06781/9696-49
info@berghotel-kristall.de · www.berghotel-kristall.de
Das kultivierte 3-Sterne-Berghotel Kristall mit familiärer Atmosphäre und 54 Zimmern liegt in ruhiger und schöner Hanglage mit freiem Blick auf die Edelstein-Metropole und die umliegenden Berghöhen.

Von Rüdesheim am Rhein bis Mainz

Rheingau und Wiesbaden/Mainz

Rheingau-Taunus
Kultur und Tourismus GmbH
An der Basilika 11a
65375 Oestrich-Winkel
Tel.: 0 67 23 / 99 55 – 0
Fax: 0 67 23 / 99 55 – 55
tourist@rheingau-taunus-info.de
www.rheingau-taunus-info.de

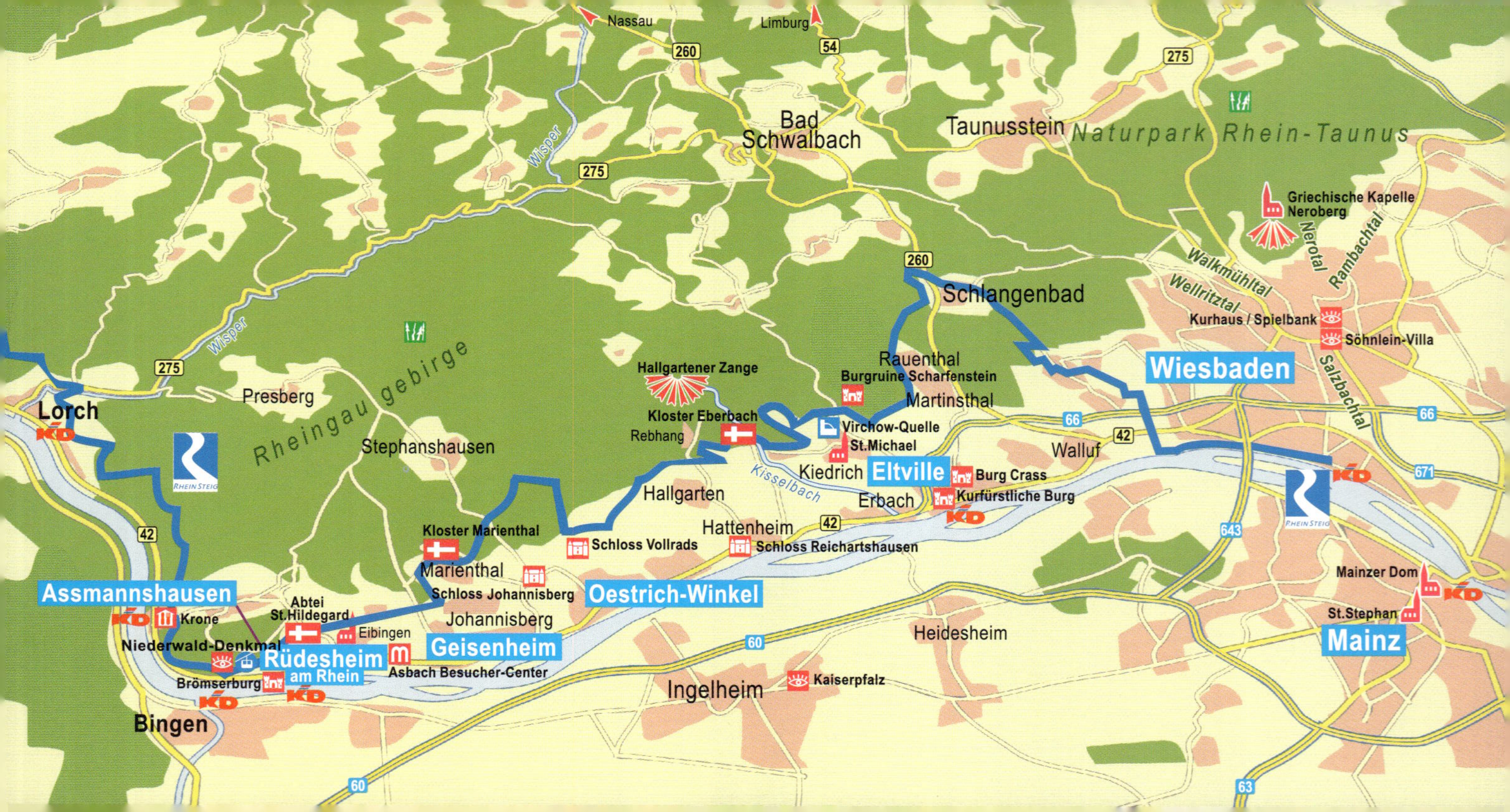

Nassau
Limburg
Bad Schwalbach
Taunusstein
Naturpark Rhein-Taunus
Griechische Kapelle Neroberg
Nerotal
Rambachtal
Walkmühltal
Wellritztal
Kurhaus / Spielbank
Söhnlein-Villa
Salzbachtal
Wiesbaden
Wisper
Schlangenbad
Rauenthal
Burgruine Scharfenstein
Martinsthal
Hallgartener Zange
Kloster Eberbach
Rebhang
Virchow-Quelle
St.Michael
Kiedrich
Eltville
Burg Crass
Kurfürstliche Burg
Erbach
Walluf
Kisselbach
Hallgarten
Hattenheim
Schloss Reichartshausen
Schloss Vollrads
Kloster Marienthal
Marienthal
Schloss Johannisberg
Johannisberg
Oestrich-Winkel
Geisenheim
Heidesheim
Ingelheim
Kaiserpfalz
Mainzer Dom
St.Stephan
Mainz
Lorch
Presberg
Rheingau gebirge
Stephanshausen
Assmannshausen
Krone
Abtei St.Hildegard
Eibingen
Niederwald-Denkmal
Rüdesheim am Rhein
Asbach Besucher-Center
Brömserburg
Bingen
RHEINSTEIG

Rüdesheim am Rhein

Im „Geist der Revolution“

Assmannshausen

Im „Geist der Revolution“

Hoffmann von Fallersleben, Verfasser der deutschen Nationalhymne, war sicherlich auch dem rheinischen Wein zugetan, als er Mitte des 19. Jahrhunderts in Rüdesheim und seinem heutigen Ortsteil Assmannshausen zu Gast war. „Berauscht“ wurde er zu dieser Zeit jedoch in erster Linie von anderen „Geistesströmungen“: Er war Mitglied des Hallgartener Kreises, eines Oppositionskreises, der sich in der Zeit zwischen 1832 und 1847 auf einem Gut im nahe gelegenen Hallgarten traf und der als die eigentliche Keimzelle der Deutschen Nationalversammlung gilt (☞ Kapitel „Oestrich-Winkel“). Wie viele andere weilte auch er zu jener Zeit in der legendären „Krone Assmannshausen“. Das Hotel, dessen Wurzeln bis ins Jahr 1541 zurückreichen, galt als Zentrum der Dichter und Künstler am Mittelrhein und entwickelte sich zu einer Wallfahrtsstätte demokratisch gesinnter Schriftsteller und Touristen. Dieser Ruf wurde vor allem durch den damals bekanntesten deutschen Dichter Ferdinand Freiligrath, einem engen Freund Fallerslebens, begründet, der hier seine revolutionär gestimmte Gedichtsammlung „Ein Glaubensbekenntniß“ vollendete. Bis heute erinnern ein historischer Raum und persönliche Erinnerungsgegenstände, Manuskripte und Dokumente im Treppenhaus der „Krone“ an den Dichter.

Ferdinand Freiligrath wurde am 17. Juni 1810 als Sohn eines Lehrers in Detmold geboren, besuchte dort bis zu seinem 16. Lebensjahr das Gymnasium und absolvierte danach bei seinem Onkel in Soest eine Lehre als Kaufmann. Bereits während dieser Lehrzeit entstanden die ersten Gedichte. Seinen ersten großen Erfolg erzielte Freiligrath im Jahr 1838 mit der außerordentlich erfolgreichen Veröffentlichung seiner ersten Gedichtsammlung bei Cotta, dem bekannten Verleger, der auch Goethe und Heine publizierte. Damit war der Grundstein für seine

Karriere gelegt, an deren Ende er als einer der bekanntesten deutschen Dichter der damaligen Zeit galt. Sein Erfolg veranlasste ihn, nach Unkel zu ziehen, wo er fortan ein Leben als freier Schriftsteller führte. 1840 entstand hier auch das Gedicht „Rolandseck“, in dem er zur Wiedererrichtung des Rolandsbogens aufrief (☞ Kapitel „Remagen“).

1842 ging Freiligrath, der inzwischen auf Empfehlung Alexander von Humboldts eine Pension vom preußischen König erhielt, nach St. Goar. In dieser Zeit begann er, sich als politischer Dichter zu engagieren, sympathisierte mit den progressiven Ideen des Bürgertums und verkehrte mit vielen bekannten Persönlichkeiten seiner Zeit. Im Mai 1844 traf Freiligrath dann mit seiner Frau Ida in der „Krone“ ein, um seinen neuen Gedichtband „Ein Glaubensbekenntniß“ zu vollenden. Im Vorwort des Werkes bekannte er sich offen und entschieden zur politischen Opposition. „Kein Leben mehr für mich ohne Freiheit!“, heißt es dort, und dass er von nun an auf die königliche Unterstützung verzichte. Der preußische Staat verfolgte ihn daraufhin wegen Majestätsbeleidigung, sodass Freiligrath, als „Trompeter der Revolution“, nicht mehr länger in Deutschland bleiben konnte. Er ging zunächst nach Brüssel ins Exil – wo er auch Karl Marx kennen lernte, in dessen Kölner Redaktion der „Neuen Rheinischen Zeitung“ er später arbeitete –, dann in die Schweiz und siedelte 1846 nach London über.

Die „Krone“ war nach der Veröffentlichung des „Glaubensbekenntniß“ endgültig zu einem zentralen Treffpunkt der liberalen Dichter, Denker und Künstler am Mittelrhein geworden und ist bis heute ein beliebter Aufenthaltsort prominenter Persönlichkeiten geblieben.

Im „Geist des Weines“

Seit 1937 weiß die ganze Welt, dass der Geist des Weines im Asbach ist – dem einzigartigen Weinbrand des gleichnamigen Unternehmens, das in Rüdesheim seinen Stammsitz hat.

Die Geschichte des Hauses Asbach reicht zurück in das Jahr 1892. Mit dem Wissen, das er bei berühmten französischen Brennmeistern erworben hatte, begann der Firmengründer Hugo Asbach damals ein Produkt zu kreieren, das dem französischen Cognac ebenbürtig sein und gleichzeitig den Deutschen schmecken sollte. Neben der damals üblichen Bezeichnung Cognac stellte Asbach seinen Bränden den Begriff „Weinbrand“ zur Seite - eine weitsichtige Entscheidung, denn als den deutschen Herstellern nach dem verlorenen Ersten Weltkrieg die weitere Verwendung der Bezeichnung „Cognac“ verboten wurde, war „Weinbrand“ bereits ein eingeführter Begriff, der 1923 sogar Eingang in das Deutsche Weingesetz fand.

Im Besucher Center der Firma erhält man einen informativen Überblick über die Produkte aus dem Hause Asbach und die Geschichte des Unternehmens. Eine besondere Attraktion sind die Führungen, bei der man sich in die Geheimnisse der Destillierkunst einweihen lassen und bei einer Verkostung die Produkte riechen und schmecken kann – ein wahrlich „geistreiches“ Erlebnis.

Neben Hoffmann von Fallersleben wohnten oder dinierten hier auch andere Komponisten, Musiker, Literatur-Nobelpreisträger und Schauspieler wie Robert und Clara Schumann, Engelbert Humperdinck, Richard Strauss, Herbert von Karajan, Justus Frantz, Paul Heyse, Gerhard Hauptmann, Heinz Rühmann, Johannes Heesters, Mario Adorf – um nur einige wenige aus der langen Liste zu nennen.

Ein weiteres geschichtsträchtiges Datum für Assmannshausen war der 22. Mai 1874, als Kaiser Wilhelm I. hier zum ersten Mal per Eisenbahn auf dem Bahnhof eintraf. Als Willkommenstrunk wurde ihm Rotwein vom Weingut der „Krone" gereicht, denn dieser Wein war schon damals wegen seines ausgezeichneten Geschmacks berühmt und gehört bis heute zu den Spitzenweinen Deutschlands.

Auch später kam der Kaiser noch einige Male nach Assmannshausen. So legte er hier am 16. September 1877 den Grundstein für das Niederwald-Denkmal, das er zum Gedenken an die Gründung des Deutschen Reiches (1871) als Nationaldenkmal errichten ließ. Den Festlichkeiten zur feierlichen Einweihung des Denkmals am 28. September 1883 wohnte der Kaiser natürlich ebenfalls bei, wie fast alle damaligen deutschen Reichsfürsten.

WISSENSWERTES

Zu Aßmannshausen in der Kron',
Wo mancher Durst'ge schon gezecht,
Da macht' ich gegen eine Kron'
Dies Büchlein für den Druck zurecht!
Ich schrieb es ab bei Rebenschein,
Weinlaub um's Haus und saft'ge Reiser;
Drum, wollt ihr rechte Täufer sein,
Tauft's: Vierundvierz'ger Aßmannshäuser!

Dies ist der letzte Vers des im Mai 1844 in der „Krone" vollendeten „Glaubensbekenntniß" von Freiligrath. Es zählt zusammen mit der fast gleichzeitig erschienenen Gedichtsammlung Heines „Deutschland – Ein Wintermärchen" zu den wichtigsten Werken des Vormärz.

Auch für Politiker und Staatsmänner aus ganz Europa sind Assmannshausen und die „Krone" ein Treffpunkt geblieben, so zum Beispiel für die ehemaligen Bundespräsidenten Theodor Heuss und Walter Scheel oder Ex-Bundeskanzler Helmut Kohl, die hier nicht nur selber gerne speisten, sondern auch zahlreiche ihrer Staatsgäste empfingen.

Die Geschichte der „Krone" begann im 16. Jahrhundert, als eine Treidelstation, wo die Pferde gewechselt wurden, die vom Ufer aus die Schiffe mit Seilen stromaufwärts zogen, und die erschöpften Treidelknechte sich ausruhen konnten. 1808 wurde sie dann vollständig zu einem Gasthaus, das sich heute als ein wunderschönes historisches 5-Sterne-Hotel präsentiert. Und vom „Geist der vergangenen Zeiten" kann man sich hier bis heute vortrefflich inspirieren lassen.

Rüdesheim / Assmannshausen – Touristisch

Geschichtliches: Urkundlich wird **Rüdesheim** 1074, **Assmannshausen** 1108 erstmals erwähnt, doch hatten hier vor 2000 Jahren bereits die Römer gesiedelt.

Als Mitte des 19. Jh. die ersten Dampfschiffe am Ufer anlegten, die erste Eisenbahn in den Ort einfuhr, Assmannshausen zum Zentrum der Dichter und Künstler wurde und Kaiser Wilhelm I. 1883 das **Niederwald-Denkmal** einweihte, waren die Touristenströme nicht mehr aufzuhalten – und so zählen Rüdesheim und Assmannshausen bis heute zu den **meistbesuchten Orten in Deutschland.**

1939 kam durch Eingemeindung das benachbarte **Weindorf Eibingen** hinzu, in dem vor mehr als 700 Jahren **Hildegard von Bingen** ein Frauenkloster gegründet hatte. Seit dessen Mutterkloster Rupertsberg in Bingen im Dreißigjährigen Krieg zerstört wurde, werden die Reliquien der großen Äbtissin hier bewahrt. Der kostbare Schrein ruht heute in der **Eibinger Pfarrkiche St. Hildegard**, die auf den Fundamenten des alten und im Jahr 1802 aufgehobenen Klosters gebaut wurde. In der oberhalb des Dorfes gebauten neuen Benediktinerinnenabtei St. Hildegard werden die geistigen und religiösen Traditionen seit 1904 wieder gepflegt.

Die Brömserburg
Sie gilt als eine der ältesten Burgen am Rhein und wurde gegen Ende des 1. Jahrtausends vermutlich auf den Fundamenten eines alten römischen Wachturms erbaut. Ihren Namen verdankt sie dem Rittergeschlecht der Brömser, das die Burg im 12. Jh. als Lehen vom Mainzer Erzbischof erhielt. Derzeit ist hier das Rheingauer Weinmuseum untergebracht, das in den Sälen, Gewölben und im Garten eine umfassende Sammlung von etwas 2000 Ausstellungsstücken rund um den Wein und seine Geschichte von der Antike bis zur Gegenwart zeigt.

Sehenswertes: Der **Charme der Rüdesheimer Innenstadt** wird vor allem von den romantischen Straßen und Gassen mit ihren historischen Fachwerkhäusern geprägt, zu denen auch die berühmteste Gasse der Welt, die 144 m lange **Drosselgasse**, zählt. Hier befindet sich auch das **Schloss** mit einem der beiden beliebten Rüdesheimer Glockenspiele, das zu jeder vollen Stunde ertönt und verschiedene Holzfiguren zeigt, die die vier großen Weinjahrgänge des 20. Jh. symbolisieren. Das Gegenstück mit Glocken aus original Meißner Porzellan ist in den Fenstern von **Siegfrieds Mechanischem Musikkabinett** (einer

Sammlung selbstspielender Instrumente der letzten Jahrhunderte) zu bestaunen. Untergebracht ist es im 1542 erbauten **Brömserhof**, einem der schönsten **alten Adelshöfe**, von denen sich in der Oberstraße mehrere aus verschiedenen Epochen aneinander reihen.

Weitere Sehenswürdigkeiten sind das **Mittelalterliche Foltermuseum**, das **Asbach Besucher Center** sowie der Niederwaldpark mit dem **Niederwald-Denkmal** und dem Aussichtstempel, zu denen von Rüdesheim und Assmannshausen eine Kabinen- bzw. Sesselbahn hinaufführt. Und auch eine Fahrt mit dem **Rüdesheimer Winzerexpress** durch die Weinberge mit Erklärungen über Weinbau führt an zahlreichen Sehenswürdigkeiten vorbei.

Empfehlenswertes: Die abwechslungsreiche Landschaft rund um Rüdesheim/Assmannshausen eignet sich ideal für Freizeitbeschäftigungen in der Natur. Die einmalige Aussicht auf das Rheintal, die lauschigen Aussichtsplätze und die idyllischen **Weingüter** mit ihren Gutsausschänken machen Lust auf Spaziergänge und herrliche **Wandertouren** entlang dem neuen Wanderweg **„Rheinsteig“**, dem „Rheingauer Rieslingpfad“, dem „Brahmsweg“ und dem „Hessenweg HW7“.

Familien mit Kindern bieten das **Asbach-Bad** (Freibad), das **Rheingau-Bad** (Hallenbad), das **Ponyland** Ebentaler Hof mit Kutschfahrten und Reitstunden sowie die **Adlerwarte** mit ihren Greifvögeln abwechslungsreiche Aufenthalte.

Rüdesheim hat das ganze Jahr über etwas zu bieten: Das Frühjahr wartet mit dem Fest **Frühlingserwachen** auf, im Hochsommer trifft man sich auf dem Marktplatz zum traditionellen **Rüdesheimer Weinfest**, der Herbst lockt mit den **Tagen des Federweißen** und in der Adventszeit kann der Besucher auf dem **Weihnachtsmarkt der Nationen** das Jahr romantisch ausklingen lassen. Ein neues Highlight – und das nicht nur für Motorradfreunde – ist die **Magic Bike Rally** im Frühsommer. Mit einer Großveranstaltung auf dem Niederwald zelebriert Rüdesheim jährlich das UNESCO-Welterbe. Dann erstrahlt die Germania über den Rhein und ein **Musik-Feuerwerk der Extraklasse** die nächtliche Stadt. Der „Klassiker“ für die ganze Familie aber ist und bleibt die Veranstaltung **Rhein im Feuerzauber**, die jedes Jahr mehr als 50.000 Besucher aus Nah und Fern anlockt.

Rüdesheim am Rhein / Assmannshausen – Informationen & touristische Empfehlungen

Rüdesheim Tourist Center

Geisenheimer Straße 22 · 65385 Rüdesheim am Rhein
Tel.: 06722/19433 · Fax: 06722/3485
touristinfo@t-online.de · www.ruedesheim.de

Rüdesheim und Assmannshausen waren bereits im 19. Jh. Anziehungspunkte für Romantiker. Seit 2002 gehört die Kulturlandschaft zwischen Rüdesheim/Bingen und Koblenz zum UNESCO-Welterbe „Oberes Mittelrheintal", das flächenmäßig zu den größten Welterbestätten zählt. Erleben Sie „Lebensart in Rheinkultur" bei Weinfesten oder Kulturveranstaltungen. Unternehmen Sie einen Aktiv-Urlaub und genießen Sie in der Adventszeit den „Weihnachtsmarkt der Nationen".

Asbach Besucher Center

Ingelheimer Straße 4 · 65385 Rüdesheim am Rhein
Tel.: 06722/497-345 · Fax: 06722/497-386
Rainer.Kremer@asbach.de · www.asbach.de

Öffnungszeiten: April bis Oktober Di-Sa 9-17 Uhr, im Advent Mi-Sa 9-17 Uhr. Eine Multivisions-Show informiert über das Unternehmen und die Herstellung des Asbach, anschließend lädt der Asbach-Shop zum Einkaufen ein. Auf Anfrage kann ein Konferenz- und Veranstaltungsraum (bis 50 Personen) mit Tagungs- und Präsentationstechnik gemietet werden.

Rheingauer Weinmuseum Brömserburg

Rheinstraße 2 · 65385 Rüdesheim am Rhein
Tel.: 06722/2348 · Fax: 06722/2676
info@rheingauer-weinmuseum.de · www.rheingauer-weinmuseum.de
Öffnungszeiten: Mitte März bis Ende Oktober, täglich 9-18 Uhr

2000 weinbezogene Exponate von der Antike bis zur Neuzeit geben auf einzigartige Weise Einblick in die Weinkultur und ihre Geschichte.

Hotel Krone Assmannshausen – Hotel / Restaurant

Rheinuferstraße 10 · 65385 Rüdesheim am Rhein/Assmannshausen
Tel.: 06722/4030 · Fax: 06722/3049
info@hotel-krone.com · www.hotel-krone.com

Der 450 Jahre alte, romantische Gasthof mit dem Komfort eines Luxushotels bietet ein unnachahmliches Ambiente mit Fachwerk, Türmchen, Erkern und gemütlichen Stuben. Und das eichenholzgetäfelte Gourmet-Restaurant bietet feinste Gaumenfreuden in Kombination mit edelsten Weinen.

Breuer's Rüdesheimer Schloss – Hotel / Restaurant

Steingasse 10 · 65385 Rüdesheim am Rhein
Tel.: 06722/9050-0 · Fax: 06722/9050-50
info@ruedesheimer-schloss.com · www.ruedesheimer-schloss.com

Im historische Ambiente des kurfürstlichen Amtshauses von 1729 ist heute ein kleines, von Kunst und Design geprägtes 4-Sterne-Hotel untergebracht. Die 26 Zimmer bieten einen wunderschönen Ausblick auf Weinberge und Altstadt. Im gemütlichen Weingasthaus und im romantischen Schlossgarten mit Linde werden zu regionalen Spezialitäten Riesling und Spätburgunder aus dem eigenen Weingut GEORG BREUER gereicht. Zudem werden attraktive Incentive-Programme rund um das Thema Wein angeboten.

Hotel Jagdschloss Niederwald – Hotel / Restaurant

Auf dem Niederwald · 65385 Rüdesheim am Rhein
Tel.: 06722/7106-0 · Fax: 06722/7106-666
jagdschloss@niederwald.de · www.niederwald.de

Das 4-Sterne-Hotel ist malerisch über „Vater Rhein" gelegen und verfügt über 53 mit viel Liebe zum Detail eingerichtete Zimmer. Die reizvolle Lage inmitten eines Naturparks sowie das Ambiente eines alten Adelssitzes bieten beste Voraussetzungen für einen erholsamen Urlaub, Tagungen und Feiern.

Geisenheim

Die Entdeckung der Spätlese

Die Entdeckung der Spätlese

„Mon dieu, wenn ich doch so viel Glauben in mir hätte, dass ich Berge versetzen könnte, der Johannisberg wäre just derjenige Berg, den ich mir überall nachkommen ließe." Mit diesen Worten beschrieb Heinrich Heine seine Begeisterung für den Berg, der schon lange Zeit bei Staatsmännern, Literaten und Dichtern als ein Stück Weinparadies galt. Bereits Karl der Große hatte, als er auf seiner Pfalz im gegenüberliegenden Ingelheim weilte, erkannt, dass hier im Rheingau ein besonders guter Ort zum Anbau von Wein war, weil hier früher als anderorts die Hänge frei von Schnee waren. Nach langer und wechselvoller Geschichte gelangte der Johannisberg 1816 letztlich in den Besitz von Clemens Fürst von Metternich, der Heine zwar nie kennen gelernt hatte, aber dessen Gedichte liebte und mit ihm die Begeisterung für den Johannisberger Wein teilte. Die Geschichte von Geisenheim ist untrennbar mit der von Schloss Johannisberg verbunden und diese wiederum untrennbar mit der des Weinbaus im Rheingau, dessen Entwicklung 1775 eine entscheidende Wendung genommen hat.

Der heutige Johannisberg, auf dem nachweislich bereits 817 Wein angebaut wurde, trug zunächst den Namen „Bischofsberg". Die Bezeichnung geht vermutlich auf den berühmten Gelehrten Rabanus Maurus zurück, der während seiner Zeit als Erzbischof um 850 öfter im Rheingau weilte (☞ Kapitel „Oestrich-Winkel"). 983 ging der Rheingau inklusive des Bischofsbergs als Schenkung Otto II. an den Mainzer Erzbischof Willigis über („Veroneser Schenkung"), und 1100 wiederum an die Benediktinermönche des Mainzer Stiftes St. Alban, die hier ein Kloster gründeten. Die Weihe der Abteikirche im Jahr 1130 zu Ehren Johannes des Täufers führte dann schließlich zum Namen „Johannisberg".

1563 wurde das Kloster aufgelöst, und 1716 gelangte das Anwesen

in den Besitz des Fürstabtes von Fulda, der die Klostergebäude mit Ausnahme der Kirche und des Kellers abreißen und ein Schloss erbauen ließ. Zudem erneuerte er mit großem Eifer die vernachlässigten Weinberge und pflanzte 1720 die Rebsorte Riesling an. Daher gilt auch der Johannisberg als der älteste Rieslingweinberg der Welt.

Von entscheidender Bedeutung für die Entwicklung des Weingutes, aber auch des gesamten Weinbaus im Rheingau, wurde das Jahr 1775, als ein reitender Kurier vom Johannisberg wie jedes Jahr die Erlaubnis zur Weinlese beim Abt im fernen Kloster Fulda einholen musste. Denn erst, wenn der Fürstabt die mitgebrachten Trauben begutachtet hatte und sie ihm ausreichend gereift schienen, schickte er den Mann mit seinem Segen und der Erlaubnis, mit der Weinlese beginnen zu dürfen, zurück in die Heimat. Der Ritt hin und zurück dauerte üblicherweise acht Tage. Man kann sich also vorstellen, dass man auf Schloss Johannisberg nervös wurde, als die Rückkehr des Boten in diesem Jahr mehr als überfällig wurde. Denn bis zum 16. Oktober, dem Gallustag, musste nach herrschender Meinung der Most bereits in den Fässern sein. „Bald sind die Trauben faul, und alle Mühe war umsonst", dachten die Winzer, hielten sich jedoch an die Vorschrift und warteten ab. Mit zwei Wochen Verspätung traf der Kurier dann endlich mit der Erlaubnis zur Lese auf dem Johannisberg ein. Eine historisch belegte Erklärung für die Gründe der Verspätung gibt es nicht. Mag sein, dass der Mann überfal-

Die Gründung von Kloster Marienthal

Eingebettet in Weinberge und Wälder liegt das kleine Franziskanerkloster Marienthal, einer der ältesten Wallfahrtsorte Deutschlands. Bereits zu Beginn des 14. Jh. wurde hier ein Gnadenbild der Muttergottes verehrt, das sich allerdings zunächst an einem Baum im Wald befand.

Der Jäger Hecker Henn war der erste, der diese Pietà 1309 als Wallfahrer aufsuchte. Bei einem Unfall hatte er sein Augenlicht verloren, und da die Ärzte ihn nicht heilen konnten, erhoffte er sich nun Hilfe in dem stillen Waldtal. Vor dem Gnadenbild kniend, betete er inbrünstig zur Muttergottes, die sein Gebet auch zu erhören schien, denn als der Jäger aufstand, konnte er wieder sehen. Seine Heilung hatte sich schnell herumgesprochen, und so erfüllte man auch Hecker Henns Bitte, im Wald eine Kapelle zu bauen, damit das Marienbild einen würdigen Platz bekomme.

In der folgenden Zeit kam es hier zu weiteren wunderbaren Heilungen, sodass die kleine Kapelle wegen der zunehmenden Zahl der Wallfahrer bereits 1330 durch eine Kirche ersetzt wurde. Im 15. Jh. siedelten sich schließlich Ordensleute aus Köln hier an und errichteten 1468 die erste Klosterdruckerei der Welt unter dem Namen „Marienthaler Presse". Kloster und Kirche erlebten in der Folgezeit Höhen und Tiefen, der Wallfahrtsort sollte sogar abgerissen werden und blieb zunächst als Ruine stehen. Erst als 1846 Fürst von Metternich die Liegenschaften kaufte, wurde er wieder aufgebaut. Und so lockt der Ort auch heute wieder alljährlich Tausende Wallfahrer an, die nicht nur vor dem Gnadenbild beten, sondern an diesem idyllischen Ort auch Ruhe und Entspannung suchen.

len wurde oder bei seiner Rückkehr in einer der nahen Städte, wo man die Zeit bei Wein, Weib und Gesang schnell vergessen konnte, aufgehalten wurde. Inzwischen waren die Trauben am Stock jedoch schon eingeschrumpelt und von einem Pilz befallen. Die Nachbarn schüttelten den Kopf über die Eigensinnigkeit, mit der man trotzdem begann, die scheinbar faulen Trauben zu ernten. Aber auf Johannisberg wurde unverdrossen eingekeltert, und bei der Jungweinverkostung im Frühjahr des darauf folgenden Jahres, urkundlich belegt am 10. April 1776, musste auch Verwalter Johann Michael Engert feststellen: „Solche Weine habe ich noch nicht in den Mund gebracht.“ Die Edelfäule Botrytis und die Verdunstung des Wassers in den Trauben hatten diesen ungewöhnlichen Tropfen möglich gemacht. Auf diese Weise war die Spätlese entdeckt, aber es dauerte noch Jahre, bis diese „Methode“ weiträumig angewandt wurde. Im Jahre 1787 folgte dann auch die Entdeckung der Auslese.

Mag man anfangs noch großen Groll gegen den Boten wegen seiner Verspätung empfunden haben, so wandelte sich dieser – vergleichbar dem Wein – bald in „edle“ Dankbarkeit: Die Stecklinge vom Johannisberg waren später auf der ganzen Welt begehrt, und man setzte dem „Spätlesereiter“ zu Ehren im Hof von Schloss Johannisberg ein fast lebensgroßes Denkmal.

1816 schenkte der österreichische Kaiser Franz I., in dessen Besitz das Schloss inzwischen übergegangen war, Schloss Johannisberg dem Staatskanzler Clemens Fürst von Metternich als Anerkennung für seine Verdienste um den europäischen Frieden beim Wiener Kongress. Allerdings musste der Fürst, nach dem bis heute der Riesling-Sekt von Schloss Johannisberg benannt ist, alljährlich den zehnten Teil der Weinernte an das österreichische Kaiserhaus bzw. dessen Rechtsnachfolger abgeben.

Die Weinbaufläche von Schloss Johannisberg ist heute 35 Hektar groß und ausschließlich mit Riesling-Reben bestockt. Die Weine reifen in den ausgedehnten Kellern traditionell im Holzfass, und wer diese besichtigen und dabei von der Terrasse der Gutsschänke den traumhaft schönen Ausblick über das Meer von Rebstöcken, Geisenheim und den Rheingau genießen möchte, der ist auf Schloss Johannisberg stets herzlich willkommen.

WISSENSWERTES

Gründliche Recherchen haben der Geschichte um die Entstehung der Spätlese nun auch das letzte Geheimnis entrissen – zumindest für diejenigen, die sich auf die humorvolle Wahrheitsfindung von Comic-Erzählungen einlassen mögen: 1988 haben die Autoren Apitz und Kunkel dieses historische Ereignis zur Grundlage ihres Comics „KARL - Der Spätlesereiter“ (ISBN 3-925771-02-6) gemacht. Mittlerweile ist „Karl“ zum Helden einer ganzen Comic-Serie geworden, die einen amüsanten und hintergründigen Einblick in den Rheingau, das Mittelrheintal und den Weinanbau gibt. Mehr Infos unter www.ak-verlag.de

Geisenheim – Touristisch

Geschichtliches: Die erste urkundliche Erwähnung Geisenheims datiert aus dem Jahr 772 – damit ist die Wein-, Obst- und Lindenstadt der **erste offiziell erwähnte Ort des Rheingaus**. In den 1970er Jahren erfolgte der Zusammenschluss mit den zuvor selbstständigen Gemeinden **Johannisberg** und **Stephanshausen.**

Der Ursprung des Stadtteils Marienthal war die ehemalige Hofsiedlung Düppenhausen, die in der Nähe des **Klosters Marienthal** liegt. Zu dieser seit dem 13. Jh. nachweisbaren Siedlung gehörte auch das holzgeschnitzte Gnadenbild, durch das Marienthal überregionale Bedeutung als Wallfahrtsort erhielt.

Ihre Bezeichnung als **Lindenstadt** verdankt Geisenheim einer ca. **700-jährigen Linde**, die 1568 erstmals erwähnt wurde, und unter der Rats- und Gerichtsversammlungen abgehalten wurden. Ihr zu Ehren feiert die Stadt einmal im Jahr das **Lindenfest**.

Der **Johannisberg** im gleichnamigen Stadtteil wird seit Jahrhunderten als ein Stück **Weinparadies** gepriesen, u. a. von Goethe, Brentano, Heine, Bismarck, Jefferson sowie dem bekannten **Weinkritiker Johnson**. Im Jahr 1816 als Schenkung an Clemens Fürst von Metternich gegangen, befindet sich der Berg mitsamt dem darauf thronenden **Schloss Johannisberg** nach wie vor im Besitz derer von Metternich.

Kellerführungen auf Schloss Johannisberg
Im reizvollen Ambiente des Schlosses stellen die Kellermeister vom Johannisberg Gästen – nach Voranmeldung – gerne ihre Weine im Rahmen von Weinproben und kulinarischen Veranstaltungen vor. Dazu gehört eine Führung um den Johannisberg sowie die Besichtigung des historischen Holzfasskellers aus dem Beginn des 18. Jh., bei der in angenehm lockerer Atmosphäre über die Weine geplaudert wird.

Sehenswertes: In den romantischen Gassen Geisenheims zeugen noch heute **große Hofanlagen** und **Bürgerhäuser** aus dem 16. Jh. von der Macht des alten hiesigen Adels. Den Ortsmittelpunkt bilden die **alte Linde** und das gegenüberliegende **Rathaus** aus dem 19. Jh. Am Bahnhof liegt **Schloss Schönborn**, ein um 1550 im Stil eines offenen Herrenhauses errichteter Renaissancebau mit achteckigem Treppenturm und vier Ecktürmchen. Sehenswert sind ebenso der zweiflügelige **Spätrenaissancebau** von **Schloss Kosakenberg** aus dem 17. Jh., das **Palais Ostein** und das **Schlösschen Monrepos**, dessen Obstanlagen den Grundstock für die heute weltweit bekannte **Forschungsanstalt für Wein-, Obst- und Gartenbau** bildete.

Das Erkerhäuschen in der Zollstraße mit der Jahreszahl 1618 – im Volksmund **„Pfefferzoll"** genannt – erinnert an die einzige Zollstelle im Rheingau, an der die vorbeifahrenden Handelskähne als Zoll ein Pfund Pfeffer zahlen mussten. Wer der Zollstraße folgt, gelangt zum **Pfarrhaus**, einem stattlichen Fachwerkbau aus dem Jahr 1656, und zum **Rheingauer Dom**. Dessen Chor wurde bereits um 1510 errichtet, aber erst 1837 erweiterte man das Langhaus um zwei Joche sowie die Orgelempore und fügte die neugotischen, 46 m hohen Westtürme an.

Weitere Sehenswürdigkeiten in **Johannisberg** sind das inmitten von Weinbergen gelegene **Schloss Hansenberg** sowie die ehemalige Flur „Apfelbaumrech". Hier ließ sich die Familie Mumm 1873 eine künstliche Ruine mit Park errichten, die den Namen „Schwarzenstein" erhielt, der fortan auch für die umliegenden Weinberge gebräuchlich wurde. Die malerische Anlage beherbergt heute ein Restaurant sowie ein kleines Hotel und bietet atemberaubende, bis zu 50 km weite Ausblicke über die malerische Landschaft des Rheingaus.

Empfehlenswertes: Auf der Internetseite der Stadt (www.geisenheim.de) können sich Wanderer Routen und Beschreibungen zu **16 Rundwanderungen** in Geisenheim und seinen Stadtteilen herunterladen. So führt z. B. der Weg zu dem beschaulichen Feriendorf **Stephanshausen** durch eine malerische, hügelreiche Landschaft mit reichem Baumbestand, wo man Rot- und Schwarzwild beobachten kann.

Empfehlenswert sind zudem Wanderungen entlang eines 6 km langen **Weinwanderweges**, der durch die Johannisberger Weinbergslagen führt. Dort liefern zahlreiche Hinweistafeln Informationen zu Boden, Lagen, Klima, Rebsorten, Traubenlese und vielem weiteren Themen rund um den Weinanbau.

Von Mai bis Oktober laden die Geisenheimer ihre Gäste gern zum ausgiebigen Feiern ein. Dazu zählen das **Lindenfest** (immer am zweiten Juliwochenende), das **Sommernachtsfest** und das **Dorf- und Schlossfest** auf Schloss Johannisberg. Einen der Höhepunkte stellen jedoch die alljährlichen Konzertveranstaltungen auf Schloss Johannisberg im Rahmen des **Rheingauer Musikfestivals** dar.

Geisenheim – Informationen & touristische Empfehlungen

Städtisches Verkehrsamt
Rüdesheimer Straße 48 · 65366 Geisenheim
Tel.: 06722/701-0 · Fax: 06722/701-120
Stadtverwaltung@geisenheim.de · www.geisenheim.de
Neben den Sehenswürdigkeiten der Wein-, Garten- und Domstadt sowie den Wanderwegen in die Rheingauer Höhenwälder und zum Wallfahrtskloster Marienthal lohnt ein Besuch Geisenheims auch der Feste wegen, z. B. am zweiten Juliwochenende, wenn das traditionelle Lindenfest rund um die 700-jährige Linde gefeiert wird.

Schloss Johannisberg – Weingut
65366 Geisenheim-Johannisberg
Tel.: 06722/7009-0 · Fax: 06722/7009-33
info@schloss-johannisberg.de · www.schloss-johannisberg.de
Im reizvollen Ambiente des Schlosses, der ältesten Riesling-Domäne der Welt, werden den Gästen die Weine im Rahmen von Weinproben und kulinarischen Veranstaltungen vorgestellt. An Sonntagen (14 und 16 Uhr) und nach individueller Planung bietet das Weingut Führungen durch den historischen Holzfasskeller mit einer Probe erlesener Riesling-Weine der Domäne an.

Franziskanerkloster Marienthal
65366 Geisenheim-Marienthal ·
Tel.: 06722/9958-0 · Fax: 06722/9958-13
info@franziskaner-marienthal.de · www.franziskaner-marienthal.de
Einige Wallfahrtswege führen nach Marienthal, einem der ältesten Wallfahrtsorte Deutschlands. 4 km von Geisenheim und eine 3/4 Stunde Fußweg entfernt von der Benediktinerinnenabtei St. Hildegard lässt sich der Wallfahrtsort auch gut zu Fuß zu erreichen.

Gutsschänke Schloss Johannisberg
65366 Geisenheim-Johannisberg · Tel.: 06722/96090 · Fax: 06722/7392
restaurant@schloss-johannisberg.de · www.schloss-johannisberg.de
An einer der schönsten Stellen des Rheingaus, wie auf einer großen Sommerterrasse über dem Rhein gelegen, befindet sich die von Gerd Käfer und Roland Kuffler bewirtschaftete Gutsschänke mit Weingarten. 150 Außenplätze sowie 240 Sitzplätze laden zum Verweilen ein – in lauen Sommernächten ein unvergleichliches Erlebnis.
Für rustikale Weinproben oder festliche Feiern stehen zudem der Fürst von Metternich- und Mittelsaal des Schlosses zur Verfügung (Kontakt: Tel. 0611/5362-00 · Fax 0611/5362-22 · info@kurhaus-gastronomie.de).

AKZENT Waldhotel Gietz – Hotel/Restaurant/Wellness
Marienthaler Straße 20 · 65366 Geisenheim-Marienthal
Tel.: 06722/9960-0 · Fax: 06722/9960-99
info@waldhotel-gietz.de · www.waldhotel-gietz.de
Urlauber und Tagungsgäste können in dem 60 Zimmer umfassenden 4-Sterne-Hotel in unmittelbarer Nähe zum Kloster Marienthal den herrlichen Talblick, die Stille und frische Waldluft sowie den Wellnessbereich mit Schwimmbad, Sauna, Dampfbad und Ruhebereich genießen.

Burg Schwarzenstein – Hotel / Restaurant
Rosengasse 32 · 65366 Geisenheim-Johannisberg
Tel.: 06722/9950-0 · Fax: 06722/9950-99
info@burg-schwarzenstein.de · www.burg-schwarzenstein.de
Inmitten der Weinberge liegt hoch über dem Rheintal die romantische Burg, die ein Restaurant und ein kleines 4-Sterne-Hotel beherbergt. Das Restaurant bietet eine abwechslungsreiche Karte mit kulinarischen Erlebnissen und einen unvergleichlichen Panoramablick auf das Rheintal – den Sie ebenso auf der Burgterrasse bei einer Vesper genießen können.

Oestrich-Winkel

„Nicht nur aus Stein allein ...“

„Nicht nur aus Stein allein …“

Wie Perlen reihen sich die Orte des Rheingaus zwischen Wiesbaden und Rüdesheim am Ufer des Rheins aneinander. In der Mitte, wo der Strom seine breiteste Stelle erreicht, liegt Oestrich-Winkel, die größte Weinbaugemeinde des Rheingaus. Hier befindet sich auch Schloss Vollrads, eines der besten Weingüter der Region, dessen Weine von der Presse einmal als „Phönix aus der Flasche“ beschrieben wurden. Bekanntlich ist der Phönix der ägyptischen Mythologie nach ein Vogel, der sein Nest aus wohlriechenden Kräutern auf dem Altar des Sonnengottes baut, sich dort selbst verbrennt und nach drei Tagen in erneuter Jugend und Schönheit erstrahlt. In diesem Sinne sind die Kellermeister von Schloss Vollrads beim Ausbau der Weine darauf bedacht, alle Aromen und Mineralien, die Sonne und Natur hier den Trauben geschenkt haben, zu erhalten. Wer den daraus entstandenen Wein probiert, dem wird sich das Bild vom Phönix auch sinnlich erschließen. Welch wunderbare Weine hier „erstrahlen“, das wussten auch schon in früheren Zeiten die bedeutendsten deutschen Dichter, Literaten und Romantiker zu schätzen, darunter Johann Wolfgang von Goethe, der oft auf dem Familiensitz der Brentanos im Ortsteil Winkel weilte. Aber noch ein weiteres Haus in Oestrich-Winkel hat eine außergewöhnliche Vergangenheit.

Es ist das „Graue Haus“, das als das älteste bewohnbare Steinhaus Deutschlands gilt. Bei Untersuchungen des bald nach 1078 errichteten Gebäudes fand man Bauteile, die aus älteren Bauwerken stammen. Dieses trug zur Überlieferung bei, dass das Haus dem berühmten Mainzer Erzbischof Rabanus Maurus bis zu seinem Tod im Jahr 856 mehrere Jahre lang als Sommerresidenz gedient haben soll.

Rabanus Maurus, um 780 in Mainz geboren, zählt zu den großen Persönlichkeiten des ausgehenden ersten Jahrtausends. Als das entste-

Schloss Vollrads
GRAUES HAUS
BRENTANO

hende „Deutschland“ seine geistigen Grundlagen suchte, wirkte er als Sammler und Vermittler des gesamten philosophischen, theologischen und naturwissenschaftlichen Wissens seiner Zeit. Die Menge seiner Schriften, darunter die 22-bändige Enzyklopädie „De Universo“, und die große Zahl seiner bedeutenden Schüler brachten ihm den Beinamen „Praeceptor Germaniae“ ein, was übersetzt so viel wie „Lehrer Deutschlands“ heißt. Nachdem der Gelehrte lange Zeit Abt des Klosters Fulda gewesen war, wurde er 847 zum Erzbischof von Mainz berufen.

Drei Jahre später, im Jahr 850, herrschte offenbar eine große Hungersnot in der Gegend um Mainz. Dem zeitgenössischen Bericht eines Fuldaer Mönchs ist zu entnehmen, dass sich Rabanus zu dieser Zeit tatsächlich in Winkel aufgehalten haben muss. Denn laut Bruder Rudolf sorgte der später heilig gesprochene Bischof damals dafür, dass jeden Tag 300 Rheingauer mit Brot gespeist und so vor dem drohenden Hungertod bewahrt wurden. Die Winkeler Bürger setzten ihm später vor der Pfarrkirche St. Walburga aus Dank ein Denkmal.

Spätestens ab 1097 befand sich das „Graue Haus“ im Besitz der Grafen zu Greiffenclau. Sie nutzten das Gebäude als Wohnhaus, bis sie 1330 auf das Schloss Vollrads übersiedelten, das sie sich als Adelssitz

Das Brentanohaus – Die Wiege der Rheinromantik

Auch tausend Jahre nach Rabanus Maurus kamen viele Geistesgrößen nach Oestrich-Winkel; sie gaben sich im Brentanohaus ein Stelldichein. Die Frankfurter Kaufmannsfamilie hatte 1804 das Ackermannsche Haus in Winkel als Sommersitz erworben, das sich bis heute im Besitz der direkten Nachkommen befindet. Zu den Geschwistern des ersten Eigentümers Franz Brentano gehörten Bettina, die bekannte Dichterin sowie spätere Gattin Achim von Arnims, und Clemens, der bedeutende Poet der Rheinromantik. Durch Bettina Brentano, die sich häufig auf dem Landgut aufhielt, wurde das Haus zu einem beliebten Treffpunkt von Künstlern und Wissenschaftlern, darunter die Brüder Grimm, der Jurist Friedrich Carl von Savigny, Johann Wolfgang von Goethe und Ludwig van Beethoven.

Goethe erforschte bei seinen Besuchen in den Jahren 1814 und 1815 auch den Rheingau. Dabei entstanden sein volkstümlich-heiteres Prosawerk „Sankt-Rochus-Fest zu Bingen“ und das Tagebuch „Im Rheingau Herbsttage“. Angeblich war der Dichter von dem 1811er „Winkeler Hasensprung“ aus dem Brentanoschen Weingut so angetan, dass er diesen Tropfen in seinem „Schenkenbuch“ verewigte. „Von unserem guten Rheinweine konnte er ganz fürchterlich viel trinken, besonders von dem 11er“, berichtete die damalige Hausfrau Antonia Brentano, „mein Mann machte ihm oft eine große Freude mit dem Geschenk eines Fässchens Wein“. Noch heute sind das Goethe-Zimmer und die anderen historischen Räume des Brentanohauses mit zeitgenössischem Dekor ausgestattet und bieten den Rahmen für Führungen, Lesungen und Weinproben.

Die Hallgartener Zange und der Hallgartener Kreis

Der Begriff „Zange" leitet sich vermutlich vom mittelhochdeutschen „zanke" ab, was soviel wie Spitze bedeutete. Somit war es der ca. 600 m über dem Rhein aufragende Felsvorsprung des Hallgartener „Hausbergs", der dieser Erhebung seinen Namen gab. 1884 wurde hier ein Aussichtsturm errichtet, von dem man bei klarer Sicht einen fantastischen Blick bis zur Skyline von Frankfurt und Mainz sowie über den Rheingau hat. Heute befinden sich hier ein Restaurant und der höchste Biergarten im Rheingau.

Einer Sage zufolge soll die Erhebung nach einer Wunderzange benannt worden sein, die alles, was man damit berührte, zu Gold verwandelte. Gefunden wurde sie am Fuße des Felsens neben der Leiche eines Schmiedes. Dieser hatte sie vom Teufel für das Beschlagen seines Pferdes erhalten. Doch sie brachte dem Mann kein Glück. Nachbarn neideten ihm seinen plötzlichen Reichtum und als auch seine Frau und Kinder erkrankten und starben, irrte er bis zu seinem Tode in der Welt umher. Die Zauberkraft hatte die Zange zwar verloren, aber die Erhebung erinnert bis heute an diese Sage.

Das Weindorf Hallgarten ist zudem mit geschichtsträchtigen Namen verbunden: Hier gründete Johann Adam von Itzstein auf seinem Weingut, dem Adam von Itzstein'sches Haus, den Hallgartener Kreis, der zwischen 1839 und 1847 zu zahlreichen Versammlungen hier zusammenkam. Der bekannteste Teilnehmer war der Dichter Hoffmann von Fallersleben. Dieser politische Oppositionskreis wird auch als die eigentliche Keimzelle der Deutschen Nationalversammlung bezeichnet, die 1848 in der Paulskirche in Frankfurt zusammentrat.

errichtet hatten. Das „Graue Haus" diente fortan den Beschäftigten des Schlosses als Unterkunft.

Mit Erwein Graf Matuschka-Greiffenclau († 1997) ging die fast 800-jährige Familientradition auf Vollrads und im „Grauen Haus" zu Ende. Heute führt die Nassauische Sparkasse das Schloss und die dazugehörigen Weinberge als historische Einheit fort. Das „Graue Haus" ist seit 1998 im Besitz der WVW Weinvertrieb Villa Waldorf und Co. KG Frankfurt a. M. Am 4. Februar 2006 wird es aus Anlass des 1150. Todestages von Rabanus Maurus seiner zukünftigen Bestimmung übergeben. Dann dient es als kultureller Mittelpunkt 2000-jähriger rheinischer Geschichte, besonders auch zum Andenken des berühmten Erzbischofs. Neben der Nutzung für kirchliche und gesellschaftliche Feierlichkeiten werden dort Seminare, Vorträge und nicht zuletzt auch Weinproben veranstaltet werden.

WISSENSWERTES

Experten zufolge soll mit dem Bau des „Grauen Hauses" frühestens 1078 begonnen worden sein. Damit wäre es tatsächlich ausgeschlossen, dass Rabanus Maurus hier gelebt haben könnte; es ändert aber nicht die Tatsache, dass es sich um das älteste Steinhaus Deutschlands handelt. Unbestritten ist jedoch die Überlieferung um die segensreiche Armenspeisung, die der Bischof hier in Winkel vollbracht hat.

Oestrich-Winkel – Touristisch

Geschichtliches und Sehenswertes: Eigentlich ist Oestrich-Winkel eine junge Stadt, die 1972 durch den Zusammenschluss der Gemeinden **Mittelheim**, **Oestrich** und **Winkel** entstand, 1976 kam **Hallgarten** dazu.

Eine Besiedlung dieses Gebiets lässt sich jedoch bis zurück in die Jungsteinzeit nachweisen. Später lebten hier Kelten, Germanen und Römer. Zum ersten Mal urkundlich erwähnt wurde der Ortsteil Winkel im Jahr 850 in dem Bericht des Fuldaer Mönchs, der über die Speisung von Rheingauern durch Rhabanus Maurus berichtete. Dann folgten Hallgarten (1112), Oestrich (1185) und Mittelheim (1292). Bis in das 13. Jh. bildeten diese Ortsteile, ausgenommen Hallgarten, noch eine Einheit. Diese „Urgemeinde", in der auch das **Brentanohaus** und das **Graue Haus** stehen, trug ebenfalls den Namen **Winkel**. Der Name Winkel leitet sich vermutlich von dem römischen „Vini cella" (Weinkeller) ab, wobei diese These durch den Fund eines römischen Rebenmessers unterstützt wurde. Als Winkel 1220 zu einer eigenen Pfarrei ernannt wurde, erfolgte die Trennung in Winkel und Oestrich. Der damals kleinere Ortsteil, in dem der Adel das öffentliche Leben bestimmte, behielt den Namen Winkel, der andere, in dem fast ausschließlich bürgerliche Familien lebten, erhielt den Namen Oestrich.

Schloss Vollrads
Vermutlich handelt es sich bei dem Namen um die Ableitung aus einem Personennamen, denn 1218 wird erstmals ein „Vollradus in Winkela" erwähnt. Kernstück des Schlosses ist ein wuchtiger Turm inmitten eines quadratischen Weihers, der nur über eine Brücke zu erreichen ist. In dem Gutsrestaurant im Kavaliershaus sowie in der Orangerie des Schlosses – mit einem wunderschönen Blick auf den Schlossgarten – kann man sich auf ganz besondere Weise verwöhnen lassen. Es werden Gerichte angeboten, die unter Anwendung alter Gartechniken und vergessener Zubereitungsarten gekocht werden – in Kombination mit den sorgfältig ausgebauten Rieslingweinen von Schloss Vollrads ein erlesenes Geschmackserlebnis.

Bis 1220 war **Oestrich** der kirchliche Hauptsitz der Gemeinde gewesen und nur dort gab es eine Kirche. Von hier aus und um den mittelalterlichen Marktplatz herum entwickelte sich das Städtchen. Man vermutet, dass der Name des Ortes von seiner östlichen Lage abgeleitet wurde. Im 17. und 18. Jh. bauten zahlreiche begüterte Familien ihre Herrensitze an der Rheinfront; die malerischen Fachwerkbauten kann man noch heute am Rheinufer bewundern. Hier befinden sich auch **Schloss Reichartshausen** sowie das weithin sichtbare Wahrzeichen

der Stadt, der 1745 erbaute **Weinverladekran**, der an Wochenenden während der Sommermonate zur Besichtigung geöffnet ist.

Hallgarten entwickelte sich wahrscheinlich aus einem Landgut des Klosters Eberbach. Kunstkenner verbinden mit dem Ort die 1420 entstandene Marienfigur **Madonna mit der Scherbe**, auch „Schröter-Madonna" genannt, die als eine der schönsten mittelalterlichen Tonplastiken gilt und in der **Pfarrkirche Maria Himmelfahrt** steht. Ihre „Schwester", „die schöne Elsässerin", befindet sich im Louvre in Paris. Sie stand einst im Kloster Eberbach und wurde im Rahmen der Raubzüge Ludwig XIV. nach Paris gebracht.

Nicht nur die Kunst, auch die Politik fand in Hallgarten eine Heimat. Die Dichterin Ricarda Huch bezeichnete die Versammlungen des **Hallgartener Kreises** sogar als die „Keimzelle der **Frankfurter Nationalversammlung**", des ersten deutschen Parlamentes.

An jedem der Orte findet man reizvolle und bekannte Sehenswürdigkeiten, so auch in **Mittelheim**, das mit der romanischen **Basilika Aegidius** das **älteste sakrale Bauwerk** im Rheingau besitzt. Und die Glocke im Dachreiter des spätgotischen Rathauses läutete einst die Weinlese im Rheingau ein.

Empfehlenswertes: Auch von Oestrich-Winkel aus empfehlen sich Ausflüge und Wanderungen in die wunderschöne Natur des Rheingaus. Ein Besuch von **Schloss Vollrads**, im Besonderen wegen seiner hervorragenden Weine, die zu den besten des Rheingaus zählen, und ein Ausflug zur **Hallgartener Zange** dürfen dabei nicht fehlen.

Die **Brentano-Scheune** bietet mit Kabarett, Kindertheater, Lesungen und einem saisonalen Rahmenprogramm im Gartenbereich mit Festen und Märkten ein reichhaltiges kulturelles Angebot. Darüber hinaus gibt es den **Dippemarkt**, einen historischen Krammarkt auf dem Marktplatz von Oestrich mit 450-jähriger Tradition, die **Jazzwoche**, das **Rheingau Musik Festival**, das **Lenchenfest** und zahlreiche **Weinfeste** – womit aber nur ein kurzer Auszug aus dem Veranstaltungskalender der Stadt benannt ist.

Oestrich-Winkel – Informationen & touristische Empfehlungen

Tourist-Information Oestrich-Winkel

An der Basilika 11a · 65375 Oestrich-Winkel · Tel.: 06723/19433
touristinfo@oestrich-winkel.info · www.oestrich-winkel.de

Oestrich-Winkel ist die größte Weinstadt im Rheingau und bietet Erholung in vielfältiger Weise. Ein Ausdruck der Rheingauer Lebensart ist der Reigen der Feste von April bis Oktober. Die Vielfalt dieser Stadt in der Mitte des Rheingaus erstreckt sich von der Betriebsamkeit am Rhein mit sportlichen Aktivitäten bis zur Erholung bei einer Ausflugsfahrt mit dem Schiff oder Spaziergängen durch Weinberge und Wald.

Brentanoscheune

Hauptstraße 134a · 65375 Oestrich-Winkel · Tel.: 06723/992-131
Fax: 06723/992-231 · harald.koch@oestrich-winkel.de
www.oestrich-winkel.de/brentanoscheune.php4

Die Brentanoscheune bietet ein buntes Veranstaltungsprogramm: Kabarett, Kindertheater, Lesungen, saisonale Feste und vieles mehr. Zusätzlich zu den Saalveranstaltungen kommt ein saisonales Programm im Gartenbereich mit Festen und Märkten. Die Räume können auch für Privatfeiern (z. B. Hochzeiten) und Firmenevents gemietet werden.

Schloss Vollrads – Weingut / Gutsrestaurant |

65375 Oestrich-Winkel · Telefon: 06723/66-0 · Telefax: 06723/66-66
info@schlossvollrads.com · www.schloss-vollrads.com

Der Ort mit seinem wunderschönen Blick auf den Schlossgarten und die Schlossanlage zählt zum Schönsten im Rheingau. Das Schloss bietet durch seine reizvolle Lage und die repräsentativen Räume viele Möglichkeiten, Weinproben, Geschäftsessen, Empfänge, Hochzeiten und andere Feste durchzuführen. Im Gutsrestaurant, der Orangerie und auf der Schlossterrasse sorgt der Küchenchef mit bodenständigen Speisen auf hohem Niveau für den guten Geschmack und prägt zusammen mit den wunderbaren Weinen den kulinarischen Stil des Hauses. Die Vinothek im Kutscherhaus (täglich geöffnet) lädt zur Weinverkostung ein.

Brentanohaus – Weingut / Gutsausschank

Am Lindenplatz 2 · 65375 Oestrich-Winkel
Brentanohaus: Tel.: 06723/2068 · Fax: 06723/87792 ·
brentanohaus@brentano.de · www.brentano.de
Gutsausschank: Tel.: 06723/8856-00 · Fax: 06723/8856-17
brentano-gaumenfreuden@gmx.de

Original erhaltene Zimmer und Salons überliefern Eindrücke von der Wohnkultur und dem Lebensgefühl der Romantik. Diese und der Gutsausschank sind bis heute Treffpunkt für Menschen, die sich für Wein, Musik, Literatur und kulinarische Köstlichkeiten begeistern. Offene Führungen durch die historischen Räume (inkl. den Goethe-Zimmern) finden jeweils samstags um 16 Uhr an den im Veranstaltungsprogramm (www.brentano.de) genannten Tagen statt. Führungen, Lesungen, Weinproben im Brentanohaus können ansonsten nur nach rechtzeitiger Terminvereinbarung durchgeführt werden.

Hotel Schwan – Hotel / Restaurant / Vinothek

Rheinallee 5-7 · 65375 Oestrich-Winkel
Tel.: 06723/809-0 · Fax: 06723/7820
info@hotel-schwan.de · www.hotel-schwan.de

Der Schwan, ein Ort der Gastlichkeit seit 1628, bietet seinen Gästen 54 liebevoll und individuell ausgestattete Zimmer und Suiten mit dem Komfort und Service eines 4-Sterne-Hotels. Neben den kulinarischen Gaumenfreuden des Restaurants findet der weininteressierte Hotelgast im historischen Weinkeller (Vinothek) eine Auswahl edler Weine.

Eltville

Wie Kloster Eberbach zu seinem Namen kam

am Rhein

Wie Kloster Eberbach zu seinem Namen kam

Juno ist die Göttin der Frauen, der Ehe und der Geburt. Man könnte meinen, dass Eltville diese römische Göttin in dem nach ihr benannten Monat Juni jedes Jahr mit einem Ereignis ehrt, das auch das Herz jeder anderen Frau verzücken würde. Denn zu Beginn von Junos 30-tägiger Regentschaft entfaltet die sommerliche Kraft der Sonne auf den Eltviller Rosenfeldern im Schatten der Kurfürstlichen Burg eine geradezu verschwenderische Blütenpracht. 22.000 Rosenstöcke in 350 verschiedenen Sorten verströmen dann ihren Zauber und lieblichen Duft, der der Stadt auch das Prädikat „Rosenstadt" eingebracht hat. Wen wundert es da noch, dass sich Filmproduzent Bernd Eichinger 1985 für die Innenaufnahmen bei der Verfilmung von Umberto Ecos Roman „Der Name der Rose" das nahe gelegene mittelalterliche Kloster Eberbach ausgesucht hat, um den spannenden Kirchenkrimi mit einem internationalen Filmteam um den Hauptdarsteller Sean Connery ins rechte Bild zu setzen. Filmreif wäre sicherlich auch das Ereignis gewesen, das der Sage zufolge genau 850 Jahre vor Eichingers Filmaufnahmen dem Kloster seinen Namen gab.

Die Entstehung des Klosters geht auf die Initiative des Mainzer Erzbischofs Adalbert I. zurück, der hier im Kisselbachtal bereits 1116 ein Augustiner-Chorherrenstift gegründet hatte. Schon fünfzehn Jahre später wurde es von den dort lebenden Kanonikern jedoch wieder aufgegeben, und Adalbert übertrug Gebäude und Ländereien der Benediktinerabtei Johannisberg. Im Jahr 1135 erwarb Adalbert dann aber selbst das Gelände: Ihm war es gelungen, den berühmten Zisterzienserabt Bernhard von Clairvaux, der gerade in Mainz weilte, für eine Abteigründung im Rheingau zu gewinnen. Die Zisterzienser waren zu dieser Zeit noch ein verhältnismäßig junger Orden. Knapp vier Jahrzehnte zuvor in Frankreich ins Leben gerufen, stellten sie eine Reformbewegung dar,

Kloster Eberbach

die sich wieder strenger auf die ursprünglichen Klosterregeln des heiligen Benedikt zurückbesinnen wollte. Eine der bedeutendsten Persönlichkeiten, die dem Orden zum Aufschwung und zu seiner Verbreitung verhalfen, war der später heilig gesprochene Bernhard von Clairvaux, den der Mainzer Erzbischof nun dazu hatte bewegen können, hier ein Tochterkloster zu errichten, und ihm zu diesem Zweck das Grundstück im Kisselbachtal übertrug. Auf deutschem Boden gab es sonst nur noch die Zisterzienserabtei in Himmerod in der Eifel, die ebenfalls als eine direkte Gründung des Mutterklosters Clairvaux entstanden ist.

Der Legende nach machten sich Adalbert und sein Besucher auf die Suche nach einem geeigneten Standort für das neu zu bauende Kloster.

Gutenberg – Einer von den „3 im Rheingau"

Mit dem Slogan „Die 3 im Rheingau" verfolgen die Orte Eltville, Kiedrich und Walluf seit einigen Jahren eine gemeinsame touristische Werbestrategie. Die Figur des Johannes Gutenberg mit der Rose steht für die Wein-, Sekt- und Rosenstadt Eltville, der Ritter von Scharfenstein mit der Riesling-Lanze für das Weindorf Kiedrich und die Schöne Müllerin mit Wein und Spundekäs für Walluf, die Pforte und älteste Weinbaugemeinde des Rheingaus.

Der bekannteste dieser drei Rheingauer ist zweifellos Gutenberg, der Erfinder des modernen Buchdrucks mit beweglichen Lettern. Seine Erfindung hat die Geschichte der Menschheit wie kaum eine andere beeinflusst. Ohne ihn wären Luthers Thesen ohne Wirksamkeit geblieben, hätte Kolumbus nicht den Seeweg und Shakespeares Dichtergenius keine Verbreitung gefunden – und ob es dieses Buch, das Sie in den Händen halten, geben würde, wäre ebenso fraglich. Seine Wirkungsstätte war zwar Mainz (wo er um 1400 im Hof „Zum Gutenberg" geboren wurde), aber in Eltville am Rhein – der sechstältesten Druckstätte der Welt – hat er seine einzige Ehrung zu Lebzeiten erfahren: Kurfürst Adolf von Nassau, der in Eltville residierte, ernannte Johannes Gutenberg 1465 zum Hofedelmann und billigte ihm eine Leibrente zu. Die Familie Gensfleisch, wie die Eltern Gutenbergs hießen, besaß in Eltville in der Burghofstraße einen kleinen Patrizierhof. Und vermutlich unter Anleitung Gutenbergs gründeten hier im Ort auch die Brüder Bechtermünze eine kleine Druckerei. Deren Hof findet man in der Kirchgasse, und im Turm der Kurfürstlichen Burg ist heute eine Gutenberg-Gedenkstätte untergebracht.

Just in dem Augenblick, als die beiden an der Stelle ankamen, an der heute das Kloster steht, soll plötzlich ein wilder Eber mit riesigen Hauern aus dem Wald herab zum Kisselbachtal gelaufen sein. Vor den Augen der erstaunten hohen Herren sprang das Tier dann mit großen Sätzen dreimal über den Kisselbach. Anschließend furchte es mit seinen Hauern im großen Bogen den Boden auf und verschwand wieder im Wald. Dies wurde von Bernhard als Zeichen verstanden, genau hier sein Kloster zu errichten. Und so wurde dort, wo der Eber den Bach übersprungen hatte, die Kirche gebaut, und auf den Umrissen der Furche zog man die bis heute existierenden, 1100 Meter langen Klostermauern hoch. Damit war der Grundstein für eine der ältesten und größten Zisterzienserabteien in Deutschland gelegt. Am 13. Februar 1136 zog der erste Konvent mit Abt Ruthard und 12 Mönchen in die Gebäude ein. Die Klostergründung stand unter dem Vorzeichen des reformerischen Gedankenguts der Zisterzienser und fand ihren Ausdruck in der eindrucksvollen Schlichtheit romanischer Architektur und im Verzicht auf alle Formen ornamentaler und schmückender Zutaten.

Im Laufe der Jahrhunderte ist die Abtei zu einem Spiegel der wechselvollen Ereignisse und architektonischen Entwicklungen der abendländischen Geschichte geworden. Denn an allen damit verbundenen Epochen, Konflikten und Ideen hat das Kloster teilgenommen – was dank des einzigartigen Glücksfalls, dass die Anlage die Zeitläufe unzerstört überstanden hat, bis heute an ihren Baukörpern abzulesen ist. Kloster Eberbach ist damit das bedeutendste mittelalterliche Kulturdenkmal in Hessen und die einzige in allen Teilen erhaltene Abtei aus der Blütezeit des Zisterzienserordens in Deutschland.

WISSENSWERTES

Im Refektorium des Klosters ist noch heute ein historischer Bücherschrank aus der Spätrenaissance zu besichtigen, dessen Tür mit einem „redenden Wappen" geziert wird, auf dem sich von oben nach unten der Name der Abtei ablesen lässt: Kloster-Eber-Bach.

Bis 1803 blieb Kloster Eberbach auch in der Hand der Zisterzienser, dann gelangte es in weltlichen Besitz. Während weiter Teile des 19. Jh. diente Eberbach als Straf-, zwischenzeitlich auch als „Irrenanstalt", in wilhelminischer Zeit wurde es als Militärgenesungsheim genutzt. Nach dem Zweiten Weltkrieg stand die Anlage zunächst unter der Verwaltung der Hessischen Staatsweingüter, seit 1998 ist sie Eigentum der gemeinnützigen „Stiftung Kloster Eberbach".

Idyllisch im Herzen des Rheingaus und inmitten von Weinbergen gelegen, lädt die Abtei heute zum Ausspannen und Genießen ein. Die Mönche haben ihr Kloster eindrucksvoll zu gestalten gewusst, und in diesem Geist wurden die ehemaligen Wirtschaftsgebäude in den letzten Jahren auch wieder behutsam modernisiert. Hier verwöhnt man heute Gäste mit der herzlichen Rheingaugastlichkeit, wobei man in der auf dem Gelände gelegenen Gastronomie unter anderem auch typische Rheingauer Speisen und Weine genießen kann. Und in den 30 schlichten, aber komfortablen Gästezimmern findet jeder das, wonach er sucht: Ruhe und Erholung – oder, inspiriert von der Umgebung, auch innere Einkehr.

Eltville – Touristisch

Geschichtliches: Eltville ist mit seinen Stadtteilen Erbach, Hattenheim, Martinsthal und Rauenthal nicht nur die größte, sondern durch die Verleihung der Stadtrechte im Jahr 1332 auch die **älteste Stadt des Rheingaus**. Der Ortsname geht auf das römische „Alta villa" zurück, das so viel wie „höher gelegene Siedlung" bedeutet. Unter dieser Bezeichnung wurde die Siedlung in fränkischer Zeit dann Sitz eines Königshofes. Im Jahr 1051 wird Eltville urkundlich erstmals als „Eldevile" erwähnt. Die Geschichte von **Kloster Eberbach** beginnt im Jahr 1116 mit der Gründung eines Chorherrenstiftes. 1330 begann Balduin von Trier mit der Errichtung der Kurfürstlichen Burg, die nach seinem Tod bevorzugte Sommerresidenz der Mainzer Kurfürsten wurde.

Am 17. Januar 1465 ernannte Erzbischof und Kurfürst Adolf II. von Nassau hier **Johannes Gutenberg** zum Hofedelmann und gewährte ihm eine Leibrente, die aus Kleidung, Steuerfreiheit und jährlich 2180 Litern Getreide und 2000 Litern Wein bestand. Davon ließ sich damals durchaus gut leben, aber leider konnte Gutenberg diese Privilegien bis zu seinem Tod 1468 nur noch drei Jahre genießen.

Das Abteimuseum von Kloster Eberbach

Kloster Eberbach ist ein typisches und in allen Baukörpern vollständig erhaltenes Beispiel für die Architektur und Formgebung eines Zisterzienserklosters. Zudem sind barocke Baulichkeiten erhalten, die im Zusammenspiel mit romanischer und frühgotischer Architektur ein einzigartiges bauliches Ensemble formen.

Das Abteimuseum hat es sich zur Aufgabe gemacht, das ehemalige Kloster unter ordens-, kultur- und vor allem kunsthistorischen Aspekten in einen erläuternden Kontext zu stellen.

Eltvilles Beiname als **Sektstadt** wurde durch Matheus Müller (MM) begründet, der hier um 1830 als einer der ersten Fabrikanten am Rhein schäumenden Wein nach der „méthode champenoise" produzierte. Heute ist MM Extra eine der bekanntesten Sektmarken Deutschlands. Auch die Sektkellerei Schloss Vaux hat hier seit 1920 ihren Sitz.

In die Weltliteratur ging Eltville 1954 durch die Veröffentlichung des Romans **„Bekenntnisse des Hochstaplers Felix Krull"** von Thomas Mann ein, der mit den Worten beginnt: „Der Rheingau hat mich hervorgebracht, jener begünstigte Landstrich, welcher wohl zu den lieblichsten der bewohnten Erde gehört ..." und dessen Protagonist der Sohn eines Eltviller Sektfabrikanten ist.

Sehenswertes: In Eltville fügen sich die verwinkelten **mittelalterlichen Gassen**, die wunderschönen **Rosenbeete** im Schatten der Kurfürstlichen Burg und die historischen **Fachwerkhäuser** aus der Zeit

zwischen 1550 und 1850 (Eltville ist Teil der Deutschen Fachwerkstraße) zu einem romantischen Ambiente zusammen. Gemeinsam mit dem **Eltzer Hof** in der Stadtmitte, dem **Hof Bechtermünze**, der **Burg Crass** – dem ältesten Adelshof der Stadt – und der spätgotischen **Stadtkirche** von 1350 mit ihren sehenswerten Wandmalereien bestimmen sie den historischen Charakter und das zauberhafte Flair der Stadt.

Empfehlenswertes: Idyllische Dörfer, majestätische Schlösser und Burgen säumen den Weg durch die malerische Landschaft entlang der **Rheingauer Riesling Route**, die sich von Eltville aus bestens erkunden lässt. Zudem laden die nahe gelegenen Städte Wiesbaden und Mainz zu kurzweiligen Tagesausflügen ein.

Empfehlenswert sind auch Ausflüge nach Kiedrich und Walluf. In **Kiedrich** liegt die **Virchow-Quelle** mit Wassertretanlage und angeschlossenem Abenteuerspielplatz. Ein beliebtes Ausflugsziel für Familien mit Kindern ist die **Burgruine Scharfenstein** mit ihrem Grillplatz. Wegen der vielen historischen Bauwerke wie etwa dem Renaissance-Rathaus, der Valentinuskirche (mit einer der ältesten noch spielbaren Orgeln Deutschlands) und der St. Michaelskapelle wird Kiedrich auch „Schatzkästlein der Gotik" genannt.

Walluf, die „Pforte zum Rheinland", in dem seit über 1200 Jahren die Weintradition gepflegt wird, lädt mit seinen zahlreichen gastfreundlichen Straußwirtschaften zu gemütlichen Stunden ein.

Weitere Gründe, der wunderschönen Stadt Eltville einen Besuch abzustatten, sind die zahlreichen **Weinfeste** in allen Stadtteilen, das **Erdbeerfest** in Erbach, das traditionelle **Biedermeier- und Sektfest** (seit 1935), die **Eltviller Burghofspiele** mit Musik- und Theateraufführungen und die Veranstaltungen im **Kloster Eberbach**, u. a. mit den einzigartigen jährlichen **Weinversteigerungen** und den fantastischen Konzerten des **Rheingau Musik Festivals**, bei denen das Kloster einer der zentralen Veranstaltungsorte ist.

Eltville am Rhein–
Informationen & touristische Empfehlungen

Tourist-Information Eltville am Rhein
Rheingauer Straße 28 · 65343 Eltville am Rhein
Tel.: 06123/9098-0 · Fax: 06123/9098-90
touristik@eltville.de · www.eltville.de
Eltville am Rhein schmückt sich mit drei Attributen: Die älteste und größte Stadt im Rheingau ist Wein-, Sekt- und Rosenstadt. Außerdem ist Eltville Station an der Deutschen Fachwerkstraße, und es finden sich hier Spuren des genialen Erfinders der Druckkunst mit beweglichen Lettern, Johannes Gutenbergs. Die Stadt Eltville am Rhein besteht aus fünf Stadtteilen, die sich den Charakter von Winzerdörfern weit gehend bewahrt haben. Bei einem Gläschen Wein lässt sich hier der Alltag leicht vergessen. Zahlreiche Kulturveranstaltungen in unvergesslichem Ambiente und die vielfältigen Themenführungen durch die Stadtteile sowie das weit über die Region hinaus bekannte Kloster Eberbach locken Besucher aus nah und fern hierher.

Stiftung Kloster Eberbach
65346 Eltville am Rhein
Tel.: 06723/9178-0 · Fax: 06723/9178-101
info@klostereberbach.de · www.klostereberbach.de
Kloster Eberbach ist ein Architekturdenkmal von europäischem Rang, das die Spuren der abendländischen Geschichte seit dem Jahr 1136 bewahrt. Eindrucksvoll sind die baulichen Zeugnisse aus Romanik, Gotik und Barock, die ein einzigartiges, vollständig erhaltenes Gesamtensemble bilden. Die Anlage kann im Rahmen des Besucherrundgangs besichtigt werden, in den auch das Abteimuseum eingebunden ist. In den historischen Gebäuden sind zudem ein Gästehaus und ein Restaurationsbetrieb untergebracht.
Seit seiner Gründung ist das Kloster ein Zentrum gelebter Weinkultur und dient heute bei vielfältigen kulturellen und festlichen Anlässen als Veranstaltungsort. 1985 wurde hier Umberto Ecos Roman „Der Name der Rose" verfilmt.
1998 wurde die ehemalige, schon unter Napoleon aufgehobene Zisterzienserabtei einer gemeinnützigen Stiftung übertragen, die die Anlage pflegt und erhält.

Klostergastronomie Eberbach – Hotel / Klosterschänke
65346 Eltville am Rhein
Tel.: 06723/993-0 · Fax: 06723/993-100
info@klostereberbach.com · www.klostereberbach.com
Im A la carte-Restaurant der Klosterschänke mit einem original Kreuzgewölbe werden Gäste kulinarisch mit traditioneller hessischer Küche verwöhnt. An heißen Tagen kann man die Spezialitäten auch auf der Gartenterrasse unter dem Plantanenbaumbestand mit Blick auf die Basilika genießen. Bereits im Mittelalter fanden Reisende Ruhe, Einkehr und Verpflegung im Zisterzienserkloster Eberbach. Diese Tradition wird auch heute noch fortgesetzt und macht den Besuch und Aufenthalt in der malerisch gelegenen Klosteranlage zu einem angenehmen Erlebnis.
In einem Gebäude aus dem 16. Jh., das früher einmal als Mühle und Scheune diente, befindet sich zudem ein 3-Sterne-Hotel mit 20 Hotelzimmern. Darüber hinaus stehen Gesellschafts- und Tagungsräume für bis zu 120 Gäste in den sanierten ehemaligen Wirtschaftsgebäuden des Klosters für Veranstaltungen und Feierlichkeiten aller Art zur Verfügung. Auch auf dem Heuboden der Klosterschänke können bis zu 60 Personen feiern. Ein einzigartiger Ort, um sich verwöhnen zu lassen und ein paar schöne Stunden oder Tage im Kloster zu verbringen.

Wiesbaden

Wie Wiesbaden zu seinen Quellen kam

Wie Wiesbaden zu seinen Quellen kam

Wiesbaden, die hessische Landeshauptstadt, verdankt ihren Glanz vor allem ihren heißen Quellen. Denn schon seit langer Zeit reisen die Menschen in diese wunderschöne Stadt, um hier zu kuren und die angenehmen Seiten des Lebens zu genießen. Heute pulsiert in Wiesbaden das moderne Leben, Hightech ist hier genauso zu Hause wie Kultur und grüne Landschaften. Aber nach wie vor werden die Thermalbäder und Gesundheitseinrichtungen aus den heißen Quellen der Stadt gespeist. Wie es dazu kam, dass sie in Wiesbaden überhaupt sprudeln, davon erzählt eine Sage aus vergangenen Zeiten.

Vor langer, langer Zeit lebte in den finsteren Taunuswäldern rund um Wiesbaden ein friedlicher Riese namens Ekko. Doch irgendwo dort – niemand wusste genau wo – hauste auch ein fürchterlich böser Drache, der dem Riesen keine Ruhe ließ. Immer wieder wurde Ekko von dem Ungeheuer gestört, und er musste auf der Hut sein, ihm nicht zu nahe zu kommen. Denn wenn der Drache in Wut geriet, spuckte er Feuer und Rauch aus seinen riesigen Nüstern und hatte auf diese Weise bereits viele Stellen im Wald in Brand gesetzt. Schon lange konnte Ekko deswegen des Nachts nicht mehr ruhig schlafen, und so sann er darüber nach, wie er sich des Drachens entledigen könnte.

„Ich muss seine Höhle finden. Dort lege ich mich dann auf die Lauer, und wenn er rauskommt, erschlage ich ihn", sagte Ekko zu sich selbst und sprach sich Mut zu. Denn so nah war er dem Ungeheuer bisher noch nie gekommen. Tapfer und voller Entschlossenheit machte er sich auf, um den Drachen zu suchen. Tagelang schritt er über Berg und Tal, durch dunkle Wälder und grüne Ebenen. Doch weit und breit keine Spur von dem Ungeheuer. Denn der Drache, als hätte er geahnt, welches Schicksal ihm bevorstehen würde, hatte sich in die hinterste Ecke seiner Höhle verkrochen.

Nach einigen Tagen vergeblicher Suche war Ekko mit seiner Geduld am Ende und schrie wuterfüllt aus voller Brust durch die Wälder: „Du verfluchtes Ungeheuer, wo steckst du? Komm heraus und kämpfe mit mir!“ Zwar zeigte sich der Drache auch daraufhin nicht, aber Ekko meinte, aus der Tiefe unter sich ein spöttisches Lachen zu hören. „Da unten muss die Höhle des Drachen sein“, dachte er sich und rammte die Lanze, mit der er sich für den Kampf bewaffnet hatte, tief in den Boden. Treffen konnte er den Drachen jedoch nicht damit. Aber der Gedanke, dass sich das Ungeheuer feige in seiner Höhle unter ihm versteckt hielt, erboste Ekko noch mehr. Aufgebracht und voller Zorn stieß er seine Lanze in die Erde. Immer wieder und wieder.

Doch nach einem dieser kraftvollen Stöße spritzte plötzlich ein Strahl kochend heißen Wassers aus dem Boden. Völlig überrascht gelang es dem Riesen nicht, rechtzeitig zurückzuspringen, und das heiße Wasser verbrannte seine gewaltigen, nackten Füße. Rasend vor Wut konnte Ekko nun nicht mehr an sich halten, denn er dachte, der Drache würde ihn zum Narren halten. Mit all der Kraft eines Riesen hieb er mit seiner Lanze tiefer und tiefer in den Boden. Aber es nützte nichts, den

„Rheingold“ und das „Weiße Haus“ von Wiesbaden

Anfang 1900 ließ der erfolgreiche Sektfabrikant Johann Jakob Söhnlein auf Wunsch seiner amerikanischen Frau eine Villa im Stile des „Weißen Hauses“ errichten: die Söhnlein-Villa. In diesem Haus, das zeitweise US-Hauptquartier war und ein Musik- und Theaterzentrum besaß, ist Ende der 50er Jahre sogar Elvis Presley aufgetreten, der während seines Militärdienstes in Deutschland oft in Wiesbaden weilte.

Seinen Erfolg und Reichtum hatte Söhnlein dem Namen „Rheingold“ zu verdanken, wie aus seinen Aufzeichnungen hervorgeht: „Ein Zufall ließ mich die Bekanntschaft Richard Wagners machen, ein guter Gedanke mich auf den Einfall kommen, dem besten Erzeugnis aus meiner Kellerei – aus Johannisberger Weinen hergestellt – die Benennung Rheingold beizulegen und Richard Wagner zu bitten, dem Wein bei der ersten Bayreuther Aufführung die Weihe als Rheingold zu verleihen.“ Nachdem Söhnlein dem Komponisten den Namen abgekauft und somit einen wohlklingenden Namen für seinen Sekt hatte, mit dem er dem französischen Champagner Konkurrenz machen wollte, kam Wagner der Bitte des Fabrikanten nach, und so gab es 1876 eine doppelte Premiere: die Erstaufführung der Oper „Rheingold“ in Bayreuth mit „Rheingold“-Sekt in der Pause – und die amtliche Eintragung von „Rheingold“ als erste deutsche Sektmarke in das Markenregister.

Und so haben sich auch Richard Wagners Wünsche erfüllt, der bereits 14 Jahre vor der Premiere seiner Oper die potenzielle Kraft des „Rheingolds“ beschworen hatte: Der Komponist lebte damals in Wiesbaden und arbeitete beim Musikverlag Schott in Mainz. Vermutlich aus Geldmangel bat er den Verlag zu dieser Zeit oft um einen Vorschuss. Lohn bekam er nur, wenn er seine Kompositionen persönlich im Verlag ablieferte. Bei der Rheinüberfahrt von Mainz nach Wiesbaden, so ist überliefert, soll er immer ein Stück Geld, eine Goldmark, in den Fluss geworfen und dabei die Worte „Rheingold, Rheingold, Rheingold“ gesagt haben. Und das scheint eine Glücksformel gewesen zu sein.

Drachen konnte er trotz all seiner Anstrengungen nicht erreichen. Als er diesmal die Waffe aus dem Boden zog, schoss jedoch kein kleiner Strahl, sondern eine gigantische Fontäne des heißen Wassers in den Himmel und traf Ekko mitten ins Gesicht. Schmerzerfüllt brüllte der Riese auf, und da er nichts mehr sehen konnte, torkelte und wankte er, stolperte und fiel schließlich zu Boden. Mit seiner linken Hand, an der der kleine Finger fehlte, konnte er den Sturz gerade noch ein wenig abbremsen. Weil die Fallhöhe eines Riesen gewaltig ist, bebte die Erde beim Aufprall, und seine Hand und sein Unterarm gruben sich tief in den Boden ein.

Ekko hatte jetzt wahrlich genug von der Drachenjagd und gab die Suche auf. Erzürnt und mit verbranntem Gesicht zog der Riese von dannen und ward seitdem nie wieder gesehen. Seine Lanze jedoch hatte unterirdische Thermalquellen aufgebrochen, die viele Jahre später einer wachsenden Stadt zu Glanz und Ruhm verhalfen. Auch sein Sturz hat Spuren hinterlassen, die bis heute erkennbar sind. Denn beim Abstützen hat er mit seinem linken Handteller den künftigen Wiesbadener Kessel gebildet, in dem nach wie vor das heiße Wasser sprudelt. Aus dem Abdruck der vier Finger waren Täler entstanden: das Rambachtal, das Nerotal, das Walkmühltal und das Wellritztal; und mit seinem Unterarm hat Ekko das Salzbachtal geformt.

WISSENSWERTES

An den heißen Quellen der damals hier ansässigen Mattiaker suchten bereits vor 2000 Jahren die Römer Heilung und Erholung – „Aquae Mattiacorum" nannten sie die Thermalquellen, in denen zu baden sie als wohltuend und gesundheitsfördernd empfanden. Bei den Vorbereitungen für den Bau des Kaiser-Friedrich-Bades, das 1913 als städtisches Bade- und Kurmittelhaus eröffnet wurde, stieß man auf den steinernen Unterbau eines römischen Schwitzbades.

Der „Spieler" und die Spielbank von Wiesbaden

Durch die Heirat Adolf von Nassaus mit der Großfürstin Elisabeth Michailowna, einer Nichte des Zaren Nikolaus I., entstanden Mitte des 19. Jh. zwischen Wiesbaden und Russland enge Verbindungen. Davon zeugt bis heute auch die „Griechische Kapelle" auf dem Neroberg: das 1855 errichtete Grabmal für Elisabeth, die schon ein Jahr nach ihrer Übersiedelung nach Wiesbaden bei der Geburt ihrer Tochter starb.

Nicht ganz so tragisch, aber oftmals glücklos verliefen die Besuche des russischen Schriftstellers Fjodor M. Dostojewski in Wiesbaden, neben Richard Wagner der bekannteste Besucher der berühmten Spielbank. Viermal machte er hier Station: 1862, 1863, 1865 und 1871. Nach seinem letzten Aufenthalt schrieb er an seine Frau: „Mir ist etwas Großes widerfahren, der elende Wahn, der mich fast zehn Jahre gepeinigt hat, ist verschwunden." Tatsächlich hat sich der Dichter seitdem seiner fast selbstzerstörerischen Spielleidenschaft bis zu seinem Tod 1881 nicht mehr hingegeben. Und so enthält sein bekanntes literarisches Werk „Der Spieler" autobiografische Erfahrungen, die er hier in Wiesbaden gemacht hatte.

Wiesbaden – Touristisch

Geschichtliches: Wiesbaden wurde von den Römern „Aquae Mattiacorum" genannt, und schon um 6 n. Chr. lässt sich ein erster Militärposten auf dem Heidenberg nachweisen. Bereits wenig später begann mit dem Ausbau der **Thermen** die Entwicklung einer zivilen römischen Siedlung. Diese wurde um 370 mit einer Mauer befestigt, von der bis heute Reste erhalten sind.

Im Jahr 828 wurde die Stadt erstmals als „Wisabada" bezeichnet und war im 13. Jh. vorübergehend **Reichsstadt**. Seit dem Spätmittelalter gehörte Wiesbaden den Grafen von Nassau. Fast die gesamte mittelalterliche Bausubstanz wurde 1547 und 1561 durch Brände vernichtet.

Der „Kochbrunnen"
Am Anfang der Geschichte Wiesbadens standen die heißen Quellen, die rund um den Kochbrunnen dampfend und gesundheitsspendend aus dem Boden sprudeln. Die 66° C heiße Natrium-Chlorid-Therme ist die bekannteste und ergiebigste Quelle der Stadt und liefert 346 Liter Heilwasser pro Minute. Der Kochbrunnen wurde 1366 erstmals als „Brühborn" erwähnt und war im 19. Jh. das Zentrum einer Wiesbadener Trinkkur.

Im 19. Jh. entwickelte sich die Stadt mit ihren 26 heißen Quellen zu einem **internationalen Kurort** mit Hotelpalästen und vornehmen Villen und war beliebter Ruhesitz von Offizieren, höheren Beamten und Rentiers.

Im Zweiten Weltkrieg vergleichsweise wenig zerstört, wurde Wiesbaden 1945 Hauptstadt des Landes Hessen und spielt seitdem als **Gesundheits-** und **Kongressstadt** sowie als einer der bevorzugten Wohnorte der Rhein-Main-Region eine herausragende Rolle.

Sehenswertes: Bei einer ausgiebigen Tour durch die Stadt sollte der Besucher einen Abstecher zum **Biebricher Schloss** machen. Die **Söhnlein-Villa**, eine verkleinerte Kopie des Weißen Hauses, die Denkmäler von Goethe und Schiller, das **alte Rathaus** von 1609 mit dem Marktbrunnen liegen auf seinem Weg während des Stadtrundgangs, oder er geht vorbei an den **Villengegenden** hinauf zum **Neroberg** zur **russischen Kirche**. Von 1849 bis 1855 erbaut, ist sie mit ihren weithin sichtbaren goldenen Zwiebeltürmen ein besonderes Merkmal Wiesbadens.

Wichtigstes Wahrzeichen der Stadt ist der neoklassizistische Prachtbau des **Kurhauses.** Festliche Bälle, erstklassige Konzerte und zahlreiche

andere kulturelle Veranstaltungen machen es zum Mittelpunkt des kulturellen Lebens. Hier befindet sich auch die berühmte **Wiesbadener Spielbank.** Ihre Geschichte beginnt Ende des 18. Jh., und damit ist sie eine der ältesten in Deutschland. Gekrönte Häupter, Musiker und Literaten zog sie in ihren Bann: Fjodor Dostojewski verspielte hier seine Tantiemen und viele weitere Persönlichkeiten wie Richard Wagner oder Elvis Presley stellten hier ihr Glück auf die Probe.

Wiesbaden ist auch Einkaufsstadt, und so kann der Besucher in der **Altstadt** mit ihren Boutiquen, Goldschmieden und Traditionsgeschäften oder z. B. entlang des **Boulevards Wilhelmstraße** auf ausgiebige Shopping-Touren gehen.

Trotz ihrer Größe findet der Besucher auch innerhalb der Stadt Orte der Ruhe und Erholung. Hierzu gehören der **Warme Damm**, eine alte **Kurparkanlage** aus dem Jahr 1861, und natürlich die **Thermalbäder** der Stadt (wie z. B. die Anfang des 20. Jh. errichtete **Kaiser-Friedrich-Therme**).

Empfehlenswertes: Empfehlenswert ist ein Ausflugstag zum 245 m hohen Neroberg. Der beginnt mit der Auffahrt in der durch Wasserkraft betriebenen und seit 1888 laufenden **Drahtseilbahn.** Anschließend lockt der **Monopteros**, ein 1851 errichteter Aussichtstempel, der einen wunderschönen Blick über die ganze Stadt bis nach Mainz bietet. Der auf dem Neroberg gelegene **Weinberg** steht unter Denkmalschutz und bringt exquisite Rieslingweine hervor. Familien empfiehlt sich der Besuch des 1934 erbauten **Opelbades**, noch heute das schönste Freibad Wiesbadens mit herrlichem Blick über die Stadt.

Zahlreiche Veranstaltungen bieten immer einen Anlass, um nach Wiesbaden zu reisen, z. B. die **„Internationalen Maifestspiele"**, das traditionelle **„Internationale Reit- und Fahrturnier"** im Biebricher Schlosspark, die **Rheingauer Weinwoche** (schließlich ist Wiesbaden das **Tor zum Rheingau**) und die großen Straßenfeste wie das **Theatrium**, Deutschlands größtes Straßenfest mit kulinarischen Spezialitäten und künstlerischen Einlagen, das jährlich von rund 250.000 Gästen besucht wird.

Wiesbaden – Informationen & touristische Empfehlungen

Wiesbaden Congress & Tourist Service

Wiesbaden Tourist Information · Marktstraße 6 · 65183 Wiesbaden
Tel.: 0611/1729-930 · Fax: 0611/1729-798
tourist-service@wiesbaden.de · www.wiesbaden.de

Unter dem Motto „Wiesbaden erleben" offeriert der Wiesbaden Congress & Tourist Service seinen Gästen ein attraktives Angebot mit Stadtführungen, Städtereisen für Individualreisende und Gruppenreisen. Die zentral gelegene Tourist Information bietet einen umfassenden Wiesbaden-Service: Informationen zu Sehenswürdigkeiten, Veranstaltungen, Museen, Restaurants, Bäder- und Freizeiteinrichtungen, Schifffahrten und Ausflügen in die Umgebung.

Kaiser-Friedrich Therme (Irisch-Römisches Bad)

Langgasse 38-40 · 65183 Wiesbaden
Tel.: 0611/1729-660 · Fax: 0611/1729-666
kft@wiesbaden.de · www.wiesbaden.de/baeder

Der liebevoll restaurierte Badepalast von 1913 präsentiert sich dem Besucher heute im luxuriösen Ambiente mit einer faszinierenden Palette von Saunaangeboten, die Körper und Seele entspannen lassen.

Spielbank Wiesbaden

Kurhausplatz 1 · 65189 Wiesbaden
Tel.: 0611/536-100 · Fax: 0611/536 -199
info@spielbank-wiesbaden.de · www.spielbank-wiesbaden.de

Die Wiesbadener Spielbank ist ein Klassiker – und mit ihrem von wilhelminischer Architektur geprägten Ambiente eines der schönsten Casinos Europas.

Führungen durch die Sektkellerei Henkell & Co

Abteilung Öffentlichkeitsarbeit
Biebricher Allee 142 · 65187 Wiesbaden
Tel.: 0611/63-209 · Fax: 0611/63-351
willkommen@hs-kg.de · www.henkell-trocken.de
Gruppenführungen: Mo-Do 10 und 14 Uhr, Fr 10 Uhr. Einzelpersonen können sich nach vorheriger Anmeldung anschließen – Eintritt: Euro 7,00)

Bei dieser erlebenswerten Führung durch das Unternehmen erfährt der Besucher in einem ca. 2-stündigen Rundgang durch Keller und Fertigung alles Wissenswerte zur Sektherstellung sowie zur Geschichte und Gegenwart der seit über 150 Jahren erfolgreichen Sektkellerei und kann sich anschließend bei einer kommentierten Sektprobe von der Qualität der Wiesbadener Produkte überzeugen.

Kurhaus Gastronomie mit Käfer'S Bistro

Kurhausplatz 1 · 65189 Wiesbaden
Tel.: 0611/536-200 · Fax: 0611/536-222
info@kurhaus-gastronomie.de · www.kurhaus-gastronomie.de

Die Gerd Käfer und Roland Kuffler GmbH & Co. sorgt für kulinarische Genüsse im Kurhaus, darunter auch in der Spielbank und im Biergarten am romantischen Kurparkweiher sowie bei Banketten und Feiern.

Radisson SAS Schwarzer Bock Hotel – Hotel / Restaurant

Kranzplatz 12 · 65183 Wiesbaden · Tel.: 0611/155-0 · Fax: 0611/155-111
info.Wiesbaden@RadissonSAS.com · www.wiesbaden.radissonsas.com

Das 1486 gegründete 5-Sterne-Hotel - traditionsreichstes Hotel Deutschlands - bietet seinen Gästen 142 in elegantem Stil eingerichtete Zimmer und Suiten sowie ein hoteleigenes Badehaus mit Thermalbad - und in den Sommermonaten ein mediterranes Flair im Hofgarten. In unmittelbarer Nähe zu dem in ruhiger Lage gelegenen Hotel befinden sich das Kurhaus, die Spielbank, Antiquitätenläden und die berühmte Wilhelmstraße. Zudem bieten die mit viel Liebe zum Detail renovierten Veranstaltungsräume Platz für bis zu 200 Personen.

Mainz

Das Wappen von Mainz

Das Wappen von Mainz

Die Abbildungen auf Stadtwappen sind oft von besonderer Bedeutung. Häufig symbolisieren sie herausragende Ereignisse der Stadtgeschichte, so etwa im Kölner Wappen, in dem drei Königskronen und elf schwarze Tropfen zu sehen sind: Die Kronen erinnern an die Heiligen Drei Könige, deren Reliquien der Kölner Erzbischof Rainald von Dassel 1164 als Geschenk des Kaisers Friedrich Barbarossa aus Mailand mitgebracht hatte, und die Tropfen versinnbildlichen die Legende der heiligen Ursula, die auf der Rückkehr von einer Pilgerreise nach Rom mitsamt den sie begleitenden 11.000 Jungfrauen von Attila und den Hunnen, die damals gerade Köln belagerten, ermordet wurde.
Betrachtet man hingegen das Mainzer Wappen, ist man zunächst ein wenig verwundert. Denn wo andere Städte an einstige Größen erinnern, schmückt sich Mainz lediglich mit zwei schlichten silbernen Rädern. Wie es dazu gekommen ist, erzählt die Sage vom Wagnerssohn Willigis.

Ihren Anfang nimmt die Geschichte Mitte des zehnten Jahrhunderts in Schöningen im Braunschweiger Land. Zu jener Zeit gebar die Frau des dortigen Wagners ihrem bereits bejahrten Ehemann einen Sohn, den sie Willigis nannten. Er sollte ebenfalls das Handwerk des Wagenradbaus lernen und später das Geschäft des Vaters fortführen.

Der junge Willigis zeigte sich auch sehr begabt und war der ganze Stolz des alten Wagners. Doch der Vater merkte bald, dass dieses einfache Handwerk seinem Jungen keine rechte Freude zu bereiten vermochte. Und auch Willigis' Mutter sah ihren klugen Sohn zu Höherem berufen.

Da dem Vater das Glück seines Sohnes am Herzen lag, nahm er alle Mühen auf sich, um Willigis eine andere Ausbildung zukommen zu lassen, und es gelang ihm schließlich, bei dem einflussreichen und

Willigis
Willigis
denk
woher
du

gelehrten Volkhold, dem späteren Bischof von Meißen und Lehrer Ottos II., vorzusprechen. Inständig bat er diesen, er möge sich für Willigis einsetzen und sich seiner annehmen. Und vielleicht aus Mitleid, aber vor allem, weil er in Willigis einen überaus begabten Jungen sah, erhörte Volkhold die Bitten des alten Mannes, ermöglichte dem Knaben eine Ausbildung und brachte ihn sogar in das Umfeld des kaiserlichen Hofes.

Und alsbald zeigte sich, dass Volkholds Bemühungen Gottes Segen genossen. Denn Willigis, gelehrsam und von Ehrgeiz getrieben, entwickelte sich prächtig. Selbst Otto I., Kaiser des Heiligen Römischen Reiches, fiel seine hohe Begabung sowie die Zielstrebigkeit auf, sodass er ihn schließlich zum Hofkaplan und zum Vorsteher seiner Reichskanzlei machte. An Schöningen und seine Herkunft dachte der Handwerkersohn da schon lange nicht mehr.

Im Gegensatz zum Kaiser waren dessen Kanzleibeamten Willigis jedoch weit weniger gewogen, denn sie waren voller Neid darauf, dass einer, der nicht aus ihren Reihen stammte, es so weit gebracht hatte. „Emporkömmling", schimpften sie ihn daher abwertend und machten ihm das Leben schwer. Der Spott beflügelte Willigis' Ehrgeiz allerdings nur umso mehr. „Besser will ich sein als diese adligen Männer", sprach er. Und tatsächlich wurde er nach nur vier weiteren Jahren unter Otto II.

Die Mainzer Gespenster des alten „Wammes"

Die gotische Hallenkirche St. Stephan ist eines der berühmtesten Beispiele christlicher Baukunst in Mainz. Hunderttausende von Touristen pilgern heute jährlich dorthin, nicht zuletzt wegen der berühmten Glasfenster des Künstlers Marc Chagall. Aber nur wenige werden wissen, dass hier in der Zeit um 1800 der Mainzer „Gespenstervater" Hermann Kaspar Schneider viele Jahre als Türmer lebte.

Dieser etwas kauzige Mann, der wegen seiner Lieblingskleidung auch „Wammes" genannt wurde, pflegte in seiner Turmkammer in alten Chroniken und Reiseberichten zu schmökern, Verse zu schmieden und sich spiritistischen Gedanken hinzugeben. Und er schrieb auf, was er dem Mainzer Volksmund an Sagen und Gespenstergeschichten ablauschen konnte. Den Lohn für seine handschriftlich erstellten Abschriften ließ er sich in Naturalien vergüten. Am liebsten ließ der „Wammes" sich aber mit ausgereiftem Rebensaft entlohnen, sodass der Geist des Weines sicherlich auch bei seinen Gespenstergeschichten zuweilen Pate gestanden hat. Für Ludwig Lindenschmit, dem Hauptgründer und Direktor des Römisch-Germanischen Zentralmuseums, muss es wohl eine prächtige Fassung gewesen sein, die der Sohn im Nachlass seines Vaters fand: „Angefertigt für fünf Krüge Most, drei frische Leberwürste in Schweinsdarm und ein Laib Wasserbrod von Ch. Schneider auf St. Stephan" hatte der „Wammes" die „Erzählungen des Wundervollen aus dem Menschenleben, als angenehme Unterhaltung an Winterabenden in warmer Stub" angefertigt. Wenn Sie Lust auf seine Gespenstergeschichten haben, dann finden Sie einige davon unter www.rheinischersagenweg.de bei der Station „Mainz". Oder Sie lassen sich bei einem Besuch in Mainz von den dortigen Stadtführern die vielen „gespenstigen" Orte zeigen, zu denen der „Wammes" so viele schaurige Geschichten erzählen konnte.

zum Erzbischof von Mainz und zum Reichskanzler ernannt. Doch all dieser Erfolg konnte Willigis nicht wirklich glücklich machen, zu allein war er und zu zahlreich seine Feinde.

Denn auch die Mainzer Patrizier neideten dem neuen Erzbischof seinen Aufstieg und sannen nach einer Möglichkeit, ihn zu demütigen. Schließlich kam ihnen eines Abends eine Idee. Noch in derselben Nacht ließen sie von einem gedungenen Schurken an alle Türen und Wände des bischöflichen Sitzes Wagenräder malen, um an Willigis einfache Herkunft zu erinnern. Neben jedem Rad stand daher geschrieben: „Willigis, Willigis, denk' woher Du gekommen bist!"

Doch der schändliche Plan ging nicht auf. Als die Diener des Erzbischofs am nächsten Morgen das Geschmiere aus eigenem Entschluss übertünchen wollten, befahl Willigis zu ihrer Verwunderung, diese Arbeiten sofort einzustellen. Denn bei dem Anblick der Wagenräder war er sich seiner Herkunft tatsächlich endlich wieder bewusst geworden, und die Bilder sollten ihn fortan mahnen, dass er es auch nie mehr vergäße. Aus diesem Grund ordnete er sogar an, die Räder symbolisch in Stein zu meißeln und vor der Residenz aufzustellen sowie das Zeichen des Rades in jedem Raum des Hauses, auch in seinen privaten Gemächern, an die Wand zu malen. So ist es der Missgunst der Patrizier zu verdanken, dass sich Willigis in den dankbaren und bescheidenen Diener der Kirche und des Staates gewandelt hat, als der er später in die Geschichte eingehen sollte.

Ob Willigis den Patriziern der Stadt für den ungewollten Dienst, den sie ihm erwiesen hatten, dankte, ist freilich nicht bekannt. Allerdings hätte dies den Ärger der Männer über ihren gescheiterten Plan auch wohl kaum besänftigt. In jedem Fall aber sollen dem Erzbischof zu Ehren die zwei Wagenräder in das Wappen der Stadt Mainz gekommen sein.

WISSENSWERTES

Wie es dazu kam, dass der historische Willigis in Bischof Volkhold einen so einflussreichen Mentor fand, ist nicht bekannt. Sicher ist jedoch, dass dieser ihm den Eintritt in eine Domschule ermöglichte und Willigis durch ihn auch an den Hof Ottos I. kam, wo er rasch aufstieg. 971 wurde er Hofkaplan und Vorsteher der Reichskanzlei, vier Jahre später Reichskanzler sowie Erzbischof von Mainz. Als solcher mehrte er den Einfluss der Stadt Mainz. Nach dem Tod Ottos II. nahm er dessen minderjährigen Sohn auf, wurde sein Lehrer und verwaltete das Reich, bis Otto III. 996 den Thron besteigen konnte. Eine gesicherte Erklärung, wie die Wagenräder in das Mainzer Stadtwappen gelangt sind, gibt es nicht. Neben der Sage um den Erzbischof gibt es zwei weitere Erklärungen: Eine archäologische Hypothese sieht das Wappenrad in der Nachfolge des Sonnenrads des keltischen Gottes Mogo, dem Namenspatron des römischen Moguntiacum, aus dem sich Mainz entwickelt hat. Die andere Deutung vermutet, dass das Rad aus dem griechischen Christusmonogramm entstanden ist und beruft sich dabei auf Radmotive auf Münzen des Mainzer Erzstifts.

Mainz – Touristisch

Geschichtliches: **Römische Relikte** verweisen auf das 2000-jährige Erbe von Mainz, das von den Römern **Moguntiacum** genannt wurde. Im Mittelalter wirkten hier berühmte Geistliche wie die Mainzer Erzbischöfe **Bonifatius** und **Rabanus Maurus.** Unter Erzbischof **Willigis** begann man 975 mit dem Bau des **Mainzer Domes.** Der zunehmende Reichtum und glänzende Aufstieg der Stadt brachten ihr seit dieser Zeit den Namen **„Goldenes Mainz"** ein.

Um 1400 wurde **Johannes Gutenberg** hier geboren, der berühmteste Sohn der Stadt und seit 1999 Mann des Jahrtausends, dem das **Gutenberg-Museum** gewidmet ist. Hier erfährt der Besucher alles über die Erfindung des Buchdrucks mit beweglichen Lettern und die Geschichte des Buches.

Bonifatius, Willigis und der Mainzer Dom

Mainz, am Schnittpunkt alter Völkerstraßen gelegen, wurde mit dem Wirken des hl. Bonifatius (Abb. oben.) ab 746/47 zum kirchlichen Zentrum nördlich der Alpen. Den Titel „Heiliger Stuhl" erhielt die Stadt unter Erzbischof Willigis, der 975 mit dem Bau des Doms nach dem Vorbild von Alt St. Peter in Rom begann. Aber bereits am Tag der Weihe im August 1009 wurde das Bauwerk durch einen Brand zerstört und konnte erst 1036 wieder genutzt werden. Daher fand Willigis seine letzte Ruhestätte 1011 in St. Stephan, deren Bau er ebenfalls veranlasst hatte.

Im 17. Jh. begann eine weitere Zeit des wirtschaftlichen Aufschwungs. Neue Adelspaläste und barocke Prachtbauten entstanden, die man noch heute bewundern kann. Ende des 18. Jh. nahm **Napoleon** mit seinen Truppen die Stadt ein. Als Folge wurde 1793 die **Mainzer Republik**, die erste auf deutschem Boden, ausgerufen.

Nach dem **Zweiten Weltkrieg** wurde die schwer zerstörte Stadt 1950 **Landeshauptstadt von Rheinland-Pfalz** und wieder liebevoll aufgebaut.

Sehenswertes: Die Spuren der Römer sind in Mainz allgegenwärtig. Zu den neueren Attraktionen zählen das wieder freigelegte ehemals größte **römische Bühnentheater** nördlich der Alpen sowie der **Isis- und Mater Magna-Tempel.** Zudem können im **Museum für Antike Schifffahrt** Reste römischer Handelsschiffe besichtigt werden. Weitere Funde sind im **Römisch-Germanischen Zentralmuseum** und im **Landesmuseum** ausgestellt.

Die Verbindung zwischen Kirchen- und Stadtgeschichte macht der über tausendjährige **Mainzer Dom** St. Martin im Stadtzentrum weithin sichtbar. Den sechs Türmen des Doms steht im Rheinpanorama die Kuppel der **Christuskirche** gegenüber. Die gotische Kirche **St. Stephan** ist besonders wegen

ihrer in Deutschland einmaligen Fenster weltberühmt. Es sind vor allem die Glasmalereien der Fenster im Ostchor von **Marc Chagall** mit Motiven aus der Bibel, die die Besucherscharen anlocken. St. Stephan ist die einzige Kirche in Deutschland, die der jüdische Künstler mit seinen Werken ausgestattet und damit ein Symbol der christlich-jüdischen Verständigung gesetzt hat.

Der **Marktplatz** wird von historischen Fassaden eingerahmt und verbreitet ein fast südländisches Flair. Die **Altstadt** mit ihren **romantischen Fachwerkhäusern** lädt zum Bummeln und Genießen ein. Hier kann man in einem der zahlreichen urigen Lokale den **rheinhessischen Wein** probieren, der Mainz als **Weinstadt** weit über die Grenzen hinaus bekannt gemacht hat.

Empfehlenswertes: Die Mainzer feiern gerne und oft. Herausragend unter den vielen Veranstaltungen ist die **Mainzer Fastnacht**. In der närrischen fünften Jahreszeit wird im Saal und bei der Straßenfastnacht gefeiert und die Obrigkeit respektlos aufs Korn genommen. Höhepunkt ist der **Rosenmontagszug**, einer der größten in Deutschland.

Eines der größten Volkfeste am Rhein, die **Mainzer Johannisnacht**, wird zu Ehren Johannes Gutenbergs gefeiert. An vier Tagen lockt das Fest mit Live-Musik, Straßenkünstlern, einem Büchermarkt und endet mit dem großen **Feuerwerk am Rhein**.

Weinliebhabern empfiehlt sich das größte Weinfest am Mittelrhein, der **Mainzer Weinmarkt**. Im romantischen **Rosengarten** präsentieren Winzer aus allen deutschen Anbaugebieten ihren Wein, begleitet durch einen Jahrmarkt im benachbarten **Volkspark**.

In der Vorweihnachtszeit findet auf dem Marktplatz vor der imposanten Kulisse des Mainzer Doms der romantische **Weihnachtsmarkt** statt. Bei Glühwein und einem weihnachtlichen Musikprogramm lässt sich an einem der vielen Stände und vielleicht am Ende einer Reise entlang des „Rheinischen Sagenwegs“ sicherlich ein passendes Andenken oder ein Weihnachtsgeschenk für die Familie oder Freunde finden. Und damit verabschieden wir uns von einer hoffentlich wunderschönen „sagenhaft“ romantischen Reise an den Rhein.

Mainz – Informationen & touristische Empfehlungen

Touristik Centrale Mainz

Touristik Centrale Mainz

Brückenturm am Rathaus · 55116 Mainz
Tel.: 06131/28621-0 · Fax: 06131/28621-55
tourist@info-mainz.de · www.info-mainz.de/tourist · www.mainz.de

Kommen Sie nach Mainz und tauchen Sie ein in Atmosphäre und Lebensart einer über 2000-jährigen Stadt, die dennoch jung geblieben ist. Die Touristik Centrale Mainz bietet Ihnen attraktive Angebote für Stadtrundgänge, Hotelzimmervermittlung, Ticket Service sowie Veranstaltungstipps und vieles mehr. Der Top-Tipp: die Mainz Card – Ihr Entdeckerticket für die Stadt mit zahlreichen Vergünstigungen.

Isis- und Mater Magna-Heiligtum

Taberna archaeologica, Römerpassage 1 · 55116 Mainz
Tel.: 06131/60074 · Fax: 06131/6007494

Die Taberna archaeologica ermöglicht einen sensationellen Blick auf religiöse Kulte der Römerzeit.

Gutenberg-Museum

Liebfrauenplatz 5 · 55116 Mainz
Tel.: 06131/122640 · Fax: 06131/123488

Vier Jahrtausende Geschichte der Schriftkultur aus aller Welt und bedeutende Drucke vom 15. Jh. bis in die Gegenwart erleben Sie im Gutenberg-Museum. In Gutenbergs rekonstruierter Werkstatt wird die Geschichte des Buchdrucks lebendig. Herzstück der Ausstellung sind zwei Exemplare der weltberühmten Gutenberg-Bibel.

Druckladen des Gutenberg-Museum

Der Druckladen ist eine lebendige Werkstatt, in der die Buchdruckertradition von erfahrenen Setzern und Druckern gepflegt und im täglichen Vollzug weiter gegeben wird. Hier kann sich jeder auf die Spuren Gutenbergs begeben und unter Anleitung zum selbsttätigen Setzer und Drucker werden.

Dom St. Martin

Markt 10 (Dominformation) · 55116 Mainz
Tel.: 06131/253412

Direkt am Markt erhebt sich der Dom St. Martin. Er wurde seit 975 unter Erzbischof Willigis erbaut und hat im Laufe der Jahrhunderte viele Brände, Zerstörungen und Wiederaufbauten erlebt. Neben den Grabdenkmälern der Erzbischöfe sind vor allem die romanische St. Gotthardkapelle und der spätgotische Kreuzgang hervorzuheben.

Gastronomie in Mainz

Von gemütlichen Weinstuben bis zu Szene-Lokalen und gehobener Gastronomie in modernem oder historischem Ambiente – Mainz bietet ein vielfältiges gastronomisches Angebot. Weitere Infos zur Gastronomie in Mainz erhalten Sie bei der Touristik Centrale Mainz (s. o.).

Übernachten in Mainz

Das Übernachtungsangebot in Mainz hält über 5 000 Gästebetten für Sie bereit – von der Jugendherberge bis zum 5-Sterne-Hotel. Spezielle Gruppenangebote und Wochenendtarife erhalten Sie über die Touristik Centrale Mainz, Tel.: 06131/28621-28, oder buchen Sie online im Internet unter www.info-mainz.de/tourist.

Das Internetportal zum „Rheinischen Sagenweg“

Unter *www.rheinischersagenweg.de* gibt es ein Internetportal, das zahlreiche weiterführende Hinweise und kostenfreie Serviceleistungen rund um den „Rheinischen Sagenweg“ bietet.

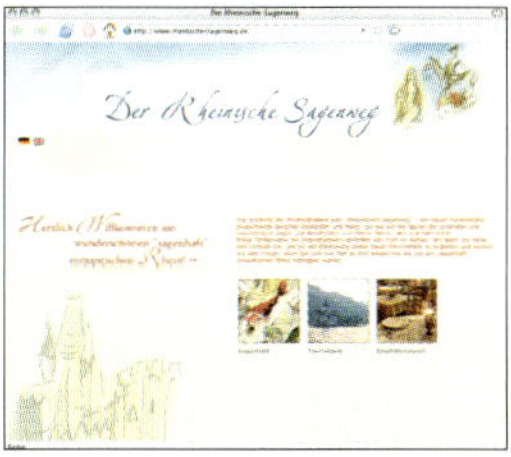

Zu den einzelnen Stationen finden Sie dort neben touristischen Informationen und Angaben über die jeweiligen empfohlenen Institutionen z. B. auch eine Sammlung weiterer Sagen und Geschichten, die ständig ergänzt wird. Ein Tourenplaner gibt Ihnen Tipps für Reisen entlang des „Rheinischen Sagenwegs“, ein Veranstaltungskalender informiert über Veranstaltungen an den einzelnen Orten, und ein Shop bietet die Möglichkeit, online Bücher zum Thema sowie Produkte unserer Partner zu bestellen. Für die Freunde rheinischer Kultur bietet der Club „Die Rheinromantiker“ zusätzlich ein eigenes Forum. Außerdem werden Vorschläge und buchbare Packages für Reisen entlang des „Rheinischen Sagenwegs“ angeboten, weiterführende Literaturtipps und Links sowie noch viele zusätzliche Informationen gegeben.

Veranstaltungen zum „Rheinischen Sagenweg“

Über die Internetseite sowie über das Projektbüro „Rheinischer Sagenweg“ (Adresse S. 415) können Sie Informationen zu einer Reihe von „sagenhaften“ Veranstaltungsangeboten rund um das Thema erhalten bzw. buchen: Dazu gehören neben den zahlreichen Veranstaltungsangeboten an den einzelnen Stationen die Dinnershow „Warnung vor dem Rhein oder Warum es am Rhein so schön ist! – Eine ‚sagenhaft’ kulinarische Rheinreise“ (eine romantische Abendveranstaltung, bei der zwischen den Gängen eines rheinischen Menüs Sagen und Geschichten erzählt werden), das Kinderevent „Ritter, Burgen, Drachenkampf“, literarische Weinproben, Lesungen, geführte Wanderungen oder Gruppenreisen entlang des „Rheinischen Sagenwegs“, Führungen an den Stationen sowie zahlreiche „sagenhafte“ Events und Incentives. Bei Interesse wenden Sie sich bitte an das Projektbüro „Rheinischer Sagenweg“.

Reisen entlang des „Rheinischen Sagenwegs“

Für alle, die durch diese Buch angeregt werden, sich auf die Reise zu begeben, um die sagenumwobenen und geschichtsträchtigen Orte zu entdecken, hier einige Empfehlungen, die einen Aufenthalt am Rhein und seiner Nebenflüsse Mosel, Lahn und Nahe noch eindrucksvoller machen.

Seit Sommer 2005 gibt es den „Rheinsteig“ (www.rheinsteig.de), einen neuen rechtsrheinischen Wanderweg zwischen Bonn und Wiesbaden. Sein qualitativ hochwertiges Wanderleitsystem in Verbindung mit anspruchsvollen und abwechslungsreichen Wegen machen Reisen entlang des „Rheinischen Sagenwegs“ für die natur- und kulturbegeisterten sowie sportlich ambitionierten Freunde des Wanderns zu einem einzigartigen Erlebnis.

Aber auch linksrheinisch und an Mosel, Lahn und Nahe kann der „Rheinische Sagenweg“ wandernd und auf dem Rad erkundet werden. Neben der Reiseliteratur des J. P. Bachem Verlages (www.bachem.de) sei an dieser Stelle auch auf die Reihe „Ein schöner Tag“ (www.einschoenertag.com) des Verlages ideemedia hingewiesen, eine mehrbändige Reihe mit Tipps zu Touren in Rheinland-Pfalz, darunter auch ein Wanderführer im Pocketformat zum Rheinsteig (WanderTOUREN RHEINSTEIG, ISBN 3-934342-41-8, 168 Seiten mit mehr als 100 vierfarbigen Fotos und Karten, Euro 12,95).

Schiffstouren mit der KD

Die Köln-Düsseldorfer Deutsche Rheinschifffahrt AG bietet zwischen Köln und Mainz ein umfangreiches Angebot an Schiffstouren, sowohl im Liniendienst als auch bei Rund- und Ereignisfahrten (Kontaktdaten siehe nächste Seite).

Ob Loreley-Tour, Burgenfahrt, ein romantisch-nostalgisches Erlebnis auf dem Schaufelraddampfer GOETHE oder ein Abstecher ins Siebengebirge – dank eines lückenlosen Fahrplans bietet die KD unzählige Kombinationsmöglichkeiten für einen Ausflug an den „Rheinischen Sagenweg“. Zudem befährt die KD als einzige Reederei täglich mehrfach die gesamte Strecke des UNESCO-Welterbegebiets „Oberes Mittelrheintal“ – eine faszinierende Kulturlandschaft mit mehr als 20 Burgen und Schlössern und zahlreichen romantischen Weinstädtchen.

Wichtige Adressen

Neben den Adressen auf den Seiten „Informationen und touristische Empfehlungen“ am Ende eines jeden Kapitels und den Startseiten zu den Abschnitten des „Rheinischen Sagenwegs“ (Am „Romantischen Rhein“ S. 13, Vom Rhein an die Mosel S. 155, Vom Rhein an die Lahn S. 189, Im „Tal der Loreley“ S. 223, Vom Rhein an die Nahe S. 313, Rheingau und Wiesbaden/Mainz S. 363) erhalten Sie weitere touristische Informationen bei folgenden Institutionen:

Nordrhein-Westfalen Tourismus e. V.
Worringer Straße 22 · 50668 Köln
Fax: 0221/17945-17
info@nrw-tourismus.de · www.nrw-tourismus.de

Rheinland-Pfalz Tourismus
Löhr Str. 103 - 105 · 56068 Koblenz
Tel.: 0261/91520-0 · Fax: 0261/91520-40
info@rlp-info.de · www.rlp-info.de

Romantischer Rhein
Bahnhofplatz 7 · 56068 Koblenz
Tel.: 0261/30388-34 · Fax: 0261/30388-99
info@romantischer-rhein.de · www.romantischer-rhein.de

Burgen, Schlösser, Altertümer Rheinland-Pfalz
Festung Ehrenbreitstein · 56077 Koblenz
Tel.: 0261/6675-4000 · Fax: 0261/6675-4444
info@burgen-rlp.de · www.burgen-rlp.de

Unesco-Welterbe Oberes Mittelrheintal
Ministerium für Wissenschaft, Weiterbildung, Forschung und Kultur Rheinland-Pfalz
Sekretariat für das Welterbe in Rheinland-Pfalz
Wallstraße 3 · 55122 Mainz
Tel. : 06131/165473 · Fax : 06131/164026
info@welterbe.rlp.de · www.welterbe-mittelrheintal.de

Köln-Düsseldorfer Deutsche Rheinschifffahrt AG
Frankenwerft 35 · 50667 Köln
Tel.: 0221/2088-318 · Fax: 0221/2088-345
info@k-d.com · www.k-d.com

Für weitere Fragen und Wünsche zum „Rheinischen Sagenweg“ wenden Sie sich bitte an das:

Projektbüro „Rheinischer Sagenweg“:
„Märchen- & Sagenwelten“ im J. P. Bachem Verlag GmbH
Ursulaplatz 1
50668 Köln
Tel.: 0221/1619-330
Fax: 0221/1619-332
kontakt@rheinischersagenweg.de · www.rheinischersagenweg.de

Bildnachweis: Adams und Meyer: S. 343; AG Bad Neuenahr: 106 drittes Bild v. o. (Foto: hpm mayer, Simmern), viertes Bild v. o. (Foto: Dirk Topel); Ahr Rhein Eifel, Tourismus & Service GmbH: 90, 99, 104-105; ak-verlag, Eltville-Martinsthal: 319, 377; andernach.net, Fotos: Andreas Full; zeitgleich.com: 123 o., 128-129; andernach.net: 123 li., 127; Apollinaris & Schweppes GmbH: 102, 103 Mi.; Archiv Burg Satzvey: 43, 44 li.; Asbach GmbH: 368; Bad Kreuznach Tourismus und Marketing: 323 li., 326; Barenschee, Ingo (Hamburg): 345 Mi.; Bergbahnen im Siebengebirge: 62 li.; Blees, Bärbel (Leiwen): 155; Braun, Sascha (Limburg): 215 o., 219, 220 o. li., 221 re. o. + u.; Norbert Bretschneider Conceptdesign (Geisenheim): 249 o., 254, 363, 378 o. + Mi., 379, 381 o., 385, 386 re. o.; ComCept Werbeagentur (Bernkastel-Kues): 257 o.; Dahlhoff, Ralf: 142, 144 o., 145 o. + Mi., 376; Decker, Inge: 36 li.; Deutsche Burgenvereinigung: 245; Diller, Stefan (Würzburg): 345 o. re.; DPSG (Kirn-Sülzbach): 347; Düsseldorf Marketing & Tourismus: 22 (2. + 3. v. o.); Düsseldorf Marketing & Tourismus, Fotograf: Ulrich Otte 15, 16, 18, 19, 20 o. + Mi., 21; Engels, Karin (Köln): 2; Ferienland Treis-Karden: 173, 176-179; Gauls Fotografen (Koblenz): 171 o. re.; Griesson-de Beukelaer: 171 u.; Hagemus, Dirk: 63 o.; Hebel, Oliver: 403 o. re., 404 (K.-F.-Therme); Heibel, Hermann (Eltville): 393; Heidenreich, Klaus Jürgen (Bacharach): 300 u.; Hinterwälder, Karl-Heinz: 281 o., 286 re., 287 o. + Mi.; Historisches Museum am Strom, Bingen: 310 u.; Imhoff-Stollwerck-Museum, Köln: 34; Jacoby & Partner (Bad Kreuznach): 323 o., 327-329; Jaeger, A. (Düsseldorf): 20 li.; Jordan, Michael: 153 o., 160 o., 204 o.; Karl-Simrock-Forschung, Bonn: 70 Mi re.; Kastellanei Burg Eltz (Fotos: Dieter Ritzenhofen): 11 o., 165, 168 o., 170, 171 o. li.; Kesselheim, Stefan (Koblenz): 231 o. li. + re.; Ketz Matthias: 139 o., 145 u.; Klaes, Holger: 171 Mi., 213 u., 223 (Hintergrundbild), 233 o., 241 o., 246 li.; Klodt, Ralf: 55 o., 62 Mi.; Knecht, Hermann: 287 u.; Knopf, Willi (Dielheim): 9 Mi., 223 Vordergrund Mi., 273 o., 277, 278 o., 279, 285, 289 o., 293; Koblenz Touristik: 9 o., 225 o., 228, 229, 230 o. + Mi., 231 u.; Köln-Düsseldorfer Deutsche Rheinschifffahrt: 12 li.; KölnTourismus: 31 li.; Kreissparkasse Köln (Geldgeschichtliche Sammlung): 168 li.; Kreisverwaltung Montabaur: 139 li.; Krüger, Torsten: 402 o.; Kunstverlag Maria Laach: 115 o., 118, 120; Kurverwaltung Bad Marienberg: 144 Mi.; Lamberz, Werner (Creative Picture): 83; Landeshauptstadt Wiesbaden, Hauptamt: 397 li.; Langen Foundation (Foto: Tomas Riehle): 29 li.; Löhr, Peter (Lehrte-Arpke): 261; Lorch am Rhein: 281 li. u.; Magistrat der Stadt Eltville am Rhein: 389 li., 392, 394 o. re., 395 o., 395 u.; Märchenwald Bad Breisig: 113 re.; Mayer, Kurt L.: 373 o., 378 u., 386 re. u., 387 o. li. + u., 389 o.; Merz, Thomas, GMN mbH: 300 o.; Mittelrhein-Museum: 230 u.; Moselschiefer-Straße: 162 li.; Müller, Horst (Bonn): 73; Müller, Walter: 121 o., 121 u.; Naheland-Touristik: 313; Neusser Tagungs- und Tourismus GmbH: 29 o. re. + u., Fotos Isa Dheus: 23, 24, 28 (li.), 29 Mi., 30 viertes Bild von oben, Fotos Norbert Kohl-Kajan: 28 re., 30 zweites Bild von oben; Nicolaysen, Hans (Bad Neuenahr): 103 o.; Ortsgemeinde Kamp-Bornhofen: 249 li., 255 v.o.n.u.: Bild 1-4; Piel Media (Mainz): 13, 255 ganz unten, 268 u., 270 Mi. + re., 271 u., 300 Mi., 303 o.; Pott Lahnstein: 240 (Burg Lahneck); Prämassing, Klara (Winningen): 163 re.; Bundesstadt Bonn, M. Sondermann: 47, 48, 50, 52, 53; Rakebrandt: 144 u.; Rakoczy, Csaba Peter: 36 o. li. + re.; © Renner/Grigoresen/Mayers: 237; Rheingau Taunus Kultur und Tourismus: 205 Mi., 371 Mi., 386 li., 387 o. re., 394 u. + o. li.; Rhein-Nahe Touristik, Bacharach: 297 o., 302 o., 303 u.; Rüdesheim Tourist AG: 8, 365 o., 370, 371 o. + u.; Siemens & Co.: 194; Stadt Bacharach: 297 li.; Stadt Boppard: 265 li.; Stadt Braubach: 241 li., 246 o., 247; Stadt Geisenheim: 373 li.; Stadt Kaub: 281 li. o.; Stadt Koblenz: 225 li.; Stadt Königswinter: 55 li.; Stadt Lahnstein: 233 li., 236, 238-239; Stadt Mainz: 405, 408-411; Stadt Neuwied (Bildarchiv): 147, 150, 152 o. + Mi., 153 Mi. + u.; Stadt Oberwesel: 289 li., 292, 294-295; Stadt Oestrich-Winkel: 381 li.; Stadt Remagen: 80 li.; Stadt Rüdesheim: 365 li.; Stadt St. Goar: 273 li. o.; Stadt St. Goarshausen: 273 li. u.; Stadt Stromberg: 315 li.; Stadt- und Tourismusmarketing Bad Ems: 199 o. li., 195-197; Stadt Unkel: 65 li.; Stadtarchiv Siegburg, Sammlung E. Humperdinck, Nr. H 219: 268 o.; Stadtentwicklungs- und Touristik Gesellschaft Linz: 84, 86, 88-89; Stadtmarketing und Touristik Limburg: 215 li., 216, 220 Mitte: o. re + li., u. li., 220 o. re, 221 o. + u.; Stadtverwaltung Boppard: 268 Mi.; Stadtverwaltung Kirn: 350-353; Stadtverwaltung Mayen: 131, 136 o. + Mi., 137; Stiftung Kloster Eberbach: 395 Mi.; Straeter, Heinz: 302 Mi.; Strater, Heinz LDA: 253; Thehos, Volker (KreARTive-Konzepte), Remagen: 76, 81 u.; Tourismus Siebengebirge: 58, 60, 61, 62 o., 65 o., 66, 68, 70 Mi li., 70 re. o. + u., 71; Tourist-Information Bad Breisig: 107, 110, 112 o. + Mi., 113 o. + u.; Tourist-Information Bad Hönningen: 91, 95-97; Tourist-Information Bingen: 223 Vordergrund li.; 305, 308, 310 re., 311; Tourist Information Boppard: 265 o., 269, 270 o. + li., 271 o. re. + li.; Tourist Information Brohltal: 121 Mi.; Tourist-Information Diez: 207, 210 u., 211, 212, 213 Mi.; Tourist Information Idar-Oberstein: 355, 358, 360-361; Tourist Information Mendig: 136 li.; Tourist-Information Stromberg: 315, 318, 320-321; Ventur, Günther: 9 u., 31 o., 37; Verbandsgemeinde Bad Münster am Stein-Ebernburg: 331 li.; Verbandsgemeinde Bad Sobernheim: 339, 342, 344, 345 o. li., 345 u.; Verbandsgemeinde Brohltal: 115 Mi.; Verbandsgemeinde Rhens: 257 li., 260, 262-263; Verbandsgemeinde Untermosel: 157 li.; Verbandsgemeinde Westerburg: 143; Verkehrsverein Rheingrafenstein: 331 o., 334, 336-337; Verlag Zeitz: 158; von Brentano, Udo Baron: 384; Weber, Dieter: 284; Westerwald Touristik Service: 152 u.; Westerwald-Touristik Altenkirchen: 151 •